BLUE BOOK

智 库 成 果 出 版 与 传 播 平 台

中国社会科学院上市公司研究中心
组织架构

《中国上市公司发展报告（2023）》
编　委　会

主　　编　张平

本报告执笔人　张　鹏　张　磊　杨耀武　张　平　杜丽虹
　　　　　　　马宗明　张小溪

图书在版编目（CIP）数据

中国上市公司发展报告. 2023 / 张鹏等著. —北京：
社会科学文献出版社，2023.10
（中国上市公司蓝皮书）
ISBN 978-7-5228-2585-4

Ⅰ.①中…　Ⅱ.①张…　Ⅲ.①上市公司-经济发展-
研究报告-中国-2023　Ⅳ.①F279.246

中国国家版本馆 CIP 数据核字（2023）第 186360 号

中国上市公司蓝皮书
中国上市公司发展报告（2023）

著　　者 / 张　鹏　张　磊　杨耀武　张　平 等

出 版 人 / 冀祥德
组稿编辑 / 邓泳红
责任编辑 / 宋　静
责任印制 / 王京美

出　　版 / 社会科学文献出版社·皮书出版分社（010）59367127
　　　　　　地址：北京市北三环中路甲 29 号院华龙大厦　邮编：100029
　　　　　　网址：www. ssap. com. cn
发　　行 / 社会科学文献出版社（010）59367028
印　　装 / 天津千鹤文化传播有限公司

规　　格 / 开　本：787mm×1092mm　1/16
　　　　　　印　张：26.75　字　数：400 千字
版　　次 / 2023 年 10 月第 1 版　2023 年 10 月第 1 次印刷
书　　号 / ISBN 978-7-5228-2585-4
定　　价 / 158.00 元

读者服务电话：4008918866

中国社会科学院创新工程学术出版资助项目

NIFD
国家金融与发展实验室
National Institution for Finance & Development

中国上市公司蓝皮书
BLUE BOOK OF CHINESE LISTED COMPANIES

丛书主编 / 张　平

中国上市公司发展报告（2023）

ANNUAL REPORT ON THE DEVELOPMENT OF CHINESE LISTED COMPANIES (2023)

中国社会科学院上市公司研究中心

张　鹏　张　磊　杨耀武　张　平　等著

社会科学文献出版社
SOCIAL SCIENCES ACADEMIC PRESS (CHINA)

中国社会科学院上市公司研究中心简介

中国社会科学院上市公司研究中心的前身是 1996 年经中国社会科学院批准成立的"中国社会科学院经济研究所上市公司研究与预测中心"。2003 年经中国社会科学院批复同意改用现名，成为院级中心，中国社会科学院学部委员、经济研究所原所长张卓元研究员担任中心主任。从 2016 年 6 月开始，中心主任改由中国社会科学院经济研究所研究员、中国社会科学院国家金融与发展实验室副主任张平接任。该中心为面向市场的非实体性研究机构，基本职能定位是开展上市公司理论与政策研究，向国家有关部门提供政策建议，促进我国资本市场的健康发展，推动现代企业制度的建设。

中心自成立以来开展了一系列学术活动。第一，在中心成立伊始，每年与多家全国性证券公司以及地方政府联合召开中国上市公司论坛年会。历届论坛以其议题的前沿性、代表的广泛性、信息的准确性、组织的有序性博得广泛赞誉，成为对中国证券市场和上市公司发展产生积极影响的知名学术会议品牌。第二，多次承担中国社会科学院、经济研究所以及有关单位、地方政府的重大课题研究，先后提交了多篇有重要价值的研究报告、学术论文，其中多篇在国内核心报刊发表，受到同行的普遍关注。第三，从 2014 年开始，每年撰写一部《中国上市公司发展报告》，作为"中国上市公司蓝皮书"由社会科学文献出版社正式出版。第四，人才队伍建设方面，中心依托中国社会科学院经济研究所，与企业合作成立博士后工作站，共同招收博士后研究人员，为中国上市公司和资本市场研究培养高素质人才。

主要编撰者简介

张　平　中国社会科学院经济研究所二级研究员，中国社会科学院大学经济学院教授、博士生导师。1988年加入中国社会科学院经济研究所，历任宏观经济学研究室副主任、经济增长理论研究室主任、经济所所长助理、经济所副所长。现任国家金融与发展实验室副主任、中国社会科学院上市公司研究中心主任、广州绿色金融研究院理事长和院长。2010年获得中华人民共和国国务院颁发的表彰为发展我国社会科学研究事业作出突出贡献的政府特殊津贴。2017年，被中宣部认定为"四个一批"人才。主编"中国上市公司蓝皮书""宏观经济蓝皮书"，主笔《中国经济增长前沿》《中国经济增长前沿II》《中国经济增长前沿III》。作为第一执笔人荣获孙冶方经济科学奖。

张　鹏　中国社会科学院经济研究所副研究员，中国社会科学院上市公司研究中心副主任，中国社会科学院大学经济学院副教授、硕士生导师，主持完成国家社科基金项目和中国社会科学院专项科研项目多项，参与国家社科基金重大项目、教育部社科重大项目及国家自然科学基金项目等多项，在《经济研究》、《经济学》（季刊）、《管理世界》、《经济学动态》等权威核心期刊发表学术论文多篇，多篇论文被《新华文摘》《人大复印报刊资料》转载，作为第一执笔人或副主编出版"中国上市公司蓝皮书"、《改革年代的经济增长与结构变迁》等专著多部，多项成果获得省部级奖项。

张　磊　中国社会科学院经济研究所研究员，中国社会科学院大学教授、博士生导师。2007 年加入中国社会科学院经济研究所，曾先后在宏观经济学研究室和人工智能经济学研究室从事经济增长、金融市场和数字产业跨学科研究。现任中国社会科学院上市公司研究中心副主任，主要负责数字经济专题研究。

杨耀武　中国社会科学院经济研究所副研究员，中国社会科学院大学副教授、硕士生导师。曾供职于中国证监会研究部门，2018 年加入中国社会科学院经济研究所。现为中国金融四十人论坛（CF40）青年论坛会员，国家金融与发展实验室经济增长与金融发展实验中心副主任。研究成果发表在《经济研究》、《经济学动态》、《经济科学》、*China Economic Review* 等中英文期刊，其中多篇被《新华文摘》《中国社会科学文摘》等高水平文摘类期刊转载。主持国家社科基金项目和中国博士后科学基金项目多项。

杜丽虹　北京贝塔咨询中心合伙人、中国社会科学院国家金融与发展实验室特聘研究员、中国社会科学院上市公司研究中心研究员。曾为中航信托、云南信托、中航证券、民生银行、平安银行、泰康人寿、中城投资管理有限公司、万科、首创置业、远洋地产、中国对外文化集团等企业集团提供独立第三方的公司金融战略研究顾问服务，在产融结合、轻资产战略、另类投资，以及房地产企业和金融机构的金融战略创新方面积累多年研究经验，曾在清华大学经济管理学院、长江商学院、国家会计学院等高校讲授产融结合、地产金融等领域课程。

马宗明　现为中国银河证券研究院策略分析师、ESG 研究专员，中国社会科学院上市公司研究中心研究员。现阶段研究重点为 ESG 如何提高商业领域的资源配置效率且产生超额收益、资本市场支持实现"双碳"目标路径等。2019 年加入中国银河证券博士后科研工作站，执笔撰写"亚洲合作金融协会绿色金融实践报告"（2020、2021）、"ESG 与上市公司高质量发展关系研究"、"关于中国碳达峰、碳中和的实现路径的顶层设计"等多项研究课题及报告，并获得证券业协会重点课题优秀奖。加入中国银河证券之前，在加拿大有约五年教学经验（宏观经济学、衍生品、投资和投资组合管理等），也曾在加拿大联邦政府的贸易和商业委员会从事研究工作。相关论文入选多个国际会议名单。

张小溪　中国社会科学院经济研究所副研究员。在国内外核心期刊发表论文 40 余篇，出版个人专著 5 本，主持完成人力资源和社会保障部优秀类课题、中国社会科学院马工程重大项目、中国社会科学院与澳大利亚社会科学院国际合作课题、国务院重大课题、国资委交办课题、上海金融办课题等重要研究项目。

摘　要

2023 年初，中国经济总体呈现向上修复态势，特别是接触型聚集型服务业修复状况良好；但在全球经济恢复背景下，外需增速面临下行压力。总体来看，2023 年中国经济可能实现 5.2% 左右的增长。从上市公司业绩与宏观经济走势来看，中国 A 股上市公司业绩表现与宏观经济走势继续保持高度一致。2023 年，A 股上市公司中社会服务行业利润增速由负转正，非银金融行业利润实现了较快增长，钢铁、建筑材料行业因房地产市场仍未明显改善，电子、基础化工、医药生物跌幅较 2022 年进一步扩大，轻工制造业利润跌幅虽较 2022 年有所收窄，但仍维持较大跌幅。这些行业利润增速变化也反映在相应股票价格指数上。2022 年以来，中国资本市场改革开放继续深化，全面实行股票发行注册制改革正式启动，常态化退市格局基本形成，中美审计监管合作取得重要成果。未来应聚焦支持科技创新，稳步提高直接融资比重；围绕建设现代产业体系，培育体现高质量发展要求的上市公司群体；同时，要坚持"大投保"理念，更好保护中小投资者合法权益。中国上市公司高质量发展一直处于进行时，本书进一步从数字化转型视角评估了中国上市公司高质量发展情况，正如总报告指出的，随着内外部环境的剧烈变化，中国上市公司价值创造能力出现减退，向低成长、高价值和高成长、高价值轮动转型出现放缓迹象。但中国上市公司数字化转型有利于上市公司"逃逸"生命周期束缚，促进上市公司价值创造能力不断提升，并依据情势变化不断掘汲柔性、韧性、弹性、塑性的增长路径。中国上市公司数字化转型步伐加快还能够为投资者带来切切实实的利益，资本市场表现进一

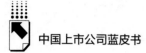
步佐证了数字化转型的广泛性、必然性和不可逆转性。基于此,本书在历年价值评估模型基础上构建了基于数字化转型的价值评估系统,并使用2020~2022年年报公开数据对中国A股分行业上市公司进行了评估与综合排名,筛选出分行业价值较高的上市公司,构成"漂亮100"投资组合。从回测效果看,"漂亮100"投资组合在经风险调整后收益较高,这也提示该组合集聚了中国各行业较为优质的微观主体,是中国宏观经济情势在微观上的反映。考虑到数字化转型的巨大机遇,本书分析了生成式AI和Web3.0双轮驱动的智能产业革命对中国经济和上市公司的影响。以GPT为代表的大语言模型横空出世,为智能产业革命开辟了广阔前景。生成式AI能够在很大程度上实现内容生成的自动化,继互联网之后进一步降低信息处理成本,并有望发展成为通用人工智能和通用目的技术。本书将在展望生成式AI和Web3.0双轮驱动的智能产业革命前景的基础上,探讨我国生成式AI和Web3.0发展面临的挑战,并提出探索智能产业革命的中国路径相应投资策略。本书还分别讨论了房地产市场和资本市场参与ESG治理的机制与作用,为深刻了解中国房地产市场和ESG推广提供重要的参考。

关键词: 上市公司　金融结构　数字化转型　房地产　ESG

目 录 ↖↘

Ⅰ 总报告

Ⅱ 分报告

Ⅲ 专题报告

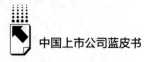
皮书数据库阅读**使用指南**

总 报 告
General Report

B.1

金融结构调整，中国上市公司高质量
发展与建设现代资本市场

杨耀武　张 平*

摘　要： 2022 年全球经济结构逐步向疫前恢复，同时全球化也发生急速转变，使中国出口导向的工业化受到越来越多的影响。以往中国基于全球化和城镇化所推动的大规模和低成本的制造业发展面临转型，这一方面对国内上市公司高质量发展提出了迫切要求，另一方面要求国内金融结构做出调整。从上市公司业绩与宏观经济走势看，与疫情发生前一样，疫情发生后，中国 A 股上市公司业绩表现与宏观经济走势继续保持高度一致。2022 年，受传播更快的新冠变异毒株影响，中国 A 股上市公司总体市场创值能力较上年有所下降，但在降低融资成本和税费减免政策的呵护下，上市公司总资产收益率（ROA）较上年有所提升。2023 年，

---

* 杨耀武，中国社会科学院经济研究所副研究员，中国社会科学院大学副教授、硕士生导师；张平，中国社会科学院经济研究所研究员，中国社会科学院大学经济学院教授、博士生导师。

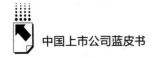

在疫情防控平稳转段后，A 股上市公司各行业利润增长呈现明显分化。这些利润增速变化，也反映在相应股票价格指数中。建设中国特色现代资本市场，是走好中国特色金融发展之路的内在要求。下一步，应聚焦支持科技创新，稳步提高直接融资比重；围绕建设现代产业体系，培育体现高质量发展要求的上市公司群体；同时，要坚持"大投保"理念，更好保护中小投资者合法权益。

关键词： 金融结构　上市公司　高质量发展　资本市场

一　全球化叙事转变与金融结构调整

改革开放以来，中国货物出口额占全球货物出口总额的份额较快增长，特别是加入世界贸易组织（WTO）后，中国出口份额实现了快速增长。2015 年，中国货物出口额占全球货物出口总额比重达到 13.7%，受中美经贸摩擦等因素影响，2019 年下降至 13.1%。新冠疫情期间，中国采取较为有效的疫情防控措施，在较短时间内就抑制了病毒的快速传播，工业生产较快恢复；在国际供需缺口明显扩大的背景下，中国工业生产及时恢复，有效缓解了国际供需缺口压力。2020～2021 年，中国货物出口实现了年均16.0%的增长，增速创近十年来新高。2021 年中国货物出口额占全球货物出口总额的 15.0%，达到出口导向工业化的巅峰，但 2022 年全球经济结构逐步向疫前恢复，同时全球化也发生了急速转变，从和平与发展、世界是平的，转向去风险化的"安全+效率"与区域联盟（"友岸化"、"近岸化"和分散化），中国出口导向的工业化可能会受到越来越多的影响。在出口导向的工业化过程中，中国大量农村剩余劳动力实现了向城镇的转移，1996 年中国城镇化率刚超过 30%达到 30.5%，2022 年达到 65.2%。未来，中国城镇化率提升仍有一定空间，但在人口已出现负增长的情况下，推动城镇化持续发展的人口动力减弱，城镇化增速将会下降。

中国基于全球化和城镇化所推动的大规模和低成本制造业发展面临转型，创新获得高毛利是微观企业当前所需要实现的转型，这一方面对国内上市公司高质量发展提出了迫切要求，另一方面要求国内金融结构做出调整。促进企业创新发展，实现"科技—产业—金融"良性循环，需要实现金融转型，积极发展资本市场，通过监管、立法和增加市场透明度建设好资本市场，提升直接融资比重和证券化率；同时，加大清理"僵尸企业"，加大退市力度，提高上市公司整体质量。

（一）经济恢复对国际贸易的影响

2022 年，全球经济逐步恢复至疫前水平，主要表现为服务消费替代货物消费的态势较为明显。2020~2021 年，美国个人耐用品、非耐用品消费（不变价）两年平均增速分别为 14.2%、5.7%，较 2018~2019 年平均增速大幅高出 8.9 个、3.1 个百分点；而个人服务消费（不变价）2020~2021 年平均增速为 -0.4%，较 2018~2019 年平均增速低 2.3 个百分点。2022 年以来，美国消费呈现货物消费向服务消费恢复的态势，2022 年，美国个人耐用品、非耐用品消费（不变价）同比分别下降 0.4%、0.5%，个人服务消费（不变价）同比增长了 4.5%。2023 年上半年，美国个人耐用品、非耐用品消费环比折年率月均分别为 2.0%、-0.1%，较 2019 年同期低 0.5 个、2.9 个百分点，而个人服务消费环比折年率月均则为 2.5%，较 2019 年同期高出 1.0 个百分点。虽然美国自 2022 年 3 月以来已连续 11 次加息，但劳动力市场仍维持较为紧张的局面，其中服务业就业增长是主要推动因素。2023 年上半年，美国私人部门新增非农就业累计 129 万人，比 2019 年同期增加 36.4 万人；其中，服务生产增加 117.3 万人，比 2019 年同期多增 37.7 万人，商品生产仅增长 11.7 万人，比 2019 年同期少增 1.3 万人，商品生产中制造业生产仅增长 1.5 万人，比 2019 年同期少增 0.9 万人。2023 年初，中国疫情防控实现了较快平稳转段，一些接触型聚集型服务业需求明显回升，服务业增加值增速明显加快，经济也呈现向疫前恢复态势。

在经济逐步恢复的过程中，全球服务业 PMI 持续处于荣枯线以上，制造业 PMI 持续处于荣枯线以下。2023 年 7 月，摩根大通全球制造业 PMI 仅为 48.7，与上月持平，已连续 11 个月处于荣枯线以下；全球服务业 PMI 为 52.7，已连续 7 个月位于荣枯线以上。由于较多服务需求可贸易性较差，因此全球需求结构向疫前恢复会对国际贸易增长带来不利影响，在前三年全球贸易实际年均增长 2.8% 的基础上，世界银行 6 月发布的《全球经济展望》预测，2023 年全球贸易可能仅能实现 1.7% 的增长，低于 GDP 预期 2.1% 的增速。在全球贸易增速放缓的背景下，我国货物出口增长将持续面临一定下行压力。

（二）全球化叙事转变对出口导向工业化的影响

过去几十年，中国工业化的快速推进是在全球化大稳定时期的背景下发生的。在此过程中，中国利用自身劳动力等要素的低成本优势，积极参与国际经济大循环，实现了经济的高速增长和人民生活水平的快速提升。在融入全球化过程中，作为后发国家，中国通过从发达国家引进技术的方式，通过"干中学"分享技术溢出所带来的好处。当前，中国从国外引进关键技术的空间在减小、途径在减少，要想获得新的增长源泉，只有依靠研发和技术创新。

在经济全球化的浪潮中，世界各地主要以追求效率为原则配置生产要素，这提高了生产效率、促进了全球经济增长和总体福利水平的提高。但全球化所带来的利益分配在各国或地区之间的分配并不均衡，即使在各国或地区内部也存在非常大的差异。因此，反全球化的声音和思潮不时出现，在某些时候这种声音和思潮会转换为国家行为，推动以国家为主体的逆全球化行动。近年来，全球化逆流甚嚣尘上，加之出于意识形态上的严格分野以及对中国实力的忌惮，中美经贸摩擦不断。

新冠疫情使经济全球化面临巨大挑战。受新冠疫情冲击影响，各国在追求产业链供应链全球布局高效性与保障安全性方面进行着新的权衡。2022 年初，乌克兰危机使以美国为代表的西方国家以意识形态划分阵营的倾向越发明显。逆全球化呈现"合法化"、国家化、极端化新动向，凸显为以国家安全名义实施贸易保护主义、以身份认同为标签建构民族民粹主义、以民主人权旗号兜售"伪多边主义"。① 一些国家开始公开讨论基于意识形态阵营的产业链回迁或"友岸外包"（friend shoring）。2022 年 5 月，在美国华盛顿召开了所谓的第二届"东盟—美国特别峰会"，双方发表了《共同愿景声明》，表示在 2022 年 11 月将双方关系升级为"全面战略伙伴关系"。同时，美国试图以经贸为抓手，加紧构建所谓"印太经济框架"（IPEF）。2023 年 8 月，美国总统拜登签署行政令，设立对外投资审查机制，限制美国主体投资中国半导体和微电子、量子信息技术和人工智能领域。全球化叙事快速转变，可能使中国出口导向的工业化受到越来越多的影响。

（三）调整金融结构以激励创新

在全球化叙事转变过程中，中国基于全球化和城镇化所推动的大规模、低成本制造业发展面临转型，推动发展必须转向创新驱动阶段。当前，中国金融运行总体是稳健的，但结构不合理问题仍然存在，金融结构仍以间接融资为主，资本市场制度尚不完善，直接融资占比仍然偏低，宏观杠杆率高企的同时经济金融风险集中于银行体系。中国以间接融资为主的金融结构已不足以为技术创新和产业结构升级提供有效支撑。以直接融资为主体的资本市场通过公开交易可以及时有效反映信息，方便投资者对企业的前景做出判断；在高频次的交易中提高信息质量，提供量身定做的风险管理服务；具有通过股东投票机制、并购接管机制和股权激励机制等手段有效提高公司治理水平等一系列优点。同时，资本市场主导型的金融体系在技术创新以及兼顾效率与公平等方面具有独特的优势。

从证券化率来看，2000 年中国的证券化率为 50.6%，2007 年因股价快速上涨，证券化率一度攀升至 148.6%，但 2008 年就回落至 46.5%，2022 年证券化率也仅为 65.3%（见图 1）。在全球创新中处于前列的美国，证券化率则随着人均 GDP 增速的总体上升总体呈上升态势。1976 年，美国的证券化率仅

---

① 张龙林、刘美佳：《当代西方逆全球化思潮：动向、根源及纠治》，《思想教育研究》2022 年第 5 期。

为 47.1%，2020 年提高至 193.4%，是 1976 年的 4.1 倍，同期美国人均 GDP
为原来的 2.0 倍，证券化率提升幅度是人均 GDP 的 2 倍多（见图 2）。①

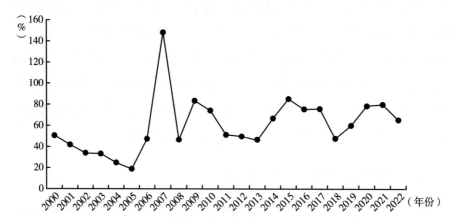

图 1　2000~2022 年中国的证券化率变动情况

资料来源：国家统计局。

图 2　1976~2020 年美国的人均 GDP 与证券化率变动情况

资料来源：WDI。

---

① 中国和美国的证券化率及美国人均 GDP 增长情况由中国社会科学院经济研究所程锦锥博士
计算。

在驱动经济发展的核心动力从依靠要素投入的规模扩张转向依靠创新引领的效率提升阶段，决定了未来中国经济中处于主导地位的企业，更加具有轻物质资产、重研发投入、高风险的特征。因此，优化经济结构，转换增长动力，实现高质量发展，需要加快调整金融结构，提升直接融资比重。

二　2023年中国宏观经济展望

2023年上半年，在疫情防控新阶段，中国线下消费场景较快恢复；在前期积压的部分需求集中释放和政策前置发力的情况下，第一季度中国经济向上修复的态势较为明显；进入第二季度，中国经济发展转入更多依靠内生动能推动的平稳修复期，经济修复斜率有所趋缓。上半年，中国国内生产总值同比增长5.5%；其中，主要受基数变动影响，第二季度GDP同比增长6.3%，增速较第一季度加快1.8个百分点，但剔除基数变动影响的近四年第二季度平均增速为4.5%，较第一季度平均增速下降0.4个百分点。分三次产业看，上半年，我国第一产业增加值同比增长3.7%，较前三年同期平均增速下降0.9个百分点，比2019年同期增速高出0.6个百分点；第二产业增加值同比增长4.3%，较前三年同期平均增速下降1.0个百分点，比2019年同期增速低0.7个百分点，增速已由升转降；第三产业增加值同比增长6.4%，较前三年同期平均增速提高2.5个百分点，比2019年同期增速下降0.8个百分点，增速虽较前三年同期明显加快但仍低于疫情前水平。总体来看，2023年上半年，我国第一产业增速仍保持较快增长，第二产业增速回落至低于疫情前，第三产业增速虽较前三年同期明显加快但仍低于疫情前。

（一）2023年下半年经济走势

1.预计2023年中国经济可以实现5.2%的增长

2023年初，前期积压的部分需求集中释放，我国消费修复的斜率较为陡峭，进入第二季度消费修复的斜率开始趋缓。2023 年第一季度，我国社会消费品零售总额同比增长 5.8%，近四年同期平均增速为 4.3%；第二季度，近四年同期平均增速已降至 3.7%，消费增速可能已回落至新的平台。如果下半年我国社会消费品零售总额四年同期平均增速仍维持 3.7% 的水平，那么全年社会消费品零售总额同比将增长 7.9% 左右，低于年初的预期水平。基础设施投资，在前几年基数抬升的情况下，累计同比增速可能将有所下降；房地产投资全年可能仍将维持较大负增长，成为拖累投资增长的主要因素；制造业投资虽有一定韧性，但累计同比增速也将处于稳中有降的状态。外需方面，在海外需求总体收缩和上年同期基数抬升的情况下，下半年我国外贸出口可能会持续一段时间负增长。综合中国出口、固定资产投资以及消费增长可能面临的现实情况，预计 2023 年第三、四季度中国 GDP 增速可能分别为 4.5%、5.3% 左右，下半年 GDP 增速可能在 4.9% 左右，全年 GDP 可能实现 5.2% 左右增长，可以实现全年经济增长目标（见图 3）。

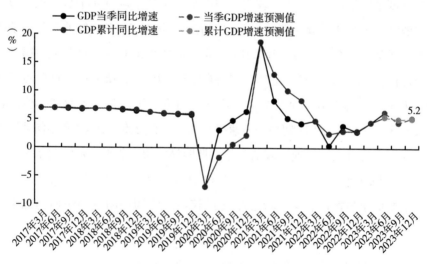

图 3　2017 年以来 GDP 当季同比和累计同比增速及 2023 年第三、四季度预测值

注：2023 年第三、四季度增速为预测值。

资料来源：国家统计局。

2. PPI 定基指数仍处于高位，环比可能继续下降；CPI 全年可能零增长

2023 年上半年，随着全球需求变化和乌克兰危机影响减弱，我国 PPI 月均环比下降 0.43 个百分点。在上年价格变动翘尾因素向下拉动 2.8 个百分点的情况下，6 月 PPI 同比下降 5.4%，跌幅较 1 月扩大 4.6 个百分点。上半年，中国规模以上工业企业利润总额同比下降 16.8%；其中，采矿业利润同比下降 19.9%，制造业利润同比下降 20.0%。当前，虽然我国 PPI 同比已出现较大幅度下降，但 PPI 定基指数（2020 年 1 月 = 100）相对疫情前仍处于历史高位。与 2011 年 1 月相比，2020 年 1 月我国 PPI 定基指数下降 0.9 个百分点，其中，采掘业、原材料均下降 3.8 个百分点，加工业下降 2.1 个百分点；2023 年 6 月，我国 PPI 定基指数较 2020 年 1 月高出 6.2 个百分点，其中，采掘业高出 29.0 个百分点，原材料高出 13.7 个百分点（见图 4），加工业高出 3.3 个百分点。随着我国货物出口数量总体有可能趋降，以及国内经济修复重心主要集中在生活性服务业，叠加房地产市场依然偏

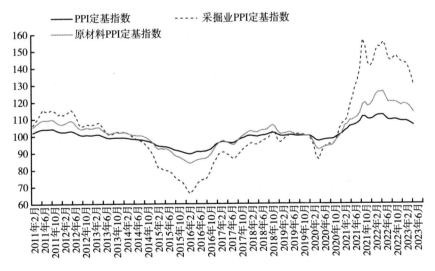

图 4　2011 年 1 月至 2023 年 6 月我国 PPI 及主要分项定基指数变动情况

注：2020 年 1 月 = 100。

资料来源：国家统计局，经笔者计算得到。

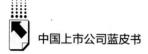

冷，未来一段时间，我国PPI环比仍可能出现负增长。虽然，下半年翘尾因素对PPI同比的向下拉动作用将有所减弱，但如果环比仍出现较快下降，那么PPI同比仍将处于较深的负增长区间，这对我国工业和制造业利润增长将形成持续压力。

受春节效应和疫情防控政策优化调整影响，2023年初，中国CPI环比呈现先升后降的态势。1月CPI环比上涨0.8%，2月转为下降0.5%。3月以来，在国际原油价格总体下降、猪肉价格持续下行以及疫情影响消退后外出务工人员供给增加的背景下，中国CPI环比连续小幅下行，叠加翘尾因素贡献较年初下降0.8个百分点，6月CPI同比零增长，涨幅较1月下降2.1个百分点，其中翘尾因素影响贡献了近四成。下半年，随着翘尾因素贡献明显下降叠加终端需求总体偏弱，中国CPI同比有可能出现一段时间负增长。CPI全年可能零增长。

（二）A股上市公司业绩与宏观经济走势的高度一致性

1. A股上市公司营收和利润同比增速与名义GDP同比增速亦步亦趋

目前，中国A股上市公司已逾5200家，涵盖了国民经济行业分类中除公共管理、社会保障和社会组织以及国际组织2个非营利门类行业外的18个门类行业97个大类行业中的80个大类行业。近年来，一批新兴产业公司陆续在科创板、创业板、北交所上市，中国A股上市公司经营业绩对国民经济运行状况的代表性进一步增强，真正成为国民经济的"晴雨表"。从新冠疫情发生以来的A股上市公司经营业绩看，全部A股上市公司的营业总收入和归母净利润累计同比与名义GDP累计同比走势高度一致，总体呈现为在2020年第一季度深度下探后，2020年第二至四季度逐步回升；2021年第一至四季度，受上年同期基数逐步抬升影响，中国A股上市公司经营业绩与GDP增速均呈现冲高后逐步回落的态势；2022年继续呈逐季缓慢下降，2023年第一季度又有小幅下降（见图5）。

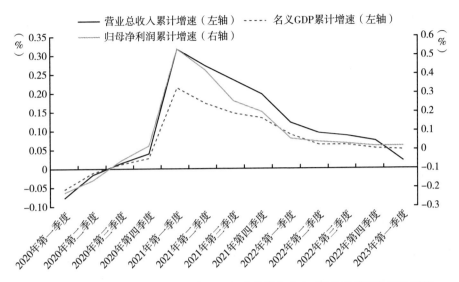

图5 新冠疫情发生以来 A 股上市公司经营业绩与名义 GDP 季度累计同比增速

资料来源：国家统计局、Wind，经笔者计算得到。

2. PPI-CPI 剪刀差变动影响产业链上中下游公司利润增长

2022 年 2~5 月，受乌克兰危机影响，中国 PPI 环比连续 4 个月上涨；在危机引发的恐慌心理得到缓解后，6~9 月，PPI 环比呈现持平或下降态势，在 10 月、11 月 PPI 环比小幅上涨后，12 月又转为下降。2022 年全年，虽然中国 PPI 环比累计上涨了 0.7 个百分点，但受上年价格变动的翘尾因素影响，2022 年 PPI 同比涨幅呈逐月下降态势，第四季度 PPI 同比已出现负增长。在 PPI 同比涨幅持续下降的同时，由于受下游企业分散程度高、竞争激烈以及国内终端需求总体偏弱影响，2022 年各月中国 CPI 同比涨幅始终在 3% 以内上下波动，月度极差仅为 1.9 个百分点，全年涨幅为 2%。这种窄幅波动的状况在 PPI 生活资料同比中也表现得相当明显。2023 年第一季度，受上年同期基数抬升和环比继续走低影响，PPI 同比跌幅继续扩大；CPI 同比涨幅仍维持低位波动。

在 PPI 同比涨幅先升后降、CPI 同比涨幅维持低位波动的情况下，PPI 与 CPI 之间的剪刀差由 2021 年的持续扩大转为 2022 年的逐步收窄，

2023年第一季度出现了负剪刀差（见图6）。PPI与CPI剪刀差的变化，会引起位于产业链不同环节的企业利润增速变化。2021年，中国工业行业A股上市公司呈现上游行业利润增速高于中游行业、中游行业利润增速高于下游行业的局面；这种公司业绩差异，在各板块股票价格指数涨跌幅中已得到很好体现。2022年上半年，中国工业行业A股上市公司上、中游利润增速逐渐放缓，但仍高于下游行业；进入下半年，上游公司利润增速继续放缓，下游公司利润增速逐步提高，2022年第四季度下游公司利润增速已超过上、中游公司。2023年第一季度，由于PPI-CPI同比增速呈现负剪刀差，中国工业行业A股上市公司利润增速呈现下游高于中游、中游高于上游的局面（见表1）。从具有代表性的指数相对涨跌幅来看，2021年1月4日至2022年6月30日，中证上、中、下游指数收盘价分别上涨了33.8%、−4.7%、−20.7%，呈现上游高于中游、中游高于下游的特点；2022年6月30日至2023年3月31日，中证上、中、下游指数分别下跌了7.8%、11.8%、4.5%，呈现出下游行业跌幅明显小于上、中游的局面（见表2）。

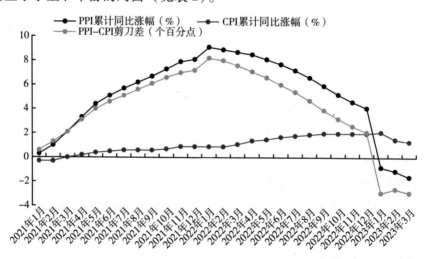

图6　2021年至2023年3月PPI与CPI累计同比涨幅及PPI-CPI剪刀差情况

资料来源：国家统计局，经笔者计算得到。

表1　2021年至2023年第一季度工业行业A股上市公司上、中、下游利润增长情况

单位：%

产业链环节	2021年				2022年				2023年第一季度
	第一季度	上半年	前三季度	全年	第一季度	上半年	前三季度	全年	
上游行业	1149.7	408	139.9	117.7	42.5	34	19.3	14.4	−20.7
中游行业	125.3	51.8	38.5	28.6	4.9	4.5	−0.5	−0.5	−10.1
下游行业	63.2	27.1	6.7	0.1	0.8	−1.0	8.3	17.5	13.3

注：2020年第一季度及上半年上游行业利润很少，因此2021年第一季度及上半年利润增速非常快。

资料来源：国家统计局。

表2　2021年至2023年3月A股市场代表性指数涨跌情况

单位：%

环节	2021年1月4日至2022年6月30日	2022年6月30日至2023年3月31日
中证上游	33.8	−7.8
中证中游	−4.7	−11.8
中证下游	−20.7	−4.5

资料来源：Wind资讯金融终端。

三　中国A股上市公司业绩表现

（一）A股上市公司价值来源与价值创造

以上市公司净资产收益率（ROE）为核心，利用各主要财务比率之间的内在关系，可以对企业财务状况和盈利能力进行综合评价。中国A股上市公司受宏观政策调整等因素影响，企业期间费用波动和税费调整成为影响企业净利润的重要因素。2022年，受传播更快的奥密克戎变异毒株影响，中国经济面临一定下行压力。为稳定经济，2022年4月召开的中央政治局会议要求，加大宏观政策调节力度，实施好退税减税降费等政策，用好各种货币政策工具。2022年，中国贷款市场报价利率（LPR）实现了3次下调；

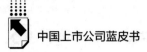

其中，1 年期 LPR 累计下调了 15 个基点，5 年期 LPR 累计下调了 35 个基点。在此背景下，利用杜邦分析框架对资产收益率进行分解，还原公司息税前利润，可以综合分析疫情对企业价值创造能力的影响，以及公司融资成本和税负对企业价值创造能力的影响。具体公式如下。

$$ROE = (\frac{EBIT}{营业收入} \times \frac{营业收入}{总资产} - \frac{利息支出}{总资产}) \times \frac{总资产}{所有者权益} \times (1-税率)$$

上式中，营运利润率中息税前利润使用净利润、财务费用与所得税之和衡量，营运利润率和传统杜邦分析中销售净利润的区别主要在于财务费用和所得税。利息支出与总资产之比可以在一定程度上代表公司的借贷成本，但现实中通常用负债或有息负债来代替总资产，这样可以更为准确地反映上市公司的实际融资成本。

中国上市公司的收益率差异在行业间表现得很明显，特别是金融与非金融上市公司，直接分析可能难以反映实体经济运行情况。为了降低行业间差异的影响，我们使用申万证券行业分类标准将上市公司房地产、银行和非银金融上市公司去除，并删除 ST 类股票，具体结果如表 3 所示。从中可以看出，虽然受到更具传染性的奥密克戎变异毒株影响，A 股上市公司价值创造能力受到一定影响，但在融资成本下降和减税降费政策的扶持下，2022 年 A 股非金融上市公司总资产收益率（ROA）较 2021 年有所提高，但净资产收益率（ROE[a]）在上市公司总体杠杆率下降的情况下，较上年小幅下行。

表 3 2013~2022 年非金融上市公司杜邦分析（剔除金融、房地产及 ST 股票）

年份	ROE[a]	ROE[b]	ROA[a]	ROA[b]	营运利润率	总资产周转率	财务费用比	权益乘数	实际税率
2013	0.0848	0.0720	0.0346	0.0294	0.0661	0.8340	0.0100	2.4482	0.2328
2014	0.0768	0.0646	0.0316	0.0266	0.0675	0.7782	0.0112	2.4321	0.2361
2015	0.0573	0.0425	0.0243	0.0180	0.0656	0.6643	0.0111	2.3596	0.2529
2016	0.0634	0.0518	0.0271	0.0222	0.0696	0.6354	0.0088	2.3394	0.2350

年份	ROE^a	ROE^b	ROA^a	ROA^b	营运利润率	总资产周转率	财务费用比	权益乘数	实际税率
2017	0.0785	0.0657	0.0343	0.0287	0.0764	0.6915	0.0093	2.2889	0.2109
2018	0.0726	0.0610	0.0316	0.0265	0.0707	0.7206	0.0094	2.2985	0.2410
2019	0.0679	0.0568	0.0294	0.0246	0.0672	0.7088	0.0091	2.3082	0.2355
2020	0.0690	0.0525	0.0305	0.0232	0.0711	0.6586	0.0082	2.2585	0.2103
2021	0.0812	0.0701	0.0359	0.0310	0.0728	0.7205	0.0069	2.2616	0.2122
2022	0.0805	0.0713	0.0361	0.0320	0.0717	0.7070	0.0051	2.2299	0.2071

注：ROE^a、ROE^b 和 ROA^a、ROA^b 中 a 与 b 的区别是，a 分子为净利润，b 分子为扣除非经常性损益后的净利润。下同。

根据 ROE 分解公式，可以看出 2022 年 A 股非金融上市公司的总体价值创造能力（营运利润率×总资产周转率）较 2021 年下降近 18 个基点（BP），营运利润率下降和总资产周转率下降都对价值创造能力产生了影响。2022 年，A 股上市公司营运利润率下降与产品价格环比增速变化有一定关系；总资产周转率下降除受产品价格变动影响外，可能还受到以下两方面影响，一是奥密克戎变异毒株对企业生产的影响加大；二是出口增速较 2021 年下降，造成企业产能利用率的降低。如果将 2022 年的上市公司分为两类，第一类包含采矿业和原材料行业，第二类为剔除第一类的剩余公司，分别考察上市公司的业绩表现；可以发现，2022 年包含采矿业和原材料行业的第一类公司营运利润率和总资产周转率均较上年有所提升，这类公司价值创造能力较 2021 年提高 23 个 BP；而第二类公司营运利润率和总资产周转率则均出现下降，价值创造能力较 2021 年下降 29 个 BP（见表 4、表 5）。这里应该注意的是，在考察公司利润的同比增速时，我们需要关注 PPI-CPI 同比剪刀差的变化，而在考察公司价值创造能力时，则需关注 PPI 与 CPI 环比变化情况。如果以 2020 年 1 月为起点（2020 年 1 月=100），以考察疫情发生以来 PPI 与 CPI 环比变动的累计效果，可以发现：虽然 2022 年 PPI 同比涨幅较上年有所放缓，但受乌克兰危机造成的环比继续上涨影响，PPI 定基指数在 2022 年 5 月、6 月才到达峰值，PPI-CPI 定基指数剪刀差在 2021 年、

2022年呈现双峰态势，而且2022年PPI-CPI定基剪刀差的月均值为8.8个百分点，较2021年提高了2.3个百分点（见图7）。因此，在这种背景下，2022年中国A股采矿业和上游原材料行业上市公司价值创造能力较上年继续提高，而其他下游行业则较上年有所下降。

表4 2018~2022年非金融上市公司杜邦分析（剔除金融、房地产及ST股票，仅包含采矿业和原材料行业）

年份	ROE[a]	ROE[b]	ROA[a]	ROA[b]	营运利润率	总资产周转率	财务费用比	权益乘数	实际税率
2018	0.0743	0.0706	0.0370	0.0352	0.0651	0.9350	0.0103	2.0075	0.2677
2019	0.0536	0.0546	0.0258	0.0263	0.0518	0.9160	0.0111	2.0754	0.2893
2020	0.0568	0.0400	0.0278	0.0196	0.0584	0.8049	0.0102	2.0391	0.2433
2021	0.1106	0.1071	0.0547	0.0530	0.0811	0.9736	0.0085	2.0211	0.2239
2022	0.1152	0.1117	0.0586	0.0568	0.0827	0.9828	0.0067	1.9657	0.2138

表5 2018~2022年非金融上市公司杜邦分析（剔除金融、房地产及ST股票，不包含采矿业和原材料行业）

年份	ROE[a]	ROE[b]	ROA[a]	ROA[b]	营运利润率	总资产周转率	财务费用比	权益乘数	实际税率
2018	0.0719	0.0572	0.0298	0.0237	0.0734	0.6500	0.0090	2.4138	0.2295
2019	0.0732	0.0576	0.0306	0.0241	0.0742	0.6427	0.0085	2.3939	0.2196
2020	0.0730	0.0566	0.0313	0.0243	0.0759	0.6160	0.0076	2.3315	0.2013
2021	0.0719	0.0583	0.0307	0.0249	0.0694	0.6509	0.0064	2.3382	0.2063
2022	0.0692	0.0582	0.0299	0.0252	0.0670	0.6309	0.0047	2.3156	0.2035

2022年，受更具传染性的奥密克戎变异毒株影响，中国疫情防控形势更加严峻复杂，在此背景下，中国政府推出包括降低企业融资成本、减免税费在内的一揽子救助措施。从A股非金融上市公司财务成本和实际税率来看，2022年A股非金融上市公司财务费用比2021年下降了18个基点，实际税率则较2021年下降0.51个基点。如果A股非金融上市公司财务费用

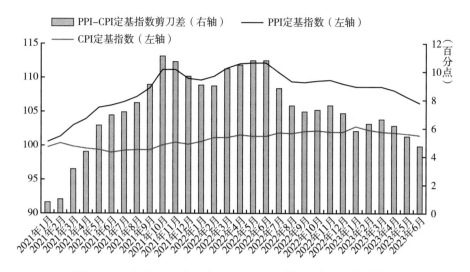

图7 2021年至2023年6月PPI-CPI定基指数剪刀差变动情况

注：2020年1月=100。

资料来源：国家统计局，经笔者计算得到。

比维持在2021年水平并保持其他条件不变，那么2022年ROA会比实际情况低18个基点；如果实际税率维持在2021年水平并保持其他条件不变，则ROA会较实际情况低2个基点。因此，降低企业融资成本和税费减免对提高非金融上市公司ROA都发挥了作用。

（二）不同行业公司修复状况有所改变

2022年，受奥密克戎变异毒株影响，我国疫情防控形势较为严峻，特别是餐饮、旅游等需要人员密接的社会服务业受影响较大；农林牧渔业因猪肉价格回升，利润由负转正；钢铁、建筑材料行业因房地产投资下降，利润呈现较大幅度负增长；电子、基础化工、医药生物、轻工制造行业因海外需求回落，利润也呈现不同程度的负增长。2023年第一季度，随着我国疫情防控较快平稳转段，需要人员密接的社会服务业较快修复，利润由负转正；非银金融行业利润因上年跌幅较大以及投资者预期有所改变，利润实现了较快增长；而钢铁、建筑材料行业因房地产市场仍未明显改善，利润仍然维持负增长；电子、基础化工、医药生物行业跌幅较 2022 年进一步加大；轻工制造业利润跌幅虽较 2022 年有所收窄，但仍较大。总的来看，2022 年至 2023 年第一季度，社会服务业、非银金融业、计算机行业利润增长出现明显反转，钢铁、建筑材料、电子、基础化工、医药生物、轻工制造业等行业利润出现持续负增长；有色金属业利润则在前三年快速增长的情况下，2023年第一季度出现明显负增长（见图 8）。

这些行业利润增长变化也会在公司股价中有所反映。从各行业具有代表性的股价指数来看，在利润增长出现反转的行业中，如非银金融、计算机，各自对应的申万指数在 2022 年初至年末收盘价分别下跌 21.3%、26.5%，2023 年初至 8 月 8 日，分别上涨了 17.8%、19.4%；在利润持续负增长的行业中，如建筑材料、基础化工、医药生物，各自对应的申万指数在 2020 年初至年末收盘价分别下跌 25.7%、18.4%、19.3%，2023 年初至 8 月 8 日继续下跌 5.1%、7.2%、10.4%。

（三）A 股上市公司的创新转型之路

中国 A 股上市公司不仅包括传统产业部分的上市公司，近年来，随着科创板开板、创业板改革并试点注册制落地以及北交所成立，一批代表未来发展方向的创新型企业陆续进入 A 股市场。在新冠疫情冲击和全球化叙事转变的背景下，一些传统产业公司也在寻求新的突破。

高研发投入是保持和提高公司和产品竞争力、实现上市公司高质量发展、推动经济实现质的有效提升和量的合理增长的必由之路。根据 A 股上市公司年报披露的数据，疫情发生后的 2020~2022 年，除受疫情冲击严重的商贸零售行业外，其他行业研发投入均保持了正增长；其中，不仅有国防军工、公用事业、环保、通信、电力设备这些行业 2020~2022 年研发投入年复合增速超过疫情发生前的 2017~2019 年的年复合增速，一些传统行业，如煤炭、有色金属、食品饮料、建筑材料、建筑装饰，研发投入年复合增速也快于疫情之前（见图 9）。

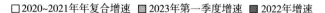
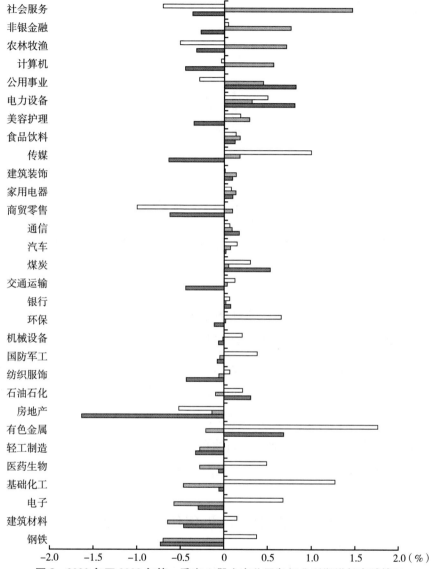

图 8 2020 年至 2023 年第一季度 A 股上市公司各行业利润增长变动情况

注：农林牧渔业 2021 年利润为负，2022 年利润由负转正，2022 年第一季度和 2023 年第一季度利润均为负，为方便表示，2020~2021 年利润增速为两年增速的算术平均数，2022 年增速为 2020~2022 年三年利润年复合增速，2023 年第一季度利润增速为利润降幅收窄的程度；商贸零售业 2021 年利润为负，2022 年利润由负转正，2020~2021 年利润增速为两年增速的算术平均数，2022 年增速为 2020~2022 年三年利润年复合增速；主要包括酒店业、旅游的社会服务业 2020 年、2021 年、2022 年利润均为负，2020~2021 年利润增速为两年增速的算术平均数，2022 年利润负增长表示的是利润跌幅加深的程度，2023 年第一季度利润增速反映的是利润由负转正的情况。

资料来源：Wind 资讯金融终端。

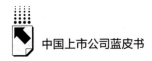
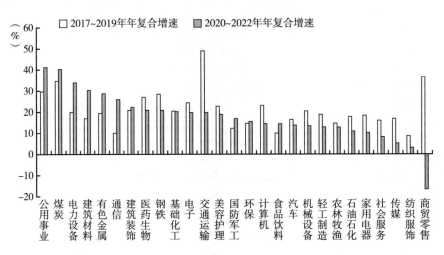

图9　各行业 A 股上市公司 2017～2019 年与 2020～2022 年研发投入年复合增速比较

资料来源：Wind 资讯金融终端。

　　从研发支出与营业总收入之比表示的研发强度来看，疫情发生后的 2020～2022 年，除商贸零售、农林牧渔行业外，其他行业研发强度均保持了正增长；其中，不仅有国防军工、公用事业、计算机、医药生物、通信、社会服务、美容护理这些行业的 2020～2022 年研发强度累计提升幅度大于 2017～2019 年的累计提升幅度，一些传统行业，如纺织服饰、钢铁、家用电器、建筑材料、建筑装饰、煤炭、石油石化、食品饮料，研发强度累计提升幅度也大于疫情前（见图 10）。

四　建设中国特色现代资本市场

　　过去五年，中国持续推进新一轮资本市场改革开放，抓住注册制改革这个"龙头"，制定实施"深改 12 条"，一揽子推进交易、退市、再融资和并购重组等基础制度改革。资本市场法治建设取得突破性进展，一批管长远、管根本的制度机制相继落地，新《证券法》、《刑法修正案（十一）》、《期货和衍生品法》发布实施，证券执法司法体制机制不断健全。2022 年以来，

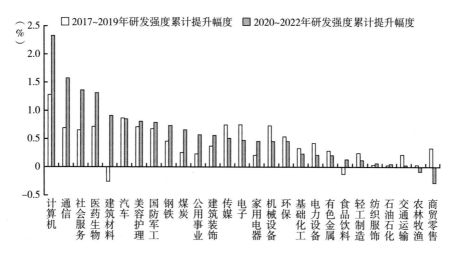

图10　各行业 A 股上市公司 2017~2019 年与 2020~2022 年研发强度累计提升幅度比较

资料来源：Wind 资讯金融终端。

资本市场改革开放继续深化，全面实行股票发行注册制改革正式启动，常态化退市格局基本形成，中美审计监管合作取得重要成果。《私募投资基金监督管理条例》正式发布，境外上市备案管理制度落地实施，上市公司独立董事制度改革顺利推进。建设中国特色现代资本市场，是中国式现代化的应有之义，是走好中国特色金融发展之路的内在要求。建设中国特色资本市场要坚持目标导向和问题导向相结合，以重点突破带动整体推进。

一是聚焦支持科技创新，稳步提高直接融资比重。当前，科技创新已成为中国实现经济质的有效提升和量的合理增长的关键推动力量，一批可能有未来发展前景、风险和收益并存的创新型企业存在资金需求。提高直接融资比重，增加长期资本供给，有利于满足不同类型、不同生命周期企业的多元化、差异化融资需求。在这一过程中，中国资本市场需着力健全支持优质科技型企业的制度机制，统筹多层次市场体系建设，统筹股市和债市协同发展，统筹一、二级市场动态平衡，进一步畅通"科技—产业—金融"的良性循环。

二是围绕建设现代化产业体系，培育体现高质量发展要求的上市公司群体。目前，中国A股上市公司已逾5000家，涵盖了国民经济行业20个门类行业中，除2个非营利门类行业外的18个门类行业97个大类行业中的80个大类行业，构成了宏观经济的重要微观基础。下一步，资本市场要更好地服务建设现代化产业体系，有针对性地提高现代化产业体系的完整性、先进性、安全性。在这一过程中，要切实落实"两个毫不动摇"，完善市场化激励约束机制，增强推动上市公司质量提升的合力，大力提高对各种所有制、不同类型、不同规模企业的服务能力。

三是坚持"大投保"理念，更好地保护中小投资者合法权益。投资者是资本市场重要的参与主体。目前，中国资本市场投资者数量已超2.2亿人，其中95%以上为中小投资者。保护中小投资者合法权益，不仅关系到资本市场的发展和稳定，也关系到社会公平正义。保护中小投资者合法权益，需要树牢"大投保"理念，加强行政执法、民事赔偿、刑事追责的机制衔接，畅通投资者维权救济渠道，运用更多现代科技手段，提升问题线索发现能力。

分 报 告
Topical Reports

中国上市公司高质量发展评价：
基于数字化转型视角的分析

摘 要：上市公司高质量发展是中国经济高质量发展的重要基础。随着
内外部环境的剧烈变化，中国上市公司价值创造能力出现减
退，向低成长、高价值和高成长、高价值轮动转型出现放缓迹
象。但中国上市公司转型只有进行时没有完成时，数字化转型
就是亮点聚焦之处，数字化转型有利于上市公司"逃逸"生
命周期束缚，促进上市公司价值创造能力不断提升，并依据情
势变化不断掘汲柔性、韧性、弹性、塑性的增长路径。中国上
市公司数字化转型步伐加快还能够为投资者带来切切实实的利
益，资本市场表现进一步佐证了数字化转型的广泛性、必然性
和不可逆转性。基于此背景，本报告在历年价值评估模型基础

---

* 张鹏，中国社会科学院经济研究所副研究员，中国社会科学院大学经济学院副教授、硕士生
导师，研究方向为经济增长（人口和人力资本方向）与资本市场。

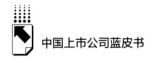
上构建了基于数字化转型的价值评估系统，通过镶嵌价值创造战略、人力资本/智力资本、技术前沿整合和韧性增长等指标于财务状况、估值与成长性、创值能力、公司治理、创新与研发等五维度的价值评估模型，并使用 2020~2022 年年报公开数据对中国 A 股分行业上市公司进行了评估与综合排名，筛选出了分行业价值较高的上市公司，构成"漂亮100"投资组合。从回测效果看，"漂亮100"投资组合在经风险调整后收益较高，这也提示该组合集聚了中国各行业较为优质的微观主体，是中国宏观经济情势在微观上的反映。

关键词： 上市公司 数字化 高质量发展 评估模型

一 引言

2020 年 10 月，国务院发布《关于进一步提高上市公司质量的意见》指出："上市公司是资本市场的基石。提高上市公司质量是推动资本市场健康发展的内在要求，是新时代加快完善社会主义市场经济体制的重要内容。"当前，中国上市公司面临的内外部环境发生深刻变化，持续提高上市公司质量压力与挑战并存。一方面，随着中国经济向高质量发展转型，经济增长更加强调由规模向质量、由要素向创新、由外延向内涵转变；另一方面，上市公司虽然紧随我国宏观经济转型步伐，但上市公司经营和治理不规范、发展质量不高等问题仍较突出，与建设现代化经济体系、推动经济高质量发展的要求还存在差距，持续通过规模经济提高、范围经济扩大来提高上市公司质量还面临不少问题与挑战。本报告针对上市公司高质量发展情况进行评估，就是以发掘、提高上市公司价值为要务，将上市公司质量状况以及进一步提高上市公司内生增长动力作为研究核心，既关注上市公司短期经营绩效，更突出其长期增长潜力评估，既从周期轮动中发掘上市公司价值创造阻滞因素，也挖掘上市公司价值能力提高的推手。因此，站在企业生命周期和经济周期角度就会发现，上市公司囿于规模报酬递减原因，维持长期增长总是需要不断创新和持续推动第二增长曲线开启，最终形成不断适应内外部环境变化并不断演绎和推陈出新的柔性、韧性、弹性、塑性的增长路径。

显然，创新或技术变迁是不断重构上市公司内生增长动力的关键。回到企业生命周期，企业成长遵循线性增长模式，最显著的特征就是增长"斜率"将会逐步减小，无法摄取成长"波动"收益，但技术变迁却呈现"指数"形式，其明显特征是增长"斜率"将会逐步增大，可以获取技术变迁的"波动"收益。企业成长轨迹与技术变迁轨迹在生命周期早期较为一致，但技术变迁演化轨迹逐步与企业成长相脱离，朝着独立模式演进，最终带来企业成长周期与技术变迁周期差距扩大（见图1）。因此，上市公司只有持续不断创新或通过并购重组等外源性方式获得前沿技术曲线，才能使技术演化与企业成长共进，企业发展也才能"逃逸"生命周期束缚。当前，数字经济的深入发展是技术变迁的主要呈现形式，《"十四五"数字经济发展规划》提出到2025年数据要素市场体系初步建立，产业数字化转型迈上新台阶，数字产业化水平显著提升，数字化公共服务更加普惠均等，数字经济治理体系更加完善。中国上市公司需要紧跟数字经济演进变迁步伐，才能提高要素配置效率、充分发挥网络化效应和不断迭代新产品和新服务，提高上市公司全要素生产率。因此，数字化转型已经成为衡量上市公司成功转型的重要标志之一。

数字化转型从需求系统和生产系统两端对中国上市公司进行更新、重造（见图2），对其柔性、韧性、弹性、塑性的增长路径形成具有重要的价值。一方面，从存量上看，数字化转型加速了行业上市公司业务转型，上市公司可以继续掘汲"人口红利"，要素配置效率提高，网络效应空间延展，纵向一体化效应和规模经济扩展。传统产业通过深度运用数字技术，推动传统产业全方位、全链条数字化转型，不仅实现了从需求端出发敏感捕捉消费动态、消费场景和消费趋势，也实现了从生产端的数字化控制和

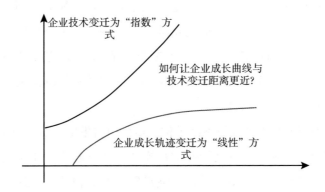

图1 企业技术变迁和成长轨迹变迁

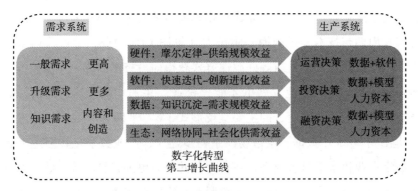

图2 数字化转型重构增长动力

流程再造，产业链延长、产业之间互动性和一体化联系更强，产业智能化、网络化和数字化特征更加明显。数字技术的深度应用，使传统行业上市公司在面临要素报酬递减困境后实现脱胎换骨和凤凰涅槃，促进传统部门提质增效。另一方面，从增量上看，新兴行业崛起，数字经济本身作为独立的部门构成新发展阶段知识生产和消费的主要载体，催生新产业新业态新模式，企业层面范围经济扩大导致产业生命周期迭代。党的十九届四中全会上正式提出数据作为生产要素，与传统实体经济部门人力资本与物质资本作为主要生产要素不同，数字经济部门以数据作为核心生产要素。数字经济的壮大有力地支撑了以数据生产、数据分析和数据服务为基础的新产业、新业态和新模式，促进消费端从普通耐用消费品向高档消费以及教育、医疗、旅游、文化娱乐等个人发展型和享受型消费的档次提升，数字经济无论与传统部门结合还是作为独立的经济部门都发挥了巨大作用。未来可以预计，数字经济作为"第四产业"将成为新发展阶段增量经济的重要组成部分，其蓝海市场规模和巨大发展潜力必将是我国上市公司及早抓住新一轮世界科技革命和产业变革先机，并在新一轮国际竞争中拔得头筹、抢占未来发展制高点的重要方向。

本报告基于数字化转型视角，将上市公司高质量发展与数字化转型趋势紧密相连，从中比较得出数字化这一抓手在促进中国上市公司高质量发展中的作用和意义，找寻新发展阶段中国上市公司从规模推动价值创造转向创新推动价值创造的驱动力。下面我们将首先对中国上市公司价值创造能力进行分析，基于行业轮动视角指出上市公司向低成长、高价值和高成长、高价值转型出现放缓迹象；其次，从数字化转型视角，采用网络爬虫分析方法观察中国上市公司数字化转型趋势，掘汲数字化在拓展固有韧性和开拓适应性韧性中的作用；最后，从市场验证角度，分析数字化转型前沿能够为投资者带来较高的收益，数字化是未来市场的重要风险因子。

（一）中国上市公司价值创造能力减退，向低成长、高价值和高成长、高价值轮动转型出现放缓迹象

持续的业绩增长是上市公司价值创造的基础。本报告认为"持续"主要体现在两个方面：第一，"持续"意味着"增长"，突出上市公司业绩能够不断增长，源源不断为投资者创造价值；第二，"持续"还象征"稳定"，这里的"稳定"主要说明上市公司能够在经历各种冲击和锻压下仍然保持一定的韧性和塑性，突出上市公司价值创造能力的"稳定"性和"持续"性。首先，从"增长"情况来看，表1中ROE趋势变化显示，2019~2022年业绩总体不断增长的行业仅有有色金属、电力设备、通信、煤炭和石油石化五大行业，这是中国绿色转型成功的标志之一，绿色转型不仅可以为中国经济增添绿色"底色"，还能为中国经济提供绿色"动力"；而从趋势上看，

总体不断下降的行业有轻工制造、房地产、商贸零售、社会服务、综合、非银金融、建筑材料、建筑装饰、计算机、美容护理，这些行业主要集中于受新冠疫情冲击的服务业和耐用消费品行业，受房地产市场下行周期的影响，与之相关的建筑材料和建筑装饰也亦步亦趋；其他各行业业绩总体在波动中保持稳定，没有呈现持续上升或下降等趋势性变化，一方面说明冲击等暂时干扰没有对趋势性变化造成影响，另一方面也说明这些行业代表性增长路径并没有形成，对投资者而言即意味着相对"确定"的投资赛道还没有形成。总体而言，中国上市公司价值创造能力疲态渐显，虽然不乏绿色转型成功的亮点点缀，但通过结构调整不断掘汲内生增长动力仍是大多数上市公司成功转型的关键。

内生增长动力有两个关键词。一是"内生"，强调增长动力获得来自转型所开启的第二次增长曲线的"方程"形成，"方程"既代表新的"参数"导致新的"答案"（但原有增长路径仍然有效），亦可能是新的"方程"即新的增长路径形成（原有增长路径失效）。虽然受到疫情冲击，外加外部环境变化，上市公司要持续为投资者进行价值创造至少要求业绩保持一定的延展性和伸缩性，即固有韧性或规模韧性，而最理想的情形表现在经历外部冲击下突破原有增长路径而进入新的增长均衡，即适应性韧性或质量韧性。

二是动力，强调增长曲线"方程"自变量为企业自身转型改革，改革是上市公司的基因而非内外部环境倒逼所致，企业只有主动嗅变、主动求变、主动应变才能以不变应万变，才能始终通过改革的"阵痛"换来长久的增长，突破生命周期限制和束缚。中国经济进入新发展阶段，改革开放40多年的中国企业获取规模红利、人口红利和市场红利的空间正在不断缩小，面对百年未有之大变局和内外部环境发生的剧烈变化，上市公司只有不断提高抗冲击能力、响应能力、重生能力，提升韧性，业绩才是持续的，也是上文提到的"稳定"的。

表1　2019~2022 年各行业净资产收益率变化

行业分类	ROE2019	ROE2020	ROE2021	ROE2022	趋势
农林牧渔	14.6033	16.7907	−6.2552	3.4336	
基础化工	4.3923	9.1628	17.5415	13.7088	
钢铁	8.5237	7.9794	13.9939	3.6183	
有色金属	1.9025	6.5260	13.1470	18.6700	
电子	6.4193	7.5493	11.8125	7.1045	
汽车	5.4303	6.0210	6.0721	5.7114	
家用电器	17.8725	16.6149	16.5105	16.7777	
食品饮料	21.0392	21.6340	20.3755	20.3679	
纺织服饰	8.5081	5.3510	8.0529	4.3499	
轻工制造	12.0056	10.8370	9.7849	6.2132	
医药生物	7.5882	9.6361	12.2209	9.8718	
公用事业	7.7429	8.5197	3.3260	5.6590	
交通运输	8.8118	0.4840	9.7121	4.9377	
房地产	15.2085	11.3943	3.1691	−1.8144	
商贸零售	6.9821	3.6534	−2.1155	0.2252	
社会服务	7.0223	−4.2731	−3.2629	−5.0762	
银行	11.9083	10.6086	10.7453	10.5308	
非银金融	12.1147	10.9671	10.3479	7.0671	
综合	5.9898	1.0396	1.8231	−0.6810	
建筑材料	16.7652	16.3831	16.1322	7.5762	
建筑装饰	10.2508	9.4463	8.3511	8.3288	
电力设备	6.7105	9.0199	10.5563	15.1027	
机械设备	7.6386	9.5771	9.0507	7.4894	
国防军工	4.0863	6.3686	5.9773	5.0630	
计算机	8.8695	6.7858	6.3990	3.3740	
传媒	2.1522	3.3524	7.0237	2.3688	
通信	7.7409	7.6216	7.8135	8.4954	
煤炭	11.0850	10.3123	16.5199	21.9665	
石油石化	7.3047	4.0018	10.1480	12.3259	
环保	3.3593	9.2997	7.1161	5.8064	
美容护理	14.0062	10.7669	12.0159	7.1103	

资料来源：Wind 资讯金融终端。

　　为了对上市公司转型情况进行研判，本报告仍使用 2022 年蓝皮书采用的韧性轮动钟分析方法进行揭示。我们期望从韧性变化的细微信息中找到上市公司转型的方向和主动嗅变、主动求变与主动应变的培基、升级能力，一方面从聚合和收敛视角得到升级转型方向、投资赛道和价值溢价，另一方面从分化或异化角度找到升级转型阻滞的行业分布、主要特征，为进一步找寻转型抓手和培育升级动力奠定基础。图 3 为根据 Wind 行业分类（类似于 GICS 行业分类）计算了规模韧性和质量韧性变化情况下，不同行业配置差异的产业轮动钟，总体而言，固有韧性和适应性韧性同步获得提高（高成长高价值）的有原材料、工业和信息技术，固有韧性和适应性韧性同时降低（低成长低价值）的有可选消费、金融和电信服务、房地产，固有韧性提高和适应性韧性降低（高成长低价值）的有日常消费和公用事业，固有韧性降低和适应性韧性提高（低成长高价值）的有能源和医疗保健，与 2021 年相比，除房地产从高成长、低价值转向低成长、低价值之外，基本没有大的变化。

　　由于 Wind 行业分类较粗，较短时间可能无法"渗出"行业转型的信息，我们使用分类更细的申万行业进行计算。图 4 为根据申万行业分类计算，处于高成长高价值的主要行业有机械设备、家用电器和计算机、通信、煤炭等行业，处于低成长低价值的主要行业有基础化工、纺织服装和房地产、银行、商贸零售等行业，处于高成长低价值的主要行业有汽车、医药生物和国防军工、钢铁等，处于低成长高价值的主要行业为食品饮料、有色金属和公用事业。总体而言，无论是 Wind 行业分类还是申万行业分类，在规模韧性和质量韧性收敛分化的区间划分中，行业分布具有较高的一致性。但仔细考究特别是与 2021 年对比，还是能发现一些问题，第一，轮动中有"异化"，主要体现为升级方向受阻、升级动力不足和升级价值缺乏。行业升级是摆脱生命周期束缚的重要手段，只有行业方向通畅、升级动力足才能创造出巨大的蓝海市场，为投资者提供潜在和较高的"未来"溢价，为戴维斯双击创造条件。中国近年来在经济转型中以绿色转型和数字化转型为双抓手，不仅增强了中国经济的战略自主和绿色底色，也使得行业升级与轮动

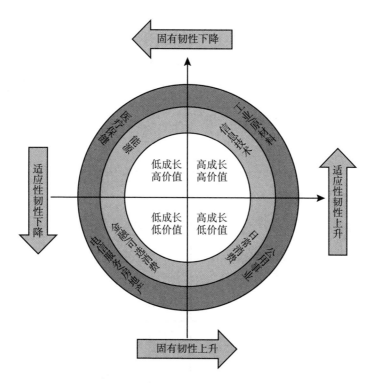

图3 不同韧性划分下行业轮动钟（Wind 行业分类）

更加符合现代经济发展规律，例如电子、电力设备、医药生物等一直处于高
成长、高价值区间，但2022年上述行业不再处于高价值象限，说明升级中
遭遇一定阻力，传统行业如汽车、基础化工、钢铁等仍然一直处于低价值区
间，无法通过转型进入高价值区间，未来适应性韧性或质量韧性建设仍是重
点。当然，需要指出的是，我们仅仅是从2022年短期数据计算得出的结论，
考虑产业升级和转型是长期变量，短期内受市场波动、国内外环境等多重因
素影响，结论难免会出现一些调整，但发现的问题仍是值得重视和警惕的。
第二，轮动中有"分化"，主要体现为升级方向分散、收敛化趋势不明显。
历史经济规律揭示，随着经济结构不断迭代升级，产业升级方向也是相对集
中的，例如传统农业向工业化升级，工业化升级方向比较集中，从工业化向
服务业转型，服务业升级趋势也是比较集中的。从图3和图4行业轮动趋势

看，中国经济向高质量转型过程中并没有完全呈现产业高质量转化特征，产业升级趋势并没有在轮动中出现较为集中的高价值方向，高价值集中行业应该说仍然在汲取人口红利和市场红利，创新和质量溢价较低，适应性韧性无法提高。需要指出的是，受疫情冲击和内外部环境影响，处于低成长区间的行业显著增多，规模韧性处于下降区间，失去了高成长的支持，博得质量韧性更是难上加难。

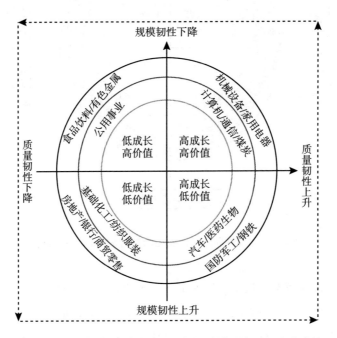

图4　2022年不同韧性划分下行业轮动钟（申万行业分类）

因此，中国上市公司转型挑战主要体现为固有韧性建设的基础性、适应性韧性建设的重要性，即抗冲击性、响应性和重生性如何永续获得。一方面，在固有韧性建设中，人口红利消失，创新驱动内生增长需要存在人口红利这一先决条件，供需压制，成长确定性降低；另一方面，在适应性韧性建设中，赛道不确定性提高，价值确定性降低，即上市公司价值能力提高过程中，赛道是高度不确定的，上市公司价值的确定性不断降低。

表 2 行业韧性划分

	高成长、高价值	低成长、高价值	低成长、低价值	高成长、低价值
行业分布	机械设备、建筑材料、家用电器、计算机、环保、通信、传媒、社会服务、美容护理、煤炭、综合	建筑装饰、公用事业、有色金属、食品饮料	银行、房地产、商贸零售、电力设备、纺织服装、农林牧渔、电子、石油石化、交通运输、非银金融、基础化工、轻工制造	汽车、医药生物、国防军工、钢铁

资料来源：笔者计算。

（二）数字化转型有利于上市公司"逃逸"生命周期束缚，掘汲柔性、韧性、弹性、塑性的增长路径

虽然内外部环境的变化以及中国上市公司在转型的爬坡过坎过程中会经历一些挫折，导致业绩出现波动、价值创造能力出现下降。但变中有机，中国上市公司转型一直是进行时而没有完成时，数字化转型就是这方面的特色。中国数字化转型加速了各类场景应用，使各行业的规模化红利周期延长，同时迭代出数字经济这一新行业，新的驱动力边际增加了经济增长动力。因此，为了衡量数字经济在重构上市公司增长动力、助推上市公司"逃逸"生命周期束缚方面发挥的重要作用，本报告使用网络爬虫分析方法，通过抓取历年上市公司年报，并使用 100 余个被国内外权威学术论文广泛采用的关键词，考察了中国上市公司数字化发展情况和转型趋势。表 3 列示了申万各分类行业 2019 年以来的数字化词频，第一，中国上市公司数字化转型趋势具有普遍性和广泛性，2019 年以来除房地产、商贸零售、家用电器、电子、交通运输、轻工制造外，其他各行业数字化指数总体呈上升趋势，意味着中国数字化转型是广泛而深刻的，几乎牵涉各个行业，数字化触角既已经渗透到日常生活等传统行业也不断伸及经济发展前沿，对经济发展和人民生活产生了广泛而普遍的影响；第二，中国上市公司数字化转型趋势势不可当，并没有因内外部环境变化而产生负面影响。观察 2019 年和

表 3 2019~2022 年中国各行业数字化转型趋势

行业分类	2022年	2021年	2020年	2019年	数字化转型趋势
银行	162.69	148.36	154.69	126.75	
房地产	35.28	36.40	33.89	29.21	
计算机	426.51	421.43	391.49	375.58	
环保	38.14	34.34	30.07	26.00	
商贸零售	114.32	120.65	103.95	91.20	
机械设备	178.68	176.66	170.77	157.03	
电力设备	116.01	115.04	107.87	103.17	
建筑装饰	65.28	60.05	49.15	41.34	
建筑材料	48.65	45.45	37.09	34.00	
家用电器	152.10	159.30	149.75	148.86	
纺织服装	75.67	76.49	75.19	67.07	
农林牧渔	38.91	35.37	36.43	27.82	
电子	142.67	144.68	137.75	128.15	
综合	55.81	41.00	55.41	50.95	
公用事业	33.24	26.53	28.02	23.03	
医药生物	57.90	52.63	49.64	42.19	
汽车	69.78	67.43	60.65	50.38	
石油石化	36.67	30.71	30.75	30.05	
有色金属	38.48	35.31	30.58	31.04	
通信	344.62	335.94	312.06	299.76	
交通运输	90.59	94.19	86.60	72.59	
传媒	269.21	257.07	257.13	254.15	
非银金融	71.67	67.72	69.05	60.88	
基础化工	38.16	36.01	35.63	29.79	
社会服务	77.24	76.24	75.33	69.11	
轻工制造	95.19	95.75	89.07	78.02	
国防军工	111.76	103.90	98.14	92.05	
美容护理	67.38	61.50	62.88	54.29	
食品饮料	55.51	52.79	55.38	43.56	
煤炭	32.08	29.50	25.11	21.42	
钢铁	43.52	41.63	37.88	30.16	

资料来源：Wind 资讯金融终端。

2020~2022年，疫情前多数行业数字化转型指数还较低，疫情的冲击没有减缓中国上市公司数字化转型步伐，数字化转型反而经历爬坡向上、一路向前，充分反映了中国上市公司数字化转型的韧性，这一方面说明数字化加速了场景应用，扩展了规模红利，规模韧性或固有韧性得到提升；另一方面更说明数字化推动上市公司开辟新的增长路径，质量韧性或适应性韧性得到淬炼。

综上所述，数字化转型能够为上市公司价值创造带来切切实实的利好，成为新发展阶段上市公司价值提升的重要手段。为了表征数字化转型对上市公司价值创造提升的影响，图5横轴为2022年与2020年数字化转型指数之差，反映2020~2022年数字化转型趋势，纵轴为2022年与2020年ROE之差，反映2020~2022年价值创造能力变化趋势。从图5散点图可以看出，数字化转型变化与ROE变化为正相关关系，2020~2022年数字化转型指数变化越大，就越能带来ROE不断增长，数字化转型加快是促进上市公司价值创造能力持续提升的重要手段。

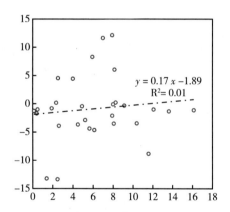

图5 2020~2022年各行业（申万）数字化转型变化与ROE变化

资料来源：Wind资讯金融终端。

（三）市场验证

数字化转型除了能切实提高上市公司价值创造能力之外，还能为投资者带来较高的回报。2023年以来，中国资本市场不断向好，各类支持资本市场健康发展的政策措施密集出台，为市场长期稳定、健康发展提供了政策支持、法治保证。图6显示，2023年1月1日至7月24日涨幅居前的行业主要集中于通信、计算机、电子、机械设备、传媒等数字技术密集型行业以及汽车、家用电器、石油石化、建筑装饰等数字场景广泛渗透行业，市场的波动与数字化转型趋势高度相关。图7横轴为各行业数字化转型指数，纵轴为各行业涨跌幅，从中可以发现排在数字化转型前列的行业能够为投资者带来显著的收益，进一步佐证了图6所反映的市场变化特征，数字化将成为资本市场重要的风险因子。

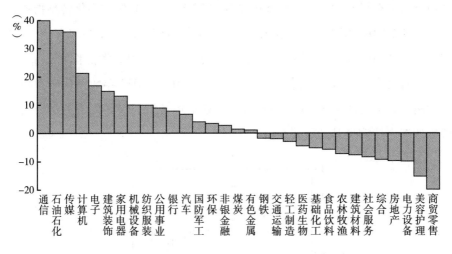

图6　2023年1月1日至7月24日各行业涨跌幅

资料来源：Wind资讯金融终端。

二　评价系统

基于数字化转型视角，本报告构建了中国上市公司高质量发展的五因素综合评价系统，该系统传承了历年报告的财务、成长性、创新、公司治理等传统因子，也结合数字化转型新趋势融合了对企业数字化转型形成重要支撑作用的因素，这样既保持了评价模型的稳定性，也能结合新的市场、技术、环境变化对模型的适用性进行延伸，使之具备较强的稳定性和柔韧性。

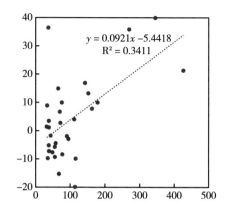

$$y = 0.0921x - 5.4418$$
$$R^2 = 0.3411$$

图7 各行业（申万）数字化转型与涨跌幅

资料来源：Wind 资讯金融终端。

（一）基于数字化转型的五因素综合评价模型

数字化转型是集战略与执行、人力与物质、增长与价值等于一体的系统价值创造战略提升计划。如图8所示，数字化转型体系外围由韧性增长、人力/智力资本、价值创造战略与技术前沿整合构成，价值创造战略涉及企业整体规划、战略执行，战略执行需要物质资本和人力资本的统筹结合，即技术前沿和人力/智力资本，来共同创造上市公司的韧性增长路径。价值创造战略主要涉及企业发展整体规划，"价值"生态系统构建，同时对重点投资方向和投资组合作出甄别与筛选。一旦战略定了，战略执行就是关键。从物质资本角度看，就是技术前沿的获取和整合能力，包括新兴技术快速应用、"技术"生态系统构建以及技术与客户对接等。人力/智力资本是数字化转型中重要的力量，包括建立允许企业家精神发挥的平台，营造宽松、柔性的文化氛围，为创造价值的新想法、新思路提供激励和容错纠错机制，为员工提供职能提升培训以不断提高员工人力资本水平。需要指出的是，人力资本与智力资本在国外文献研究中具有较大差异，人力资本只有与平台结合才能转化为智力资本，换言之，合理的平台是人力资本转化为智力资本的前提，因此企业的健康发展就显得尤为重要，企业发展好才能为员工提供好的平台和实现价值的基础，当然员工发展好也是企业发展好的根本体现，因此，在这样的视角下，人力资本与企业发展是紧密结合、相互促进的。最后，在技术前沿和人力资本、智力资本加持下，企业迎来韧性增长路径，这一增长路径的核心特征是柔性化的运营策略、组织架构和差异化的能力，能够应对复杂多变的环境，持续为股东和投资者创造价值。

图 8　数字化转型综合体系

在数字化转型总体体系的基础上，我们将其结合进历年上市公司评价五因素模型。五因素模型具体如下，我们结合国内外公司价值评估理论和经验研究，统筹考虑内在价值、外在价值、企业治理等多方面因素，设计了衡量公司价值增长的五因素评价指标体系。财务状况方面，本报告主要从财务稳健性和现金流真实性等方面来探讨上市公司财务状况；估值与成长性方面，本报告认为估值的提升根本上需要企业成长来支撑，只有具有实实在在业绩作为地基，估值的意义才能更加科学合理；创值能力方面，本报告主要借鉴经济增加值计算方法体系将传统财务成本核算体系扩展至经济成本核算体系，从而体现企业经营者有效使用资本和为股东创造价值的能力；公司治理和创新与研发两个方面主要站在企业持续经营、核心竞争力不断提高等长期视角，深入挖掘驱动企业价值成长的内在因素，从未来成长的角度分析企业价值潜在变化趋势。

本年度在保持五因素指标体系基本稳定的基础上重点对数字化转型综合体系相关指标进行了更新和拓展，具体如下。第一，大幅增加人力资本和智力资本相关指标，人力资本涉及企业员工人力资本质量以及高管等人力资本质量（企业家精神），同时对企业创新投入和公司治理质量提高具有重要的促进作用。第二，财务方面主要突出数字化转型后企业韧性增加促使业绩稳定性、持续性和安全性大幅增强，同时要将各类财务指标置于相互勾稽和相互印证的体系中。第三，强化对数字化创新的考核，突出数字化对传统行业转型和新兴行业内生增长的关键作用。我们通过爬取全部上市公司年报并提取多个关键词的做法，构建了上市公司数字化发展指数并将其应用于价值评估实践。第四，关注 ESG、治理和创新等驱动上市公司价值增长的重要因素，更加突出企业价值评估中"未来性""长期性"的作用，与财务类短期因素形成比较和佐证。为此，我们对综合评级指标体系中不同指标进行了更新和扩充，深度分析驱动上市公司价值成长的关键因素并兼顾不同行业的异质性。上市公司价值评估模型由如下体系构成（见图9）。

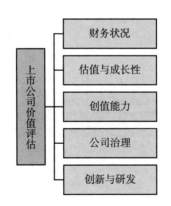

图9　上市公司综合评价指标体系

（二）样本选择和数据来源

A 股上市公司剔除所有 ST 类股票，相关数据来源为截止到 2022 年 12 月 31 日的数据，包括 2020～2022 年的年报数据，研究数据来源主要来自

Wind 资讯金融终端、东方财富 Choice 金融终端和国泰安 CSMAR 数据库，数据处理和排名计算采用 Python 软件进行。筛选后，按照申万行业分类，各行业上市公司数量如图 10 所示。

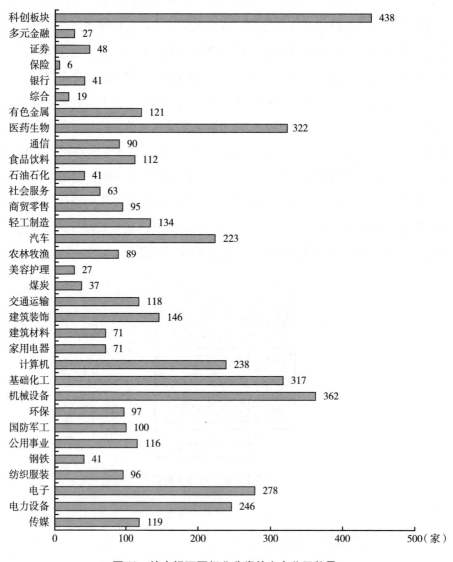

图10 按申银万国行业分类的上市公司数量

资料来源：Wind 资讯金融终端。

（三）数据预处理说明

1. 科创板块单列的特别说明

为了提高资本市场服务创新能力，增强市场包容性，强化资本市场的多元化、特色化和精准支持功能，我国于 2019 年 6 月 13 日开通科创板，同时 2020 年 11 月 15 日专门定位于"专精特新"功能的北京证券交易所开市。服务中小企业创新发展的科创板块是市场的热点，其行业分类主要集中于医药生物、电子、计算机等创新型行业，其股票大多数上市日期较短，同时从企业发展特点看，其发展相对于主板成熟性企业还处于生命周期早期，相应地其业绩变化也呈现增长快、波动大的特征。基于上述特点，本报告将科创板块单列，在层次分析法计算权重中不区分行业而统一进行处理（突出科创企业创新的重要性），以与主板市场相区别。

2. 2019 年以来依靠借壳而上市的公司

审核制导致 IPO 排队，无法满足逐渐发展壮大企业的融资需求，因此，一些未上市企业若能将资产注入目前已上市但经营不善、市值较低的公司，从而达到间接上市融资的需求，这就构成借壳上市。借壳上市公司通常名字或主营业务已经变更，上市当年无法与前些年业务形成对比。根据前面的财务指标计算和评价方法，若加入这些上市公司将会导致结果向上偏误，因此，为谨慎起见，将 2019 年以来借壳上市的公司排除在外（见表 4）。

表 4　2019 年以来借壳上市公司

证券代码	证券简称	借壳上市日期
002096.SZ	易普力	2023-01-31
600361.SH	创新新材	2022-11-17
300442.SZ	润泽科技	2022-08-04
600662.SH	外服控股	2021-09-16
600228.SH	返利科技	2021-03-20
002758.SZ	浙农股份	2020-11-27
600817.SH	宇通重工	2020-11-13

续表

证券代码	证券简称	借壳上市日期
002532.SZ	天山铝业	2020-07-06
002761.SZ	浙江建投	2020-04-22
002793.SZ	罗欣药业	2020-04-07
002082.SZ	万邦德	2020-03-03
600556.SH	天下秀	2020-01-04
000785.SZ	居然之家	2019-12-19
002459.SZ	晶澳科技	2019-11-27
600732.SH	爱旭股份	2019-09-27
002059.SZ	云南旅游	2019-07-15
002015.SZ	协鑫能科	2019-06-14
002053.SZ	云南能投	2019-03-22
002607.SZ	中公教育	2019-01-29
002755.SZ	奥赛康	2019-01-18

资料来源：Wind 资讯金融终端。

3. 删除最近一年 IPO 的上市公司

从世界各国经验看，股票 IPO 后都会出现上涨。根据博迪等（2017）研究，IPO 首日都会出现收益率较快上涨现象，这其中中国首日收益率上涨最高，达到 150% 多。虽然新股和次新股的波动一般与 IPO 抑价发行有关，但过度波动显然脱离了基本面，过高估值也将会面临调整。为了防止新股大幅波动对评价形成的干扰，本报告将最新一年上市股票删除。

4. 最近一年发生 ST 摘帽的上市公司

年报披露期往往是 ST 摘帽高峰期，年报业绩的改善往往令不少 ST 公司摘去市场警示的帽子，这些股票往往受到市场热捧，从而产生较高的估值指标，不过这些公司大部分基本面并未发生与股价相符的利好改善，所以这些公司的估值与成长性指标参考意义不大，这些公司包括但并不限于以下所列，特此说明（见表 5）。

表 5　2022 年以来 ST 摘帽的上市公司

证券代码	证券简称	戴帽摘帽时间
300269. SZ	联建光电	去 ST:20221212,ST:20210506
000980. SZ	众泰汽车	去 ST:20221103, * ST 变 ST:20220520
600515. SH	海南机场	去 ST:20221014,ST:20220519
600221. SH	海航控股	去 ST:20220930,ST:20220519
002668. SZ	奥马电器	去 ST:20220923,ST:20210907
601113. SH	华鼎股份	去 ST:20220627,ST:20191009
000802. SZ	北京文化	去 ST:20220624,ST:20210506
603729. SH	龙韵股份	去 ST:20220531,ST:20210506
601020. SH	华钰矿业	去 ST:20220526,ST:20210430
300051. SZ	三五互联	去 ST:20220520,ST:20210426
600595. SH	中孚实业	去 ST:20220520, * ST 变 ST:20220114
002496. SZ	辉丰股份	去 ST:20220513, * ST 变 ST:20210616
600408. SH	安泰集团	去 ST:20220506, * ST 变 ST:20190328
603863. SH	松炀资源	去 ST:20220419,ST:20210506
000516. SZ	国际医学	去 ST:20220418,ST:20220117
600403. SH	大有能源	去 ST:20220418,ST:20210428
600300. SH	维维股份	去 ST:20220412,ST:20210427
603322. SH	超讯通信	去 ST:20220328,ST:20220209

资料来源：Wind 资讯金融终端。

三　评价指标体系和计算方法

（一）分行业评价指标体系①

1. 财务状况

企业财务状况是上市公司价值评估的基础，良好的财务状况是公司生存和成长的基础，我们设立多角度财务指标综合反映企业在筹资、投资和经营

---

① 本年房地产行业上市公司评估请参考 B4。

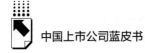

全过程中的财务状况,特别突出企业现金流在企业经营中的关键作用,所以我们每年都会适时更新和调整一些财务指标以求能更好地反映以企业现金流为基准的财务情况。从财务状况角度而言,我们的分析重点在于勾稽出上市公司从收入到利润、从利润到现金流的完整链条,从财务稳健角度滤出能够真正创造价值的上市公司。

考虑到不同行业的差异,银行业、证券行业以及保险行业财务报表与其他行业存在显著不同,故针对这三个行业设立与其他一般行业不同的财务指标。以证券行业和保险行业为例,考虑到券商和保险公司发展的特点,在券商收入驱动力方面,我们以经纪业务收入增长、自营业务收入增长和信用业务收入增长来反映券商收入的日益多元化,自营业务和信用业务逐步成为券商除经纪收入之外的主要收入来源。近年来,随着业务多元化,保险公司资产的投资渠道也日渐多元化,我们加入净投资收益率和总投资收益率来表征这一现象。

表6 财务状况评价指标

行业	类别	财务指标
银行业	收入驱动力	净息差
		生息资产收益率
		生息资产增长率
		计息负债成本率
	收入结构	非利息收入占比
		利息净收入增长率
	营运能力	净资产收益率
		成本收入比
	资本监管	资本充足率
		流动性覆盖率
		杠杆率
	资产质量	不良贷款率
		拨备覆盖率
		拨贷比

续表

行业	类别	财务指标
证券行业	规模	净资本
	风险控制	风险覆盖率
		净资本负债率
		权益乘数（剔除客户保证金）
	盈利能力	净资产收益率
	营运能力	资产周转率
	收入驱动力	手续费和佣金净收入
		利息净收入
		投资收益
		公允价值变动损益
保险行业	盈利能力	净资产收益率
		净投资收益率
		总投资收益率
	内含价值	内含价值
	营运能力	已赚保费占比
		已赚保费增长率
		成本收入比
		退保率
	偿债能力	偿付能力充足率
一般行业	现金流动性能力	速动比率
		现金比率
		现金流量比率
		现金循环周期
		运营现金含量
	长期偿债能力	财务杠杆
		权益乘数
		现金有息债务比
		利息保障倍数
	营运能力和财务弹性	应收账款周转率
		存货周转率
		现金营运指数
		全部资产现金回收率
		现金满足投资比率

续表

行业	类别	财务指标
一般行业	盈利能力和盈利质量	**销售净利率**
		毛利率
		净资产收益率
		销售现金比率
		净利润现金含量

注：表中加粗指标为涉及数字化转型指标，下同。

2. 估值与成长性

估值有相对估值和绝对估值，我们既兼顾市盈率、市净率等相对估值指标，也考虑每股自由现金流等绝对估值指标，更加完整地对上市公司的估值能力进行评估。估值与成长性方面，我们参考加拿大皇家银行（RBC）选股模型，利用估值、成长性指标和稳定性指标三大模块来衡量。

表7　估值与成长性评价指标

类别	估值与成长性指标
估值	扣除非经常性损益的市盈率
	市净率
	PEG
	每股自由现金流
成长性指标	**EPS 增长率**
	扣除非净利润增长率
	营业收入增长率
	海外业务收入占比
	资本支出增长
稳定性指标	股价收益率稳定性
	盈利稳定性
	非经常性项目频率

3. 创值能力

上市公司价值创造能力不仅反映了过去的历史实现，更体现为对未来的创值预测。我们从过去为股东创造价值和未来为股东创造价值两个角度设立经济增加值（EVA）和市场附加值（MVA）两个指标来衡量上市公司创值能力。EVA 全面反映了公司的资本成本，从而较为准确地衡量了上市公司真正和实实在在创造的价值，防止上市公司进行盈余管理制造"虚假繁荣"；而 MVA 计算则从市值或者说是未来估值角度衡量了上市公司真正的价值创造，反映了上市公司的预期成长能力，从而在历史创值能力评估的基础上更加全面地预判公司的创值能力（见表8）。

表 8　创值能力评价指标

类别	创值指标
过去为股东创造价值	EVA
未来为股东创造价值	MVA

4. 公司治理

根据已有公司治理研究成果，本报告公司治理体系依然围绕股权结构与股东权利、董事会运作情况、高管构成与激励、信息披露和社会责任等五大方面展开（见表9）。2020 年 12 月 10 日，中国证监会发布《关于开展上市公司治理专项行动》，近三年来我国上市公司治理法律法规、政策监管制度不断完善，上市公司治理体系更加成熟。考虑到中国大股东代理问题对上市公司正常经营的巨大影响，近年来独立董事制度规范、减持新规、分红规定、再融资、信息披露等方面有很大改革和改善，有效地遏制了严重舞弊、违规担保、掏空资金等突出问题，为注册制全面推广及上市公司健康发展奠定了基础。本报告根据公司治理已有研究成果及中国近年来公司治理政策和实践，对公司治理体系不断更新和完善，更加突出公司治理在上市公司高质量发展中的基础性和长期性作用。

表 9　公司治理评价指标

类别	公司治理
股权结构与股东权利	股息率
	流通股份占比
	机构持股比例
	机构持股稳定性
	第一大股东持股比例
	大股东质押
董事会运作情况	董事会下设专业委员会数量
	三会次数
	独立董事比例
	两职合一
	监事会规模
	董事会持股比例
	监事会持股比例
	监事薪酬总额
	董事长持股比例
	董事薪酬总额
高管构成与激励	**股权激励比例**
	高管持股比例
	高管薪酬
	总经理持股比例
信息披露	审计结果
	内部控制
	违规事项
	对外担保
	机构调研
社会责任	ESG
	资产纳税率

5. 创新与研发

创新与研发涉及上市公司多个行为维度，我们分别从创新投入、创新产出、创新效益与创新资金来源等四个方面对上市公司的创新与研发行为进行捕捉，如表 10 所示，这些指标既反映了公司的物质投入，也列示了无形、人力资本方面的投入，既反映了公司的有形方面创新产出，也有公司无形方面的创新产出。此外，表 10 指标的多维度、多特征能够相对准确地捕捉上市公司持续的研发投入以及由此产生的核心竞争力，譬如专利获得的连续性、核心竞争力带来的市占率、超额收益率的提高等。

表 10　创新与研发评价指标

类别	研发与创新能力
创新投入	研发投入熵
	人力资本投入
	研发人员比例
	技术人员投入
	技术人员持股比例
创新产出	数字化
	专利熵
	无形资产
	开发支出
创新效益	企业韧性
	全要素生产率
	劳动生产率
	市场占有率
	超额收益率
创新资金来源	内部融资能力
	公司自由现金流增长
	外部融资能力

（二）标准化、正交化与层次分析法

在建立指标体系后，下一步就是通过数学统计方法将多因子指标加总在一起，从而依得分从低到高来对上市公司价值创造能力进行评估。具体步骤如下。

第一，通过数据清洗，将数据中缺失值、离群值和极端值进行替代、删除和删截。譬如，在缺失值较多的情况下，我们使用该行业该因子的平均值或零进行替代，离群值和极端值的存在造成评估结果出现极端抬高或极端压低的情形，我们通常使用数据删截的方法进行处理，以便使因子取值范围限定在相对合理的区间。数据清洗是影响因子质量的重要因素，进行全面的因子清洗是准确评估的第一步。需要说明的是，为了防止一些上市公司特别是ST摘帽公司业绩大幅波动所造成的极端值出现概率大大增加的情形，本报告对所有财务指标、成长类指标以及公司治理、研发创新的大部分指标都取各因子的近三年均值，但即使如此，仍然无法规避极端值、离群值的出现，特别是业绩出现巨幅波动的标的对评价结果科学性形成较大干扰，因此本报告创新性地采用波动调整的方法对业绩巨幅波动的上市公司进行"惩罚"，更加合理地还原其业绩增长"本质"，甄别和筛选出业绩稳健增长、核心竞争力充分，在长期中具有较高投资潜力的优质标的。

第二，将清洗后的因子进行标准化，以得到归一化和无量纲的效果。因子清洗后，各因子衡量单位不同，标准化后的因子能够统一归一化处理，使各个因子对上市公司价值创造能力的影响不因衡量单位的不同而不同。

第三，将标准化后的因子进行正交化处理，以得到"纯净"因子。众所周知，因子之间存在较强的相关性，特别是五大因素内部各因子之间存在较强的相关性。相关性存在将会造成因子对创值能力的解释存在较大的误差，导致夸大和缩小某一类因子的解释能力。正交化的处理降低了因子之间的相关性，能够得到各因子"净"影响。

第四，通过层次分析法确定各因素之间和因素下子项间的权重。考虑到本报告包含因子很多，各因素子项下又包含多个具体因子，如果使用层次分析法确定权重，首先涉及五个因素间、各因素下子项间、各子项下具体因子间不同层次的权重的专家打分，由于专家数量有限以及专家重复打分可能造成的主观误差，我们仅对五个因素间、各因素下子项间权重进行专家打分，而子项下各因子之间由于已经经过标准化、正交化处理，同时规避各子项下不同因子间"重要性"重复判断，节省了专家时间和提高专家打分的效率，通过加权平均处理得到各子项权重的数值。各因素间、各因素下子项间通过下列层次分析法规则得到权重。

首先，根据前文划分的财务状况、估值与成长性、创值能力、公司治理和创新与研发等驱动因素，建立起上市公司价值评估的各层指标体系。

然后，根据各个子项的相对重要程度来确定各因素权重。通过两两比较，得出每一个子项相对于另一个子项的"重要性"程度得分。相对重要程度度量如下（见表11）。

表11 专家打分规则

标度	含义
1	表示两个因素 X_i 和 X_j 相比，具有相等重要性
3	表示两个因素 X_i 和 X_j 相比，X_i 比 X_j 稍微重要
5	表示两个因素 X_i 和 X_j 相比，X_i 比 X_j 明显重要
7	表示两个因素 X_i 和 X_j 相比，X_i 比 X_j 强烈重要
9	表示两个因素 X_i 和 X_j 相比，X_i 比 X_j 极端重要
2,4,6,8	表示两个因素 X_i 和 X_j 相比，在上述两个相邻等级之间
倒数	表示两个因素 X_i 和 X_j 比较得出判断 a_{ij}，则 X_j 和 X_i 比较得出判断 $a_{ji} = 1/a_{ij}$

对于打分结果，对各因素及各因素下指标分别构造判断矩阵，计算判断矩阵的最大特征根和一致性指标，进行一致性检验。满足一致性检验的判断矩阵的特征向量的各个分量就是各个指标对上一级指标（因素）的权重。利用该权重计算企业价值评估值。

由于行业众多，我们将申万31类行业按照产业特征分为制造业和服务业两大类，再按照产业结构和功能的相似性进一步划分为11类子行业，每一类子行业代表一种专家打分权重，通过对这11类子行业打分，得出所有31类行业的专家打分结果（见表12）。房地产在专题报告单列。

表12 专家打分表类型

产业	产业结构和功能	包括的申万行业
制造业	上游能源	煤炭、有色金属、石油石化
	中游制造	基础化工、钢铁、建筑材料、建筑装饰、电力设备、机械设备、轻工制造、国防军工
	下游需求	汽车、家用电器、农林牧渔、纺织服装、食品饮料

续表

产业	产业结构和功能	包括的申万行业
服务业	物流	交通运输
	TMT	电子、计算机、传媒、通信
	金融	银行、非银金融
	休闲服务	社会服务、美容护理
	公用事业	公用事业、环保
	零售	商贸零售
	医药	医药生物
	其他	综合

四　评估结果

（一）A股上市公司价值评估综合排名结果

通过对上市公司五要素下具体因子进行标准化与正交化，并使用层次分析法对五要素、要素下子项进行打分，通过加总可以得出分行业上市公司价值评估综合排名结果①，由于报告篇幅有限，我们只选取每个行业排名前十的上市公司，其他上市公司的综合排名分值以及五个要素的具体分值在附录中体现。

1. 银行

表 13　银行

排名	代码	公司名称	总得分	财务指标	估值与成长性	创值能力	公司治理	创新与研发
1	600036. SH	招商银行	5.62	5.98	4.93	6.31	5.73	5.16
2	600908. SH	无锡银行	5.37	5.24	5.17	6.17	5.21	5.06
3	000001. SZ	平安银行	5.35	5.3	5.09	5.71	5.45	5.18

---

① 申万行业分类可以细分至三级，本报告只呈现一级行业评估结果。若读者需要细分的二级、三级行业上市公司评估结果，可与本报告作者联系，jjs-zhangpeng@ cass. org. cn。

续表

排名	代码	公司名称	总得分	财务指标	估值与成长性	创值能力	公司治理	创新与研发
4	600919.SH	江苏银行	5.31	5.63	5.32	5.49	5.41	4.69
5	601128.SH	常熟银行	5.3	5.55	5.25	5	5.81	4.91
6	601939.SH	建设银行	5.28	5.33	4.99	5.4	5.34	5.33
7	002966.SZ	苏州银行	5.24	5.44	5.36	4.84	5.71	4.82
8	601658.SH	邮储银行	5.23	5.04	5.37	5.81	4.64	5.3
9	601166.SH	兴业银行	5.23	5.09	5.03	5.51	5.61	4.9
10	601009.SH	南京银行	5.21	5.72	4.98	4.7	5.78	4.88

2. 非银金融

表14　证券

排名	代码	公司名称	总得分	财务指标	估值与成长性	创值能力	公司治理	创新与研发
1	300059.SZ	东方财富	5.65	5.26	5.37	6.42	5.43	5.78
2	600030.SH	中信证券	5.56	5.76	5.62	5.81	5.59	5.04
3	601878.SH	浙商证券	5.47	5.53	5.29	6.22	5.33	5
4	601555.SH	东吴证券	5.45	5.65	5.55	5.33	5.79	4.95
5	601995.SH	中金公司	5.41	5.31	5.5	6.24	5.24	4.79
6	601066.SH	中信建投	5.4	5.76	5.3	5.38	5.47	5.09
7	600621.SH	华鑫股份	5.36	5.01	5.13	6.36	5.25	5.06
8	601881.SH	中国银河	5.32	5.62	5.31	5.21	5.46	4.99
9	002945.SZ	华林证券	5.28	5.59	5.43	5	5.21	5.17
10	600958.SH	东方证券	5.27	5.48	4.79	5.59	5.54	4.95

表15　保险

排名	代码	公司名称	总得分	财务指标	估值与成长性	创值能力	公司治理	创新与研发
1	601319.SH	中国人保	5.74	6.1	5.93	5.87	5.49	5.29
2	601601.SH	中国太保	5.47	5.76	5.72	5.75	5.34	4.78
3	601318.SH	中国平安	5.01	4.95	4.98	4.52	5.37	5.22

续表

排名	代码	公司名称	总得分	财务指标	估值与成长性	创值能力	公司治理	创新与研发
4	601628.SH	中国人寿	4.98	4.64	4.44	5.58	5.19	5.04
5	601336.SH	新华保险	4.94	5.54	5.12	4.6	4.73	4.71
6	000627.SZ	天茂集团	4.28	3.52	4.38	4.17	4.85	4.46

3. 多元金融

表16 多元金融

排名	代码	公司名称	总得分	财务指标	估值与成长性	创值能力	公司治理	创新与研发
1	000935.SZ	四川双马	5.61	6.75	4.94	6.28	5.44	4.82
2	000567.SZ	海德股份	5.58	5.1	5.9	6.95	5.36	5.2
3	000532.SZ	华金资本	5.5	5.35	5.19	6.78	5.5	5.17
4	603300.SH	华铁应急	5.4	5.33	5.62	6.44	4.85	5.22
5	600517.SH	国网英大	5.28	5.08	5.5	4.38	5.37	5.72
6	002316.SZ	亚联发展	5.23	4.38	4.35	7.13	5.34	5.64
7	600901.SH	江苏金租	5.11	4.43	5.52	5.56	5.87	4.43
8	600061.SH	国投资本	5.08	4.82	5.3	5.25	4.97	5.17
9	000987.SZ	越秀资本	5.08	4.72	4.72	5.48	5.75	4.85
10	000958.SZ	电投产融	5.08	4.92	4.73	5.85	5.34	4.84

4. 传媒

表17 传媒

排名	代码	公司名称	总得分	财务指标	估值与成长性	创值能力	公司治理	创新与研发
1	603444.SH	吉比特	6.27	6.67	5.54	6.34	6.59	6.26
2	002555.SZ	三七互娱	6.04	6.14	5.41	6.09	6.23	6.36
3	002517.SZ	恺英网络	5.96	6.33	5.72	6.47	5.48	6.17
4	300002.SZ	神州泰岳	5.93	5.9	6.03	6.14	5.3	6.42
5	300494.SZ	盛天网络	5.84	5.96	6.16	6.46	5.31	5.78

续表

排名	代码	公司名称	总得分	财务指标	估值与成长性	创值能力	公司治理	创新与研发
6	300533.SZ	冰川网络	5.73	5.57	6	6.15	5.75	5.5
7	603258.SH	电魂网络	5.72	6.22	5.19	5.83	5.74	5.7
8	002027.SZ	分众传媒	5.68	6.35	5.03	6.3	5.89	5.3
9	600633.SH	浙数文化	5.67	6.09	5.23	5.18	5.46	6.04
10	300770.SZ	新媒股份	5.65	6.76	5.4	5.76	5.11	5.31

5. 电力设备

表18　电力设备

排名	代码	公司名称	总得分	财务指标	估值与成长性	创值能力	公司治理	创新与研发
1	002709.SZ	天赐材料	5.97	6.01	5.68	7.48	6.54	5.29
2	600406.SH	国电南瑞	5.81	5.63	5.15	5.74	5.97	6.52
3	605117.SH	德业股份	5.77	6.27	5.85	6.71	5.75	4.97
4	600438.SH	通威股份	5.75	6.1	5.64	5.43	5.98	5.38
5	002801.SZ	微光股份	5.75	6.74	5.66	5.7	5.84	4.76
6	300037.SZ	新宙邦	5.75	5.9	5.73	6.14	5.7	5.56
7	600089.SH	特变电工	5.74	5.53	5.47	5	6.29	5.86
8	603489.SH	八方股份	5.74	6.7	5.52	5.65	5.61	5.13
9	601012.SH	隆基绿能	5.69	5.67	5.56	5.71	5.92	5.61
10	300750.SZ	宁德时代	5.63	5.47	5.83	6.4	5.22	5.83

6. 电子

表19　电子

排名	代码	公司名称	总得分	财务指标	估值与成长性	创值能力	公司治理	创新与研发
1	300661.SZ	圣邦股份	6.08	6.91	5.48	6.38	5.8	6.04
2	603986.SH	兆易创新	6.04	6.94	5.25	5.89	5.62	6.4
3	300782.SZ	卓胜微	5.85	6.68	5.54	6.03	5.19	5.92

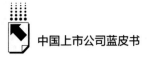

续表

排名	代码	公司名称	总得分	财务指标	估值与成长性	创值能力	公司治理	创新与研发
4	300223.SZ	北京君正	5.84	5.81	5.68	6.46	5.01	6.71
5	300613.SZ	富瀚微	5.75	6.18	5.27	5.98	5.36	6.15
6	002222.SZ	福晶科技	5.75	6.72	5.88	6.05	5.46	4.86
7	605111.SH	新洁能	5.71	6.41	5.46	5.68	5.39	5.57
8	300866.SZ	安克创新	5.67	5.56	5.88	5.75	5.54	5.7
9	003043.SZ	华亚智能	5.66	6.21	6.16	5.6	5.57	4.72
10	300481.SZ	濮阳惠成	5.66	6.42	5.75	5.23	5.39	5.17

7. 纺织服装

表 20　纺织服装

排名	代码	公司名称	总得分	财务指标	估值与成长性	创值能力	公司治理	创新与研发
1	603587.SH	地素时尚	5.69	6.66	4.82	5.6	6.14	5.13
2	300979.SZ	华利集团	5.64	5.88	5.4	6.53	5.93	5.12
3	002327.SZ	富安娜	5.62	6.31	5.27	5.63	5.9	4.99
4	002832.SZ	比音勒芬	5.61	6.03	5.56	6.57	5.41	5.21
5	002003.SZ	伟星股份	5.56	5.75	5.51	6.38	5.49	5.29
6	002867.SZ	周大生	5.54	5.71	5.28	6.13	5.54	5.47
7	301177.SZ	迪阿股份	5.53	6.38	5.42	5.94	5.37	4.87
8	301088.SZ	戎美股份	5.5	6.32	5.21	5.35	4.98	5.53
9	002154.SZ	报喜鸟	5.49	5.47	5.73	6.3	5.54	5.03
10	002763.SZ	汇洁股份	5.45	6.01	5.38	5.37	5.8	4.62

8. 钢铁

表 21　钢铁

排名	代码	公司名称	总得分	财务指标	估值与成长性	创值能力	公司治理	创新与研发
1	600295.SH	鄂尔多斯	5.55	5.55	5.71	6.49	5.74	4.95
2	600019.SH	宝钢股份	5.55	5.35	5.26	4.63	5.8	6
3	002318.SZ	久立特材	5.52	5.92	5.77	6.8	4.98	5.09

续表

排名	代码	公司名称	总得分	财务指标	估值与成长性	创值能力	公司治理	创新与研发
4	000708. SZ	中信特钢	5.5	5.11	4.99	6.52	5.79	5.85
5	001203. SZ	大中矿业	5.48	5.85	5.81	6.7	4.91	5.05
6	600282. SH	南钢股份	5.46	4.9	5.48	5.16	5.64	5.9
7	603995. SH	甬金股份	5.46	5.27	5.69	6.56	5.44	5.16
8	000932. SZ	华菱钢铁	5.45	5.07	5.47	5.15	5.34	5.99
9	000923. SZ	河钢资源	5.38	6.75	5.39	5.46	4.95	4.43
10	000655. SZ	金岭矿业	5.34	6.65	5.41	6.08	4.57	4.55

9. 公用事业

表22　公用事业

排名	代码	公司名称	总得分	财务指标	估值与成长性	创值能力	公司治理	创新与研发
1	600803. SH	新奥股份	5.78	5.17	5.86	5.76	5.82	6.26
2	605028. SH	世茂能源	5.69	6.92	5.43	6.39	4.98	5.25
3	600900. SH	长江电力	5.64	5.85	4.91	6.19	5.56	6.09
4	605090. SH	九丰能源	5.62	5.57	5.93	6.15	5.6	5.24
5	601985. SH	中国核电	5.55	5.21	5.48	4.93	5.33	6.31
6	603105. SH	芯能科技	5.5	5.76	5.5	6.89	5.03	5.38
7	003816. SZ	中国广核	5.49	5.16	4.9	4.78	5.58	6.52
8	605580. SH	恒盛能源	5.48	5.66	5.26	6.52	5.65	5.07
9	600236. SH	桂冠电力	5.47	5.52	5.39	6.05	5.72	5.1
10	603393. SH	新天然气	5.45	6.41	5.26	5.52	5.5	4.6

10. 国防军工

表23　国防军工

排名	代码	公司名称	总得分	财务指标	估值与成长性	创值能力	公司治理	创新与研发
1	300395. SZ	菲利华	5.73	6.43	5.79	6.4	5.65	4.87
2	002179. SZ	中航光电	5.68	5.38	5.65	6.07	5.98	5.62
3	300699. SZ	光威复材	5.66	6.67	5.3	5.96	5.55	5.03

续表

排名	代码	公司名称	总得分	财务指标	估值与成长性	创值能力	公司治理	创新与研发
4	603267.SH	鸿远电子	5.63	6.07	5.79	5.66	5.6	5.03
5	000733.SZ	振华科技	5.56	5.52	5.6	6.92	5.36	5.44
6	300726.SZ	宏达电子	5.54	6.36	5.56	5.7	5.45	4.75
7	601698.SH	中国卫通	5.52	6.85	5.11	5.79	4.48	5.55
8	300474.SZ	景嘉微	5.5	5.33	5.05	6.68	5	6.32
9	603678.SH	火炬电子	5.47	5.7	5.5	5.1	5.88	4.88
10	300777.SZ	中简科技	5.47	6.82	5.29	6.07	4.67	4.93

11. 环保

表 24　环保

排名	代码	公司名称	总得分	财务指标	估值与成长性	创值能力	公司治理	创新与研发
1	603279.SH	景津装备	5.68	5.69	6.04	6.66	5.65	5.09
2	603568.SH	伟明环保	5.66	5.83	5.61	6.21	5.73	5.33
3	002658.SZ	雪迪龙	5.55	5.81	5.13	6	5.64	5.5
4	002266.SZ	浙富控股	5.53	5.16	5.78	6.9	5.14	5.7
5	000598.SZ	兴蓉环境	5.51	5.7	5.78	5.08	5.56	5.11
6	600008.SH	首创环保	5.48	5.12	5.27	4.27	5.96	5.86
7	601158.SH	重庆水务	5.44	5.85	5.44	5.51	5.52	4.95
8	600461.SH	洪城环境	5.42	5.58	5.67	5.07	5.47	5.04
9	600388.SH	龙净环保	5.41	4.8	5.49	6.05	5.04	6.16
10	000551.SZ	创元科技	5.4	5.33	5.67	5.41	5.35	5.27

12. 基础化工

表 25　基础化工

排名	代码	公司名称	总得分	财务指标	估值与成长性	创值能力	公司治理	创新与研发
1	300910.SZ	瑞丰新材	5.85	6.15	5.99	6.57	5.83	5.26
2	605399.SH	晨光新材	5.8	6.68	5.86	5.78	5.49	5.18
3	600426.SH	华鲁恒升	5.71	6.39	5.26	5.66	5.43	5.77

续表

排名	代码	公司名称	总得分	财务指标	估值与成长性	创值能力	公司治理	创新与研发
4	000893.SZ	亚钾国际	5.71	6.76	5.91	5.93	4.93	5.16
5	603688.SH	石英股份	5.69	5.93	5.55	7.01	5.72	5.22
6	600389.SH	江山股份	5.64	5.39	5.76	6.18	5.84	5.44
7	600746.SH	江苏索普	5.6	6.26	5.78	5.11	4.91	5.57
8	603599.SH	广信股份	5.6	5.8	6.01	5.66	5.31	5.25
9	300801.SZ	泰和科技	5.59	6.15	5.5	4.93	5.73	5.17
10	301003.SZ	江苏博云	5.57	6.49	5.21	5.25	5.08	5.57

13. 机械设备

表 26　机械设备

排名	代码	公司名称	总得分	财务指标	估值与成长性	创值能力	公司治理	创新与研发
1	002690.SZ	美亚光电	5.88	6.65	5.07	6.38	5.92	5.75
2	603203.SH	快克智能	5.86	6.55	5.56	6.15	5.74	5.54
3	300445.SZ	康斯特	5.86	6.68	5.42	5.68	5.31	6.09
4	300833.SZ	浩洋股份	5.85	6.59	6	5.98	5.7	5.09
5	300354.SZ	东华测试	5.78	6.07	5.56	6.81	5.63	5.58
6	601100.SH	恒立液压	5.76	6.45	5.41	6.36	5.46	5.54
7	002884.SZ	凌霄泵业	5.75	6.89	5.73	5.39	5.65	4.84
8	300124.SZ	汇川技术	5.73	5.27	5.71	6.7	5.63	6.05
9	301029.SZ	怡合达	5.72	6.19	5.66	6.66	5.42	5.38
10	300813.SZ	泰林生物	5.69	6.29	5.7	6.09	5.4	5.25

14. 计算机

表 27　计算机

排名	代码	公司名称	总得分	财务指标	估值与成长性	创值能力	公司治理	创新与研发
1	300033.SZ	同花顺	6.06	6.93	5.59	6.47	5.87	5.75
2	002410.SZ	广联达	5.99	6.13	5.92	6.31	6.11	5.71
3	002415.SZ	海康威视	5.88	5.59	5.76	5.85	6.12	6.09

续表

排名	代码	公司名称	总得分	财务指标	估值与成长性	创值能力	公司治理	创新与研发
4	300496. SZ	中科创达	5.79	5.57	6.03	6.12	5.42	6.04
5	300803. SZ	指南针	5.62	6.54	6.14	6.48	5.14	4.44
6	300768. SZ	迪普科技	5.61	6.49	5.25	5.42	5.54	5.2
7	301185. SZ	鸥玛软件	5.58	6.85	5.25	5.57	4.86	5.37
8	603383. SH	顶点软件	5.58	6.4	5.23	6.21	5.62	4.9
9	002439. SZ	启明星辰	5.56	5.34	5.5	5.7	5.73	5.65
10	300454. SZ	深信服	5.56	5.76	5.24	6	5.59	5.55

15. 家用电器

表28 家用电器

排名	代码	公司名称	总得分	财务指标	估值与成长性	创值能力	公司治理	创新与研发
1	603486. SH	科沃斯	5.79	5.65	5.8	7.57	5.41	5.87
2	002677. SZ	浙江美大	5.73	7.45	4.6	5.57	5.72	5.19
3	300911. SZ	亿田智能	5.64	6.62	5.46	5.7	5.06	5.42
4	002508. SZ	老板电器	5.57	6.04	5.17	5.15	5.85	5.31
5	605336. SH	帅丰电器	5.56	7.13	4.98	4.5	5.44	4.97
6	600690. SH	海尔智家	5.55	5.06	5.31	5.23	5.6	6.31
7	002032. SZ	苏泊尔	5.52	5.89	5.06	6.02	5.95	5.06
8	000333. SZ	美的集团	5.51	5.1	5.13	5.33	5.93	5.93
9	603868. SH	飞科电器	5.5	6.6	5	6.26	5.48	4.74
10	300894. SZ	火星人	5.45	6.15	4.89	6.04	5.48	5.12

16. 建筑材料

表29 建筑材料

排名	代码	公司名称	总得分	财务指标	估值与成长性	创值能力	公司治理	创新与研发
1	002372. SZ	伟星新材	5.87	6.99	5.46	6.27	5.57	5.37
2	002088. SZ	鲁阳节能	5.73	6.34	5.4	6.14	5.68	5.41
3	000786. SZ	北新建材	5.65	6.1	5.3	6.05	5.56	5.55

续表

排名	代码	公司名称	总得分	财务指标	估值与成长性	创值能力	公司治理	创新与研发
4	600585. SH	海螺水泥	5.65	6.75	4.87	3.86	5.68	5.76
5	600449. SH	宁夏建材	5.56	6.11	5.23	4.95	5.8	5.26
6	300196. SZ	长海股份	5.56	6.53	5.8	5.66	5.07	4.8
7	600176. SH	中国巨石	5.55	5.41	5.62	6.11	5.76	5.25
8	000012. SZ	南玻 A	5.49	5.77	5.54	5.92	5.17	5.37
9	600801. SH	华新水泥	5.48	5.7	5.22	4.4	5.91	5.36
10	000877. SZ	天山股份	5.46	5.21	5.53	3.28	5.68	5.99

17. 建筑装饰

表 30　建筑装饰

排名	代码	公司名称	总得分	财务指标	估值与成长性	创值能力	公司治理	创新与研发
1	300384. SZ	三联虹普	5.97	6.59	5.97	5.99	5.53	5.79
2	002469. SZ	三维化学	5.91	6.82	5.88	6.45	5.4	5.42
3	600039. SH	四川路桥	5.63	4.93	5.8	6.92	5.61	5.87
4	603357. SH	设计总院	5.62	5.86	5.99	5.8	5.67	4.91
5	601390. SH	中国中铁	5.6	5.05	5.65	3.9	6.09	6.02
6	300982. SZ	苏文电能	5.6	5.37	5.63	6.14	5.71	5.53
7	603979. SH	金诚信	5.58	5.87	6.14	6.32	5.65	4.48
8	603860. SH	中公高科	5.58	6.69	4.97	5.87	5.09	5.49
9	003013. SZ	地铁设计	5.57	5.78	5.57	6.22	5.47	5.31
10	002116. SZ	中国海诚	5.55	5.66	5.87	6.27	5.86	4.64

18. 交通运输

表 31　交通运输

排名	代码	公司名称	总得分	财务指标	估值与成长性	创值能力	公司治理	创新与研发
1	601919. SH	中远海控	5.84	5.89	5.74	5.85	5.95	5.79
2	002320. SZ	海峡股份	5.79	6.88	5.48	7.19	5.45	4.98
3	002352. SZ	顺丰控股	5.66	4.98	5.46	5.91	5.94	6.18

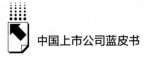

续表

排名	代码	公司名称	总得分	财务指标	估值与成长性	创值能力	公司治理	创新与研发
4	601156. SH	东航物流	5.66	6.16	6.16	6.08	5.26	4.94
5	300873. SZ	海晨股份	5.63	6.21	5.72	5.95	5.42	5.08
6	000557. SZ	西部创业	5.52	6.34	5.61	5.77	5.14	4.94
7	600233. SH	圆通速递	5.49	5.61	5.4	6.12	5.43	5.38
8	603713. SH	密尔克卫	5.47	4.65	6.04	6.42	5.94	5.02
9	002492. SZ	恒基达鑫	5.47	6.09	5.37	6.12	5.07	5.17
10	600012. SH	皖通高速	5.41	6.12	5.34	5.52	5.04	5.12

19. 煤炭

表32　煤炭

排名	代码	公司名称	总得分	财务指标	估值与成长性	创值能力	公司治理	创新与研发
1	601225. SH	陕西煤业	5.98	6.65	5.45	5.18	5.79	6.23
2	601088. SH	中国神华	5.88	6.75	5.26	5.2	5.63	6.05
3	601699. SH	潞安环能	5.43	5.64	5.43	5.13	5.06	5.66
4	600546. SH	山煤国际	5.42	5.61	5.16	5.96	5.66	5.1
5	601898. SH	中煤能源	5.4	5.25	5.33	4.12	5.29	6.06
6	600188. SH	兖矿能源	5.39	5.1	5.19	5.1	5.95	5.41
7	000552. SZ	甘肃能化	5.38	5.97	5.82	5.44	4.91	4.82
8	002128. SZ	电投能源	5.37	5.96	5.17	5.05	5.46	4.98
9	000983. SZ	山西焦煤	5.33	5.18	5.14	5.47	5.39	5.57
10	600123. SH	兰花科创	5.26	5.41	5.42	5.86	5.12	4.95

20. 美容护理

表33　美容护理

排名	代码	公司名称	总得分	财务指标	估值与成长性	创值能力	公司治理	创新与研发
1	300896. SZ	爱美客	6.12	6.83	5.42	7.05	5.67	6.34
2	603605. SH	珀莱雅	5.78	5.46	5.42	6.81	6.15	5.83
3	300957. SZ	贝泰妮	5.64	5.8	5.31	6.54	5.46	5.76

排名	代码	公司名称	总得分	财务 指标	估值与 成长性	创值 能力	公司 治理	创新与 研发
4	300888.SZ	稳健医疗	5.59	5.39	5.75	5.22	5.29	6
5	301108.SZ	洁雅股份	5.39	5.62	5.89	4.42	5.42	4.88
6	300856.SZ	科思股份	5.38	5.18	5.94	6.57	5.02	5.09
7	600315.SH	上海家化	5.27	5.05	4.81	5.26	5.65	5.58
8	603983.SH	丸美股份	5.23	5.33	4.88	5.25	5.66	5.06
9	003006.SZ	百亚股份	5.2	5.61	5.35	6.23	5.16	4.42
10	605009.SH	豪悦护理	5.19	5.66	5.27	5.12	5.2	4.63

21. 农林牧渔

表34 农林牧渔

排名	代码	公司名称	总得分	财务 指标	估值与 成长性	创值 能力	公司 治理	创新与 研发
1	002311.SZ	海大集团	5.81	5.2	5.83	6.28	6.02	6.07
2	603566.SH	普莱柯	5.69	6.11	5.29	5.85	5.77	5.56
3	600201.SH	生物股份	5.69	6.28	5.23	5.09	5.53	5.88
4	002714.SZ	牧原股份	5.66	5.35	5.47	5.8	6.13	5.66
5	605198.SH	安德利	5.61	6.39	5.65	5.8	5.3	5.05
6	300119.SZ	瑞普生物	5.58	5.75	5.04	5.19	5.86	5.77
7	600598.SH	北大荒	5.52	6.8	5.34	6.05	5.12	4.7
8	300138.SZ	晨光生物	5.45	4.93	5.83	6.05	5.47	5.41
9	605296.SH	神农集团	5.42	6.22	4.89	5.3	5.7	4.89
10	002041.SZ	登海种业	5.39	5.74	5.14	6.35	4.63	5.8

22. 汽车

表35 汽车

排名	代码	公司名称	总得分	财务 指标	估值与 成长性	创值 能力	公司 治理	创新与 研发
1	601965.SH	中国汽研	5.9	6.34	5.39	6.03	5.75	6.09
2	002594.SZ	比亚迪	5.89	5.42	6.01	7.3	6.01	5.78
3	603529.SH	爱玛科技	5.76	5.65	5.72	6.25	6.42	5.15

续表

排名	代码	公司名称	总得分	财务指标	估值与成长性	创值能力	公司治理	创新与研发
4	603129. SH	春风动力	5.72	5.2	6.13	6.52	5.54	5.82
5	603040. SH	新坐标	5.67	6.62	5.21	5.8	5.62	5.2
6	601633. SH	长城汽车	5.67	5.17	4.96	5.98	6.02	6.44
7	603037. SH	凯众股份	5.67	6.39	5.21	5.45	5.55	5.56
8	603758. SH	秦安股份	5.65	6.4	5.5	5.32	5.52	5.27
9	000625. SZ	长安汽车	5.65	5.41	4.9	5.66	5.83	6.44
10	300994. SZ	久祺股份	5.62	5.4	6.08	5.79	5.79	5.18

23. 轻工制造

表36　轻工制造

排名	代码	公司名称	总得分	财务指标	估值与成长性	创值能力	公司治理	创新与研发
1	603195. SH	公牛集团	5.97	6.68	5.11	6.63	5.8	6.15
2	301004. SZ	嘉益股份	5.79	6.5	6.4	6.78	5.28	4.75
3	603833. SH	欧派家居	5.76	5.84	5.07	6.27	6.12	5.89
4	300993. SZ	玉马遮阳	5.7	6.99	5.51	5.99	5.24	4.98
5	301113. SZ	雅艺科技	5.65	6.81	6.04	5.97	4.56	5.12
6	600433. SH	冠豪高新	5.63	5.36	5.99	4.12	5.62	5.92
7	300729. SZ	乐歌股份	5.62	4.95	5.72	5.96	5.46	6.28
8	605080. SH	浙江自然	5.61	6.54	5.91	5.9	5.06	4.85
9	603801. SH	志邦家居	5.58	5.49	5.44	6.35	5.45	5.77
10	605099. SH	共创草坪	5.58	6.42	5.58	6.42	5.41	4.72

24. 商贸零售

表37　商贸零售

排名	代码	公司名称	总得分	财务指标	估值与成长性	创值能力	公司治理	创新与研发
1	603613. SH	国联股份	6.07	5.41	6.18	6.98	5.81	6.64
2	002315. SZ	焦点科技	5.8	5.97	5.51	6.63	5.64	5.89
3	002818. SZ	富森美	5.73	6.26	5.56	5.77	5.69	5.39

续表

排名	代码	公司名称	总得分	财务指标	估值与成长性	创值能力	公司治理	创新与研发
4	601888. SH	中国中免	5.72	5.6	4.94	6.3	6.1	6.1
5	300622. SZ	博士眼镜	5.59	6.25	5.49	6.44	5.6	4.8
6	002803. SZ	吉宏股份	5.57	5.5	5.45	6.14	5.54	5.67
7	600710. SH	苏美达	5.54	4.94	5.88	4.84	5.63	5.87
8	300518. SZ	盛讯达	5.51	6.25	5.15	6.28	4.69	5.78
9	600539. SH	狮头股份	5.5	5.69	6.41	6.28	4.5	5.18
10	601028. SH	玉龙股份	5.47	4.89	6.05	6.45	5.14	5.57

25. 社会服务

表38 社会服务

排名	代码	公司名称	总得分	财务指标	估值与成长性	创值能力	公司治理	创新与研发
1	300012. SZ	华测检测	6.04	5.87	6.32	6.66	5.8	6
2	300962. SZ	中金辐照	5.9	6.86	6	6.58	5.24	5.35
3	300662. SZ	科锐国际	5.81	5.02	6.64	5.76	5.94	5.66
4	300887. SZ	谱尼测试	5.77	5.57	5.79	6.08	5.87	5.75
5	003008. SZ	开普检测	5.73	6.89	5.34	4.88	5.38	5.51
6	603060. SH	国检集团	5.69	5.29	5.82	6.11	5.77	5.77
7	300938. SZ	信测标准	5.62	6.09	5.89	6.21	5.2	5.14
8	002057. SZ	中钢天源	5.59	4.92	6.08	5.5	5.58	5.8
9	300416. SZ	苏试试验	5.59	5.12	6.28	6.41	5.06	5.69
10	003032. SZ	传智教育	5.5	5.78	5.4	6.17	5.56	5.11

26. 石油石化

表39 石油石化

排名	代码	公司名称	总得分	财务指标	估值与成长性	创值能力	公司治理	创新与研发
1	601857. SH	中国石油	5.68	5.76	5.04	5.35	6.13	5.88
2	300191. SZ	潜能恒信	5.68	6.16	5.29	6.5	5	6.05
3	002986. SZ	宇新股份	5.51	5.87	5.41	5.94	5.65	5

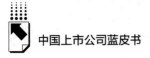
续表

排名	代码	公司名称	总得分	财务指标	估值与成长性	创值能力	公司治理	创新与研发
4	600256.SH	广汇能源	5.5	5.48	5.53	5.99	5.61	5.27
5	600583.SH	海油工程	5.47	5.47	5.9	4.97	5.51	5.11
6	600028.SH	中国石化	5.4	5.28	5	4.06	6.06	5.59
7	600968.SH	海油发展	5.4	5.41	5.28	5.28	5.31	5.63
8	000819.SZ	岳阳兴长	5.33	5.88	5.08	6.73	5.09	4.91
9	002493.SZ	荣盛石化	5.23	5.08	5.22	4.94	5.61	5.09
10	603727.SH	博迈科	5.23	4.77	5.97	4.45	4.97	5.39

27. 食品饮料

表40　食品饮料

排名	代码	公司名称	总得分	财务指标	估值与成长性	创值能力	公司治理	创新与研发
1	000858.SZ	五粮液	5.91	6	5.25	6.19	6.05	6.29
2	600519.SH	贵州茅台	5.86	6.25	5.24	6.55	5.85	5.93
3	000568.SZ	泸州老窖	5.81	5.75	5.14	6.63	5.97	6.17
4	600809.SH	山西汾酒	5.72	5.68	5.66	7	5.91	5.29
5	603288.SH	海天味业	5.63	5.77	4.98	6.38	5.67	5.93
6	603369.SH	今世缘	5.62	5.54	5.72	6.34	5.82	5.19
7	000596.SZ	古井贡酒	5.61	5.42	5.6	6.3	5.72	5.56
8	600132.SH	重庆啤酒	5.6	5.21	5.19	7	5.95	5.72
9	300146.SZ	汤臣倍健	5.53	5.69	5.25	5.95	5.17	5.91
10	000799.SZ	酒鬼酒	5.5	5.6	5.31	6.84	5.52	5.25

28. 通信

表41　通信

排名	代码	公司名称	总得分	财务指标	估值与成长性	创值能力	公司治理	创新与研发
1	300628.SZ	亿联网络	6.12	6.86	5.85	5.94	6.02	5.79
2	300394.SZ	天孚通信	5.71	6.9	5.55	6.27	5.49	4.74
3	600050.SH	中国联通	5.61	5.99	5.35	3.77	5.69	5.87

续表

排名	代码	公司名称	总得分	财务指标	估值与成长性	创值能力	公司治理	创新与研发
4	000063.SZ	中兴通讯	5.58	5	5.13	5.43	6.03	6.2
5	300502.SZ	新易盛	5.56	5.97	6.04	6.3	5.3	4.76
6	300211.SZ	亿通科技	5.56	5.83	5.69	6.09	4.86	5.72
7	300921.SZ	南凌科技	5.51	6.39	5.06	5.33	5.36	5.28
8	300627.SZ	华测导航	5.49	5.61	5.58	6.02	5.24	5.4
9	300711.SZ	广哈通信	5.45	5.71	5.5	6.05	5.04	5.4
10	300308.SZ	中际旭创	5.44	5.36	5.68	6.22	5.57	4.96

29. 医药生物

表 42　医药生物

排名	代码	公司名称	总得分	财务指标	估值与成长性	创值能力	公司治理	创新与研发
1	300760.SZ	迈瑞医疗	6.29	6.14	5.56	6.46	6.12	6.62
2	603392.SH	万泰生物	6.11	5.81	5.67	7.02	5.54	6.39
3	002432.SZ	九安医疗	6	6.19	5.61	5	5.57	6.38
4	002030.SZ	达安基因	5.92	6.34	5.34	5.21	5.78	6.15
5	002932.SZ	明德生物	5.82	6.49	5.98	5	5.8	5.67
6	600276.SH	恒瑞医药	5.8	5.82	4.83	6.13	5.56	6.15
7	603259.SH	药明康德	5.76	5.23	5.43	6.28	5.94	5.9
8	300122.SZ	智飞生物	5.74	4.99	4.99	6.14	6.32	5.99
9	603882.SH	金域医学	5.73	5.48	5.54	6.16	6.2	5.65
10	300639.SZ	凯普生物	5.68	6.06	6.05	4.95	5.58	5.59

30. 有色金属

表 43　有色金属

排名	代码	公司名称	总得分	财务指标	估值与成长性	创值能力	公司治理	创新与研发
1	002756.SZ	永兴材料	5.9	6.55	5.46	6.02	6.09	5.5
2	300390.SZ	天华新能	5.88	5.77	6.37	6.59	5.67	5.52
3	002460.SZ	赣锋锂业	5.86	5.44	6.11	6.9	5.68	5.96

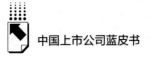

续表

排名	代码	公司名称	总得分	财务指标	估值与成长性	创值能力	公司治理	创新与研发
4	002738.SZ	中矿资源	5.72	5.7	6.03	7.52	5.33	5.37
5	002978.SZ	安宁股份	5.69	7.17	5.31	5.17	5.23	5.18
6	002497.SZ	雅化集团	5.69	5.81	5.69	5.93	5.72	5.47
7	000408.SZ	藏格矿业	5.64	6.36	5.56	6.66	5.18	5.19
8	300855.SZ	图南股份	5.61	6.5	5.24	6.22	5.28	5.26
9	002466.SZ	天齐锂业	5.59	5.35	5.03	5.29	5.92	6.13
10	300127.SZ	银河磁体	5.56	6.57	5.32	5.75	5.25	5.05

31. 综合

表 44   综合

排名	代码	公司名称	总得分	财务指标	估值与成长性	创值能力	公司治理	创新与研发
1	000833.SZ	粤桂股份	5.3	5.72	5.26	6.02	5.37	4.68
2	600784.SH	鲁银投资	5.29	5.21	5.7	6.4	4.9	5.1
3	600620.SH	天宸股份	5.28	4.99	5.32	6.55	4.99	5.5
4	600673.SH	东阳光	5.26	5.19	4.89	5.98	5.41	5.39
5	000025.SZ	特力A	5.21	5.78	4.93	5.63	5.33	4.7
6	600682.SH	南京新百	5.2	6.19	5.04	3.86	4.88	5.02
7	600770.SH	综艺股份	5.05	5.64	4.4	4.19	4.7	5.69
8	600083.SH	博信股份	5.04	4.85	5.5	7.17	4.49	4.79
9	000622.SZ	恒立实业	4.95	5.28	4.93	5.42	4.53	4.95
10	300208.SZ	青岛中程	4.95	4.5	5.33	6.76	4.74	4.77

32. 科创板块

表 45   科创板块

排名	代码	公司名称	所属行业	总得分	财务指标	估值与成长性	创值能力	公司治理	创新与研发
1	688289.SH	圣湘生物	医药生物	5.84	6.38	5.57	5.46	5.97	5.53
2	688536.SH	思瑞浦	电子	5.81	6.39	5.29	6.46	5.4	6.01
3	688298.SH	东方生物	医药生物	5.77	6.14	6.24	4.8	5.53	5.43

排名	代码	公司名称	所属行业	总得分	财务指标	估值与成长性	创值能力	公司治理	创新与研发
4	688303. SH	大全能源	电力设备	5.77	5.69	5.78	6.17	5.72	5.79
5	688008. SH	澜起科技	电子	5.76	6.35	4.84	6.04	5.75	6.05
6	688016. SH	心脉医疗	医药生物	5.76	6.53	5.08	6.3	5.81	5.49
7	688767. SH	博拓生物	医药生物	5.74	6.41	5.99	4.72	5.4	5.42
8	688075. SH	安旭生物	医药生物	5.71	6.19	6.02	5	5.42	5.38
9	688356. SH	键凯科技	医药生物	5.71	6.58	5.26	6.09	5.4	5.49
10	688606. SH	奥泰生物	医药生物	5.7	6.34	5.98	4.42	5.56	5.26

（二）"漂亮100"投资组合

我们根据申万各行业上市公司价值评估综合排名并参考各行业上市公司数量，在每个行业排名前3%的上市公司中选出最能代表本行业未来发展方向和价值驱动的上市公司，构成"漂亮100"投资组合（见表46）。

表46 "漂亮100"投资组合

单位：家

申万行业	相关收益公司	公司数量
金融	招商银行、东方财富、中信证券、中国人保	4
传媒	吉比特、三七互娱	2
电力设备	天赐材料、国电南瑞、德业股份、通威股份、微光股份、新宙邦、特变电工	7
电子	圣邦股份、兆易创新、卓胜微、北京君正、富瀚微、福晶科技、新洁能	7
纺织服装	地素时尚、华利集团	2
钢铁	鄂尔多斯、宝钢股份	2
公用事业	新奥股份、世茂能源、长江电力	3
环保	景津装备、伟明环保	2
基础化工	瑞丰新材、晨光新材、华鲁恒升、亚钾国际、石英股份、江山股份	6
机械设备	美亚光电、快克智能、康斯特、浩洋股份、东华测试、恒立液压、凌霄泵业、汇川技术	8

申万行业	相关收益公司	公司数量
计算机	同花顺、广联达、海康威视、中科创达、指南针、迪普科技	6
家用电器	科沃斯、浙江美大、亿田智能、老板电器	4
建筑材料	伟星新材、鲁阳节能	2
建筑装饰	三联虹普、三维化学	2
交通运输	中远海控、海峡股份、顺丰控股	3
国防军工	菲利华、中航光电、光威复材	3
煤炭	陕西煤业、中国神华	2
美容护理	爱美客、珀莱雅	2
农林牧渔	海大集团、生物股份、牧原股份	3
汽车	中国汽研、比亚迪、爱玛科技、春风动力	4
轻工制造	公牛集团、嘉益股份、欧派家居	3
商贸零售	国联股份、焦点科技、中国中免	3
社会服务	华测检测、中金辐照	2
石油石化	中国石油	1
食品饮料	五粮液、贵州茅台、泸州老窖、山西汾酒、海天味业	5
通信	亿联网络、天孚通信、中国联通	3
医药生物	迈瑞医疗、恒瑞医药、药明康德、华东医药	4
有色金属	永兴材料、天华新能、赣锋锂业、中矿资源	4
综合	粤桂股份	1

五 "漂亮100"市场表现

通过将"漂亮100"投资组合的100只股票采用流通市值加权的方法构建"漂亮100"指数,如图11所示,自2022年1月1日至2023年7月21日,"漂亮100"指数与主要宽基指数如上证50、中证1000、中证500、创业板指、创业板综指和沪深300等分别下跌15.1%、24.1%、20.8%、20.4%、34.2%、25.0%、23.2%,虽然市场总体负向波动,但从相对收益视角,"漂亮100"仍然获得了不错的表现,随着波动率下降,"漂亮100"

基本处于价值区间的底部，随着更多资本市场利好政策出台及中国宏观经济稳中向好，资本市场进一步向上的概率将会显著增大。

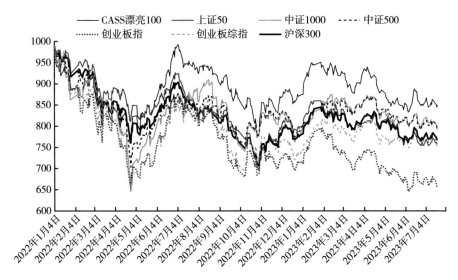

图 11　漂亮 100 指数和其他宽基指数业绩对比

参考文献

爱德华·索普：《战胜一切市场的人》，陈铭杰译，中信出版社，2019。

白重恩、刘俏、陆洲等：《中国上市公司治理结构的实证研究》，《经济研究》2005年第 5 期。

大卫·F. 史文森：《机构投资的创新之路》，张磊、杨巧智、梁宇峰、张惠娜、杨娜译，中国人民大学出版社，2015。

邓可斌、曾海舰：《中国企业的融资约束：特征现象与成因检验》，《经济研究》2014 年第 2 期。

龚强、张一林、林毅夫：《产业结构、风险特性与最优金融结构》，《经济研究》2014 年第 4 期。

卡尔·夏皮罗、哈尔·瓦里安：《信息规则：网络经济的策略指导》，孟昭莉、牛露晴译，中国人民大学出版社，2017。

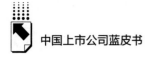

李维安、张国萍:《公司治理评价指数:解析中国公司治理现状与走势》,《经济理论与经济管理》2005年第9期。

李维安:《深化公司治理改革的风向标:治理有效性》,《南开管理评论》2013年第5期。

林毅夫、孙希芳、姜烨:《经济发展中的最优金融结构理论初探》,《经济研究》2009年第8期。

刘仁和、陈英楠、吉晓萌、苏雪锦:《中国的资本回报率:基于q理论的估算》,《经济研究》2018年第6期。

刘煜辉、钱学宁、张平、张鹏:《新经济动能转换与资本市场结构转变》,载《中国上市公司发展报告(2018)》,社会科学文献出版社,2018。

鲁桐、仲继银、孔杰:《2008年中国上市公司100强公司治理评价报告》,《首席财务官》2008年第9期。

鲁桐、仲继银、叶扬、于换军、吴国鼎、党印:《中国中小上市公司治理研究》,《学术研究》2014年第6期。

罗伯特·戈登:《美国增长的起落》,张林山、刘现伟、孙凤仪译,中信出版社,2018。

罗伯特·哈格斯特朗:《巴菲特之道》,杨天南译,机械工业出版社,2018。

马克·鲁宾斯坦:《投资思想史》,张俊生、曾亚敏译,机械工业出版社,2012。

亚历山大·格申克龙:《经济落后的历史透视》,张凤林译,商务印书馆,2009。

张成思、刘贯春:《经济增长进程中金融结构的边际效应演化分析》,《经济研究》2015年第12期。

张磊、张鹏:《互联网经济发展、颠覆性创新和中国增长动力重构》,载《中国上市公司发展报告(2018)》,社会科学文献出版社,2018。

张磊、张鹏:《互联网经济中的服务业》,载《中国上市公司发展报告(2015)》,社会科学文献出版社,2015。

张磊、张鹏:《中国上市公司创值挑战和体制改革》,载《中国上市公司发展报告(2014)》,社会科学文献出版社,2014。

张磊、张鹏:《中国互联网经济发展与增长动力重构》,载《中国上市公司发展报告(2016)》,社会科学文献出版社,2016。

张鹏、王习、王亚菲:《中国上市公司价值评估研究》,载《中国上市公司发展报告(2016)》,社会科学文献出版社,2016。

张鹏:《中国上市公司价值评估研究》,载《中国上市公司发展报告(2017)》,社会科学文献出版社,2017。

张鹏:《中国上市公司价值评估研究》,载《中国上市公司发展报告(2018)》,社会科学文献出版社,2018。

张鹏:《中国上市公司价值评估研究》,载《中国上市公司发展报告(2019)》,社会科学文献出版社，2019。

张鹏：《中国上市公司价值评估研究》，载《中国上市公司发展报告（2020）》，社会科学文献出版社，2020。

张鹏：《中国上市公司价值评估研究》，载《中国上市公司发展报告（2021）》，社会科学文献出版社，2021。

张鹏、张晓奇：《中国上市公司高质量评价研究：基于韧性视角的分析》，载《中国上市公司发展报告（2022）》，社会科学文献出版社，2022。

张平、王习、张磊、符旸、张鹏：《中国经济从规模供给转向"需求—价值创造"——2014年经济转型和上市公司价值创造评估》，载《中国上市公司发展报告（2014）》，社会科学文献出版社，2014。

张平、张鹏、王宏森：《宏观之困和微观之变：中国上市公司的创新与治理》，载《中国上市公司发展报告（2016）》，社会科学文献出版社，2016。

张平、张鹏、张磊、王习：《新常态、新转型——2015年经济转型和上市公司价值创造评估》，载《中国上市公司发展报告（2015）》，社会科学文献出版社，2015。

张平、张鹏：《弱复苏与严监管：信用收缩下的"安全价值"》，载《中国上市公司发展报告（2017）》，社会科学文献出版社，2017。

中国经济增长前沿课题组、张平、刘霞辉等：《突破经济增长减速的新要素供给理论、体制与政策选择》，《经济研究》2015年第11期。

Arrow, J., "The Role of Securities in the Optimal Allocation of Risk Bearing," *The Review of Economic Studies*, 1964, 2, 91-96.

Debreu, G., "Theory of Value: An Axiomatic Analysis of Economic Equilibrium," *Cowles Foundation Monograph*, 1959, 17, Wiley.

Farrell, L., "Analyzing Covariation of Returns to Determine Homogeneous Stock Groupings," *The Journal of Business*, 1974 (47), 186-207.

Fazzari, S., Hubbard, Petersen, C., Financing Constraints and Corporate Investment, Brookings Papers on Economic Activity, 1988, 1, 141-195.

Fisher, I., *The Theory of Interest: As Determined by Impatience and Opportunity to Invest It*, Macmillan Press. 1930.

Garman, M., "An Algebra for Evaluating Hedge Portfolios," *Journal of Financial Economics*, 1976, 10, 403-428.

Harvey, R., Siddque, A., "Conditional Skewness and Asset Pricing Tests," *Journal of Finance*, 2000, 55, 1263-1295.

Jensen, C., "The Performance of Mutual Funds in the Period 1945-1964," *Journal of Finance*, 1967, 23, 389-416.

Katz, M. L., Shapiro, C., "Technology Adoption in the Presence of Network Externalities," *Journal of Political Economy*, 1986, 94, 822-841.

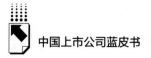

Kelly, L. "A New Interpretation of Information Rate," *Bell System Technical Journal*, 1956, 35, 917-926.

Lee, M. I. H., Syed, M. M. H., Xueyan, M. L., *Is China Over - Investing and Does it Matter?*, International Monetary Fund. 2012.

Markowitz, M., "Portfolio Selection," *Journal of Finance*, 1952, 7, 77-91.

Markowitz, M., *Portfolio Selection: Efficient Diversification of Investments*, John Wiley Sons Press. 1959.

Merton, R., "Optimal Consumption and Portfolio Rules in a Continuous-Time Model," *Journal of Economy Theory*, 1971, 3, 373-413.

Merton, R., "An Intertemporal Asset Pricing Model," *Econometrica*, 1973, 41, 867-887.

Patrick, H. T., "Financial Development and Economic Growth in Underdeveloped Countries," *Economic Development and Cultural Change*, 1966, 14, 174-89.

Rubinstein, E., The Fundamental Theorem of Parameter - Preference Security Valuation 1973, 8, 61-69.

Shannon, E., "A Mathematical Theory of Communication," *Bell System Technical Journal*, 1948. 27, 623-656.

Sharpe, F., "A Simplified Model for Portfolio Analysis," *Management Science*, 1963, 9, 277-293.

Sharpe, F., "Asset Allocation: Management Style and Performance Measurement," *The Journal of Portfolio Management*, 1992, 18, 7-19.

Thorp, O., Kassouf, T., *Beat the Market*, Random House Press. 1967.

Thorp, O., *Beat the Dealer: A Winning Strategy for the Games of Twenty-one*, Vintage Books Press. 1962.

Thorp, O., "Optimal Gambling Systems for Favorable Games," *Review of The International Statistical Institute*, 1969 (37), 273-293.

Tobin, J., "Liquidity Preference as Behavior Towards Risk," *Review of Economic Studies*, 1958 (25), 65-86.

B.3
生成式 AI 和 Web3.0双轮驱动的
智能产业革命及其投资研究

张磊 张鹏*

摘　要： 考虑到中国与发达经济体生产率差距明显缩小，并形成世界第二的经济规模，原有的全球供应链已经不能完全容纳中国作为离岸生产商的模式。这就要求中国进一步实现产业升级，以更高层次参与和推动经济全球化发展。生成式 AI 和 Web3.0 双轮驱动的智能产业革命恰好提供了这一重要战略机遇。以 GPT 为代表的大语言模型横空出世，为智能产业革命开辟了广阔前景。生成式 AI 能够在很大程度上实现内容生成的自动化，继互联网之后进一步降低信息处理成本，并有望发展成为通用人工智能和通用目的技术。然而，现有的以中心化平台企业为核心的互联网（Web2.0）却满足不了生成式 AI 发展数字资产产权保护治理需要。无法实现网络效应内生化给中心化平台企业独占网络租金提供了可能。Web2.0 迟早会使生成式 AI 节约的信息处理成本被不断上升的互联网引流和匹配成本所吞噬，抑制第三方基于生成式 AI 的产业应用次级创新。只有对现有互联网进行基于区块链的 Web3.0 改造，合理分配网络租金，才能将生成式 AI 的技术潜力充分发挥出来，引发生成式 AI 和 Web3.0 双轮驱动的智能产业革命。本报告将在展望生成式 AI 和 Web3.0 双轮驱动的智能产业革命前景的基础上，探讨我国生成式 AI 和 Web3.0 发展面临

---

* 张磊，中国社会科学院经济研究所研究员，中国社会科学院大学教授、博士生导师；张鹏，中国社会科学院经济研究所副研究员，中国社会科学院大学经济学院副教授、硕士生导师。

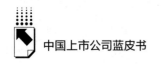

的挑战，并提出探索智能产业革命的中国路径的相应投资策略。

关键词： 生成式 AI　Web3.0　智能产业革命

一　生成式 AI 和 Web3.0 双轮驱动的 智能产业革命前瞻

1. 生成式 AI 提升产业创新潜力

随着以 GPT（Generative Pre-trained Transformer）为代表的大语言模型（Large Language Model，LLM）横空出世，生成式 AI 的重大突破有望引发智能产业革命。生成式 AI 直接引发人工智能内容生成（AIGC）新浪潮，能够在很大程度上实现内容生成的自动化，继互联网之后进一步降低信息处理成本。更为关键的是，生成式 AI 能够实现认知功能迁移和泛化，初步验证了通用人工智能（Artificial General Intellignce，AGI）的可行性，从而构成智能产业革命的通用目的技术基础。

Geoffrey Hinton 等（2006）在多层神经网络上实现了反向传播算法，克服了困扰人工神经网络多年的梯度消失问题，打开了深度学习的大门，并最终在生成式 AI 上取得重大突破。从表面上看，与人类大脑相比，以 GPT 为代表的大语言模型似乎显得特别笨拙，大语言模型基于 Transformer 构架，并在大规模的网络文本数据上进行训练，其核心是使用一个自我监督的目标来预测部分句子中的下一个单词。不过，由于可以包含无限计算单元和计算层级，人工神经网络能够突破人类大脑只有 6 层大脑皮层和大脑容积量有限的生物学约束，可将平克所概括的语言的两大特点，即符号的任意性（其实质是语言的多样性）和有限域的无限应用（其实质是语言所包含的冗余）发挥到极致。这样，以 GPT 为代表的大语言模型就能够在保持足够多样性和冗余基础上，通过试错，实现智能涌现和内容生成。这样的基于大语言模型的 AIGC 能在很大程度上实现内容生成的自动化，不仅继续保留了用户生成内容（User Generated Content，UGC）个性化的优势，而且还有效缩小了同专家生成内容（Professional Generated Content，PGC）或职业生成内容（Occupationally Generated Centent，OGC）在质量上的差距。因此，AIGC 继互联网之后又一次降低了信息处理成本。与此同时，大语言模型经过预训练之后，再微调就可以胜任多种任务，从而使生成式 AI 成为通用目的技术，并提升相应的产业创新潜力。

正如俗语所言，世上没有免费的午餐，大语言模型所采用的自回归预测方法同时也暴露了生成式 AI 出现幻觉、可解释性不足以及不擅长处理概念性跳跃问题等诸多弱点。脑科学最新研究发现，人的记忆往往与发生的环境有关，而不完全与事实相关。学习实际上涉及的是基于过去的经验和当前环境中的线索来重构记忆的技能，而不是单纯地对经验副本进行再现。因此，大语言模型运用分布式语义学（Distributional Semantics）思想进行数据编码，并通过自回归预测方法模拟这样的学习过程，得以绕开困扰循环神经网络（Recurrent Neural Network，RNN）和长短期记忆（Long Short Term Memory，LSTM）时间序列处理的长期依赖性问题[①]。当处理一个很长的文本并尝试将彼此相距很远的术语相链接时，需要关注这些术语之间所有不相关的其他术语，并对其编码。这就会导致处理记忆存取、删除功能的循环单元不堪重负，引发长文本带来的长期依赖性。与此形成鲜明对照的，无论文本长短，一旦大语言模型在大量的数据上进行了训练，就可以使用自回归预测，包括预测下一个标记，然后将该标记转移到输入端，再预测下一个标记，并将新标记转移到输入端，继续重复这一过程。这就是所谓的自回归大语言模型。由于更合理地模拟了人脑记忆学习过程，长期依赖性问题得以消除，再加上引入（词序）位置编码实现了并行计

---

① 语言学家约翰·费斯（John Firth）在 1957 年将分布式精确地表达为："你会通过与一个单词一同出现的词来认识它。"这就是说，一个单词的含义可以依据与其经常一同出现的其他单词来定义，这些其他单词又可以依据与它们经常一同出现的单词来定义，以此类推。分布式语义的潜在假设是"两个语言表述 A 和 B 之间的语义相似度是 A 和 B 能出现的语言上下文环境的相似度的函数"。语言学家经常使用"语义空间"（Semantic Space）的概念将其描述得更加具体。

算，Vaswani 等（2017）提出的基于 Transformer 构架的大语言模型继 Hinton 等（2006）之后又一次在深度学习领域取得重大突破。这样的大语言模型通过自回归的局部贪婪计算，迅速获取局部最优解，极大地提高了内容生成效率和相应的自动化。

然而，大语言模型所使用的自回归预测方法却也造成对任务或输出缺乏全局或深入的理解，并为此付出不菲的代价。①大语言模型通过深度学习进行自回归预测，只能输出具有可能性和相应概率的答案，不可避免地有时会产生认知幻觉，甚至导致错误的模式识别。②大语言模型本质上属于对记忆学习过程进行模拟的算法黑箱，这就会造成模型的可解释性不足和缺乏足够的透明度，影响到及时纠错和必要的问责。③大语言模型追求快速的局部最优解，缺乏整体性解决方案和长期规划，使其特别不擅长于处理概念性跳跃问题。

由自回归预测方法带来的认知幻觉问题可通过将大语言模型作为独立组件，内嵌于互联网搜索引擎和其他 API 形成扩展的大语言模型得到部分缓解。由于能够同时实现信息适时更新和调用外部工具更高效地运用知识存量，扩展的大语言模型无疑会在一定程度上降低认知幻觉，提高 AIGC 的鲁棒性和稳健性。

大语言模型继预训练和微调之后，引入人类专家审核进行基于人工反馈的强化学习则有助于将人工智能和人类智力结合起来，进一步提高内容生成质量，并通过实践结果验证和目标调整，部分修正算法的黑箱性质。强化学习对算法的修正能够实现面向模型的人工智能向面向智能体（Agent）的人工智能转变，确保生成式 AI 更好地为人类利益服务。

大语言模型在处理概念性跳跃问题，特别是提出新概念上的不足则可以借助基于生成式 AI 的产业应用次级创新加以弥补。同所有的通用目的技术一样，生成式 AI 也并非"即插即用"，将其应用于不同经济部门必须依靠次级工艺创新。每次次级创新无疑都是为了满足通用目的技术适应特定部门的需要，这就不可避免地要求处理与具体产业有关的概念性跳跃问题，并提出相应的新概念。更为重要的是，只有实现基于生成式 AI 的产业应用次级创新，才能充分发挥生成式 AI 作为通用目的技术对生产率的有益作用。正如鲍莫尔定律所揭示的那样，由于不同产业对大语言模型预训练、微调和强化学习所要求的人工干预程度不一样，那些吸纳生成式 AI 程度和自动化水平较低的产业最终将因生产率提高消化不了高企的劳动成本而拖累经济增长，并通常在服务业上表现得更为突出。由此形成的鲍莫尔病需要不断基于生成式 AI 的产业应用次级创新加以缓解。

由此可见，作为通用目的技术，除了外接互联网搜索引擎和其他 API 进行扩展以及引入强化学习之外，大语言模型还需借助基于生成式 AI 的产业应用次级创新弥补在处理概念性跳跃问题，特别是提出新概念上的不足。只有这样，由生成式 AI 所代表的通用人工智能（AGI）才不仅能够在保持内容生成低成本优势的同时，实现质量的稳定，而且可以通过基于生成式 AI 的产业应用次级创新转化为对生产率的有益影响。

2. 生成式 AI 将遭遇数字资产产权保护治理挑战

尽管生成式 AI 极大地提高了内容生成效率和自动化程度，但对由此形成的数字资产产权保护仍是个悬而未决的问题。外接互联网搜索引擎和其他 API 进行大语言模型扩展、内容生成的零边际复制成本带来的数字资产重复使用以及传统知识产权保护可能对人机互动激励不足都将使生成式 AI 遭遇数字资产产权保护治理挑战。

由于需要外接互联网搜索引擎和其他 API 进行外部工具调用，作为通用目的技术，生成式 AI 会直接受到以中心化平台企业为核心的互联网（Web2.0）产权保护弱点拖累，并最终抑制产业应用次级创新。

正是为了更方便地获得创新的外溢性，具有网络效应的以中心化平台企业为核心的互联网（Web2.0）得以发展和形成，但也为此付出了产权保护不足的代价。布莱恩约弗森和麦卡菲（2016）认为，不同于传统的实物资本，以互联网为代表的数字资本能形成平台创新，并产生赢家通吃的市场特征，获取超额回报。根据赢家通吃理论，互联网增加了"最佳选手"相对于其他竞争者的报酬优势，使任何领域的最优秀竞争者能逐渐在更广阔的市场上出售产品和服务，夺取劣势对手的需求份额。因此，赢家通吃的市场特征无疑要求企业采用速度优先于效率的闪电式（Blitzscaling）扩张竞争战略，最为迅速地夺取市场份额（霍夫曼、GPT-4，2023）。闪电式扩张战略意味着至少在创新的早期和中期阶段，酒好也怕巷子深才是企业面临的最大创新挑战，从而导致实现供求匹配的市场分配和触达渠道远比产品或服务的质量更为重要。产品或服务的质量则在抢先占领市场的前提下，通过"渗透定价"（Penetration Pricing）和后续的平台互补创新逐步得到改进（夏皮罗、范里安，2017）。

这样的闪电式扩张战略只有借助互联网平台的网络效应，才能得到更有效实施。网络效应又称需求侧的规模经济，通俗地讲，就是使用者越多，产品或服务的价格与使用成本越低，产品或服务的价格和使用成本越低又会吸引更多的使用者，如此循环往复形成良性的正反馈，直至最终发展成具有竞争力的平台。引流在互联网平台形成过程中发挥着至为关键的作用。流量（volume）高于对手的企业（即吸引到更多平台使用者的企业）在每次交易中都提供平均高于竞争对手的价值。这是因为网络越大，供给和需求越匹配，用于需求匹配的数据也越充足。与此同时，为使用者提供更高价值的平台企业又会吸引更多的新使用者流量（范阿尔斯丁等，2016）。

正是出于形成上述网络效应目的，中心化平台企业运用了分层式网络结构，并形成相应的 Web2.0。与此形成鲜明对照的，作为国防项目的一部分，互联网最初是 1969 年为美国高级研究计划局（ARPA）的分组交换系统推出的。它可以帮助计划局旗下的网站共享信息，让地理位置不同的电脑互相访问。当时的网络拓扑结构是高度分布式的，其主要目的是遇到核攻击时能快速实现重新路由（泰普斯科特，2016）。

然而，在以中心化平台企业为核心的互联网（Web2.0）中，网络效应完全是外生的，不可避免地会导致产权保护不足的弱点。这就意味着 Web2.0 的中心化平台企业并不总是倾向于推动网络效应的发挥。中心化平台企业遵循的是一种可预测的生命周期规律。在初始阶段，由于与用户和第三方合作者，如创作者、开发人员和企业等存在互补关系，中心化平台企业会竭尽所能推动多边参与者协同创新，这样才能加强平台企业网络效应。不过，随着平台的采用率 S 曲线不断上移，它们对于用户和第三方合作者的掌控力将稳步增长。当达到 S 曲线的顶部时，中心化平台企业与网络参与者的关系就会从互补转变为替代。届时，中心化平台企业要继续保持增长，就需要从用户中提取数据并与（前）合作伙伴竞争。具体地讲，中心化平台企业可能以不断上升的引流和匹配成本独占由网络效应形成的租金。很显然，从合作到竞争的转变将会使对中心化平台产生路径依赖的第三方合作者蒙受重大损失。

以互联网为核心的数字革命就曾因产权保护方面的弱点最终抑制了其对生产率的有益影响。正如戈登所证实的那样，美国全要素生产率在 1920～1970 年工业化期间增长最为迅速，高达 1.89%，并持续了半个世纪。以互联网为核心的数字革命只是在 1994～2004 年才使美国全要素生产率增速短暂回升至 1.03%，然后，在 2004～2014 年，特别是在 2008 年国际金融危机冲击下，美国全要素生产率增速更是创出新低，只有 0.40%。

生成式 AI 的引入并不会改变 Web2.0 产权保护弱点。如果只是将大语言模型作为独立组件内嵌于现有的互联网，生成式 AI 节约的信息处理成本迟早也会被不断上升的互联网引流和匹配成本所吞噬。随着时间的推移，最好的企业家、开发者和投资者将被迫放弃对中心化平台的积极参与，不可避免地抑制第三方基于生成式 AI 的产业应用次级创新。由此可见，数字资产产权保护弱点为中心化平台企业提供了独占由网络效应形成的租金的可能，同样会抑制生成式 AI 潜力充分发挥。

与此同时，考虑到内容生成的零边际复制成本极易导致数字资产的重复使用，并加剧相应的产权保护难度，生成式 AI 的引入还进一步放大了 Web2.0 产权保护弱点。

生成式 AI 还会遭遇特殊的知识产权保护问题。具体地讲，知识产权制度的滞后，特别是传统知识产权保护的知识及其表达形式二分法有可能削弱人类专家运用生成式 AI 进行知识思想（idea）创造的激励，阻碍必不可少的人机互动。正如我们在前面分析中所指出的那样，无论是大语言模型基于人工反馈的强化学习，还是基于生成式 AI 的产业应用次级创新都离不开对实践结果验证、目标调整以及处理产业应用新概念的人工干预。由此可见，尽管生成式 AI 提高了知识表达的效率和自动化程度，但人工干预和人机互动的必要性却意味着人类专家提出问题至少和 AI 解决问题一样重要。然而，传统知识产权保护的知识及其表达形式二分法却已适应不了生成式 AI 发展的要求。传统知识产权保护二分法将知识及其表达形式严格区分开来，并侧重于对知识表达的具体形式进行保护，有可能削弱人类专家运用生成式 AI 进行知识思想创造的激励，阻碍必不可少的人机互动。

很显然，生成式 AI 承袭甚至进一步放大了以中心化平台企业为核心的互联网（Web2.0）产权保护的弱点，并会遭遇特殊的知识产权保护问题。这些都将构成数字资产产权保护治理挑战。

3. Web3.0 提供数字资产产权保护的治理技术手段

幸运的是，基于区块链的 Web3.0 有望提供改进数字资产产权保护的治理技术手段。基于区块链的 Web3.0 与中本聪的贡献密不可分。2008 年，中本聪运用区块链技术成功解决了困扰加密货币双花的拜占庭将军问题，并率先在数字资产重复使用带来的产权保护上取得重大突破（麦兹里奇，2020）。

拜占庭将军问题实质上是如何在网络参与者之间达成信任。由于当时拜占庭帝国的国土辽阔，为了达到防御目的，每支军队都分隔得很远，将军与将军之间只能靠信使传递消息。在战争时期，拜占庭军队内所有将军和副官必须达成共识，决定在有赢的机会时才去攻打敌人的阵营。但是，在军队内有可能存在叛徒和敌军的间谍，叛徒或间谍会竭尽所能左右将军们的决定，并扰乱军队整体的秩序，导致在进行攻击时，决策结果并不真正代表大多数人的意见。这时候，在已知有成员谋反的情况下，其余忠诚的将军在不受叛徒的影响下如何达成一致的协议，就形成了"拜占庭将军问题"。中本聪提出解决拜占庭将军问题并要求所有参与者一致同意，只要有足够数量的一部分参与者达成共识即可。那么，在区块链上就可用解哈希函数的矿工工作量证明解决加密货币双花问题。

　　区块链技术最初只是用来缓解数字资产重复使用产生的问题，应对由内容生成的零边际复制成本带来的产权保护挑战。不过，区块链技术还可用于将以中心化平台企业为核心的互联网（Web2.0）发展成为基于区块链的新一代互联网，即 Web3.0，并同生成式 AI 相融合，充分激励第三方基于生成式 AI 的产业应用次级创新。基于区块链的 Web3.0 在很大程度上是对互联网技术进步的回归，再度形成网络分布式拓扑结构。很显然，在 Web3.0 这样的高度分布式网络结构作用下，中本聪所使用的工作量证明方法也可以Token 化方式迁移到对原始数据所有者、大语言模型开发者和用户网络效应贡献的确认上，通过由 NFT 代表的加密数字资产实现网络效应内生化。因此，将大语言模型内嵌于基于区块链的 Web3.0 有望实现网络效应内生化，促进网络租金由原来的中心化平台企业独占更多地转向在原始数据所有者、大语言模型开发者和用户之间更为合理地分配。只有对以中心化平台企业为核心的互联网（Web2.0）进行适度的 Web3.0 改造，才能避免生成式 AI 节约的信息处理成本被不断上升的互联网引流和匹配成本所吞噬。这样就能够在继续享有大语言模型扩展好处的同时，充分激励基于生成式 AI 的产业应用次级创新。

　　区块链技术在数字资产确权上的功能同样为改革传统知识产权制度、激励人类专家运用生成式 AI 进行知识思想创造、促进必要的人机互动提供了契机。由于可以运用区块链技术对知识思想和相应的表达形式分别确权，这样就可以突破传统知识产权保护的知识及其表达形式二分法，建立适应生成式 AI 发展要求的知识产权制度。这样的新型知识产权制度能够摆脱传统上偏重于知识表达形式的弱点，同时实现对知识思想和相应的表达形式的保护，自然有助于激励人类专家运用生成式 AI 进行知识思想创造，促进必要的人机互动。

　　由此可见，将以中心化平台企业为核心的互联网（Web2.0）发展成为基于区块链的新一代互联网，即 Web3.0，具有重要战略意义。①基于区块链的 Web3.0 降低了数字资产保护成本，缓解了内容生成的零边际复制成本带来的数字资产重复使用问题。②将大语言模型内嵌于基于区块链的

Web3.0有望实现网络效应内生化，促进网络租金更为合理地分配。这样就能够避免生成式 AI 节约的信息处理成本被不断上升的互联网引流和匹配成本所吞噬，充分激励基于生成式 AI 的产业应用次级创新。③基于区块链的 Web3.0 能够用于改革传统知识产权制度，同时实现对知识思想和相应的表达形式的保护，激励人类专家运用生成式 AI 进行知识思想创造，促进必要的人机互动。

4. 生成式 AI 和 Web3.0相融合引发新一轮产业创新

根据前面的分析，生成式 AI 和 Web3.0 相融合的益处显而易见。一方面，Web3.0 能够更合理地分配生成式 AI 带来的网络租金，避免生成式 AI 节约的信息处理成本被不断上升的互联网引流和匹配成本所吞噬，充分激励第三方基于生成式 AI 的产业应用次级创新。另一方面，生成式 AI 也反过来引发内容生成和相应（加密）数字资产的大爆炸，有可能丰富由 NFT 代表的加密数字资产应用场景，有效提高加密数字资产的流动性和合理估值，推动 Web3.0 发展。生成式 AI 能够在很大程度上实现内容生成的自动化，继互联网之后进一步降低信息处理成本，并有望发展成为通用人工智能。这样的通用目的技术势必会引发内容生成及其数字资产的大爆炸，并提供广泛的应用场景。内容生成及其数字资产日益涌现将极大地缓解数字资产的流动性不足带来的估值难题。Web3.0 久被诟病的投资泡沫问题也有望迎刃而解。

相反，如果不能实现对现有互联网的 Web3.0 改造，基于生成式 AI 的产业应用次级创新将因激励不足而受到抑制，生成式 AI 对生产率的提升作用也极有可能像传统互联网一样昙花一现。与此同时，Web3.0 的发展离开了生成式 AI 的支持也极有可能会遭遇应用场景不足的困扰，最终沦为加密资产泡沫。

因此，生成式 AI 和 Web3.0 相融合有望将生成式 AI 作为通用人工智能和通用目的技术的潜力转化为现实，引发一轮足以媲美互联网甚至工业化的智能产业革命。

二 我国发展生成式 AI 和 Web3.0面临的挑战

得益于数字经济的不断发展，我国已经具备了发展生成式 AI 和 Web3.0的初步条件。根据中国信息通信研究院（2023）的计算，2022 年，中国数字经济增加值占 GDP 比重已超四成，达到 41.5%，这一比重相当于第二产业增加值占 GDP 比重（2022 年，我国第二产业增加值占 GDP 比重为 39.9%）[①]。因此，数字经济已经占据了国民经济的支柱地位。从全要素生产率观察，我国数字经济发展也表现出一定程度的可持续性。数字经济全要素生产率从 2012 年的 1.66 上升至 2022 年的 1.75，提升了 0.09；而国民经济全要素生产率从 2012 年的 1.29 上升至 2022 年的 1.35，仅上升了 0.06。数字经济全要素生产率明显提升更快。其中第二产业全要素生产率从 2012 年的 1.65 上升至 2018 年的 1.69，下降至 2022 年的 1.54；第三产业全要素生产率则从 2012 年的 1.70 上升至 2022 年的 1.90，提升幅度最为明显。二、三产业全要素生产率变化符合产业结构调整要求，同样表现出数字经济发展的可持续性。

在部分技术领域和产业部门，我国数字经济国际竞争力更为突出。2018年，中国用于物联网的机器到机器（Machine To Machine，M2M）的 SIM 卡

[①] 中国信息通信研究院（2023）沿用长期以来使用的方法，将数字经济区分为数字产业化和产业数字化，对数字经济规模进行计算。数字产业化部分由信息产业增加值构成，信息产业包括电子信息制造业、基础电信业、互联网行业和软件服务业。产业数字化部分由数字技术与其他产业融合应用带来的增加值构成。数字产业化与国际通用的由信息产业和信息相关产业组成的数字经济核心产业较为接近。产业数字化则是在区分 ICT 投资和非 ICT 投资基础上，对每个行业计算了 ICT 资本存量、非 ICT 资本存量、劳动以及中间投入。其中 ICT 投资由计算机、通信设备和软件投资组成。产业数字化部分测算了 ICT 产品和服务在其他领域融合渗透带来的产出增加和效率提升（增加值）。中国信息通信研究院所计算的产业数字化部分与国际通用的数字密集型产业较为接近，由于采用将 ICT 投资作为数字资本的代理变量的方法，具有直接计算 GDP 及其全要素生产率的优点，但反映的数字化转型口径却较窄。中国信息通信研究院（2021）运用同样的方法计算发现 2020 年中国数字经济增加值占 GDP 比重已达 38.6%，排在世界第 9 位，属于第二梯队。同期的德国、英国、美国数字经济增加值占 GDP 比重超过 60%。

渗透率，即每百位居民拥有的 M2M SIM 卡数量接近 50 张，位居全球榜首，意大利和美国紧随其后。中国同年 M2M SIM 卡采购量高达全球总额的 69%，是美国的 6 倍（OECD，2020）。得益于如此规模的物联网投资推动，2022年，我国工业互联网已在原材料、消费品、装备等 31 个工业门类广泛部署，覆盖至 45 个国民经济大类。5G 则是我国具有国际竞争力的另一项数字技术。2022 年，我国"5G+工业互联网"主要专利数占全球的 40%，保持全球领先地位，边缘计算、5G TSN、5G LAN、5G NPN 成为专利布局热点。5G 产业化同样取得明显进展。截至 2022 年，5G 芯片模组三年平均降价40%，实现价格突破。

考虑到生成式 AI 代表着新一代的数字技术，无论是大语言模型预训练还是外接互联网搜索引擎和其他 API 进行扩展都离不开数据、算力和算法的不断进步，由大数据、云计算和物联网所代表的现有数字经济基础设施的完备无疑会为生成式 AI 发展奠定良好的基础。

然而，我国生成式 AI 和 Web3.0 的发展仍面临如下一系列挑战。

一是确保模型开发的充足投资，并形成可竞争的市场结构，保持大语言模型在实现规模经济和促进基于生成式 AI 的产业应用次级创新之间的平衡。作为通用目的的技术，对生成式 AI 的大语言模型投资具有沉淀成本特征和数字经济新一代基础设施投资性质。如果没有对大语言模型足够的投资，将很难在信息处理成本上实现规模经济，并促进最为广泛的产业应用。然而，大语言模型的规模经济特征意味着只有少数寡头开发者才会在竞争中脱颖而出，服务的垄断定价又有可能成为基于生成式 AI 的产业应用次级创新障碍。因此，只有确保形成模型开发可竞争的市场结构，使大语言模型成为按成本定价的数字经济新一代基础设施，才能将对大语言模型的充足投资最终转化为生成式 AI 的产业级低成本应用。尽管我国目前对大语言模型的预训练才刚刚起步，中心化互联网平台企业侧重于生成式 AI 的内部应用，各级政府引导基金对大语言模型预训练又缺乏投资动力，但借助来自国际的开源大语言模型，仍可在模型微调的中间层和引入基于人工反馈的强化学习的产业应用层大有可为，继续发挥在人力资本积累和国内市场规模方面的传统优势。

二是实现对以中心化平台企业为核心的互联网（Web2.0）实行 Web3.0 改造，建设基于区块链的新一代互联网，避免生成式 AI 节约的信息处理成本被不断上升的互联网引流和匹配成本所吞噬，充分激励第三方基于生成式 AI 的产业应用次级创新。我国当前数据分配主要实行的是"以数据交换服务""谁占有谁受益"等事实上的分配机制。这样的分配格局正是以中心化平台企业为核心的互联网（Web2.0）主导的结果。Web2.0 无法实现网络效应内生化，极易导致网络租金被中心化平台企业独占。在 Web2.0 上，互联网引流和匹配成本迟早会吞噬生成式 AI 节约的信息处理成本，并最终抑制基于生成式 AI 的产业应用次级创新。2022 年 12 月，《中共中央 国务院关于构建数据基础制度更好发挥数据要素作用的意见》（以下简称"数据二十条"）明确提出数据要素的分配要由市场评价贡献、按贡献决定报酬，按照"谁投入、谁贡献、谁受益"的原则，强调可以通过分红、提成等多种形式来实现收益共享。因此，对以中心化平台企业为核心的互联网实行 Web3.0 改造势在必行。只有这样，才能实现网络效应内生化，真正满足数据要素按贡献参与分配的基本分配原则和要求，充分激励基于生成式 AI 的产业应用次级创新。否则，一旦基于生成式 AI 的产业应用次级创新受到抑制，生成式 AI 对生产率的提升作用极有可能像传统互联网一样昙花一现。

三是大力开发以增强现实（AR）和虚拟现实（VR）为代表的新一代互联网终端，推动生成式 AI 必要的人类专家干预和相应的人机互动。无论是大语言模型功能泛化的微调和基于人工反馈的强化学习，还是基于生成式 AI 的产业应用次级创新都离不开必要的人类专家干预和相应的人机互动。由于能够实现沉浸式体验，AR 和 VR 有望从狭隘的游戏娱乐场景解放出来，发展成为对人机互动最为友好的新一代互联网终端。由 AR 和 VR 代表的新互联网终端无疑有助于提高生成式 AI 人类专家干预和人机互动的效率。

四是积极打造终身学习体系，促进人力资本积累，充分挖掘由生成式 AI 驱动的智能产业革命潜力。生成式 AI 代表了数字化转型的最新发展方向，加剧了技术和需求结构变化，并进一步提高终身学习的重要性。除了包括生成式 AI 在内的 ICT 相关技能外，为了应对迅速变化的工作任务，还需具备与数字技术互补的认知能力。①随着常规任务更多地被数字技术替代，管理和沟通能力、会计核算和推销能力以及高级计算能力会更多地被强调使用（OECD，2019b）。②数字技术便利了读写电子邮件和运用计算机进行计算的工作任务完成，也加速了员工对这些高技术环境下信息处理和问题解决能力的开发（OECD，2019b）。③当员工需要执行多样性工作任务，并且ICT无论硬件还是软件会迅速变得过时，自然对学习新事物的能力提出要求（OECD，2019d）。只有这样，才能适应生成式AI驱动的数字化工作场所并从中获益。因此，乐意学习就成为在这样的数字化工作环境中至关重要的态度。很显然，适应这样的数字化转型，要求员工同时具备直接的ICT技能和如人际交往和通用认知能力等数字技术互补技能。这就要求对ICT、认知、社会交往和情感技能进行终身学习。由于生成式AI能够在很大程度上实现内容生成的自动化，继互联网之后进一步降低信息处理成本，并有望发展成为通用人工智能，这样通用目的的技术潜力在很大程度上受到与人类专家干预和人机互动配套的人力资本积累水平的制约。换言之，终身学习推广成功与否最终决定着生成式AI驱动的智能产业革命寿命周期长短及其潜力的发挥。

五是完善智能安全技术，稳健推进智能产业革命。智能安全技术是智能产业革命实现的前提，主要包括两方面内容。①实现数据确权和隐私保护。尽管中心化平台企业拥有的隐私计算技术有助于促进对数据安全的保护，但受制于中心化的网络治理结构，其所承诺的数据调用需经严格授权程序却不完全可信。这就需要引入区块链，进一步保护数据安全。具体地讲，就是运用可验证计算、同态加密和安全多方计算等密码学的进步技术支持数据确权，使在不影响数据所有权的前提下交易数据使用权成为可能，并影响数据主体和数据控制者的经济利益关系。②提高模型的可解释性和透明度。由于本质上属于对记忆学习过程进行模拟的算法黑箱，大语言模型不易及时发现错误，并纠正相应后果。这就需要引入基于人工反馈的强化学习，并同分析式AI相结合，双管齐下地修正大语言模型算法的黑箱性质，提高模型的可解释性和透明度。前者有望将人工智能和人类智力结合起来，实现面向模型的人工智能向面向智能体的人工智能的转变，确保生成式 AI 更好地为人的利益服务。后者则能够促进面向模型的生成式 AI 和面向工具的分析式 AI 的结合，有助于及时纠错和进行必要的问责。

很显然，如果能够成功应对上述一系列挑战，就可以既实现大语言模型规模经济和产业化应用，又可以完成现有互联网的 Web3.0 改造，充分激励基于生成式 AI 的产业应用次级创新。只有这样，才能引发生成式 AI 和 Web3.0 双轮驱动的智能产业革命。

三　智能产业革命相关投资

从理论上讲，形成智能产业革命投资策略，离不开由 6 个方面内容构成的中国智能产业发展指数编制并发布。①数字基础设施（大数据、云计算和物联网等）；②机器学习（大语言模型预训练、微调和强化学习，大语言模型扩展，分析式 AI 等其他算法）；③新一代互联网（区块链、Web3.0、NFT 等）；④人机互动（AR、VR、元宇宙、终身学习等）；⑤基于生成式 AI 的产业应用次级创新；⑥智能安全技术。考虑到生成式 AI 和 Web3.0 双轮驱动的智能产业革命尚处于探索阶段，上述一系列相关统计数据尚无法收集。智能产业革命代表着数字经济最新发展趋势，而国家统计局又在 2021 年提出了数字经济及其核心产业统计分类，我们可以运用与智能产业革命高度相关的数字经济发展来初步考察相应的投资策略。

根据国家统计局分类，我们对 Wind 数据库提供的 A 股上市公司进行产业四级分类匹配（剔除 ST 公司），得出由数字经济核心产业上市公司所代表的数字经济发展概况。具体地讲，中国数字经济核心产业共由数字产品制造业（含计算机制造、通讯及雷达设备制造、数字媒体设备制造、智能设备制造、电子元器件及设备制造、其他数字产品制造业等）、数字产品服务业（含数字产品批发、零售、租赁和维修等）、数字技术应用业（含软件开发，电信、广播电视和卫星传输服务，互联网相关服务，信息技术服务和其他数字技术应用业等）和数字要素驱动业（含互联网平台、互联网批发零售、互联网金融、数字内容与媒体、信息基础设施、数字资源与产权交易和其他数字要素驱动业）4个部分组成。由于本应属于信息产业的数字内容与媒体在 A 股中并没有匹配的上市公司，可以简单地将数字产品制造业、数字产品服务业和数字技术应用业处理为信息产业。数字要素驱动业和信息产业则进一步共同组成信息相关产业，接近国际通用的数字经济核心产业。

本报告继续运用上一年度的中国数字经济核心产业上市公司评价指标体系评估相应投资价值。如表1所示，中国数字经济核心产业上市公司投资价值由创新能力、运营绩效、风险控制和估值水平共同决定。①创新能力。创新能力是决定成长性的关键。为了更全面地反映中国数字经济核心产业上市公司创新能力，除了通用的创新能力指标，本报告还引入了代表广义数字资本深化的数字化和代表人力资本积累的人均薪酬指标。②运营绩效。由于创新能力涉及外部性，并不足以决定公司生存率，仍需保证必要的运营绩效。借鉴中国信息通信研究院 2021 年对产业数字化的计算，本报告在通用指标之外，在运营绩效中还引入了资本支出指标，以专门反映数字资本深化在中国数字化转型中的重要地位。③风险控制。风险控制在通用指标外，同样引入了 ESG 指标，以反映公司治理从股东主义向利益相关者治理的飞跃。④估值水平。高估值则可以反映数字经济发展带来的流动性溢价，代表相应的融资能力。其中，创新能力对数字经济核心产业上市公司投资价值影响最为关键，其所使用权重超过运营绩效、风险控制和估值的总和。只有这样，才能更准确地反映数字经济发展，特别是智能产业革命的创新驱动特征。此外，由于新股发行波动较大，本报告剔除了 2023 年 IPO 的数字经济核心产业上市公司。因此，如表2所示，与上一年度相比，根据这样的数字经济核心产业上市公司评价指标体系得出的中国数字经济投资组合"漂亮 100"，即综合排名前 100 的数字经济核心产业上市公司有较大变动。

表 1　数字经济发展评价指标体系

类别	公司治理评价体系
创新能力	研发强度熵系数
	研发人员投入
	人均薪酬
	研发产出
	无形资产
	数字化
	劳动生产率
	超额收益率
运营绩效	ROE
	营业周期
	销售毛利率
	销售净利率
	资本结构
	业绩含金量
	资本支出
	营业收入增长率
	净利润增长率
	经营现金流增长
风险控制	董事会情况
	机构持股稳定性
	审计意见类型
	担保
	违规事项
	ESG
估值水平	PE
	PEG

表 2 中国数字经济核心产业上市公司评价（前 100 名）

排名	代码	公司名称	所属行业	总得分	运营绩效	估值水平	风险控制	创新能力
1	603444. SH	吉比特	互联网和相关服务	5.76	5.93	5.61	5.81	5.61
2	688008. SH	澜起科技	计算机、通信和其他电子设备制造业	5.76	5.74	5.27	5.84	6.02
3	600131. SH	国网信通	软件和信息技术服务业	5.72	5.60	5.42	5.86	5.74
4	000063. SZ	中兴通讯	计算机、通信和其他电子设备制造业	5.72	5.27	5.52	5.96	5.64
5	600183. SH	生益科技	计算机、通信和其他电子设备制造业	5.72	5.38	5.56	6.14	4.95
6	600050. SH	中国联通	电信、广播电视和卫星传输服务	5.70	5.43	5.44	5.95	5.44
7	300316. SZ	晶盛机电	专用设备制造业	5.69	5.82	5.48	5.90	5.12
8	600570. SH	恒生电子	软件和信息技术服务业	5.68	5.72	5.21	5.89	5.49
9	600633. SH	浙数文化	互联网和相关服务	5.67	5.73	5.56	5.64	5.84
10	688019. SH	安集科技	计算机、通信和其他电子设备制造业	5.65	5.86	5.43	5.69	5.52
11	300782. SZ	卓胜微	计算机、通信和其他电子设备制造业	5.64	6.00	5.30	5.65	5.63
12	603019. SH	中科曙光	计算机、通信和其他电子设备制造业	5.64	5.37	5.51	5.74	5.75
13	688123. SH	聚辰股份	计算机、通信和其他电子设备制造业	5.64	5.88	5.49	5.68	5.45
14	002624. SZ	完美世界	互联网和相关服务	5.63	5.50	5.60	5.83	5.18
15	002938. SZ	鹏鼎控股	计算机、通信和其他电子设备制造业	5.62	5.48	5.61	5.92	4.90
16	603100. SH	川仪股份	仪器仪表制造业	5.62	5.52	5.22	5.92	5.25
17	002371. SZ	北方华创	专用设备制造业	5.62	5.26	5.32	5.89	5.48
18	002410. SZ	广联达	软件和信息技术服务业	5.61	5.88	5.00	5.73	5.60
19	002049. SZ	紫光国微	计算机、通信和其他电子设备制造业	5.60	5.84	5.27	5.61	5.69
20	600171. SH	上海贝岭	计算机、通信和其他电子设备制造业	5.60	5.35	5.49	5.63	5.88
21	600845. SH	宝信软件	软件和信息技术服务业	5.60	5.72	5.19	5.78	5.35

续表

排名	代码	公司名称	所属行业	总得分	运营绩效	估值水平	风险控制	创新能力
22	688099.SH	晶晨股份	计算机、通信和其他电子设备制造业	5.60	5.57	5.47	5.51	6.03
23	002106.SZ	莱宝高科	计算机、通信和其他电子设备制造业	5.59	5.45	5.61	5.81	5.06
24	688111.SH	金山办公	软件和信息技术服务业	5.59	6.37	4.16	5.70	5.91
25	601012.SH	隆基绿能	电气机械和器材制造业	5.58	5.74	5.54	5.77	4.89
26	002558.SZ	巨人网络	互联网和相关服务	5.58	5.57	5.58	5.52	5.75
27	300661.SZ	圣邦股份	计算机、通信和其他电子设备制造业	5.58	6.01	4.86	5.65	5.63
28	600888.SH	新疆众和	计算机、通信和其他电子设备制造业	5.58	5.34	5.68	5.94	4.63
29	688012.SH	中微公司	专用设备制造业	5.58	5.78	4.83	5.78	5.55
30	300101.SZ	振芯科技	计算机、通信和其他电子设备制造业	5.57	5.28	5.35	5.71	5.69
31	002179.SZ	中航光电	计算机、通信和其他电子设备制造业	5.57	5.60	5.37	5.78	5.15
32	600060.SH	海信视像	计算机、通信和其他电子设备制造业	5.57	5.35	5.63	5.77	5.17
33	601231.SH	环旭电子	计算机、通信和其他电子设备制造业	5.57	5.34	5.63	5.84	4.94
34	600850.SH	电科数字	软件和信息技术服务业	5.57	5.20	5.49	5.80	5.31
35	300327.SZ	中颖电子	计算机、通信和其他电子设备制造业	5.57	5.33	5.45	5.59	5.85
36	300672.SZ	国科微	计算机、通信和其他电子设备制造业	5.56	5.66	4.83	5.62	5.99
37	300735.SZ	光弘科技	计算机、通信和其他电子设备制造业	5.56	5.64	5.55	5.86	4.56
38	603236.SH	移远通信	计算机、通信和其他电子设备制造业	5.55	5.42	5.46	5.56	5.75
39	002555.SZ	三七互娱	互联网和相关服务	5.55	5.76	5.01	5.64	5.59
40	300373.SZ	扬杰科技	计算机、通信和其他电子设备制造业	5.54	5.73	5.47	5.70	4.96
41	000810.SZ	创维数字	计算机、通信和其他电子设备制造业	5.54	5.43	5.57	5.63	5.36
42	600636.SH	国新文化	软件和信息技术服务业	5.54	5.32	5.48	5.81	5.00

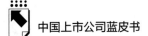

续表

排名	代码	公司名称	所属行业	总得分	运营绩效	估值水平	风险控制	创新能力
43	300433.SZ	蓝思科技	计算机、通信和其他电子设备制造业	5.54	5.39	5.43	5.93	4.62
44	300378.SZ	鼎捷软件	软件和信息技术服务业	5.53	5.57	5.31	5.74	5.12
45	601877.SH	正泰电器	电气机械和器材制造业	5.53	5.28	5.53	5.81	4.97
46	300711.SZ	广哈通信	计算机、通信和其他电子设备制造业	5.53	5.53	4.87	5.78	5.41
47	688608.SH	恒玄科技	计算机、通信和其他电子设备制造业	5.53	5.20	5.26	5.54	6.09
48	600498.SH	烽火通信	计算机、通信和其他电子设备制造业	5.52	4.73	5.34	5.91	5.35
49	002841.SZ	视源股份	计算机、通信和其他电子设备制造业	5.52	5.51	5.48	5.52	5.57
50	002238.SZ	天威视讯	电信、广播电视和卫星传输服务	5.52	5.12	5.37	5.92	4.85
51	300002.SZ	神州泰岳	软件和信息技术服务业	5.52	5.77	5.58	5.30	5.85
52	300623.SZ	捷捷微电	计算机、通信和其他电子设备制造业	5.51	5.62	5.41	5.71	4.90
53	603258.SH	电魂网络	互联网和相关服务	5.51	5.68	5.52	5.37	5.74
54	300229.SZ	拓尔思	软件和信息技术服务业	5.50	5.11	5.24	5.72	5.52
55	300408.SZ	三环集团	计算机、通信和其他电子设备制造业	5.50	5.51	5.43	5.88	4.41
56	002916.SZ	深南电路	计算机、通信和其他电子设备制造业	5.50	5.58	5.31	5.74	4.88
57	688303.SH	大全能源	计算机、通信和其他电子设备制造业	5.50	6.25	5.60	5.50	4.64
58	300274.SZ	阳光电源	电气机械和器材制造业	5.49	5.49	5.36	5.55	5.46
59	688200.SH	华峰测控	专用设备制造业	5.49	6.23	5.02	5.60	4.88
60	300789.SZ	唐源电气	软件和信息技术服务业	5.48	5.18	5.57	5.54	5.54
61	002152.SZ	广电运通	通用设备制造业	5.48	5.51	4.48	5.99	4.92
62	002281.SZ	光迅科技	计算机、通信和其他电子设备制造业	5.48	5.35	5.29	5.75	5.00
63	002396.SZ	星网锐捷	计算机、通信和其他电子设备制造业	5.48	5.17	5.21	5.56	5.81

续表

排名	代码	公司名称	所属行业	总得分	运营绩效	估值水平	风险控制	创新能力
64	603005.SH	晶方科技	计算机、通信和其他电子设备制造业	5.48	5.59	5.33	5.57	5.23
65	688396.SH	华润微	计算机、通信和其他电子设备制造业	5.48	5.61	5.21	5.70	4.98
66	300604.SZ	长川科技	专用设备制造业	5.47	5.75	5.25	5.49	5.36
67	300394.SZ	天孚通信	计算机、通信和其他电子设备制造业	5.47	5.88	5.46	5.66	4.52
68	601869.SH	长飞光纤	计算机、通信和其他电子设备制造业	5.47	5.24	5.54	5.58	5.32
69	600584.SH	长电科技	计算机、通信和其他电子设备制造业	5.47	5.47	5.47	5.66	4.89
70	300628.SZ	亿联网络	计算机、通信和其他电子设备制造业	5.47	5.92	5.46	5.29	5.55
71	603327.SH	福蓉科技	计算机、通信和其他电子设备制造业	5.46	5.72	5.50	5.63	4.67
72	300627.SZ	华测导航	计算机、通信和其他电子设备制造业	5.46	5.75	5.21	5.37	5.73
73	603228.SH	景旺电子	计算机、通信和其他电子设备制造业	5.46	5.45	5.47	5.74	4.62
74	300682.SZ	朗新科技	软件和信息技术服务业	5.46	5.72	5.39	5.43	5.36
75	002230.SZ	科大讯飞	软件和信息技术服务业	5.46	5.18	4.73	5.63	5.96
76	002405.SZ	四维图新	软件和信息技术服务业	5.46	4.79	5.35	5.54	5.99
77	688188.SH	柏楚电子	软件和信息技术服务业	5.46	6.24	5.39	5.24	5.41
78	000977.SZ	浪潮信息	计算机、通信和其他电子设备制造业	5.45	5.14	5.13	5.67	5.43
79	300418.SZ	昆仑万维	互联网和相关服务	5.45	5.27	5.61	5.37	5.73
80	002935.SZ	天奥电子	计算机、通信和其他电子设备制造业	5.45	5.33	5.26	5.52	5.55
81	002401.SZ	中远海科	软件和信息技术服务业	5.45	5.26	5.40	5.56	5.34
82	603383.SH	顶点软件	软件和信息技术服务业	5.45	5.76	5.14	5.68	4.74
83	002439.SZ	启明星辰	软件和信息技术服务业	5.45	5.20	5.43	5.42	5.79
84	688088.SH	虹软科技	软件和信息技术服务业	5.45	5.27	5.13	5.43	6.01

续表

排名	代码	公司名称	所属行业	总得分	运营绩效	估值水平	风险控制	创新能力
85	300458.SZ	全志科技	计算机、通信和其他电子设备制造业	5.44	5.48	5.28	5.26	6.14
86	000733.SZ	振华科技	计算机、通信和其他电子设备制造业	5.44	5.49	5.50	5.55	4.98
87	603613.SH	国联股份	互联网和相关服务	5.44	5.74	5.40	5.38	5.34
88	300455.SZ	航天智装	计算机、通信和其他电子设备制造业	5.43	5.08	5.27	5.52	5.69
89	000725.SZ	京东方A	计算机、通信和其他电子设备制造业	5.43	5.33	5.59	5.59	4.90
90	300223.SZ	北京君正	计算机、通信和其他电子设备制造业	5.43	5.46	5.41	5.21	6.09
91	600756.SH	浪潮软件	软件和信息技术服务业	5.43	5.11	5.07	5.64	5.47
92	603508.SH	思维列控	软件和信息技术服务业	5.43	5.24	5.59	5.38	5.61
93	688208.SH	道通科技	计算机、通信和其他电子设备制造业	5.43	4.89	5.18	5.52	5.96
94	688318.SH	财富趋势	软件和信息技术服务业	5.42	5.84	5.43	5.30	5.33
95	688036.SH	传音控股	计算机、通信和其他电子设备制造业	5.42	5.00	5.51	5.63	5.11
96	688369.SH	致远互联	软件和信息技术服务业	5.41	5.32	5.42	5.72	4.55
97	688007.SH	光峰科技	计算机、通信和其他电子设备制造业	5.40	5.01	5.31	5.61	5.28
98	688378.SH	奥来德	专用设备制造业	5.37	5.50	5.45	5.47	4.87
99	688228.SH	开普云	软件和信息技术服务业	5.36	5.25	5.49	5.56	4.76
100	688777.SH	中控技术	仪器仪表制造业	5.35	5.03	5.16	5.48	5.50

如图 1 所示，对 2022 年 1 月 4 日至 2023 年 7 月 31 日的数据进行回测，这样的中国数字经济投资组合表现出突出的波动性，远远高于同期的沪深 300。中国数字经济投资组合在这一期间的波动性甚至超出中证 500 和中证 1000（见图 2）。中国数字经济投资组合的高波动性充分反映出创新驱动特征，要求投资者在严格控制投资头寸规模的基础上，才有可能获得超额收益。

图 1　中国数字经济投资组合回测（一）

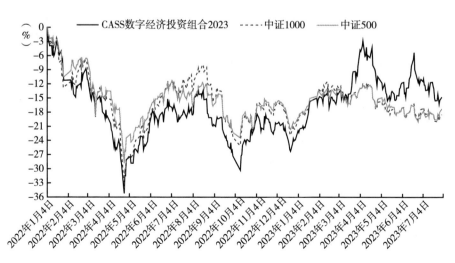

图 2　中国数字经济投资组合回测（二）

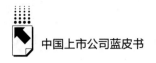

四 结论和对策

生成式 AI 能够在很大程度上实现内容生成的自动化，继互联网之后进一步降低信息处理成本，并有望发展成为通用人工智能。如果再完成对现有互联网的 Web3.0 改造，更合理地分配网络租金，充分激励基于生成式 AI 的产业应用次级创新，就足以引发生成式 AI 和 Web3.0 双轮驱动的智能产业革命，取得不逊于互联网甚至工业化的经济增长绩效。

得益于互联网平台和数字技术推动，发达经济体一度按照完全专业化分工模式来对全球供应链进行设计。如此形成的全球供应链给发达经济体带来了双重好处。一方面，互联网平台企业通过工作外包，并发展到离岸生产方式，降低了发达经济体高雇佣成本；另一方面，离岸生产还帮助发达经济体充分利用了新兴市场经济体的人口红利，在世界经济范围内配置了创新资源，并降低了创新成本。与此同时，以中国为代表的新兴市场经济体作为离岸生产商，通过全球供应链也得以加速经济增长，并缩小了与发达经济体的生产率的差距。中国制造业产出占全球制造业产出比重从 2000 年的 5.7% 上升到 2011 年的 19.8%，已超过美国成为全球最大的制造业经济体。2000 年，美国的制成品出口额仍是中国出口额的 3 倍，2016 年则滑落到只有中国的一半。2002~2015 年，美国高技术产品贸易也出现逆差，并且赤字每年平均达到 1000 亿美元。2012 年，中国人均制造业增加值为 1856 美元，已经逼近与美国等发达国家（人均 6280 美元）收入差距的产业国际转移 3 倍警戒线（戈莫里、鲍莫尔，2018）。因此，发达经济体试图通过非完全专业化分工，重构全球供应链。2023 年 5 月，七国集团广岛峰会提出去风险（de-risking）的对华战略，以减轻在供应链和生产上对中国的过度依赖。

正是由于生产率差距明显缩小，并形成世界第二的经济规模，原有的全球供应链已经不能完全容纳中国作为离岸生产商的模式。这就要求中国进一步实现产业升级，以更高层次参与和推动经济全球化发展。生成式 AI 和 Web3.0 双轮驱动的智能产业革命恰好提供了这一重要战略机遇。

　　面对生成式 AI 和 Web3.0 双轮驱动带来的智能产业革命广阔前景，我国也进行了相应的顶层制度设计。2020 年 4 月，《关于构建更加完善的要素市场化配置体制机制的意见》明确将数据列为五大生产要素之一，首次提出培育数据要素市场。2022 年 12 月，"数据二十条"发布，提出加快构建数据基础制度体系，从数据产权制度、数据要素流通和交易制度、数据要素收益分配制度、数据要素治理制度等方面提出具体要求。

　　因此，要抓住生成式 AI 和 Web3.0 双轮驱动带来的智能产业革命机遇，关键在于采取如下两方面措施将上述数据顶层制度设计落到实处。

　　一是不断丰富产业创新生态，充分挖掘生成式 AI 作为通用人工智能和通用目的技术的潜力。以工业互联网为例，以 GPT 为代表的大语言模型横空出世，极大丰富了生成式 AI 产业创新生态，在原来的基础设施即服务（Infrastructure as a Service，IaaS）、平台即服务（Platform as a Service，PaaS）和软件即服务（Software as a Service，SaaS）等商业模式的基础上，又增添了模型即服务（Model as a Service，MaaS）的新模式。MaaS 模式的引入既可以实现大语言模型的规模经济，在未来将生成式 AI 变成同大数据、云计算和物联网等类似的新一代数字基础设施，又能够把生成式 AI 嵌入像 PaaS 的中间层和 SaaS 的应用层，形成模型开发可竞争的市场结构，促进最大限度的产业级低成本应用。由此可见，MaaS 模式的引入有助于将生成式 AI 作为通用人工智能和通用目的技术的潜力转化为现实。

　　二是将 Web3.0 同知识产权制度改革和元宇宙结合起来，发展新一代互联网，完善数字资产产权保护治理，充分激励基于生成式 AI 的产业应用次级创新。对现有互联网进行 Web3.0 改造能够实现网络效应内生化，合理分配网络租金，避免生成式 AI 节约的信息处理成本被不断上升的互联网引流和匹配成本所吞噬。基于区块链的 Web3.0 还能帮助落实传统知识产权保护改革，同时实现对知识思想和相应的表达形式的保护，激励人类专家运用生成式 AI 进行知识思想创造，促进必要的人机互动。引入元宇宙不仅会增加人机互动形成的网络租金，而且可以借助 Web3.0 实现合理分配。根据鲍尔的定义，元宇宙是大规模、可互操作的网络，能够实时渲染 3D 虚拟世界，

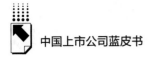
借助大量连续性数据，如身份、历史、权利、对象、通信和支付等，可以让无限数量的用户体验实时同步和持续有效的在场感。元宇宙在沉浸式体验上取得的突破，不仅会使 AR 和 VR 成为新一代互联网终端，而且能够改进人机互动内容生成和相应的产业应用次级创新，并增加由此形成的网络租金。

总之，生成式 AI 和 Web3.0 双轮驱动的智能产业革命才刚刚拉开帷幕，加上中国数字经济投资组合所表现出来的高波动性，对投资者提出了极高的要求。针对消费互联网发达、工业互联网滞后现状，围绕产业互联网发展，探索智能产业革命的中国路径有可能形成合理的投资策略。工业互联网发展面临的"商业模式不清晰""行业壁垒高""平台核心能力薄弱""孤岛现象"等突出问题正是以中心化平台企业为核心的互联网（Web2.0）数字资产产权保护治理弱点的产物，工业互联网 TO B 的商业模式意味着基于 AI 的技术服务商要么店大欺客，要么客大欺店，抑制了第三方的互补创新潜力。只有实现对现有互联网的 Web3.0 改造，才能将大模型同数字经济基础层、中间层和应用层结合起来，不断丰富产业创新生态，充分挖掘生成式 AI 作为通用人工智能和通用目的技术的潜力。

参考文献

埃里克·布莱恩约弗森、安德鲁·麦卡菲：《第二次机器革命》，蒋永军译，中信出版社，2014。

本·麦兹里奇：《从社交网络到区块链：文克莱沃斯兄弟的科技创富之路》，黄菊译，机械工业出版社，2020。

卡尔·夏皮罗、哈尔·范里安：《信息规则——网络经济的策略指导》，孟昭莉、牛露晴译，中国人民大学出版社，2017。

拉尔夫·戈莫里、威廉·鲍莫尔：《全球贸易和国家利益冲突》，文爽、乔羽译，中信出版社，2018。

里德·霍夫曼、GPT-4：《GPT 时代人类再腾飞》，芦义译，浙江科学技术出版社，2023。

罗伯特·戈登：《美国增长的起落》，张林山、刘现伟、孙凤仪等译，中信出版社，2018。

马歇尔·范阿尔斯丁、杰弗里·帕克、桑杰特·保罗·乔达利：《平台时代战略新规则》，《哈佛商业评论》2016 年第 4 期。

马修·鲍尔：《元宇宙改变一切》，岑格蓝、赵奥博、王小桐译，浙江教育出版社，2022。

史蒂芬·平克：《语言本能：人类语言进化的奥秘》，欧阳明亮译，浙江人民出版社，2015。

唐·泰普斯科特：《数据时代的经济学：对网络智能时代机遇和风险的再思考》，毕崇毅译，机械工业出版社，2016。

徐忠、邹传伟：《金融科技：前沿与趋势》，中信出版社，2021。

Ashish Vaswani, Noam Shazeer and Niki Parmar et al. , Attention Is All You Need, 2017. https：//arxiv . org/abs/1706. 03762.

Calvino, F. , Criscuolo, C. , Marcolin, L. and Squicciarini, M. , A Taxonomy of Digital Intensive Sectors, Paris：OECD Science, Techology and Industry Working Papers, 2018/14.

Hinton, Geoffrey E. , Osindero, Simon et al. , "A Fast Learning Algorithm for Deep Belief Nets," *Neural Computation*, 2006, 18 (7), 1527−1554.

Katz, L. , Shapiro, C. , "Technology Adoption in the Presence of Network Externalities," *Journal of Political Economy*, 1986, 94 (4), 822−841.

OECD, *A Roadmap Toward a Common Framework for Measuring the Digital Economy*, Saudi Arabia：OECD press, 21.

OECD, *Going Digital：Shaping Policies, Improving Lives*, Paris：OECD Press. (2019b).

OECD, *OECD Skills Outlook：Thriving in a Digital World*, Paris：OECD Press. (2019d) .

Weyl, Eric Glen, Ohlhaver, Puja and Buterin, Vitalik, Decentralized Society：Finding Web3's Soul, 2022. SSRN−ID 4105763.

专题报告

Special Reports

B.4
2022年中国房地产上市公司发展报告

杜丽虹*

摘　要： 2022年是房地产行业急速调整的一年，频繁的暴雷、市场和政策效应的叠加，导致房地产行业各项财务指标大幅调整，几乎所有企业都面临资金链的考验。综合抗风险能力、融资成本、运营效率、盈利能力、成长潜力和销售规模因素，华润置地、中国海外、龙湖集团、万科、保利地产、建发股份、中国国贸、绿城中国、招商蛇口、合肥城建进入2022年房地产上市公司综合实力排名榜的TOP 10。在生存矩阵分析中，25%的企业面临生存危机，仅7.5%的企业具有可持续发展潜力；其余企业均需通过自救或外部合作来拓展生存空间，但最终能否获得生存空间仍取决于行业状况和企业自身的努力。实际上，46%的企业当前的财务状况已亮红灯，65%的企业在财务状况或经营状况上被亮红灯，即合计有2/3的企业都面

---

* 杜丽虹，中国社会科学院上市公司研究中心研究员，北京贝塔咨询中心合伙人。

临整合或重组压力，留下的企业中真正具有可持续发展潜力的不到10%。未来，行业集中度恐将大幅提升，行业危机的化解仍需要多重措施的配合。

关键词： 房地产业　生存矩阵　可持续发展潜力

随着2022年年报的披露，房地产行业的财务状况愈加明晰，2022年的房地产行业已走到了至暗时刻，频繁的暴雷、市场和政策效应的叠加，导致销售大幅萎缩，行业平均的周转速度同比减慢了37%，已降至15年来的历史最低水平，平均的投资回收周期则延长至5.3年，几乎所有企业都面临资金链的考验。

截至2022年底，主要房地产上市公司现金短债比的中位数已从2021年底的1.05倍降至0.80倍，短期内就面临资金缺口的企业占比从2021年末的30%猛增到73%；几乎所有企业都面临中期资金缺口，不扩张情况下平均需要续借的债务比例从2021年末的69%大幅提升到102%，55%的企业不仅需要续借全部债务，还需要新增债务以偿付利息和维持运营（而在2021年末时，债务续借比例大于100%的企业占比仅为16%）；36%的企业当前的利息保障倍数已小于1倍，换句话说，即使这些企业的全部债务都能展期，其盈利也不足以偿付利息了（而在2021年时利息保障倍数小于1倍的企业占比为10%）。总之，当前单纯的债务续借已不足以化解房地产行业的财务危机，除非销售复苏，否则需进一步扩张债务额以延续资金链。

进一步地，随着房地产企业的频频暴雷，部分隐性负债开始显性化，但仍有四成企业面临较大的隐性负债问题，有25%的企业隐性负债风险仍较高。

此外，虽然销售大幅萎缩，但主要房地产上市公司仍有近6万亿元的合同负债（这还不包含恒大、世茂等未公布财务数据的企业），合同负债仍贡献了企业资产总额的25%。未来，如果预售款进一步减少，行业整体将面

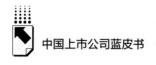
临更为严峻的现金流危机。

经营方面,在周转率大幅降低的同时,行业整体的利润率进一步降低。主要房地产上市公司毛利润率的中位数已从 2020 年的 24.4%降至 2021 年的 16.6%,2022 年进一步降至 14.9%,核心经营利润率的中位数也从 2020 年的 12.2%降至 2021 年的 9.7%,2022 年进一步降至 6.9%;相应地,主要房地产上市公司税前投入资本回报率的中位数从 2020 年的 9.2%降至 2021 年的 7.2%,2022 年进一步降至 4.2%;当前,行业平均的税前投入资本回报率已低于综合债务融资成本——实际上,由于新增融资集中在低风险端,还有大量企业处于债务违约后的债务重组过程中,所以,尽管当前主要房地产上市公司平均的债务融资成本已降至 6.2%水平,但融资成本在某种程度上已失去了风险调节的作用。结果,2022 年主要房地产上市公司的亏损面已超过四成,合计亏损 2800 亿元。

除去截至 2023 年 4 月 30 日仍未公布年度财务数据的恒大集团、世茂集团、花样年、中国奥园、祥生控股等公司,以及由于风险暴露、销售大幅萎缩而跌出主要房地产上市公司行列的蓝光发展等企业,2022 年,合同销售金额在 50 亿元以上或以持有型物业为主的主要房地产上市公司共 80 家。其中,75%的企业面临经营上的严重问题,60%的企业面临财务上的严重问题,2022 年房地产行业的生存空间全面收缩,当前的生存空间还不到此前的一半。

综合抗风险能力、融资成本、运营效率、盈利能力、成长潜力和销售规模因素,华润置地、中国海外、龙湖集团、万科、保利地产、建发股份、中国国贸、绿城中国、招商蛇口、合肥城建进入 2022 年房地产上市公司综合实力排名榜的 TOP 10。

进一步地,如果以抗风险能力和融资成本的评分(财务状况)为横轴,以当前的投入资本回报率和未来的成长潜力评分(经营状况)为纵轴,则在主要房地产上市公司的生存矩阵中,25%的企业当前就面临生存危机(这还不包括恒大、世茂等未公布财务数据的企业);仅 7.5%的企业具有可持续发展潜力;其余企业均需通过自救或外部合作来拓展生存空间,但最终能否获得生存空间仍取决于行业状况和企业自身的努力。实际上，46%的企业当前的财务状况已亮红灯，65%的企业在财务状况或经营状况上被亮红灯，即合计有2/3的企业都面临整合或重组压力，留下的企业中真正具有可持续发展潜力的不到10%。未来，行业集中度恐将大幅提升，行业危机的化解仍需要多重措施的配合。

最后，鉴于房地产行业债务结构的复杂性，在本报告的写作过程中我们力图通过隐性负债的分析来发现企业隐藏的债务风险，但我们无法对每家企业的财务数据进行审核，所以，评分的准确性仍有赖于其表内财务数据的真实性；在表内财务数据严重失真的情况下，我们也将无法保证排名报告的准确性。

但我们已经综合利用了所有可以被利用的公开财务信息，并进行了几乎覆盖全体房地产上市公司的全面分析，所以，我们相信本报告在评价房地产企业整体的财务状况和运营状况方面仍具有较好的参考价值。但我们确实无法保障所有排名不出现偏差，因此，在使用本报告排名时，请结合多方面信息做出自主判断。

一　2022年度房地产上市公司的销售规模排行榜——销售大幅萎缩，大企业成为"重灾区"

2022年全国商品房销售面积同比下降24.3%，销售金额同比下降26.7%，中指销售金额排名前100位的房企销售总额同比下降42%；在上市房企中，全年合同销售金额在50亿元以上或以持有型物业为主且公布了年度财务数据的公司（A+H）共80家，这80家主要房地产上市公司全年并表销售额的中位数降幅为30%，合同销售金额的中位数降幅为41%。

2022年，80家公司中，有10家公司全年的合同销售金额在2000亿元以上，有19家公司全年的合同销售金额在1000亿元以上，规模排名TOP 50的上市公司合同销售金额的门槛已降至200亿元；其中，平均有24%的销售

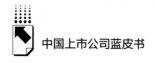

金额来自表外贡献。行业整体的销售大幅萎缩，综合考虑并表销售额和合同销售金额，碧桂园、保利地产、万科、华润置地、中国海外、招商蛇口、绿城中国、建发股份、龙湖集团、金地集团位居规模榜排名 TOP 10。

在上市房企中，全年合同销售金额在 100 亿元以上且公布了年度财务数据的公司（A+H）减少至 61 家；考虑到行业销售普遍遭遇大幅挤压，2022 年我们将入围主要房地产上市公司的规模门槛降至 50 亿元水平。

80 家主要房地产上市公司中，有 10 家公司全年的合同销售金额在 2000 亿元及以上，有 9 家公司在 1000 亿～2000 亿元，有 12 家公司在 500 亿～1000 亿元，有 19 家公司在 200 亿～500 亿元，有 11 家公司在 100 亿～200 亿元，还有 19 家公司全年的合同销售金额不到 100 亿元。规模排名 TOP 10 的主要房地产上市公司全年的合同销售门槛降至 2000 亿元，规模排名 TOP 20 的主要房地产上市公司全年的合同销售门槛降至 800 亿元，规模排名 TOP 50 的主要房地产上市公司全年的合同销售门槛降至 200 亿元。

上述主要房地产上市公司的销售总额中，平均有 24% 的来自表外。若以并表销售额计算，则有 11 家公司全年的并表销售额在 1000 亿元及以上，有 11 家公司在 500 亿～1000 亿元，有 22 家公司在 200 亿～500 亿元，有 16 家公司在 100 亿～200 亿元，还有 20 家公司全年的并表销售额不到 100 亿元。

结果，2022 年度房地产上市公司综合实力排行榜 TOP 20 的企业中，有 10 家公司全年的合同销售金额在 1000 亿元及以上，有 2 家公司的合同销售金额在 500 亿～1000 亿元；以并表销售额计算，综合实力榜 TOP 20 的企业中有 10 家公司全年的并表销售额在 1000 亿元及以上，有 3 家公司的并表销售额在 500 亿～1000 亿元；但也有多家千亿元级企业跌出了前半区，部分企业甚至排名后 20 位。总体上，在行业冲击下，一些大企业成为债务违约的"重灾区"，相应地，财务相对稳健的中型房地产企业及以持有型物业为主的地产企业排名有所提升。

此外，销售的大幅萎缩也不可避免地导致行业整体周转效率和抗风险能力的大幅下滑，行业整体的财务状况堪忧。

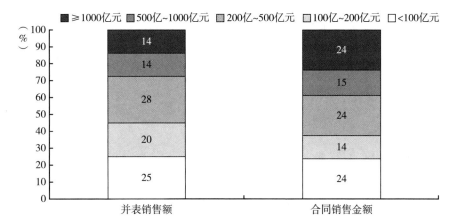

图1 2022年主要房地产上市公司的合同销售金额和并表销售额分布

资料来源：Wind资讯金融终端，本报告下图无特别说明数据皆来源于此。

二 2022年主要房地产上市公司的
综合抗风险能力排行榜

截至2022年12月31日，主要房地产上市公司剔除预收款后总负债率的中位数从2021年底的70.8%略降至70.4%，但净负债率的中位数从2021年底的76.5%显著提升至85.2%；现金短债比的中位数则从2021年底的1.05倍显著降至0.80倍；结果，处于绿档的企业比例从2021年底的32.5%降至25.0%，处于红档的企业占比则从2021年底的11.7%上升至25.0%，这还不包括未披露财务数据的中国恒大、世茂集团、花样年、中国奥园、祥生控股等企业以及由于销售大幅下滑已经跌出主要房地产上市公司范畴的蓝光发展等企业。

与静态的负债率相比，动态的现金流危机更为严峻。由于周转速度的大幅减慢，房地产行业已陷入流动性危机。根据我们的测算，2022年底，面临短期资金缺口的企业占比从2021年底的三成猛增至七成，几乎所有企业都面临中期资金缺口的压力——即使在不扩张的情况下，主要房地产上市公

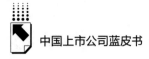

司平均的债务续借比例已从 2021 年底的 69% 上升至 102%，55% 的企业不仅需要续借全部债务，还需要新增债务以偿付利息和维持运营，而这一比例在 2021 年时仅为 16%。进一步地，2022 年利息保障倍数小于 1 倍的企业占比由上年的 10% 上升至 36%，其中，28% 的企业当前的利息保障倍数已小于 0.5 倍。也就是说，就行业整体而言，单纯的债务续借并不足以化解危机，除非销售复苏，否则债务额将进一步扩张。

此外，由于周转速度减慢，2022 年底，行业平均的投资回收周期已从此前的 3.1 年延长至 5.3 年，96% 的企业都面临债务期限短于投资回收周期的期限结构缺口问题，平均的期限缺口从 2021 年底的 15 个月上升至 47 个月，面临两年以上期限缺口的企业占比从 2021 年底的 27% 上升至 74%。

隐性负债方面，随着企业财务风险的暴露，部分隐性负债开始显性化：34 家公司的隐性负债评分小于 5 分，占总数的 43%；20 家公司的隐性负债评分小于 2 分，占总数的 25%。

综合考虑表内偿债能力及表外负债预警，2022 年底，主要房地产上市公司抗风险能力综合评分的中位数从 2021 年底的 1.80 分进一步降低至 1.35 分（满分 10 分），中国国贸、合肥城建、荣安地产、中国海外、深振业、华润置地、中华企业、仁恒置地、龙湖集团、招商蛇口进入综合抗风险能力排行榜 TOP 10。

（一）主要房地产上市公司的短期偿债能力

截至 2022 年 12 月 31 日，80 家主要房地产上市公司（A+H）带息负债总额 6.2 万亿元（不含中国恒大、世茂集团、花样年、中国奥园、祥生控股等未公布 2022 年度财务数据的企业），另有 1315 亿元的永续资本证券，带息负债总额合计达到 6.3 万亿元，较 2021 年底减少了 2.4%；但由于合同负债（预收款）的减少，带息负债（含永续资本证券）合计占到资产总额的 26.2%，占比较 2021 年底的 25.7% 略上升 0.5 个百分点。同时，由于亏损面扩大，2022 年主要房地产上市公司的净资产同比减少了 3.1%，而销售的下滑更导致现金的大幅减少，结果，主要房地产上市公司的净负债率①均值从 2021 年底的 100.8% 上升至 2022 年底的 124.1%，中位数则从 2021 年底的 76.5% 上升至 2022 年底的 85.2%②（见图 2）；其中，净负债率在 100% 以上的占比从 2021 年底的 26.0% 大幅提升至 2022 年底的 38.8%；更有 13 家公司的净负债率在 200% 以上的占主要房地产上市公司总数的 16.3%（见图 3）。行业整体的净负债率显著提升。

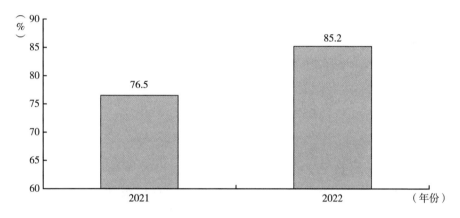

图 2　主要房地产上市公司净负债率的中位数

此外，由于销售大幅下滑，主要房地产上市公司平均的现金短债比从 2021 年底的 1.26 倍下降至 2022 年底的 1.12 倍，中位数则从 2021 年底的 1.05 倍下降至 2022 年底的 0.80 倍（见图 4）。2022 年底，有 46 家公司的现金短债比小于 1 倍，现金短债比小于 1 的企业占比从 2021 年底的 46.8% 上升至 57.5%（见图 5），其中，有 31 家公司的现金短债比小于 0.5 倍，占比从上年末的 19.5% 上升至 38.8%。

若以货币资金总额计算，则主要房地产上市公司的短期风险头寸从 2021 年底的平均富余 5.6% 的资金，转为 2022 年底平均面临相当于总资产

---

① 净负债率＝（带息负债+永续资本证券−现金）/净资产×100%。

② 如果加上恒大、世茂等公司，则 2022 年行业整体的负债率将进一步上升。

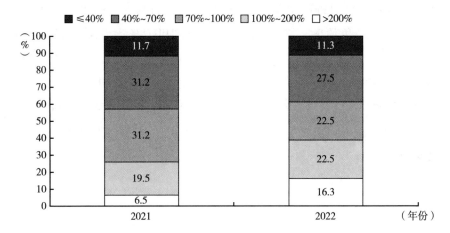

图3 主要房地产上市公司的净负债率分布

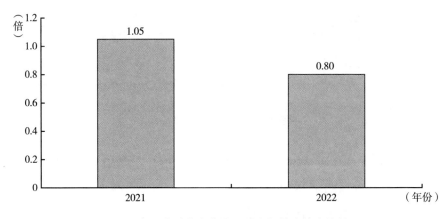

图4 主要房地产上市公司现金短债比的中位数

8.5%的短期资金缺口；而面临短期资金缺口的企业占比更是从2021年底的30%大幅上升至2022年底的73%（见图6），其中，短期资金缺口占总资产10%以上的企业占比从2021年底的14%大幅提升至2022年底的44%，2022年底，还有30%的企业面临相当于总资产20%以上的短期资金缺口。行业整体的短期偿债能力大幅削弱。

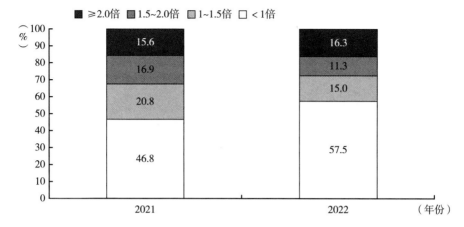

图5　主要房地产上市公司的现金短债比分布

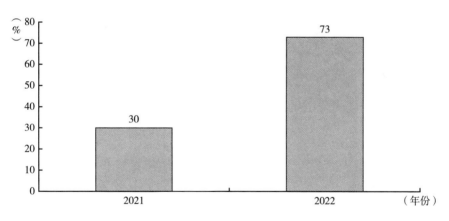

图6　面临短期资金缺口的企业占比

（二）主要房地产上市公司对央行三道红线的遵守情况

销售的下滑减少了房地产企业的预收款，而开工量的下降则削弱了应付款融资能力，行业整体的无息融资略有减少。截至2022年底，主要房地产上市公司剔除预收款后平均的总负债率从2021年底的71.8%略降至71.5%，中位数则从2021年底的70.8%略降至70.4%，43家公司的总负债率大于 70%，在主要房地产上市公司中的占比从 2021 年底的 57% 略降至 54%；有 19 家公司的总负债率大于 80%，占主要房地产上市公司总数的 24%。

综合总负债率、净负债率及现金短债比，我们对每项指标进行插值赋分，然后分别给予1/3的权重，加权平均后即得到主要房地产上市公司的负债率综合评分。结果，主要房地产上市公司的平均得分从 2021 年底的 3.93 分降至 2022 年底的 3.69 分，中位数得分从 2021 年末的 3.48 分降至 2022 年底的 2.89 分；负债率综合评分小于 5 分的占比从 2021 年底的 62.4% 升至 2022 年底的 63.8%；其中负债率综合评分小于 2 分的占比从 2021 年末的 28.6% 升至 2022 年底的 36.3%（见图 7），行业整体的债务压力有所增大，而之前就面临财务压力的企业大多已陷入财务困境。

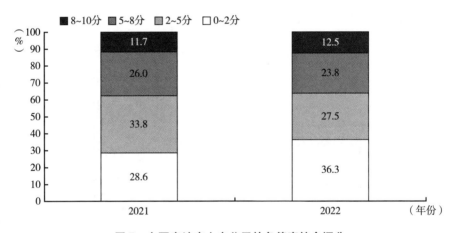

图 7　主要房地产上市公司的负债率综合评分

进一步地，如果将永续资本工具计入权益，截至 2022 年底，20 家公司在总负债率、净负债率、现金短债比这三项指标上均已突破红线（红档企业），在主要房地产上市公司中的占比为 25.0%；13 家公司突破两道红线（橙档企业），在主要房地产上市公司中的占比为 16.3%；27 家公司突破其中一道红线（黄档企业），在主要房地产上市公司中的占比为 33.8%；20 家公司同时符合三项要求（绿档企业），在主要房地产上市公司中的占比为

25.0%（见图8）。相较于2021年，2022年红档企业占比显著提升，绿档企业占比则显著降低。

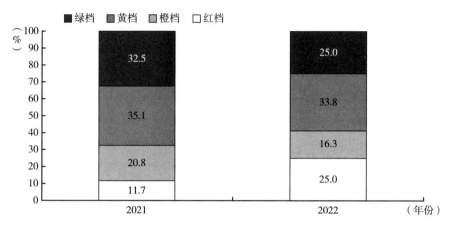

图8　主要房地产企业突破央行红线的情况

（三）主要房地产上市公司的中期偿债能力

在两年或更长的时间周期里，主要房地产上市公司平均的中期资金缺口在总资产中的占比从2021年底的22.5%上升至2022年底的30.2%，中位数则从2021年底的18.8%大幅提升至2022年底的30.2%；几乎所有企业都面临中期资金缺口的压力。截至2022年底，71家公司的中期资金缺口超过总资产的10%，在主要房地产上市公司中的占比为88.8%，即财务状况较好的企业没有明显的变化；58家公司的中期资金缺口已超过总资产的20%，在主要房地产上市公司中的占比为72.5%；42家公司的中期资金缺口超过总资产的30%，在主要房地产上市公司中的占比为52.5%，即多数企业的中期资金缺口显著扩大（见图9）。

上述资金缺口需要通过新增债务或债务续借来弥补，根据我们的测算，在不扩张的情况下，主要房地产上市公司平均的最低债务续借比例从2021年底的75.5%上升至2022年底的104.2%（见图10），中位数则从2021年底的69%上升至2022年底的102%（见图11）；即主要房地产上市公司的债

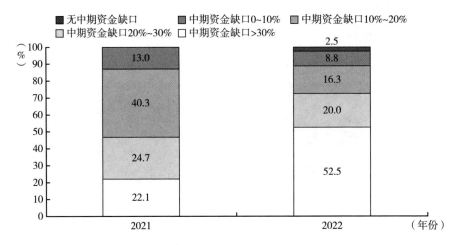

图9　主要房地产上市公司的中期资金缺口分布

务续借压力普遍大幅提升，平均有102%的债务到期无法偿还，需要通过新增债务或债务续借来延续资金链的平衡。截至2022年底，44家公司的最低债务续借比例在100%以上，在主要房地产上市公司中的占比为55.0%（见图12）；14家公司的最低债务续借比例在150%以上，在主要房地产上市公司中的占比为17.5%，这部分企业不仅需要续借全部债务，还需要将现有债务额扩增50%以上，这样才能维持资金链的平衡——这还不包括中国恒大、世茂集团、花样年、中国奥园、祥生控股、新力控股等未公布财务数据或已退市的企业，以及蓝光发展等由于销售大幅萎缩已跌出主要房地产上市公司范畴的企业。

也就是说，在现有周转速度下，一半以上的房地产上市公司仅靠债务延续并不能活过来。除非这些企业的销售能够显著复苏，否则债务额需在现有基础上进一步扩增。

（四）主要房地产上市公司的债务期限结构匹配

在债务期限结构匹配方面，以2022年的周转速度计算，主要房地产上市公司投资回收周期的中位数已从2021年的3.1年延长至5.3年，与之相

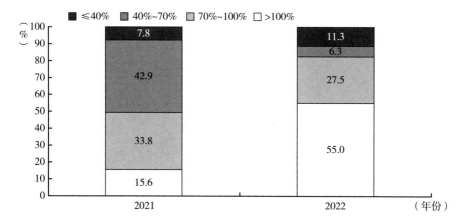

图 10 主要房地产上市公司在不扩张情况下的最低债务续借比例分布

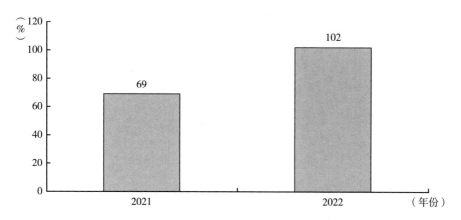

图 11 不扩张情况下行业平均的最低债务续借比例中位数

对，主要房地产上市公司平均的债务期限不到 2 年，一些已经债务违约的企业由于触发了优先票据的提前赎回条款，债务期限进一步缩短，行业平均面临约 47 个月的债务期限结构缺口。截至 2022 年底，几乎所有企业在当前运营效率下都面临债务期限结构缺口的问题；72 家公司当前的债务期限结构缺口在 1 年以上，在主要房地产上市公司中的占比为 90.0%；59 家公司当前的债务期限结构缺口在 2 年以上，在主要房地产上市公司中的占比更是达到 73.8%（见图 13）。

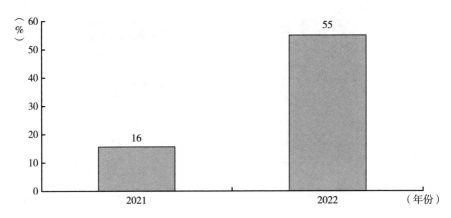

图12 续借比例在100%以上的企业占比

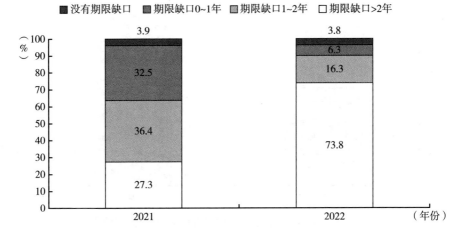

图13 主要房地产上市公司的债务期限结构缺口分布

（五）主要房地产上市公司的利息保障倍数

进一步地，我们以企业调整后的经营利润与总利息支出之比计算其利息保障倍数，即

$$利息保障倍数=\frac{营业收入-营业成本及税金-土地增值税-销售费用-管理费用+合联营公司的利润贡献+资本化利息}{总利息支出（含资本化部分）}$$

该指标显示了地产企业偿付债务利息的能力——由于绝大部分房地产企业均需借助债务续借来维持资金链的平衡，所以，偿付利息的能力就显得尤其重要了，换句话说，即使金融机构能够对债务进行展期，也需要房地产企业拥有支付债务利息的能力，它是企业偿债能力的最基本要求。

2022年主要房地产上市公司利息保障倍数的平均值已从2021年的2.2倍降至1.6倍，中位数则从2.1倍降至1.4倍；46家企业的利息保障倍数小于1.5倍，占比为57.6%；29家企业的利息保障倍数小于1倍，占比为36.3%（见图14、图15）；其中22家企业的利息保障倍数不到0.5倍，占主要房地产上市公司总数的27.5%；也就是说，在当前周转效率下，即使全部债务都能展期，但36%的企业盈利已不足以偿付利息，这还不包括前述的未公布财务数据的企业及已经跌出主要房地产上市公司范畴的企业。

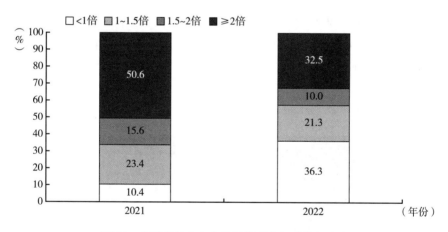

图14 主要房地产上市公司的利息保障倍数分布

综合企业的中期风险头寸、最低债务续借比例、期限结构缺口及利息保障倍数，我们对每项指标进行插值赋分，然后分别给予25%的权重，加权平均后得到主要房地产上市公司偿债能力的综合评分。结果，主要房地产上市公司在偿债能力上的平均得分从2021年的3.77分大幅降至2022年的2.07分，中位数则从2021年的3.51分降至2022年的1.12

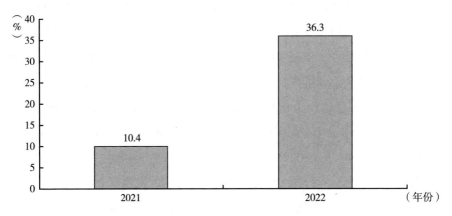

图15 利息保障倍数小于1倍的企业占比

分;偿债能力综合评分小于5分的占比从2021年的68.9%大幅上升至2022年的88.8%;偿债能力综合评分小于2分的占比从2021年的24.7%大幅上升至2022年的65.0%(见图16)。其中,55%的企业在续借全部债务的基础上需进一步扩增债务额,36%的企业在当前效率下盈利不足以偿付利息。

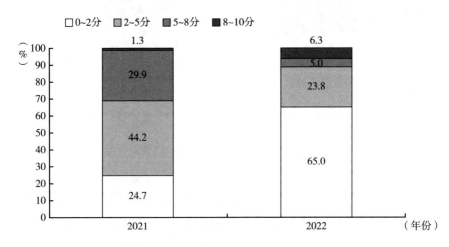

图16 主要房地产上市公司的偿债能力评分分布

（六）主要房地产上市公司的隐性负债问题

2022 年，随着企业亏损幅度的增大，部分隐性负债开始转化为显性负债，一些明股实债交易中的少数股东也开始出现损失，行业整体的隐性负债有所降低，但它仍是房地产企业债务危机的重要组成部分。为此我们通过对表外负债、明股实债以及合约内含融资成分的测度来识别房地产上市公司的隐性债务负担。

其中，表外负债以并表销售额与销售总额之比进行测度：当企业并表销售额与销售总额之比小于 30%时为零分，当并表销售额与销售总额之比大于 70%时为 10 分，中间比例插值赋分。2022 年，由于房地产企业大多加强了回款管理，主要房地产上市公司并表销售额与销售总额之比的平均值从 2021 年的 62%升至 73%，中位数从 2021 年的 54%升至 70%，表外销售的贡献有所降低，行业平均有两到三成的销售来自表外贡献；其中，19 家公司的并表销售额不到销售总额的 50%，占总数的 24%；9 家公司的占比小于 40%，占总数的 11%；3 家公司的占比不到 30%，占总数的 4%（见表 1）。上述表外负债主要体现为上市公司在表外合联营企业中的实际债务承担高于权益比例，从而带来隐性负债。

表 1　主要房地产上市公司的表外销售贡献

单位：%

股票代码	证券名称	并表销售额/合同总销售额	长期股权投资/总资产
600639. SH	浦东金桥	226. 4	0. 1
600340. SH	华夏幸福	166. 9	1. 5
000517. SZ	荣安地产	122. 6	3. 3
600565. SH	迪马股份	114. 2	5. 5
600266. SH	城建发展	111. 6	1. 8
600743. SH	华远地产	110. 7	1. 3
0106. HK	朗诗地产	108. 0	16. 9
000926. SZ	福星股份	104. 4	0. 0
600094. SH	大名城	102. 1	3. 3

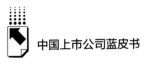

续表

股票代码	证券名称	并表销售额/合同总销售额	长期股权投资/总资产
600208. SH	新湖中宝	100. 7	30. 7
600007. SH	中国国贸	100. 0	0. 2
600895. SH	张江高科	99. 2	9. 3
3380. HK	龙光集团	97. 8	8. 1
600748. SH	上实发展	97. 6	11. 8
0410. HK	SOHO 中国	95. 4	0. 0
0832. HK	建业地产	94. 8	4. 0
601992. SH	金隅集团	94. 5	2. 7
600648. SH	外高桥	94. 0	2. 1
600153. SH	建发股份	93. 7	3. 7
600663. SH	陆家嘴	93. 1	10. 2
600606. SH	绿地控股	92. 2	3. 0
600223. SH	鲁商置业	91. 8	1. 2
000006. SZ	深振业 A	91. 2	0. 0
0604. HK	深圳控股	90. 6	8. 8
600736. SH	苏州高新	90. 6	5. 4
Z25. SI	仁恒置地	84. 8	5. 6
600708. SH	光明地产	84. 5	2. 8
2007. HK	碧桂园	81. 5	3. 9
601588. SH	北辰实业	80. 4	0. 5
0960. HK	龙湖集团	80. 3	3. 7
0754. HK	合生创展	79. 9	5. 8
002208. SZ	合肥城建	79. 2	1. 4
600675. SH	中华企业	75. 6	5. 6
1638. HK	佳兆业	75. 4	12. 6
600665. SH	天地源	75. 3	1. 3
000002. SZ	万科 A	73. 8	7. 4
002146. SZ	荣盛发展	73. 8	1. 1
1966. HK	中骏集团	73. 3	4. 4
1109. HK	华润置地	72. 9	7. 0
2777. HK	富力地产	71. 0	3. 4
601155. SH	新城控股	68. 7	5. 5
600823. SH	世茂股份	67. 9	0. 7
3383. HK	雅居乐	67. 6	10. 5

股票代码	证券名称	并表销售额/合同总销售额	长期股权投资/总资产
1862. HK	景瑞控股	66.4	4.4
3990. HK	美的置业	64.8	9.9
600657. SH	信达地产	64.2	6.4
1238. HK	宝龙地产	63.7	4.2
600325. SH	华发股份	62.5	6.3
0688. HK	中国海外	62.4	4.8
2019. HK	德信中国	60.1	5.1
001979. SZ	招商蛇口	57.8	8.4
600048. SH	保利地产	57.5	7.2
0123. HK	越秀地产	57.3	8.6
3900. HK	绿城中国	56.7	8.1
000961. SZ	中南建设	55.6	7.1
9993. HK	金辉集团	54.8	5.0
000671. SZ	阳光城	54.2	9.2
000031. SZ	大悦城	52.6	6.5
000736. SZ	中交地产	52.6	3.8
000402. SZ	金融街	51.6	2.9
002244. SZ	滨江集团	50.6	5.2
2772. HK	中梁控股	48.9	9.0
1233. HK	时代中国	48.3	10.7
000069. SZ	华侨城A	47.5	5.2
0884. HK	旭辉控股	46.7	6.9
000656. SZ	金科股份	45.3	8.2
0230. HK	五矿地产	45.0	3.9
600376. SH	首开股份	44.7	11.0
1628. HK	禹洲集团	41.3	5.9
3377. HK	远洋集团	41.0	10.3
1918. HK	融创中国	40.2	6.9
0817. HK	中国金茂	39.1	11.5
1996. HK	弘阳地产	36.5	12.1
600383. SH	金地集团	36.3	15.8
3301. HK	融信中国	34.7	2.9
6158. HK	正荣地产	34.6	5.0
0272. HK	瑞安房地产	31.9	20.2

股票代码	证券名称	并表销售额/合同总销售额	长期股权投资/总资产
1098. HK	路劲	27.6	21.8
002305. SZ	南国置业	26.6	12.3
1813. HK	合景泰富	24.8	22.8

除了表外负债，明股实债也成为近年来房地产企业转移表内债务的重要渠道。在明股实债安排下，项目公司层面的少数股东权益具有较强的债性，它体现为利润分配上的同股不同权，即在项目公司亏损时，少数股东不承担或少承担亏损，而在项目盈利丰厚时，少数股东只获取相对固定的利润分配。为此，我们以净资产中明股实债的成分比例来测度企业的明股实债风险，其中：

净资产中明股实债的成分比例＝
少数股东权益占比×少数股东权益中同股不同权的成分比例＝
少数股东权益/剔除永续资本后的净资产×少数股东权益中同股不同权的成分比例

其中，少数股东权益中同股不同权的成分比例由"少数股东应占利润比例［少数股东应占利润/（净利润-永续资本分配）］与少数股东应占权益比例的比值"推算而来。具体地，当少数股东应占利润比例与少数股东应占权益比例的比值在 0.3～1 时，利润占比与权益占比的比值越低，同股不同权的成分比例越高；当少数股东应占利润比例与少数股东应占权益比例的比值小于 0.3 时，可以近似认为全部少数股东权益都是同股不同权的，即同股不同权的成分比例为 100%；反之，当少数股东应占利润比例与少数股东应占权益比例的比值等于 1 时，则全部少数股东权益都是同股同权的，即同股不同权的成分比例为 0。但如果少数股东的应占利润为负数，显示少数股东也承担了损失，则同股不同权的成分比例为 0。另外，如果少数股东的利润占比显著高于权益占比，其原因可能是少数股东不承担项目公司层面的亏损，此时同股不同权的成分比例也较高；当少数股东应占利润比例与少数股东应占权益比例的比值大于 2 时，近似认为同股不同权的成分比例达到 100%；此外，在母公司已出现严重亏损而少数股东仍保持正收益的情况下，也近似认为同股不同权的成分比例为100%。

截至2022年底，主要房地产上市公司少数股东权益占比的平均值维持在2021年底的38%水平；中位数则从2021年底的39%微降至37%；26家公司的少数股东权益占比超过50%，占总数的33%；11家公司的少数股东权益占比超过70%，占比14%。

在同股同权方面，2022年，5%的企业少数股东的应占利润比例不到应占权益比例的一半；部分企业由于少数股东不承担亏损，而出现利润占比显著高于权益占比的情况；15%的企业应占利润比例超过应占权益比例的2倍；14%的企业在归母净利润大幅亏损的情况下，少数股东仍保持正收益。根据应占利润比例与应占权益比例的比值，我们估算出少数股东中同股不同权的成分比例，结果显示，主要房地产上市公司平均的同股不同权成分比例为43%，中位数为26%。

最后，我们根据主要房地产上市公司"少数股东权益占比"与"少数股东权益中同股不同权的成分比例"推算出"净资产中明股实债的成分比例"，2022年这一比例的平均值从2021年的20%降至15%，中位数则从2021年的15%降至3%；16家公司的明股实债成分已超过净资产的30%，占总数的20%；8家公司的明股实债成分比例大于50%，占总数的10%。据此，我们对"净资产中明股实债的成分比例"给予评分，其中，比例为0的赋予10分，比例大于50%的赋予0分，中间数值插值赋分，由此得到房地产上市公司的明股实债风险评分（见表2）。

表2　主要房地产上市公司的少数股东权益情况

股票代码	证券名称	少数股东权益/净资产（%）	少数股东应占利润/（净利润-永续资本分配）(%)	同股不同权成分比例(%)	明股实债成分/净资产（%）	明股实债风险评分（分）
600743.SH	华远地产*	-10.1	23.0	0.0	0.0	10.00
600208.SH	新湖中宝	1.9	-4.5	0.0	0.0	10.00
002146.SZ	荣盛发展*	7.1	11.5	0.0	0.0	10.00

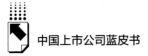

续表

股票代码	证券名称	少数股东权益/净资产（%）	少数股东应占利润/（净利润-永续资本分配)(%)	同股不同权成分比例(%)	明股实债成分/净资产（%）	明股实债风险评分（分）
600748. SH	上实发展*	9.3	-96.4	0.0	0.0	10.00
000402. SZ	金融街*	10.6	-30.7	0.0	0.0	10.00
600639. SH	浦东金桥*	16.0	-2.0	0.0	0.0	10.00
2777. HK	富力地产*	18.7	0.3	0.0	0.0	10.00
601588. SH	北辰实业*	19.9	4.6	0.0	0.0	10.00
1813. HK	合景泰富*	21.6	6.1	0.0	0.0	10.00
600895. SH	张江高科*	23.4	-4.4	0.0	0.0	10.00
3380. HK	龙光集团*	30.5	3.9	0.0	0.0	10.00
1918. HK	融创中国*	32.3	7.4	0.0	0.0	10.00
000069. SZ	华侨城A*	32.6	14.4	0.0	0.0	10.00
1966. HK	中骏集团*	46.2	112.2	0.0	0.0	10.00
600823. SH	世茂股份*	49.2	38.0	0.0	0.0	10.00
1996. HK	弘阳地产*	49.9	1.4	0.0	0.0	10.00
000961. SZ	中南建设*	53.8	4.8	0.0	0.0	10.00
1628. HK	禹洲集团*	56.6	9.4	0.0	0.0	10.00
0230. HK	五矿地产*	59.4	3.1	0.0	0.0	10.00
600340. SH	华夏幸福*	61.5	-48.6	0.0	0.0	10.00
2772. HK	中梁控股*	64.6	17.0	0.0	0.0	10.00
0884. HK	旭辉控股*	65.1	4.5	0.0	0.0	10.00
2019. HK	德信中国*	67.4	-131.4	0.0	0.0	10.00
000656. SZ	金科股份*	68.0	9.6	0.0	0.0	10.00
1862. HK	景瑞控股*	72.0	0.2	0.0	0.0	10.00
6158. HK	正荣地产*	72.8	12.0	0.0	0.0	10.00
0832. HK	建业地产*	76.4	3.3	0.0	0.0	10.00
000671. SZ	阳光城*	79.2	0.7	0.0	0.0	10.00
3301. HK	融信中国*	79.8	9.7	0.0	0.0	10.00
600007. SH	中国国贸	0.0	0.1	100.0	0.0	9.99
0688. HK	中国海外	5.0	5.3	5.4	0.3	9.95
000002. SZ	万科A	40.1	39.8	1.1	0.4	9.91
000006. SZ	深振业A	6.7	6.3	7.6	0.5	9.90
600657. SH	信达地产	3.5	4.3	22.0	0.8	9.85

续表

股票代码	证券名称	少数股东权益/净资产（%）	少数股东应占利润/（净利润-永续资本分配）（%）	同股不同权成分比例（%）	明股实债成分/净资产（%）	明股实债风险评分（分）
3990. HK	美的置业	49.3	50.7	2.9	1.4	9.71
600648. SH	外高桥	2.5	1.1	79.1	1.9	9.61
0817. HK	中国金茂	51.1	49.5	4.4	2.3	9.55
0754. HK	合生创展	5.3	3.6	45.1	2.4	9.52
0410. HK	SOHO 中国	2.5	5.1	100.0	2.5	9.50
600094. SH	大名城	3.1	10.9	100.0	3.1	9.37
3900. HK	绿城中国	67.2	70.4	4.7	3.2	9.37
0604. HK	深圳控股	9.9	15.1	51.6	5.1	8.97
600736. SH	苏州高新	49.5	56.6	14.4	7.1	8.57
600675. SH	中华企业	7.4	84.3	100.0	7.4	8.52
600708. SH	光明地产	8.1	70.3	100.0	8.1	8.38
000517. SZ	荣安地产	14.9	23.2	55.7	8.3	8.34
000926. SZ	福星股份	8.9	25.8	100.0	8.9	8.21
600048. SH	保利地产	40.2	33.2	24.9	10.0	8.00
001979. SZ	招商蛇口	68.6	60.5	16.9	11.6	7.67
0272. HK	瑞安房地产	11.8	33.3	100.0	11.8	7.63
0123. HK	越秀地产	44.1	35.6	27.5	12.1	7.58
600266. SH	城建发展	13.9	-3.8	100.0	13.9	7.23
000736. SZ	中交地产	82.7	96.7	16.9	14.0	7.21
600665. SH	天地源	14.4	51.1	100.0	14.4	7.11
600383. SH	金地集团	43.9	33.4	34.2	15.0	6.99
9993. HK	金辉集团	31.1	18.2	59.3	18.4	6.31
0960. HK	龙湖集团	39.1	25.8	48.6	19.0	6.20
601992. SH	金隅集团	39.9	60.1	50.7	20.2	5.95
002208. SZ	合肥城建	31.8	17.1	66.0	21.0	5.80
1098. HK	路劲	21.5	-532.7	100.0	21.5	5.70
1109. HK	华润置地	29.2	13.3	77.7	22.7	5.46
Z25. SI	仁恒置地	22.9	46.6	100.0	22.9	5.42
600663. SH	陆家嘴	42.8	25.7	57.0	24.4	5.12
3377. HK	远洋集团	27.1	-0.4	100.0	27.1	4.58
601155. SH	新城控股	33.5	12.1	91.3	30.6	3.88

续表

股票代码	证券名称	少数股东权益/净资产（%）	少数股东应占利润/（净利润-永续资本分配)(%)	同股不同权成分比例(%)	明股实债成分/净资产（%）	明股实债风险评分（分）
600606.SH	绿地控股	44.8	78.0	74.1	33.2	3.36
600223.SH	鲁商置业	33.2	177.5	100.0	33.2	3.35
1238.HK	宝龙地产	33.8	74.1	100.0	33.8	3.24
600153.SH	建发股份	70.0	46.3	48.3	33.8	3.24
2007.HK	碧桂园	34.2	−104.3	100.0	34.2	3.16
3383.HK	雅居乐	35.3	−4.3	100.0	35.3	2.94
002305.SZ	南国置业	48.9	−37.0	100.0	48.9	0.23
002244.SZ	滨江集团	55.4	4.2	100.0	55.4	0.00
600565.SH	迪马股份	59.3	−33.0	100.0	59.3	0.00
600376.SH	首开股份	61.2	194.6	100.0	61.2	0.00
000031.SZ	大悦城	67.6	−29.7	100.0	67.6	0.00
1233.HK	时代中国	71.1	−3.3	100.0	71.1	0.00
0106.HK	朗诗地产	73.4	−5.5	100.0	73.4	0.00
1638.HK	佳兆业	80.8	−0.4	100.0	80.8	0.00
600325.SH	华发股份	83.4	47.5	61.5	51.3	0.00

需要注意的是，表2中带 * 的项目表示该公司2022年的少数股东利润分配为负，即少数股东已经开始承担损失，相应地，我们给予这些企业明股实债风险评分10分。但这并不能排除上述企业实际中仍有较高的明股实债负担，只是随着企业整体亏损和现金流压力的增大，作为次级债务的少数股东权益也开始出现损失。此类企业即使不考虑隐性负债风险，其综合抗风险能力的评分也已经很低了，此时隐性负债指标的预警意义不大。但如果要切实计算上述企业的实际债务风险头寸，则仍需考虑未暴露的隐性负债部分。

最后，少数房地产公司在执行新收入准则时，由于其商品交易价格（从客户处实际收取的购房款）低于合同对价，此时，差额部分根据新会计准则会产生重大融资成分（从客户付款到实际交付的时间间隔超过1年时），重大融资成分将按照实际利率法在合同期间予以资本化处理，从而同时增加存货及合同负债的金额。上述行为将导致企业的利息支出总额和利息资本化金额大幅上升，虽然这部分资本化利息并没有发生实际的现金流出，但会导致合同负债和存货的增加，更重要的是在未来收入确认时会导致收入和并表销售额的增加（当然，成本也会上升，所以，利润率并不会提升，还可能降低），进而导致企业的规模数据、周转率数据失真。实际中，我们发现，那些合约负债内含融资成分资本化金额很高的企业（有时这个金额甚至可以高达几十亿元），通常其净负债率都显著低于行业水平，显示这种变相的促销方式确实起到了融资作用，并具有一定的隐性负债性质。

我们以企业当期合约负债内含融资成分的资本化利息额与含资本化利息的利息支出总额之比来度量相关隐性负债的大小，当该比值为 0 时，企业赋分为 10 分，比值大于 50% 时，企业赋分为 0 分，中间数值插值赋分，由此得到房地产上市公司的合约负债内含融资成分的风险评分。结果，2022 年主要房地产上市公司中，8 家公司有合约负债内含融资成分，3 家公司合约负债内含融资成分的资本化利息额超过当期利息支出总额的 50%。

表3　主要房地产上市公司的合约负债内含融资成分

单位：%

股票代码	证券名称	合约负债内含融资成分/带息负债利息支出总额
000002. SZ	万科 A	0.0
000006. SZ	深振业 A	0.0
000031. SZ	大悦城	0.0
000069. SZ	华侨城 A	0.0
000402. SZ	金融街	0.0
000517. SZ	荣安地产	0.0
000656. SZ	金科股份	0.0
000671. SZ	阳光城	0.0
000926. SZ	福星股份	0.0
000961. SZ	中南建设	0.0
001979. SZ	招商蛇口	0.0
002146. SZ	荣盛发展	0.0

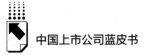

续表

股票代码	证券名称	合约负债内含融资成分/带息负债利息支出总额
002208. SZ	合肥城建	0.0
002244. SZ	滨江集团	0.0
002305. SZ	南国置业	0.0
600007. SH	中国国贸	0.0
600048. SH	保利地产	0.0
600094. SH	大名城	0.0
600153. SH	建发股份	0.0
600208. SH	新湖中宝	0.0
600223. SH	鲁商置业	0.0
600266. SH	城建发展	0.0
600325. SH	华发股份	0.0
600340. SH	华夏幸福	0.0
600376. SH	首开股份	0.0
600383. SH	金地集团	0.0
600565. SH	迪马股份	0.0
600606. SH	绿地控股	0.0
600639. SH	浦东金桥	0.0
600648. SH	外高桥	0.0
600663. SH	陆家嘴	0.0
600665. SH	天地源	0.0
600675. SH	中华企业	0.0
600708. SH	光明地产	0.0
600736. SH	苏州高新	0.0
600743. SH	华远地产	0.0
600748. SH	上实发展	0.0
600823. SH	世茂股份	0.0
600895. SH	张江高科	0.0
601588. SH	北辰实业	0.0
601992. SH	金隅集团	0.0
3900. HK	绿城中国	0.0
2777. HK	富力地产	0.0
0754. HK	合生创展	0.0
0688. HK	中国海外	0.0

续表

股票代码	证券名称	合约负债内含融资成分/ 带息负债利息支出总额
3377. HK	远洋集团	0.0
1109. HK	华润置地	0.0
1813. HK	合景泰富	0.0
3383. HK	雅居乐	0.0
2007. HK	碧桂园	0.0
0410. HK	SOHO 中国	0.0
0604. HK	深圳控股	0.0
0960. HK	龙湖集团	0.0
1238. HK	宝龙地产	0.0
1966. HK	中骏集团	0.0
1098. HK	路劲	0.0
1918. HK	融创中国	0.0
0272. HK	瑞安房地产	0.0
0817. HK	中国金茂	0.0
1628. HK	禹洲集团	0.0
3380. HK	龙光集团	0.0
1862. HK	景瑞控股	0.0
1233. HK	时代中国	0.0
0884. HK	旭辉控股	0.0
3301. HK	融信中国	0.0
0106. HK	朗诗地产	0.0
Z25. SI	仁恒置地	0.0
1638. HK	佳兆业	0.0
0123. HK	越秀地产	0.0
3990. HK	美的置业	0.0
2019. HK	德信中国	0.0
0230. HK	五矿地产	0.0
9993. HK	金辉集团	8.4
600657. SH	信达地产	12.0
6158. HK	正荣地产	18.4
1996. HK	弘阳地产	30.3
000736. SZ	中交地产	45.9
601155. SH	新城控股	51.7
0832. HK	建业地产	58.9
2772. HK	中梁控股	67.0

综合以上几项隐性负债的度量指标，我们取"表外负债风险"、"明股实债风险"以及"合约负债内含融资成分风险"三项指标的最低评分（即最大的隐性负债风险）为该公司在隐性负债上的总体评分，以此作为企业综合抗风险能力的预警指标。

结果显示，由于部分隐性负债的显性化，2022年主要房地产上市公司隐性负债风险评分的中位数从2021年的4.43分上升至6.00分；34家公司的评分小于5分，占总数的43%——这部分企业的隐性债务负担仍然较重，其抗风险能力的综合评分将被减半；其中，20家公司的隐性负债风险评分小于2分，占总数的25%，这部分企业的隐性债务风险难以度量，其抗风险能力的综合评分为0分（见表4）。

表4　主要房地产上市公司的隐性债务负担评分及预警

单位：分

股票代码	证券名称	明股实债风险评分	表外负债风险评分	合约负债内含融资成分风险评分	隐性负债风险评分
1966.HK	中骏集团	10.00	10.00	10.00	10.00
3380.HK	龙光集团	10.00	10.00	10.00	10.00
2777.HK	富力地产	10.00	10.00	10.00	10.00
002146.SZ	荣盛发展	10.00	10.00	10.00	10.00
601588.SH	北辰实业	10.00	10.00	10.00	10.00
600208.SH	新湖中宝	10.00	10.00	10.00	10.00
600743.SH	华远地产	10.00	10.00	10.00	10.00
600340.SH	华夏幸福	10.00	10.00	10.00	10.00
600748.SH	上实发展	10.00	10.00	10.00	10.00
600895.SH	张江高科	10.00	10.00	10.00	10.00
600639.SH	浦东金桥	10.00	10.00	10.00	10.00
600007.SH	中国国贸	9.99	10.00	10.00	9.99
000002.SZ	万科A	9.91	10.00	10.00	9.91
000006.SZ	深振业A	9.90	10.00	10.00	9.90
600648.SH	外高桥	9.61	10.00	10.00	9.61
0754.HK	合生创展	9.52	10.00	10.00	9.52
0410.HK	SOHO中国	9.50	10.00	10.00	9.50
600823.SH	世茂股份	10.00	9.47	10.00	9.47

股票代码	证券名称	明股实债风险评分	表外负债风险评分	合约负债内含融资成分风险评分	隐性负债风险评分
600094. SH	大名城	9.37	10.00	10.00	9.37
1862. HK	景瑞控股	10.00	9.09	10.00	9.09
0604. HK	深圳控股	8.97	10.00	10.00	8.97
3990. HK	美的置业	9.71	8.71	10.00	8.71
600736. SH	苏州高新	8.57	10.00	10.00	8.57
600675. SH	中华企业	8.52	10.00	10.00	8.52
600708. SH	光明地产	8.38	10.00	10.00	8.38
000517. SZ	荣安地产	8.34	10.00	10.00	8.34
000926. SZ	福星股份	8.21	10.00	10.00	8.21
0688. HK	中国海外	9.95	8.10	10.00	8.10
600657. SH	信达地产	9.85	8.56	7.60	7.60
2019. HK	德信中国	10.00	7.53	10.00	7.53
600266. SH	城建发展	7.23	10.00	10.00	7.23
600665. SH	天地源	7.11	10.00	10.00	7.11
001979. SZ	招商蛇口	7.67	6.95	10.00	6.95
600048. SH	保利地产	8.00	6.88	10.00	6.88
0123. HK	越秀地产	7.58	6.82	10.00	6.82
3900. HK	绿城中国	9.37	6.68	10.00	6.68
000961. SZ	中南建设	10.00	6.41	10.00	6.41
9993. HK	金辉集团	6.31	6.21	8.32	6.21
0960. HK	龙湖集团	6.20	10.00	10.00	6.20
000671. SZ	阳光城	10.00	6.06	10.00	6.06
601992. SH	金隅集团	5.95	10.00	10.00	5.95
002208. SZ	合肥城建	5.80	10.00	10.00	5.80
1109. HK	华润置地	5.46	10.00	10.00	5.46
Z25. SI	仁恒置地	5.42	10.00	10.00	5.42
000402. SZ	金融街	10.00	5.40	10.00	5.40
600663. SH	陆家嘴	5.12	10.00	10.00	5.12
000069. SZ	华侨城A	10.00	4.37	10.00	4.37
0884. HK	旭辉控股	10.00	4.19	10.00	4.19
000656. SZ	金科股份	10.00	3.81	10.00	3.81
0230. HK	五矿地产	10.00	3.75	10.00	3.75
600606. SH	绿地控股	3.36	10.00	10.00	3.36

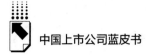

续表

股票代码	证券名称	明股实债风险评分	表外负债风险评分	合约负债内含融资成分风险评分	隐性负债风险评分
600223. SH	鲁商置业	3. 35	10. 00	10. 00	3. 35
1238. HK	宝龙地产	3. 24	8. 43	10. 00	3. 24
600153. SH	建发股份	3. 24	10. 00	10. 00	3. 24
2007. HK	碧桂园	3. 16	10. 00	10. 00	3. 16
3383. HK	雅居乐	2. 94	9. 40	10. 00	2. 94
1628. HK	禹洲集团	10. 00	2. 82	10. 00	2. 82
3377. HK	远洋集团	4. 58	2. 75	10. 00	2. 75
1918. HK	融创中国	10. 00	2. 56	10. 00	2. 56
0817. HK	中国金茂	9. 55	2. 26	10. 00	2. 26
1996. HK	弘阳地产	10. 00	1. 61	3. 94	1. 61
600383. SH	金地集团	6. 99	1. 58	10. 00	1. 58
3301. HK	融信中国	10. 00	1. 19	10. 00	1. 19
6158. HK	正荣地产	10. 00	1. 14	6. 31	1. 14
000736. SZ	中交地产	7. 21	5. 65	0. 83	0. 83
0272. HK	瑞安房地产	7. 63	0. 48	10. 00	0. 48
002244. SZ	滨江集团	0. 00	5. 15	10. 00	0. 00
600325. SH	华发股份	0. 00	8. 13	10. 00	0. 00
601155. SH	新城控股	3. 88	9. 68	0. 00	0. 00
600376. SH	首开股份	0. 00	3. 68	10. 00	0. 00
2772. HK	中梁控股	10. 00	4. 72	0. 00	0. 00
000031. SZ	大悦城	0. 00	5. 66	10. 00	0. 00
1813. HK	合景泰富	10. 00	0. 00	10. 00	0. 00
1098. HK	路劲	5. 70	0. 00	10. 00	0. 00
1233. HK	时代中国	0. 00	4. 58	10. 00	0. 00
0832. HK	建业地产	10. 00	10. 00	0. 00	0. 00
1638. HK	佳兆业	0. 00	10. 00	10. 00	0. 00
600565. SH	迪马股份	0. 00	10. 00	10. 00	0. 00
0106. HK	朗诗地产	0. 00	10. 00	10. 00	0. 00
002305. SZ	南国置业	0. 23	0. 00	10. 00	0. 00

（七）主要房地产上市公司的综合抗风险能力排行榜

综合企业的负债率评分（包括剔除预收款后的总负债率水平、净负债率水平、现金短债比三项因素）及偿债能力评分（包括中期风险头寸、最低债务续借比例、期限结构缺口、利息保障倍数四项因素），并考虑隐性负债的预警指标（包括表外负债风险、明股实债风险及合约负债内含融资成分风险三项因素），我们对房地产上市公司的抗风险能力进行综合评分（其中，负债率评分给予2/3权重，偿债能力评分给予1/3权重，加权平均计算抗风险能力评分；但对于隐性负债评分小于5分的企业，抗风险能力的综合评分减半；而对于隐性负债评分小于2分的企业，抗风险能力的综合评分为0分）。其中，抗风险能力综合评分在8分以上的企业债务续借压力较小、偿债能力较强；而评分在5分以下的企业债务负担较重、偿债能力偏弱，面临一定的财务压力；尤其是评分在2分以下的企业，显性或隐性财务风险较高。

数据显示，2022年主要房地产上市公司抗风险能力的综合评分进一步降低，平均分从2021年的2.46分降至2.44分，中位数则从2021年的1.80分降至1.35分，行业整体的财务状况不及格。2022年，6家公司评分在8分以上，占总数的7.5%；13家公司评分在5~8分，占总数的16.3%；14家公司评分在2~5分，占总数的17.5%；47家公司评分小于等于2分，占总数的58.8%，即近六成企业的财务风险较高（见图17）。

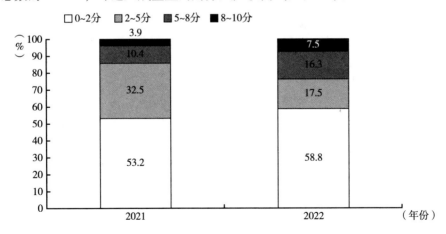

图17　主要房地产上市公司的抗风险能力综合评分分布

由表 5 可见，中国国贸、合肥城建、荣安地产、中国海外、深振业、华润置地、中华企业、仁恒置地、龙湖集团、招商蛇口进入我们 2022 年房地产上市公司综合抗风险能力排行榜的 TOP 10。

表 5　2022 年主要房地产上市公司的综合抗风险能力排行榜

单位：分

排名	股票代码	证券名称	负债率综合评分	偿债能力综合评分	隐性负债风险评分	综合抗风险能力评分
1	600007.SH	中国国贸	10.00	9.09	9.99	9.70
2	002208.SZ	合肥城建	9.29	9.21	5.80	9.26
3	000517.SZ	荣安地产	8.51	8.92	8.34	8.65
4	0688.HK	中国海外	9.84	5.37	8.10	8.35
5	000006.SZ	深振业 A	9.33	6.31	9.90	8.32
6	1109.HK	华润置地	8.53	6.97	5.46	8.01
7	600675.SH	中华企业	9.07	4.51	8.52	7.55
8	Z25.SI	仁恒置地	6.73	9.01	5.42	7.49
9	0960.HK	龙湖集团	8.20	3.48	6.20	6.63
10	001979.SZ	招商蛇口	8.00	3.74	6.95	6.58
11	000002.SZ	万科 A	8.33	2.94	9.91	6.54
12	600048.SH	保利地产	6.70	4.32	6.88	5.91
13	3900.HK	绿城中国	6.67	4.05	6.68	5.80
14	600094.SH	大名城	6.67	3.59	9.37	5.64
15	3990.HK	美的置业	6.49	3.31	8.71	5.43
16	600748.SH	上实发展	5.94	3.62	10.00	5.17
17	600639.SH	浦东金桥	6.01	3.39	10.00	5.14
18	0123.HK	越秀地产	5.23	4.79	6.82	5.08
19	000926.SZ	福星股份	6.67	1.91	8.21	5.08
20	0410.HK	SOHO 中国	6.55	0.16	9.50	4.42
21	600208.SH	新湖中宝	5.60	1.68	10.00	4.29
22	600153.SH	建发股份	9.15	6.80	3.24	4.18
23	0604.HK	深圳控股	4.47	3.55	8.97	4.16
24	1966.HK	中骏集团	3.28	4.89	10.00	3.81
25	9993.HK	金辉集团	4.04	1.53	6.21	3.20
26	2019.HK	德信中国	3.51	2.14	7.53	3.05
27	0754.HK	合生创展	4.22	0.34	9.52	2.93

排名	股票代码	证券名称	负债率综合评分	偿债能力综合评分	隐性负债风险评分	综合抗风险能力评分
28	600648.SH	外高桥	2.61	3.15	9.61	2.79
29	600266.SH	城建发展	3.51	1.11	7.23	2.71
30	600823.SH	世茂股份	4.01	0.00	9.47	2.67
31	2007.HK	碧桂园	6.02	2.78	3.16	2.47
32	600736.SH	苏州高新	3.10	0.32	8.57	2.17
33	601992.SH	金隅集团	1.87	2.65	5.95	2.13
34	600895.SH	张江高科	2.77	0.45	10.00	2.00
35	600657.SH	信达地产	2.63	0.45	7.60	1.90
36	600743.SH	华远地产	2.75	0.00	10.00	1.83
37	000069.SZ	华侨城A	5.07	0.04	4.37	1.70
38	600663.SH	陆家嘴	1.91	1.21	5.12	1.67
39	000402.SZ	金融街	2.28	0.07	5.40	1.54
40	601588.SH	北辰实业	2.16	0.09	10.00	1.47
41	1238.HK	宝龙地产	2.84	1.78	3.24	1.24
42	0817.HK	中国金茂	2.66	1.09	2.26	1.07
43	600708.SH	光明地产	1.17	0.57	8.38	0.97
44	600665.SH	天地源	0.71	1.42	7.11	0.95
45	600223.SH	鲁商置业	2.17	0.52	3.35	0.81
46	0230.HK	五矿地产	2.25	0.29	3.75	0.80
47	3383.HK	雅居乐	1.95	0.00	2.94	0.65
48	0884.HK	旭辉控股	1.43	0.01	4.19	0.48
49	600606.SH	绿地控股	0.16	1.26	3.36	0.26
50	3380.HK	龙光集团	0.39	0.00	10.00	0.26
51	2777.HK	富力地产	0.12	0.00	10.00	0.08
52	3377.HK	远洋集团	0.21	0.00	2.75	0.07
53	000961.SZ	中南建设	0.00	0.17	6.41	0.06
54	002146.SZ	荣盛发展	0.00	0.05	10.00	0.02
55	1628.HK	禹洲集团	0.02	0.00	2.82	0.01
56	002244.SZ	滨江集团	7.32	9.68	0.00	0.00
57	600325.SH	华发股份	6.16	1.94	0.00	0.00
58	0272.HK	瑞安房地产	6.09	1.96	0.48	0.00
59	600383.SH	金地集团	5.86	3.14	1.58	0.00
60	000031.SZ	大悦城	5.64	1.13	0.00	0.00

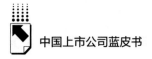
续表

排名	股票代码	证券名称	负债率综合评分	偿债能力综合评分	隐性负债风险评分	综合抗风险能力评分
61	601155. SH	新城控股	4.80	2.83	0.00	0.00
62	2772. HK	中梁控股	4.22	1.73	0.00	0.00
63	1996. HK	弘阳地产	2.94	0.00	1.61	0.00
64	600376. SH	首开股份	2.70	0.07	0.00	0.00
65	002305. SZ	南国置业	1.71	0.00	0.00	0.00
66	1098. HK	路劲	1.67	0.67	0.00	0.00
67	3301. HK	融信中国	1.37	0.15	1.19	0.00
68	600565. SH	迪马股份	0.62	1.48	0.00	0.00
69	1813. HK	合景泰富	0.42	0.00	0.00	0.00
70	0106. HK	朗诗地产	0.00	0.85	0.00	0.00
71	000736. SZ	中交地产	0.00	0.80	0.83	0.00
72	1233. HK	时代中国	0.00	0.03	0.00	0.00
73	600340. SH	华夏幸福	0.00	0.00	10.00	0.00
74	1862. HK	景瑞控股	0.00	0.00	9.09	0.00
75	000671. SZ	阳光城	0.00	0.00	6.06	0.00
76	000656. SZ	金科股份	0.00	0.00	3.81	0.00
77	1918. HK	融创中国	0.00	0.00	2.56	0.00
78	6158. HK	正荣地产	0.00	0.00	1.14	0.00
79	0832. HK	建业地产	0.00	0.00	0.00	0.00
80	1638. HK	佳兆业	0.00	0.00	0.00	0.00

三　2022年房地产上市公司的融资成本排行榜

自2022年第四季度以来，房地产企业的融资环境有所改善，但高风险的企业或项目仍以债务续借或债务重组为主，新增融资主要聚焦于低风险企业，所以，行业整体的融资成本进一步降低，主要房地产上市公司综合债务融资成本的平均值从2021年的7.2%降至6.7%，中位数则从2021年的6.7%降至6.2%，46%的企业综合债务融资成本已不到6%，但9%的企业综合债务融资成本仍在10%以上。不过，由于大量债务违约，所以，融资成本已经在某种程度上失去了风险调节的意义。

（一）主要房地产上市公司的综合债务融资成本

自2022年第四季度以来，房地产企业的融资环境有所改善，但高风险企业仍以债务续借或债务重组为主，新增融资主要聚焦于低风险企业，所以，地产企业整体的融资成本不升反降。

2022年，主要房地产上市公司综合债务融资成本的平均值从2021年的7.2%降至6.7%，中位数则从2021年的6.7%降至6.2%（见图18）；其中，7家公司的综合债务融资成本在10%以上，占主要房地产上市公司总数的8.8%；10家公司的综合债务融资成本在8%~10%，占主要房地产上市公司总数的12.5%；26家公司的综合债务融资成本在6%~8%，占主要房地产上市公司总数的32.5%；37家公司的综合债务融资成本小于等于6%，占主要房地产上市公司总数的46.3%；20家公司的综合债务融资成本不到5%，占主要房地产上市公司总数的25%（见图19）。不过，随着销售的大幅萎缩，一些历史融资成本很低的企业也面临债务违约的压力，融资成本在某种程度上已经失去了风险调节意义。

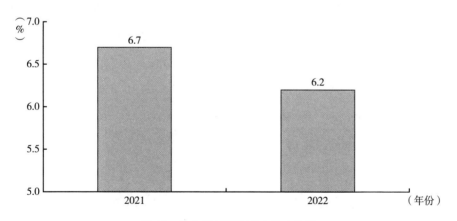

图18　综合债务融资成本的中位数

（二）主要房地产上市公司的融资成本排行榜

我们对房地产企业的融资成本给予评分以反映其综合融资能力，其中，

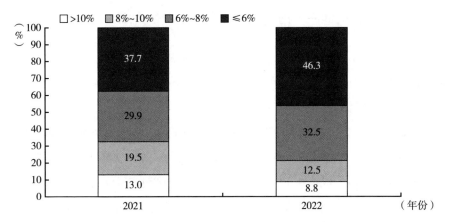

图19　主要房地产上市公司的综合债务融资成本分布

综合债务融资成本小于5%的企业被赋予10分，而综合债务融资成本大于10%的企业被赋予0分，中间数值插值赋分。结果，2022年，主要房地产上市公司融资成本评分的均值从2021年的5.87分上升至6.62分，中位数则从2021年的6.63分升至7.66分。37家公司的融资能力评分都在8分以上，占主要房地产上市公司总数的46.3%；但同时23家公司的融资能力评分不到5分，占主要房地产上市公司总数的28.8%；其中，13家公司的融资能力评分不到2分，占主要房地产上市公司总数的16.3%（见图20）。

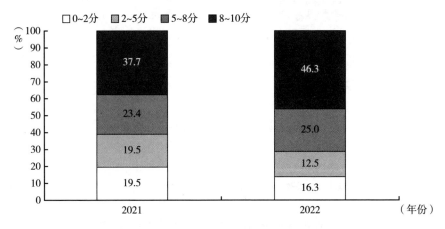

图20　主要房地产上市公司的融资能力评分

张江高科、浦东金桥、外高桥、中国海外、陆家嘴、深圳控股、中国国贸、万科、五矿地产、龙湖集团进入融资成本排行榜的TOP 10（见表6）。

表6　主要房地产上市公司的融资成本排行榜

排名	股票代码	证券名称	实际的债务融资成本（%）	融资成本评分（分）
1	600895.SH	张江高科	3.4	10.00
2	600639.SH	浦东金桥	3.5	10.00
3	600648.SH	外高桥	3.6	10.00
4	0688.HK	中国海外	3.7	10.00
5	600663.SH	陆家嘴	3.7	10.00
6	0604.HK	深圳控股	3.8	10.00
7	600007.SH	中国国贸	4.0	10.00
8	000002.SZ	万科A	4.1	10.00
9	0230.HK	五矿地产	4.4	10.00
10	0960.HK	龙湖集团	4.4	10.00
11	600048.SH	保利地产	4.5	10.00
12	1109.HK	华润置地	4.6	10.00
13	0123.HK	越秀地产	4.6	10.00
14	600675.SH	中华企业	4.7	10.00
15	002208.SZ	合肥城建	4.7	10.00
16	601992.SH	金隅集团	4.8	10.00
17	000402.SZ	金融街	4.8	10.00
18	600266.SH	城建发展	4.8	10.00
19	600708.SH	光明地产	4.9	10.00
20	3990.HK	美的置业	4.9	10.00
21	0817.HK	中国金茂	5.0	9.92
22	600748.SH	上实发展	5.1	9.81
23	3377.HK	远洋集团	5.2	9.58
24	600736.SH	苏州高新	5.3	9.33

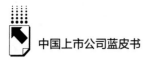

续表

排名	股票代码	证券名称	实际的债务融资成本（%）	融资成本评分（分）
25	600383. SH	金地集团	5.4	9.28
26	600376. SH	首开股份	5.4	9.27
27	2772. HK	中梁控股	5.4	9.19
28	600153. SH	建发股份	5.4	9.10
29	002244. SZ	滨江集团	5.6	8.78
30	001979. SZ	招商蛇口	5.6	8.77
31	0272. HK	瑞安房地产	5.6	8.70
32	Z25. SI	仁恒置地	5.7	8.51
33	000006. SZ	深振业 A	5.8	8.39
34	2007. HK	碧桂园	5.9	8.27
35	601588. SH	北辰实业	5.9	8.24
36	0884. HK	旭辉控股	5.9	8.22
37	000031. SZ	大悦城	5.9	8.19
38	3900. HK	绿城中国	6.0	7.95
39	600325. SH	华发股份	6.1	7.84
40	9993. HK	金辉集团	6.1	7.84
41	000069. SZ	华侨城 A	6.3	7.47
42	3380. HK	龙光集团	6.3	7.40
43	600606. SH	绿地控股	6.4	7.27
44	3383. HK	雅居乐	6.4	7.12
45	600743. SH	华远地产	6.6	6.89
46	1233. HK	时代中国	6.6	6.76
47	600823. SH	世茂股份	6.7	6.66
48	6158. HK	正荣地产	6.7	6.58
49	1813. HK	合景泰富	6.8	6.45
50	600208. SH	新湖中宝	6.9	6.29
51	1238. HK	宝龙地产	6.9	6.26
52	600665. SH	天地源	6.9	6.20
53	601155. SH	新城控股	6.9	6.19
54	1098. HK	路劲	7.0	5.97
55	1966. HK	中骏集团	7.0	5.96
56	600340. SH	华夏幸福	7.1	5.81
57	000671. SZ	阳光城	7.2	5.53

续表

排名	股票代码	证券名称	实际的债务融资成本(%)	融资成本评分(分)
58	000517. SZ	荣安地产	7.5	4.91
59	0754. HK	合生创展	7.6	4.76
60	000656. SZ	金科股份	7.7	4.63
61	1628. HK	禹洲集团	7.9	4.26
78	1918. HK	融创中国	8.0	0.00
62	0106. HK	朗诗地产	8.0	4.02
63	600657. SH	信达地产	8.0	3.91
64	000736. SZ	中交地产	8.2	3.61
65	0410. HK	SOHO 中国	8.2	3.54
66	2019. HK	德信中国	8.2	3.53
67	600094. SH	大名城	8.7	2.61
79	1638. HK	佳兆业	9.0	0.00
68	2777. HK	富力地产	9.0	1.92
69	002146. SZ	荣盛发展	9.4	1.19
70	1996. HK	弘阳地产	9.7	0.57
71	000961. SZ	中南建设	9.9	0.17
72	600565. SH	迪马股份	10.1	0.00
73	3301. HK	融信中国	10.2	0.00
74	000926. SZ	福星股份	10.2	0.00
75	1862. HK	景瑞控股	10.6	0.00
76	0832. HK	建业地产	10.9	0.00
77	002305. SZ	南国置业	12.4	0.00
80	600223. SH	鲁商置业	21.5	0.00

四 2022年主要房地产上市公司的运营效率排行榜

2022 年主要房地产上市公司存量资产周转率的中位数为 0.157 倍，较 2021 年降低了 37%，已降至 15 年来的历史最低水平；而投资回收周期的中位数则从上年的 3.1 年延长至 5.3 年；平均的结算周期更是长达 6.7 年。建发股份、金隅集团、绿地控股、朗诗地产、荣安地产、合肥城建、滨江集团、碧桂园、美的置业、中骏集团进入运营效率排行榜的 TOP 10。

（一）主要房地产上市公司的投资回收周期和结算周期

2022 年主要房地产上市公司存量资产周转率（并表销售额/年初总资产）的平均值从 2021 年的 0.266 倍降至 0.175 倍，中位数则从 2021 年的 0.249 倍降至 0.157 倍（见图 21），较 2021 年降低了 37%，这是过去 15 年来中国房地产行业周转速度的最低值，比 2008 年金融危机期间的周转速度还慢，几乎所有企业都面临销售大幅萎缩的压力。由此计算的投资回收周期的中位数从 2021 年的 3.1 年延长至 5.3 年（见图 22），41 家公司当前的投资回收周期大于 5 年，占总数的 51.3%；仅 9 家公司当前的投资回收周期小于 3 年，占总数的 11.3%（见图 23）。周转速度的减慢直接导致行业整体的偿债能力大幅削弱。

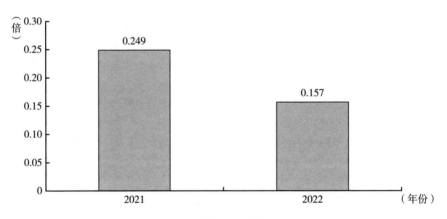

图 21　存量资产周转率中位数

若以结算周期计算，则 2022 年行业平均的结算周转率（收入/平均总资产）从 2021 年的 0.230 倍降至 0.196 倍，中位数则从 2021 年的 0.214 倍降至 0.175 倍，由此计算的结算周期的中位数从 2021 年的 4.7 年延长至 5.7 年。53 家公司的结算周转率小于 0.2 倍，占总数的 66.3%；其中 11 家公司的结算周转率小于 0.1 倍，占总数的 13.8%；仅 7 家公司的结算周转率在 0.3 倍以上，占总数的 8.8%。

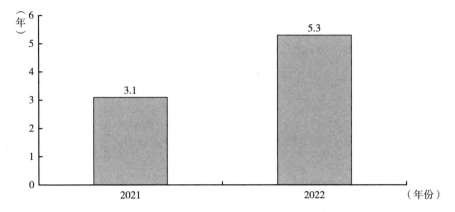

图22　主要房地产上市公司投资回收周期的中位数

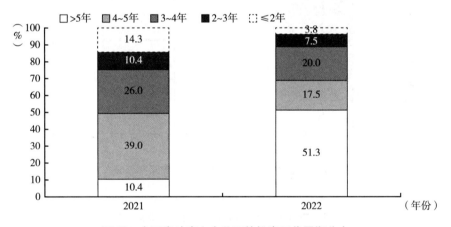

图23　主要房地产上市公司的投资回收周期分布

（二）主要房地产上市公司的运营效率排行榜

综合企业当前的投资回收周期、低谷中的投资回收周期（对于多数房地产企业来说，当前的投资回收周期就已经是其低谷状态的投资回收周期了）及结算周期，我们对以上三项指标进行插值赋分，并给予每项指标1/3权重，加权平均即得到房地产企业运营效率的综合评分。

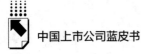

2022年主要房地产上市公司运营效率综合评分的均值从2021年的4.91分大幅降至2.66分，中位数更是从2021年的4.97分降至1.74分。仅2家公司运营效率的综合评分在8分以上，占主要房地产上市公司总数的2.5%；64家公司运营效率的综合评分不到5分，占主要房地产上市公司总数的80.0%；44家公司运营效率的综合评分不到2分，占主要房地产上市公司总数的55.0%（见图24）。建发股份、金隅集团、绿地控股、朗诗地产、荣安地产、合肥城建、滨江集团、碧桂园、美的置业、中骏集团进入运营效率排行榜的TOP 10（见表7）。

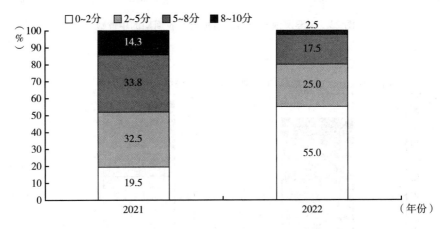

图24 主要房地产上市公司的运营效率评分分布

表7 主要房地产上市公司的运营效率排行榜

排名	股票代码	证券名称	当前投资回收周期（年）	低谷投资回收周期（年）	收入/平均总资产（%）	运营效率综合评分（分）
1	600153.SH	建发股份	0.46	0.59	1.31	10.00
2	601992.SH	金隅集团	2.40	2.60	0.36	8.89
3	600606.SH	绿地控股	3.09	3.09	0.31	7.59
4	0106.HK	朗诗地产	2.71	3.74	0.59	7.28
5	000517.SZ	荣安地产	2.04	2.87	0.18	7.00
6	002208.SZ	合肥城建	2.05	2.49	0.14	6.79
7	002244.SZ	滨江集团	1.43	3.18	0.17	6.53

续表

排名	股票代码	证券名称	当前投资回收周期（年）	低谷投资回收周期（年）	收入/平均总资产（%）	运营效率综合评分（分）
8	2007. HK	碧桂园	3.09	3.09	0.23	6.47
9	3990. HK	美的置业	3.63	3.63	0.27	5.92
10	1966. HK	中骏集团	2.51	3.01	0.14	5.60
11	600007. SH	中国国贸	3.67	3.88	0.27	5.55
12	0960. HK	龙湖集团	4.07	4.07	0.30	5.40
13	1109. HK	华润置地	3.02	3.73	0.20	5.34
14	600565. SH	迪马股份	4.08	4.08	0.29	5.25
15	3900. HK	绿城中国	2.99	4.56	0.24	5.07
16	2019. HK	德信中国	3.20	3.68	0.19	5.04
17	600094. SH	大名城	3.48	3.48	0.20	5.00
18	600665. SH	天地源	3.54	4.48	0.26	4.84
19	601155. SH	新城控股	3.93	3.93	0.23	4.59
20	600048. SH	保利地产	3.64	3.71	0.20	4.55
21	000002. SZ	万科 A	4.28	4.28	0.27	4.47
22	Z25. SI	仁恒置地	1.78	5.32	0.17	4.45
23	0123. HK	越秀地产	3.34	4.47	0.22	4.42
24	000926. SZ	福星股份	4.29	5.57	0.35	4.13
25	600383. SH	金地集团	4.48	4.48	0.27	4.04
26	0688. HK	中国海外	4.09	4.09	0.20	3.72
27	0832. HK	建业地产	3.92	3.92	0.17	3.56
28	000006. SZ	深振业 A	3.23	4.40	0.15	3.44
29	002305. SZ	南国置业	16.80	16.80	0.30	3.33
30	000736. SZ	中交地产	4.68	6.45	0.28	3.29
31	600266. SH	城建发展	3.22	7.60	0.18	3.26
32	001979. SZ	招商蛇口	4.00	4.76	0.21	3.22
33	600223. SH	鲁商置业	4.67	4.67	0.22	2.67
34	2772. HK	中梁控股	4.31	4.31	0.16	2.47
35	600325. SH	华发股份	3.71	5.05	0.16	2.37
36	600708. SH	光明地产	5.97	5.97	0.23	2.20
37	600743. SH	华远地产	4.96	5.49	0.22	2.00
38	600648. SH	外高桥	5.65	5.65	0.22	1.95
39	3383. HK	雅居乐	4.76	4.76	0.18	1.92

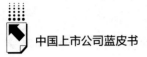

中国上市公司蓝皮书

续表

排名	股票代码	证券名称	当前投资回收周期（年）	低谷投资回收周期（年）	收入/平均总资产（%）	运营效率综合评分（分）
40	600657.SH	信达地产	6.57	6.57	0.21	1.80
41	0604.HK	深圳控股	5.76	7.78	0.20	1.69
42	9993.HK	金辉集团	5.45	5.45	0.20	1.67
43	0817.HK	中国金茂	5.44	5.54	0.20	1.65
44	000031.SZ	大悦城	5.51	5.51	0.19	1.42
45	1098.HK	路劲	7.13	7.13	0.18	1.35
46	601588.SH	北辰实业	5.83	5.83	0.18	1.28
47	000069.SZ	华侨城A	10.53	10.53	0.18	1.26
48	000961.SZ	中南建设	5.57	5.57	0.18	1.25
49	3377.HK	远洋集团	5.23	5.23	0.17	1.25
50	1996.HK	弘阳地产	7.54	7.54	0.17	1.18
51	600736.SH	苏州高新	6.87	6.87	0.17	1.16
52	1628.HK	禹洲集团	9.41	13.75	0.17	1.14
53	000656.SZ	金科股份	7.22	7.22	0.16	1.06
54	600376.SH	首开股份	6.62	6.62	0.16	1.03
55	3380.HK	龙光集团	4.90	4.90	0.15	1.02
56	600748.SH	上实发展	4.79	4.79	0.12	0.86
57	600639.SH	浦东金桥	7.49	8.67	0.15	0.82
58	0230.HK	五矿地产	8.61	8.61	0.15	0.75
59	1862.HK	景瑞控股	9.51	9.51	0.14	0.72
60	0272.HK	瑞安房地产	10.88	23.82	0.14	0.70
61	1233.HK	时代中国	8.35	8.35	0.14	0.67
62	600675.SH	中华企业	4.44	5.28	0.05	0.62
63	3301.HK	融信中国	7.09	7.09	0.14	0.59
64	1238.HK	宝龙地产	7.07	7.07	0.13	0.52
65	000402.SZ	金融街	8.92	8.92	0.13	0.48
66	000671.SZ	阳光城	11.97	11.97	0.12	0.36
67	002146.SZ	荣盛发展	6.74	6.74	0.12	0.29
68	0884.HK	旭辉控股	5.40	5.40	0.12	0.26
69	6158.HK	正荣地产	13.21	13.21	0.12	0.26
70	600208.SH	新湖中宝	6.53	7.41	0.10	0.01
71	0754.HK	合生创展	7.53	7.53	0.09	0.00
72	600663.SH	陆家嘴	8.43	8.43	0.10	0.00

146

排名	股票代码	证券名称	当前投资回收周期（年）	低谷投资回收周期（年）	收入/平均总资产（%）	运营效率综合评分（分）
73	2777. HK	富力地产	11.21	11.21	0.09	0.00
74	1918. HK	融创中国	11.29	11.29	0.09	0.00
75	1638. HK	佳兆业	14.51	14.51	0.09	0.00
76	600340. SH	华夏幸福	15.67	15.67	0.08	0.00
77	1813. HK	合景泰富	15.97	15.97	0.06	0.00
78	600823. SH	世茂股份	17.58	17.58	0.04	0.00
79	600895. SH	张江高科	19.25	41.17	0.05	0.00
80	0410. HK	SOHO中国	41.61	50.58	0.03	0.00

五 2022年主要房地产上市公司的盈利能力排行榜

盈利能力方面，2022年主要房地产上市公司毛利润率的中位数从2021年的16.6%进一步降至14.9%，核心经营利润率的中位数也从2021年的9.7%降至6.9%，29%的企业核心经营利润率为负；在净利润层面，43%的主要房地产上市公司在归母净利润层面出现亏损，合计亏损2800亿元。

综合利润率和周转率，主要房地产上市公司税前投入资本回报率的中位数从2021年的7.2%进一步降至2022年的4.2%；仅7家公司的税前投入资本回报率大于10%；而税前投入资本回报率小于5%的企业占比从2021年的17%上升至2022年的54%。

结果，中国国贸、浦东金桥、鲁商置业、深振业、宝龙地产、荣安地产、龙湖集团、瑞安地产、华润置地、福星股份进入盈利能力排行榜的TOP 10。

（一）主要房地产上市公司的利润率

主要房地产上市公司的毛利润率①平均值已从2020年的25.7%降至

---

① 毛利润率=（营业收入-营业成本-营业税金及附加）/营业收入×100%。

2021 年的 17.0%，2022 年进一步降至 14.5%；中位数则从 2020 年的 24.4%
降至 2021 年的 16.6%，2022 年进一步降至 14.9%（见图 25）。仅 17 家公司
的毛利润率在 20% 以上，占总数的 21.3%；与之相对，26 家公司的毛利润
率不到 10%，占总数的 32.5%；行业整体的毛利润率进一步降低。

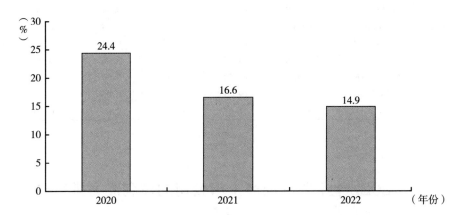

图 25　主要房地产上市公司毛利润率的中位数

从毛利润中剔除土地增值税、销售费用、管理费用、研发费用后，主要
房地产上市公司核心经营利润率①的平均值从 2020 年的 13.0% 降至 2021 年
的 9.3%，2022 年进一步降至 5.8%；中位数则从 2020 年的 12.2% 降至 2021
年的 9.7%，2022 年进一步降至 6.9%（见图 26）。其中，2022 年，仅 7 家
公司的核心经营利润率在 20% 及以上，占主要房地产上市公司总数的
8.8%；与之相对，52 家公司的核心经营利润率不到 10%，占主要房地产上
市公司总数的 65.0%；33 家公司的核心经营利润率不到 5%，占主要房地产
上市公司总数的 41.3%；23 家公司的核心经营利润率为负数，占主要房地
产上市公司总数的 28.8%。

在净利润层面，2022 年主要房地产上市公司中有 40% 的企业出现亏损，
剔除少数股东权益及永续资本分配后，有 43% 的企业归母净利润为负，合
计亏损 2800 亿元，平均每家公司亏损 83 亿元。

———————————

① 核心经营利润率＝（毛利润-土地增值税-销售费用-管理费用-研发费用）/营业收入×100%。

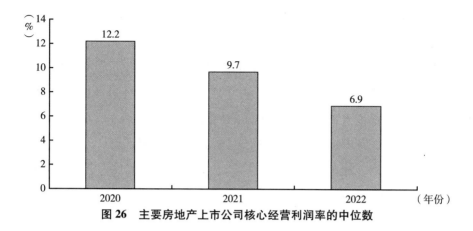

图26　主要房地产上市公司核心经营利润率的中位数

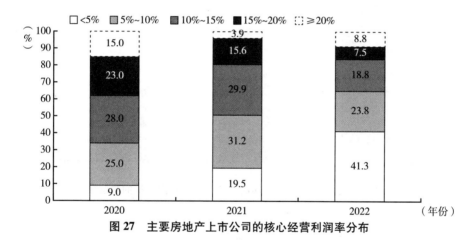

图27　主要房地产上市公司的核心经营利润率分布

（二）主要房地产上市公司的税前投入资本回报率

综合利润率和周转率，主要房地产上市公司平均的税前投入资本回报率（ROIC）① 的平均值从2020年的9.5%降至2021年的7.6%，2022年进一步降至4.5%；中位数则从2020年的9.2%降至2021年的7.2%，2022年进一步降至4.2%（见图28）。仅7家公司的税前投入资本回报率大于等于10%，

---

① 税前投入资本回报率=不使用财务杠杆情况下的回报率=（核心经营利润+应占合联营公司利润+资本化利息）/（带息负债+永续资本+权益资本）×100%。

占主要房地产上市公司总数的8.8%；30家公司的税前投入资本回报率在5%~10%，占主要房地产上市公司总数的37.5%；43家公司的税前投入资本回报率小于5%，占主要房地产上市公司总数的53.8%，其中12家公司的税前投入资本回报率已为负数，占主要房地产上市公司总数的15.0%；行业整体的税前投入资本回报率已低于债务融资成本。

鲁商置业、荣安地产、中国国贸、迪马股份、福星股份、天地源、龙湖集团、中交地产、浦东金桥、滨江集团进入2022年税前投入资本回报率排行榜的TOP 10（见表8）。

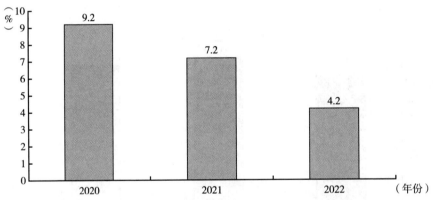

图28　主要房地产上市公司的税前投入资本回报率的中位数

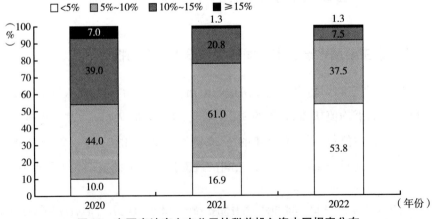

图29　主要房地产上市公司的税前投入资本回报率分布

表8 主要房地产上市公司的税前投入资本回报率排行榜

单位：%

排名	股票代码	证券名称	税前 ROIC
1	600223. SH	鲁商置业	16. 7
2	000517. SZ	荣安地产	12. 5
3	600007. SH	中国国贸	12. 3
4	600565. SH	迪马股份	11. 6
5	000926. SZ	福星股份	11. 2
6	600665. SH	天地源	11. 0
7	0960. HK	龙湖集团	10. 7
8	000736. SZ	中交地产	9. 6
9	600639. SH	浦东金桥	9. 5
10	002244. SZ	滨江集团	9. 3
11	1109. HK	华润置地	8. 9
12	600153. SH	建发股份	8. 7
13	000002. SZ	万科 A	8. 4
14	600383. SH	金地集团	8. 1
15	1238. HK	宝龙地产	8. 1
16	601155. SH	新城控股	8. 0
17	3900. HK	绿城中国	8. 0
18	0123. HK	越秀地产	7. 6
19	0604. HK	深圳控股	7. 5
20	3990. HK	美的置业	7. 5
21	000006. SZ	深振业 A	7. 4
22	600048. SH	保利地产	7. 3
23	600606. SH	绿地控股	6. 8
24	2019. HK	德信中国	6. 7
25	Z25. SI	仁恒置地	6. 7
26	9993. HK	金辉集团	6. 6
27	0688. HK	中国海外	6. 5
28	600657. SH	信达地产	6. 3
29	600648. SH	外高桥	6. 2
30	001979. SZ	招商蛇口	6. 2
31	0272. HK	瑞安房地产	6. 0
32	600325. SH	华发股份	5. 9
33	002208. SZ	合肥城建	5. 9

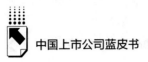

排名	股票代码	证券名称	税前 ROIC
34	600208.SH	新湖中宝	5.6
35	1098.HK	路劲	5.3
36	1638.HK	佳兆业	5.3
37	600708.SH	光明地产	5.2
38	0754.HK	合生创展	4.7
39	002305.SZ	南国置业	4.7
40	1233.HK	时代中国	4.2
41	600663.SH	陆家嘴	4.2
42	600094.SH	大名城	4.2
43	2007.HK	碧桂园	4.1
44	600736.SH	苏州高新	4.0
45	0817.HK	中国金茂	4.0
46	600748.SH	上实发展	3.8
47	1966.HK	中骏集团	3.8
48	600376.SH	首开股份	3.6
49	000031.SZ	大悦城	3.6
50	000069.SZ	华侨城A	3.6
51	600266.SH	城建发展	3.4
52	601992.SH	金隅集团	3.3
53	2772.HK	中梁控股	3.1
54	6158.HK	正荣地产	2.9
55	601588.SH	北辰实业	2.6
56	600895.SH	张江高科	2.5
57	000402.SZ	金融街	2.5
58	1996.HK	弘阳地产	2.1
59	2777.HK	富力地产	1.7
60	1918.HK	融创中国	1.5
61	600823.SH	世茂股份	1.4
62	1628.HK	禹洲集团	1.4
63	600743.SH	华远地产	1.1
64	0410.HK	SOHO中国	1.0
65	600340.SH	华夏幸福	0.3

续表

排名	股票代码	证券名称	税前 ROIC
66	600675.SH	中华企业	0.2
67	0230.HK	五矿地产	0.2
68	0832.HK	建业地产	0.0
69	000656.SZ	金科股份	-0.1
70	000671.SZ	阳光城	-0.4
71	000961.SZ	中南建设	-0.7
72	0884.HK	旭辉控股	-1.0
73	3377.HK	远洋集团	-1.5
74	002146.SZ	荣盛发展	-2.0
75	3383.HK	雅居乐	-2.1
76	0106.HK	朗诗地产	-2.1
77	1862.HK	景瑞控股	-2.8
78	3380.HK	龙光集团	-3.2
79	1813.HK	合景泰富	-4.0
80	3301.HK	融信中国	-7.3

（三）主要房地产上市公司的盈利能力排行榜

综合毛利润率、核心经营利润率以及税前投入资本回报率，我们对每项指标进行插值赋分，然后分别赋予 25%、25%、50% 的权重，加权平均后即得到房地产企业的盈利能力综合评分。数据显示，2022 年主要房地产上市公司盈利能力综合评分的均值从 2021 年的 3.31 分降至 2.17 分，中位数从 2021 年的 2.78 分降至 1.39 分。只有 1 家公司的盈利能力综合评分在 8 分以上；与之相对，65 家公司的盈利能力综合评分不到 5 分，占主要房地产上市公司总数的 81.3%；47 家公司的盈利能力综合评分不到 2 分，占主要房地产上市公司总数的 58.8%（见图 30）。中国国贸、浦东金桥、鲁商置业、深振业、宝龙地产、荣安地产、龙湖集团、瑞安房地产、华润置地、福星股份进入 2022 年盈利能力排行榜的 TOP 10（见表 9）。

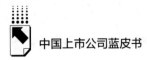

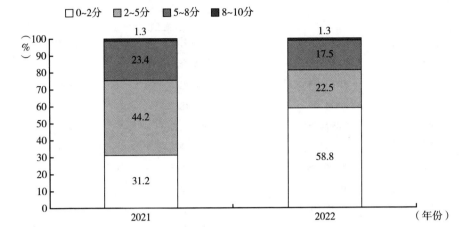

图30　主要房地产上市公司的盈利能力综合评分分布

表9　主要房地产上市公司的盈利能力排行榜

排名	股票代码	证券名称	毛利润率（%）	核心经营利润率（%）	税前ROIC（%）	盈利能力综合评分（分）
1	600007.SH	中国国贸	46.0	40.3	12.3	8.67
2	600639.SH	浦东金桥	47.0	44.3	9.5	7.25
3	600223.SH	鲁商置业	20.5	6.6	16.7	6.58
4	000006.SZ	深振业A	31.3	24.6	7.4	6.20
5	1238.HK	宝龙地产	27.2	18.6	8.1	5.94
6	000517.SZ	荣安地产	18.0	11.9	12.5	5.91
7	0960.HK	龙湖集团	19.1	14.3	10.7	5.55
8	0272.HK	瑞安房地产	36.5	29.3	6.0	5.48
9	1109.HK	华润置地	21.7	16.3	8.9	5.28
10	000926.SZ	福星股份	17.5	11.8	11.2	5.18
11	600648.SH	外高桥	27.6	18.8	6.2	5.13
12	600565.SH	迪马股份	18.1	9.7	11.6	5.10
13	600663.SH	陆家嘴	35.6	30.6	4.2	5.00
14	600895.SH	张江高科	45.4	39.0	2.5	5.00
15	0410.HK	SOHO中国	68.9	26.9	1.0	5.00
16	600665.SH	天地源	16.9	11.7	11.0	4.96
17	0604.HK	深圳控股	21.9	14.6	7.5	4.37
18	002244.SZ	滨江集团	15.4	12.0	9.3	4.01
19	600657.SH	信达地产	21.8	15.5	6.3	3.87

续表

排名	股票代码	证券名称	毛利润率（%）	核心经营利润率（%）	税前 ROIC（%）	盈利能力综合评分（分）
20	002208.SZ	合肥城建	22.3	16.1	5.9	3.82
21	0688.HK	中国海外	19.7	16.1	6.5	3.81
22	Z25.SI	仁恒置地	22.1	12.7	6.7	3.64
23	0754.HK	合生创展	28.8	12.3	4.7	3.56
24	600383.SH	金地集团	17.6	10.9	8.1	3.49
25	600048.SH	保利地产	17.3	12.5	7.3	3.34
26	0123.HK	越秀地产	17.1	11.8	7.6	3.32
27	000002.SZ	万科A	14.7	10.2	8.4	3.14
28	601155.SH	新城控股	17.6	9.0	8.0	3.13
29	000736.SZ	中交地产	12.2	8.2	9.6	3.13
30	3900.HK	绿城中国	16.2	9.7	8.0	3.08
31	000031.SZ	大悦城	20.3	12.5	3.6	2.54
32	600208.SH	新湖中宝	18.5	12.0	5.6	2.51
33	001979.SZ	招商蛇口	15.0	11.4	6.2	2.28
34	600325.SH	华发股份	15.8	9.4	5.9	1.93
35	3990.HK	美的置业	12.8	6.7	7.5	1.88
36	9993.HK	金辉集团	13.8	8.7	6.6	1.88
37	600153.SH	建发股份	3.6	2.2	8.7	1.85
38	000069.SZ	华侨城A	17.4	9.4	3.6	1.67
39	600708.SH	光明地产	15.8	8.8	5.2	1.46
40	1098.HK	路劲	16.9	7.4	5.3	1.40
41	600376.SH	首开股份	14.9	9.6	3.6	1.38
42	600736.SH	苏州高新	15.2	7.7	4.0	1.10
43	600748.SH	上实发展	15.1	7.2	3.8	1.00
44	600823.SH	世茂股份	17.3	−3.0	1.4	0.91
45	600606.SH	绿地控股	8.5	4.2	6.8	0.90
46	600094.SH	大名城	15.2	6.5	4.2	0.89
47	2019.HK	德信中国	9.5	2.4	6.7	0.87
48	1966.HK	中骏集团	16.2	4.9	3.8	0.77
49	000402.SZ	金融街	12.9	6.7	2.5	0.65
50	0817.HK	中国金茂	13.8	5.5	4.0	0.56

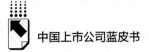

排名	股票代码	证券名称	毛利润率（%）	核心经营利润率（%）	税前ROIC（%）	盈利能力综合评分（分）
51	601588. SH	北辰实业	14.4	3.8	2.6	0.55
52	1638. HK	佳兆业	12.9	0.3	5.3	0.50
53	600266. SH	城建发展	11.6	6.6	3.4	0.47
54	601992. SH	金隅集团	13.7	4.2	3.3	0.46
55	1233. HK	时代中国	12.4	5.4	4.2	0.36
56	600675. SH	中华企业	12.8	-5.8	0.2	0.35
57	600340. SH	华夏幸福	12.3	-0.8	0.3	0.29
58	002305. SZ	南国置业	4.5	1.7	4.7	0.00
59	2007. HK	碧桂园	6.0	0.9	4.1	0.00
60	2772. HK	中梁控股	7.8	-0.5	3.1	0.00
61	6158. HK	正荣地产	6.4	-1.0	2.9	0.00
62	1996. HK	弘阳地产	7.6	0.7	2.1	0.00
63	2777. HK	富力地产	7.6	-8.7	1.7	0.00
64	1918. HK	融创中国	-3.5	-16.1	1.5	0.00
65	1628. HK	禹洲集团	1.4	-5.2	1.4	0.00
66	600743. SH	华远地产	2.3	-4.7	1.1	0.00
67	0230. HK	五矿地产	8.6	-1.1	0.2	0.00
68	0832. HK	建业地产	4.5	-5.4	0.0	0.00
69	000656. SZ	金科股份	4.9	-5.6	-0.1	0.00
70	000671. SZ	阳光城	2.0	-6.3	-0.4	0.00
71	000961. SZ	中南建设	-1.6	-8.5	-0.7	0.00
72	0884. HK	旭辉控股	3.3	-9.0	-1.0	0.00
73	3377. HK	远洋集团	2.0	-5.6	-1.5	0.00
74	002146. SZ	荣盛发展	-1.0	-11.9	-2.0	0.00
75	3383. HK	雅居乐	-1.8	-12.1	-2.1	0.00
76	0106. HK	朗诗地产	9.1	-2.2	-2.1	0.00
77	1862. HK	景瑞控股	-1.4	-20.1	-2.8	0.00
78	3380. HK	龙光集团	-12.6	-19.9	-3.2	0.00
79	1813. HK	合景泰富	-15.6	-46.5	-4.0	0.00
80	3301. HK	融信中国	-20.7	-27.3	-7.3	0.00

六 2022年主要房地产上市公司的成长潜力排行榜

2022年房地产行业的销售大幅萎缩,80家主要房地产上市公司的合同销售金额同比大幅下降了39%,中位数降幅为41%,近九成企业的合同销售金额都是负增长的。并表销售额方面,2022年,80家主要房地产上市公司的并表销售额同比下降27%,中位数降幅为30%,近九成企业的并表销售额负增长。

在当前周转速度和利润率下,即使全部债务都能展期,主要房地产上市公司效率隐含回报的中位数也只有1.3%,超过四成企业的内生增长率为负数。

在外生增长力方面,2022年,主要房地产上市公司税前投入资本回报率的中位数已从2021年的7.2%进一步降至4.2%;导致主要房地产上市公司税前投入资本回报率与综合债务融资成本之间利差空间的中位数从2021年全年的+0.9个百分点缩小至-1.6个百分点;超六成企业当前的税前投入资本回报率已低于综合债务融资成本,靠举债来支持扩张的外生增长模式也面临崩解。

当然,由于销售大幅萎缩,所以,土地变得富余了。截至2022年底,以2022年全年的销售面积计算,主要房地产上市公司的总土地储备(待建+在建+已竣工待售面积)平均相当于年销售量的7.6倍(2021年为5.4倍),可售土地储备平均相当于年销售量的5.4倍(2021年为3.0倍)。土地投资放缓。

综合历史增长率、内生增长潜力、外生增长潜力以及土地储备总量,滨江集团、华润置地、深振业、仁恒置地、深圳控股、合肥城建、建发股份、城建发展、龙湖集团、华发股份进入成长潜力排行榜的TOP 10。

(一)主要房地产上市公司的历史增长率

并表销售额方面,房地产企业普遍加速了回款进程,但80家主要房地产上市公司的并表销售额同比仍下降了 27%，中位数降幅为 30%，近九成企业的并表销售额负增长，超五成企业并表销售额的降幅在 30% 以上（见图 31）。

因此，在历史增速这项上，近九成企业都是 0 分。

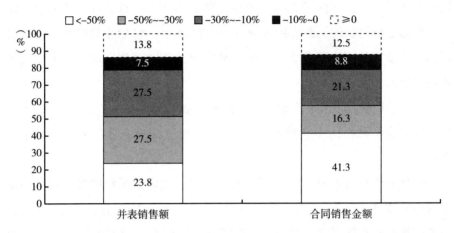

图 31　主要房地产上市公司并表销售额及合同销售金额的同比增速分布

（二）主要房地产上市公司的内生增长潜力

内生增长潜力是企业自身效率决定的增长潜力，它由企业的效率隐含回报决定，即企业在财务安全下（企业中期风险头寸为零时的杠杆率水平）考虑周期波动后的净资产回报率（在分红率为零的情况下，内生增长率 = 效率隐含回报）。相应地，企业当前和低谷状态的周转率、利润率以及由此决定的安全资本结构成为影响内生增长率的关键因素。实际上，由于几乎所有房地产企业都面临中期资金缺口，所以，绝大多数企业在计算内生增长潜力的时候都需要调减超额负债，即调减不扩张情况下经营现金不足以偿付而需要续借的债务部分；在此基础上，再考虑周期波动的因素，由此计算的效率隐含回报通常会低于企业的实际净资产回报率。

不过，在当前情况下，考虑到行业平均有 102% 的债务需要续借，55% 的企业最低续借比例在 100% 以上，36% 的企业利息保障倍数已小于 1 倍，在此背景下，要求企业将负债率降至财务安全范围内对于多数企业来说几乎是不可能的。为此，2022年我们仅以企业当前的债务结构、当前的融资成本和效率水平来计算其内生增长率，即假设企业全部债务都可以按当前融资条件展期，并维持当前的周转率和利润率水平，由此计算企业的内生成长空间。

根据我们的测算，2022年主要房地产上市公司平均的效率隐含回报为-1.3%，中位数为1.3%，仅7家公司的效率隐含回报在10%及以上，占总数的8.8%；15家公司的效率隐含回报在5%~10%，占总数的18.8%；23家公司的效率隐含回报在0~5%，占总数的28.8%；35家公司的效率隐含回报为负数，占总数的43.8%（见图32）。即在当前的周转率和利润率水平下，即使企业全部债务都能按现有条件展期，也只有8.8%的企业效率隐含回报能维持在10%及以上，与之相对，七成企业的效率隐含回报不到5%，其中超四成企业为负数。

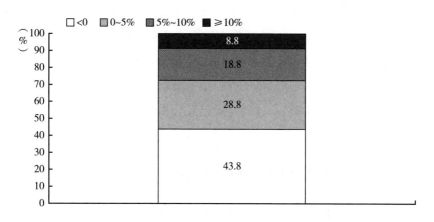

图32　2022年主要房地产上市公司的内生增长潜力（效率隐含回报）分布

（三）主要房地产上市公司的外生增长潜力

在内生增长潜力的基础上，多数房地产企业可以通过引入股权资本或使用超额财务杠杆来进一步放大增长空间，即所谓的外生增长空间；但并非所有企业都有外生增长空间，如果企业的税前投入资本回报率已低于综合债务融资成本，则继续使用财务杠杆只会侵蚀股东价值，此时企业不具备外生增长空间；反之，企业的税前投入资本回报率与债务融资成本之间的利差空间越大，对潜在的股东和债权人的吸引力就越大，股权和债权的融资空间也就更大，因为股东和债权人的安全边际都提高了。所以，从根本上讲，企业的外生增长空间取决于其税前投入资本回报率与债务融资成本之间的利差空间。

2022 年，主要房地产上市公司平均的存量资产周转率较 2021 年降低了 37%，平均的毛利润率和核心经营利润率也较 2021 年进一步降低了 2~3 个百分点，结果，行业整体的税前投入资本回报率较 2021 年进一步下降了 3.0 个百分点至 4.2%。虽然 2022 年行业平均的债务融资成本也有所下降，但当前主要房地产上市公司平均的税前投入资本回报率已低于债务融资成本，利差空间的平均值从 2021 年的 +0.4 个百分点降至 2022 年的 -2.2 个百分点，中位数则从 2021 年的 +0.9 个百分点降至 2022 年的 -1.6 个百分点。其中，3 家公司的税前投入资本回报率与综合债务融资成本之间的利差空间大于 +2 个百分点，占主要房地产上市公司总数的 3.8%；与之相对，49 家公司的税前投入资本回报率已低于综合债务融资成本，占主要房地产上市公司总数的 61.3%（见图 33），这些企业已经失去了使用外部融资来提升投资回报的空间。

（四）主要房地产上市公司的土地储备总量

随着行业销量的大幅萎缩，土地储备变得富余，行业整体的土地投资大幅下降。截至 2022 年底，以 2022 年的销售面积计算，主要房地产上市公司的总土地储备（待建+在建+已竣工待售面积）平均相当于年销售量的 7.6 倍（2021 年底为 5.4 倍），可售土地储备平均相当于年销售量的 5.4 倍（2021 年底为 3.0 倍），结果，在主要房地产上市公司中，近八成企业的土地储备评分均为 10 分，即在当前环境下，土地储备已经不是企业发展的制约因素了（见图 34）。

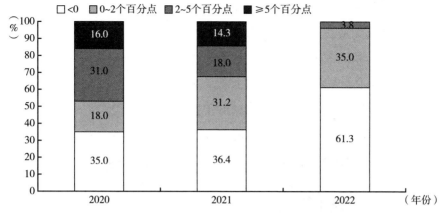

图33 主要房地产上市公司税前投入资本回报率与综合债务融资成本之间的利差空间分布

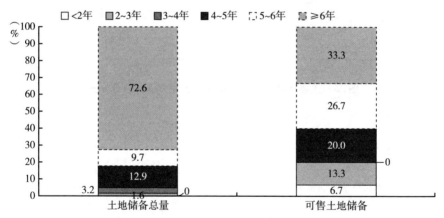

图34 主要房地产上市公司的土地储备量分布（2022年）

（五）主要房地产上市公司的成长潜力排行榜

综合考虑历史增长率、内生增长潜力、外生增长潜力和土地储备总量的支撑，并对每项指标进行插值赋分，再分别给予25%的权重，加权平均后即得到主要房地产上市公司的成长潜力综合评分。

主要房地产上市公司2022年成长潜力综合评分的均值从2021年的4.56分降至3.90分，中位数则从2021年的4.90分降至3.40分。仅3家公司的成长潜力综合评分在 8 分以上，占主要房地产上市公司总数的 3.8%；与之相对，63 家公司成长潜力的综合评分不到 5 分，占主要房地产上市公司总数的 78.8%（见图 35），其中，三成企业的评分还不到 3 分。滨江集团、华润置地、深振业、仁恒置地、深圳控股、合肥城建、建发股份、城建发展、龙湖集团、华发股份排名成长潜力榜的 TOP 10（见表 10）。

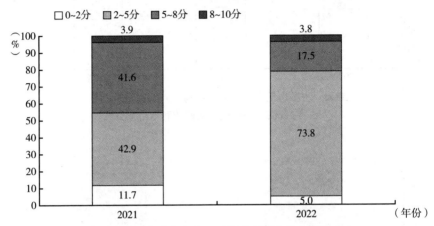

图 35 主要房地产上市公司的成长潜力综合评分分布

表 10 主要房地产上市公司的成长潜力排行榜

排名	股票代码	证券名称	历史增长率（%）	当前效率隐含的内生增长率(%)	税前投入资本回报率-债务融资成本(%)	土地储备总量（年）	成长潜力综合评分（分）
1	002244. SZ	滨江集团	33.3	16.3	3.7	4.7	9.02
2	1109. HK	华润置地	25.9	9.8	4.3	4.5	8.94
3	000006. SZ	深振业 A	58.6	13.0	1.6	5.4	8.30
4	Z25. SI	仁恒置地	78.3	14.9	0.9	6.6	7.97
5	0604. HK	深圳控股	6.2	6.4	3.8	8.0	7.27
6	002208. SZ	合肥城建	3.9	13.5	1.1	4.8*	6.54
7	600153. SH	建发股份	8.9	9.3	3.3	2.3*	6.15
8	600266. SH	城建发展	57.9	5.2	-1.4	10.2	5.78
9	0960. HK	龙湖集团	-23.3	7.1	6.3	4.4	5.72
10	600325. SH	华发股份	23.9	5.2	-0.1	4.4	5.67
11	0123. HK	越秀地产	-3.5	8.6	3.0	6.9	5.62
12	0688. HK	中国海外	-15.4	6.3	2.8	4.9	5.26

续表

排名	股票代码	证券名称	历史增长率（%）	当前效率隐含的内生增长率（%）	税前投入资本回报率-债务融资成本（%）	土地储备总量（年）	成长潜力综合评分（分）
13	3900. HK	绿城中国	-7.5	6.6	2.0	4.2*	5.10
14	600383. SH	金地集团	-27.8	2.9	2.8	5.2	5.03
15	600675. SH	中华企业	30.5	-7.0	-4.5	7.8	5.00
16	600007. SH	中国国贸	-4.2	10.8	8.4		5.00
17	600223. SH	鲁商置业	-41.0	4.3	-4.7	7.0	5.00
18	000517. SZ	荣安地产	-28.2	13.8	5.0	1.6*	4.99
19	600565. SH	迪马股份	-24.8	5.2	1.5	11.5	4.98
20	000002. SZ	万科A	-27.5	4.6	4.2	4.5	4.94
21	600665. SH	天地源	-25.9	12.6	4.1	3.8	4.87
22	3990. HK	美的置业	-32.2	4.4	2.6	6.1	4.80
23	600648. SH	外高桥	-33.3	5.0	2.7	114.7	4.79
24	000736. SZ	中交地产	-30.2	6.1	1.4	8.4	4.75
25	1238. HK	宝龙地产	-47.9	5.3	ì.2	10.1	4.54
26	000926. SZ	福星股份	-19.3	3.6	1.0	11.9	4.38
27	601155. SH	新城控股	-45.4	3.4	1.1	5.5*	4.24
28	600639. SH	浦东金桥	-24.7	7.1	6.0		3.88
29	2019. HK	德信中国	-38.1	2.4	-1.5	7.4	3.86
30	600606. SH	绿地控股	-41.1	2.8	0.4	12.3	3.83
31	600048. SH	保利地产	-17.4	7.2	2.8	2.7*	3.78
32	002305. SZ	南国置业	-62.5	-9.1	-7.8	4.4*	3.74
33	9993. HK	金辉集团	-48.7	3.1	0.5	9.7	3.65
34	600208. SH	新湖中宝	-37.9	0.3	-1.3	15.2*	3.63
35	0832. HK	建业地产	-24.6	-53.4	-10.8	13.6	3.62
36	600663. SH	陆家嘴	-4.4	5.6	0.4	30.3	3.61
37	1638. HK	佳兆业	-43.7	-6.6	-3.7	24.5	3.59
38	600748. SH	上实发展	-6.9	3.9	-1.3	13.1	3.47
39	0754. HK	合生创展	-10.1	2.1	-2.9	21.0	3.46
40	600708. SH	光明地产	-42.4	0.6	0.3	5.6	3.41
41	600657. SH	信达地产	-42.3	-0.5	-1.8	7.6	3.40
42	0272. HK	瑞安房地产	-36.8	1.9	0.3	17.7*	3.33
43	1966. HK	中骏集团	-20.8	3.1	-3.2	6.9	3.28
44	1233. HK	时代中国	-60.8	-1.0	-2.4	6.3	3.24
45	1918. HK	融创中国	-72.3	-15.1	-6.5	17.0	3.24
46	000961. SZ	中南建设	-56.1	-11.6	-10.6	5.7	3.23

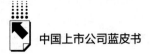

续表

排名	股票代码	证券名称	历史增长率（%）	当前效率隐含的内生增长率(%)	税前投入资本回报率-债务融资成本(%)	土地储备总量（年）	成长潜力综合评分（分）
47	6158. HK	正荣地产	-82.7	-7.5	-3.8	9.0	3.19
48	600736. SH	苏州高新	-23.6	-1.2	-1.3	8.9	3.19
49	600094. SH	大名城	-38.5	2.1	-4.5	7.8	3.18
50	2777. HK	富力地产	-59.5	-9.5	-7.4	16.5*	3.15
51	601992. SH	金隅集团	-12.5	0.9	-1.4	7.2	3.15
52	0817. HK	中国金茂	-25.2	0.5	-1.1	6.7	3.14
53	2772. HK	中梁控股	-57.4	-0.8	-2.3	6.5	3.12
54	1996. HK	弘阳地产	-57.1	-3.3	-7.6	5.8	3.10
55	1628. HK	禹洲集团	-66.3	-6.7	-6.5	7.8*	3.05
56	600376. SH	首开股份	-30.0	-0.5	-1.7	6.2	3.03
57	000656. SZ	金科股份	-67.1	-7.7	-7.8	5.7*	2.99
58	000671. SZ	阳光城	-71.9	-16.3	-7.6	9.2*	2.98
59	600823. SH	世茂股份	-69.1	-1.9	-5.2	25.0	2.94
60	000069. SZ	华侨城 A	-63.2	-1.6	-2.7	6.1	2.92
61	601588. SH	北辰实业	-29.4	-2.1	-3.3	8.1	2.92
62	600340. SH	华夏幸福	-45.0	-43.1	-6.8	91.0	2.92
63	1862. HK	景瑞控股	-58.5	-24.6	-13.5	8.6	2.91
64	000402. SZ	金融街	-26.4	-2.0	-2.3	10.6	2.91
65	002146. SZ	荣盛发展	-65.7	-13.7	-11.4	9.9	2.90
66	001979. SZ	招商蛇口	-0.3	4.4	0.6	4.2	2.89
67	600743. SH	华远地产	-50.3	-18.2	-5.4	10.7	2.88
68	0106. HK	朗诗地产	-13.6	-14.1	-10.1	5.2*	2.83
69	2007. HK	碧桂园	-27.5	0.6	-1.7	4.5	2.60
70	3383. HK	雅居乐	-32.0	-8.3	-8.5	7.8	2.50
71	3377. HK	远洋集团	-38.0	-9.8	-6.7	7.0	2.50
72	0884. HK	旭辉控股	-44.9	-7.0	-6.8	5.5	2.50
73	3380. HK	龙光集团	-47.1	-16.7	-9.5	10.4	2.50
74	0230. HK	五矿地产	-52.1	-1.8	-4.2	14.0	2.50
75	1813. HK	合景泰富	-57.0	-11.1	-10.7	7.7	2.50
76	3301. HK	融信中国	-64.7	-18.9	-17.5	5.4*	2.50
77	000031. SZ	大悦城	-20.4	1.9	-2.3	3.9	1.52
78	1098. HK	路劲	-42.0	-2.4	-1.7	2.8	0.89
79	0410. HK	SOHO 中国	1.6	-1.8	-7.2	—	0.63
80	600895. SH	张江高科	-14.7	1.6	-0.8	94.6	0.51

注：* 的项目为企业的可售土地储备量。

七 2022年主要房地产上市公司的
综合实力排行榜

综合房地产企业的抗风险能力、融资成本、运营效率、盈利能力、成长潜力和销售规模指标，我们对房地产上市公司的综合实力进行评分，结果显示：华润置地、中国海外、龙湖集团、万科、保利地产、建发股份、中国国贸、绿城中国、招商蛇口、合肥城建进入2022年房地产上市公司综合实力排行榜的TOP 10。

不过需要注意的是，鉴于房地产企业债务结构的复杂性，本报告力图通过隐性负债的分析来发现企业隐藏的债务风险，但实践中，我们无法对每家企业的财务数据进行审核，所以，评分的准确性仍有赖于其表内财务数据的真实性；在表内财务数据严重失真的情况下，我们也将无法保证排名的准确性。但我们已经综合利用了所有可以被利用的公开财务信息，并进行了几乎覆盖全体房地产上市公司的全面分析，所以，我们相信本报告在评价房地产企业整体的财务和运营状况方面仍具有较好的参考价值。但我们确实无法保障所有排名不出现偏差，因此，在使用本排名时，请结合多方面信息作出自主判断。此外，截至2022年4月30日，恒大集团、世茂集团、花样年、中国奥园、祥生控股等公司未公布年度财务数据，所以，我们只能将这几家公司排除在综合实力排名之外。

综合房地产企业的抗风险能力、融资成本、运营效率、盈利能力、成长潜力及销售规模因素，我们对房地产上市公司的综合实力进行评分——其中前两项因素（抗风险能力和融资成本）主要显示企业的财务安全状况，后四项因素则主要显示企业的经营状况。相应地，在正常情况下，我们对以上六类因素分别赋予30%、20%、10%、10%、10%、20%的权重，从而使财务安全状况和经营状况各占50%的权重，加权平均后即得到主要房地产上市公司的综合实力评分。但在企业的抗风险能力综合评分小于3分的情况

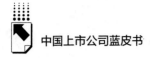

下，此时企业的生存压力大于发展压力，财务安全性成为决定企业能否实现可持续发展的关键因素，与之相对，规模因素的作用在减弱——事实证明，规模因素仅在企业财务安全时才能发挥助力作用，而对于激进的企业来说，追求规模可能是加速灭亡的"毒药"——相应地，当企业的抗风险能力综合评分小于 3 分时，我们将六类因素的赋权调整为 40%、20%、10%、10%、10%、10%。

结果，2022 年，80 家主要房地产上市公司的综合实力评分均值从 2021 年的 3.86 分降至 3.43 分，中位数则从 2021 年的 3.75 分降至 3.07 分。只有 1 家公司的综合实力评分在 8 分以上，占主要房地产上市公司总数的 1.3%；14 家公司的综合实力评分在 5~8 分，占主要房地产上市公司总数的 17.5%；44 家公司的综合实力评分在 2~5 分，占主要房地产上市公司总数的 55.0%；21 家公司的综合实力评分还不到 2 分，占主要房地产上市公司总数的 26.3%（见图 36）。

其中，华润置地、中国海外、龙湖集团、万科、保利地产、建发股份、中国国贸、绿城中国、招商蛇口、合肥城建进入综合实力排名榜的 TOP 10（见表 11）。

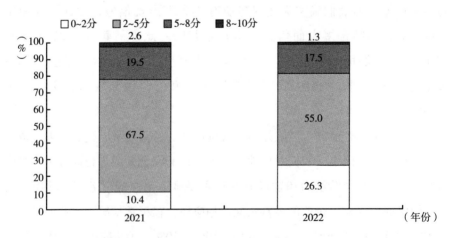

图 36　主要房地产上市公司的综合实力评分分布

单位：分

表 11 主要房地产上市公司的综合实力排行榜

排名	股票代码	公司名称	抗风险能力综合评分	融资成本评分	运营效率综合评分	盈利能力综合评分	成长潜力综合评分	销售规模评分	综合实力评分
1	1109. HK	华润置地	8.01	10.00	5.34	5.28	8.94	10.00	8.36
2	0688. HK	中国海外	8.35	10.00	3.72	3.81	5.26	10.00	7.78
3	0960. HK	龙湖集团	6.63	10.00	5.40	5.55	5.72	10.00	7.66
4	000002. SZ	万科 A	6.54	10.00	4.47	3.14	4.94	10.00	7.22
5	600048. SH	保利地产	5.91	10.00	4.55	3.34	3.78	10.00	6.94
6	600153. SH	建发股份	4.18	9.10	10.00	1.85	6.15	10.00	6.88
7	600007. SH	中国国贸	9.70	10.00	5.55	8.67	5.00	0.00	6.83
8	3900. HK	绿城中国	5.80	7.95	5.07	3.08	5.10	10.00	6.66
9	001979. SZ	招商蛇口	6.58	8.77	3.22	2.28	2.89	10.00	6.57
10	002208. SZ	合肥城建	9.26	10.00	6.79	3.82	6.54	0.28	6.55
11	Z25. SI	仁恒置地	7.49	8.51	4.45	3.64	7.97	4.57	6.47
12	0123. HK	越秀地产	5.08	10.00	4.42	3.32	5.62	6.69	6.20
13	000006. SZ	深振业 A	8.32	8.39	3.44	6.20	8.30	0.10	5.99
14	3990. HK	美的置业	5.43	10.00	5.92	1.88	4.80	4.39	5.77
15	000517. SZ	荣安地产	8.65	4.91	7.00	5.91	4.99	1.03	5.57
16	600675. SH	中华企业	7.55	10.00	0.62	0.35	5.00	0.44	4.95
17	0604. HK	深圳控股	4.16	10.00	1.69	4.37	7.27	1.27	4.83
18	600639. SH	浦东金桥	5.14	10.00	0.82	7.25	3.88	0.00	4.74
19	601992. SH	金隅集团	2.13	10.00	8.89	0.46	3.15	5.71	4.67

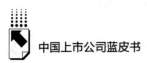
中国上市公司蓝皮书

续表

排名	股票代码	公司名称	抗风险能力综合评分	融资成本评分	运营效率综合评分	盈利能力综合评分	成长潜力综合评分	销售规模评分	综合实力评分
20	2007. HK	碧桂园	2.47	8.27	6.47	0.00	2.60	10.00	4.55
21	002244. SZ	滨江集团	0.00	8.78	6.53	4.01	9.02	7.68	4.48
22	600648. SH	外高桥	2.79	10.00	1.95	5.13	4.79	0.12	4.31
23	600266. SH	城建发展	2.71	10.00	3.26	0.47	5.78	2.22	4.26
24	600748. SH	上实发展	5.17	9.81	0.86	1.00	3.47	0.12	4.07
25	600383. SH	金地集团	0.00	9.28	4.04	3.49	5.03	9.18	4.03
26	1966. HK	中骏集团	3.81	5.96	5.60	0.77	3.28	3.48	4.00
27	0817. HK	中国金茂	1.07	9.92	1.65	0.56	3.14	7.00	3.65
28	600606. SH	绿地控股	0.26	7.27	7.59	0.90	3.83	8.26	3.62
29	9993. HK	金辉集团	3.20	7.84	1.67	1.88	3.65	1.81	3.61
30	600663. SH	陆家嘴	1.67	10.00	0.00	5.00	3.61	0.50	3.58
31	600895. SH	张江高科	2.00	10.00	0.00	5.00	0.51	0.00	3.35
32	600208. SH	新湖中宝	4.29	6.29	0.01	2.51	3.63	0.71	3.30
33	600736. SH	苏州高新	2.17	9.33	1.16	1.10	3.19	0.20	3.30
34	600325. SH	华发股份	0.00	7.84	2.37	1.93	5.67	6.73	3.24
35	600094. SH	大名城	5.64	2.61	5.00	0.89	3.18	0.22	3.17
36	000402. SZ	金融街	1.54	10.00	0.48	0.65	2.91	1.33	3.15
37	601155. SH	新城控股	0.00	6.19	4.59	3.13	4.24	7.16	3.15
38	600708. SH	光明地产	0.97	10.00	2.20	1.46	3.41	0.51	3.15
39	600665. SH	天地源	0.95	6.20	4.84	4.96	4.87	0.31	3.12

续表

排名	股票代码	公司名称	抗风险能力综合评分	融资成本评分	运营效率综合评分	盈利能力综合评分	成长潜力综合评分	销售规模评分	综合实力评分
40	1238. HK	宝龙地产	1.24	6.26	0.52	5.94	4.54	2.20	3.07
41	000069. SZ	华侨城 A	1.70	7.47	1.26	1.67	2.92	3.09	3.07
42	0754. HK	合生创展	2.93	4.76	0.00	3.56	3.46	2.12	3.04
43	2019. HK	德信中国	3.05	3.53	5.04	0.87	3.86	1.69	2.94
44	600823. SH	世茂股份	2.67	6.66	0.00	0.91	2.94	0.23	2.81
45	600376. SH	首开股份	0.00	9.27	1.03	1.38	3.03	3.91	2.79
46	0272. HK	瑞安房地产	0.00	8.70	0.70	5.48	3.33	0.83	2.78
47	3377. HK	远洋集团	0.07	9.58	1.25	0.00	2.50	4.54	2.77
48	601588. SH	北辰实业	1.47	8.24	1.28	0.55	2.92	0.53	2.76
49	0884. HK	旭辉控股	0.48	8.22	0.26	0.00	2.50	6.01	2.71
50	000926. SZ	福星股份	5.08	0.00	4.13	5.18	1.88	0.28	2.70
51	2772. HK	中梁控股	0.00	9.19	2.47	0.00	3.12	3.00	2.70
52	0230. HK	五矿地产	0.80	10.00	0.75	0.00	2.50	0.27	2.67
53	600743. SH	华远地产	1.83	6.89	2.00	0.00	2.88	0.19	2.62
54	0410. HK	SOHO 中国	4.42	3.54	0.00	5.00	0.63	0.00	2.60
55	3383. HK	雅居乐	0.65	7.12	1.92	0.00	2.50	4.19	2.55
56	600657. SH	信达地产	1.90	3.91	1.80	3.87	3.40	0.67	2.52
57	000031. SZ	大悦城	0.00	8.19	1.42	2.54	1.52	2.81	2.47
58	3380. HK	龙光集团	0.26	7.40	1.02	0.00	2.50	3.18	2.26
59	000736. SZ	中交地产	0.00	3.61	3.29	3.13	4.75	2.06	2.04

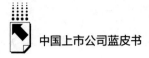

续表

排名	股票代码	公司名称	抗风险能力综合评分	融资成本评分	运营效率综合评分	盈利能力综合评分	成长潜力综合评分	销售规模评分	综合实力评分
60	1233.HK	时代中国	0.00	6.76	0.67	0.36	3.24	1.66	1.94
61	1918.HK	融创中国	0.00	4.01	0.00	0.00	3.24	7.83	1.91
62	0106.HK	朗诗地产	0.00	4.02	7.28	0.00	2.83	0.38	1.85
63	600223.SH	鲁商置业	0.81	0.00	2.67	6.58	5.00	0.26	1.78
64	6158.HK	正荣地产	0.00	6.58	0.26	0.00	3.19	1.08	1.77
65	1813.HK	合景泰富	0.00	6.45	0.00	0.00	2.50	1.60	1.70
66	1098.HK	路劲	0.00	5.97	1.35	1.40	0.89	1.31	1.69
67	000656.SZ	金科股份	0.00	4.63	1.06	0.00	2.99	3.13	1.64
68	000671.SZ	阳光城	0.00	5.53	0.36	0.00	2.98	1.71	1.61
69	600565.SH	迪马股份	0.00	0.00	5.25	5.10	4.98	0.78	1.61
70	600340.SH	华夏幸福	0.00	5.81	0.00	0.29	2.92	0.99	1.58
71	1628.HK	禹洲集团	0.01	4.26	1.14	0.00	3.05	1.31	1.40
72	2777.HK	富力地产	0.08	1.92	0.00	0.00	3.15	2.26	0.96
73	1638.HK	佳兆业	0.00	2.00	0.00	0.50	3.59	1.00	0.91
74	0832.HK	建业地产	0.06	0.00	3.56	0.00	3.62	1.46	0.86
75	000961.SZ	中南建设	0.06	0.17	1.25	0.00	3.23	3.43	0.85
76	002146.SZ	荣盛发展	0.02	1.19	0.29	0.00	2.90	1.75	0.74
77	002305.SZ	南国置业	0.00	0.00	3.33	0.00	3.74	0.06	0.71
78	1996.HK	弘阳地产	0.00	0.57	1.18	0.00	3.10	1.20	0.66
79	3301.HK	融信中国	0.00	0.00	0.59	0.00	2.50	2.18	0.53
80	1862.HK	景瑞控股	0.00	0.00	0.72	0.00	2.91	0.08	0.37

八 最新：房地产行业的生存矩阵

（一）房地产行业的六维蛛网图

2022年，房地产行业销售大幅萎缩，周转效率降至15年来的历史最低水平，虽然总负债率有所降低，但自由现金的大幅减少导致主要房地产上市公司现金短债比的中位数已从2021年底的1.05倍降至0.80倍，净负债率的中位数则从2021年底的76.5%上升至85.2%，结果，在主要房地产上市公司中，绿档企业的占比从32.5%减少至25.0%，而红档企业的占比则从2021年底的11.7%上升至25.0%。

不过，比起静态负债率，更令人担忧的是房地产企业的动态资金缺口。在当前效率水平下，2022年，面临短期资金缺口的企业占比已从2021年的30%猛增至73%，几乎所有企业都面临中期资金缺口的压力，在不扩张情况下，平均有102%的债务需要续借（2021年行业平均的最低续借比例是69%），55%的企业不仅需要续借全部的债务，还需要新增举债以偿付利息和维持运营；更有36%的企业利息保障倍数已小于1倍，也就是说，即使全部债务都能够展期，这些企业当前的盈利也不足以覆盖利息支出了。即就行业整体而言，仅延长债务期限并不足以化解危机，除非销售能够复苏，否则债务将进一步扩张。

2022年，随着周转速度的减慢，行业平均的投资回收周期延长至5.3年，预售款减少，但当前主要房地产上市公司仍有近6万亿元的合同负债，合同负债仍占到企业资产总额的25%；未来，如果预售款进一步减少，行业整体将面临更为严峻的现金流危机。

与此同时，越来越多的房地产企业爆出债务违约，部分隐性负债开始显性化，但仍有四成企业的隐性负债评分小于5分，25%的企业隐性负债评分小于2分，这部分企业的隐性债务风险仍较高。

经营方面，2022年行业平均的周转速度降低了37%，毛利润率和核心

经营利润率也进一步降低，主要房地产上市公司毛利润率的中位数已从2020年的24.4%降至2021年的16.6%，2022年进一步降至14.9%，核心经营利润率的中位数也从2020年的12.2%降至2021年的9.7%，2022年进一步降至6.9%；税前投入资本回报率的中位数则从2020年的9.2%降至2021年的7.2%，2022年进一步降至4.2%；结果，行业平均的税前投入资本回报率已低于综合债务融资成本。

综上，剔除截至2022年4月30日仍未公布财务数据的中国恒大、世茂集团、花样年、中国奥园、祥生控股等企业，以及由于销售大幅萎缩而跌出主要房地产上市公司之列的蓝光发展等企业后，2022年合同销售金额在50亿元以上或以持有型物业为主的房地产上市公司共80家。其中，有75%的企业有严重的经营问题（运营效率、盈利能力或成长潜力的综合评分小于2分），有60%的企业有严重的财务问题（综合抗风险能力或融资成本的评分小于2分），合计有84%的企业都面临较高的财务或经营风险；剩余企业中，仅有3家公司除销售规模以外的各项指标评分均在5分以上，即各项均好的企业占总数的3.8%；其余10家企业也都在经营或财务方面有较为明显的短板（即除销售规模以外的其他指标评分在2~5分），占总数的12.5%。

由图37可见，与2021年主要房地产上市公司的六维蛛网图相比，2022年房地产行业仅融资成本一项的评分有所提高，其他几项指标的评分均出现较大幅度的降低，其中，抗风险能力、运营效率、盈利能力、销售规模的评分中位数均已降至2分以内，房地产行业的生存空间全面收缩。

当然，具体到每家企业，其生存空间的大小（面积）和变化不尽相同，生存空间的形态（优劣势结构）也不尽相同。如龙湖集团、绿城中国等企业由于抗风险能力的改善，2022年的生存空间非但没有缩小，还有所扩张；而仁恒置地、越秀地产、美的置业等企业当前的生存空间虽然形态结构有所变化，但整体的面积与2021年相近；而万科、保利地产等企业2022年的整体生存空间有所缩小，但仍显著优于行业平均水平；但碧桂园、绿地、新城控股、远洋地产、旭辉地产、龙光集团等企业2022年的生存空间已显著收缩，部分大型房地产企业的生存空间已逊于行业平均水平（见图38~图50）。

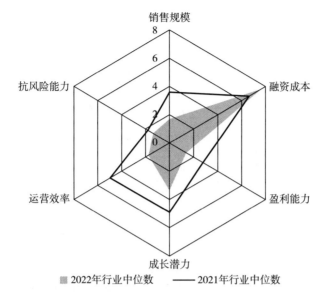

图37 主要房地产上市公司的六维蛛网图：生存空间全面收缩

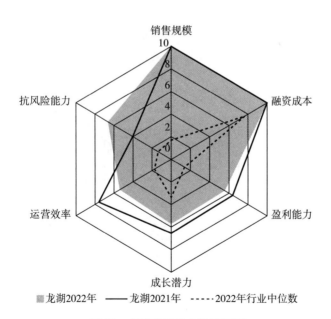

图38 龙湖集团的六维蛛网图

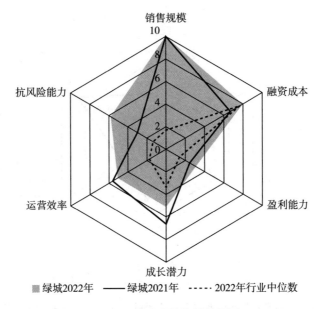

图 39 绿城中国的六维蛛网图

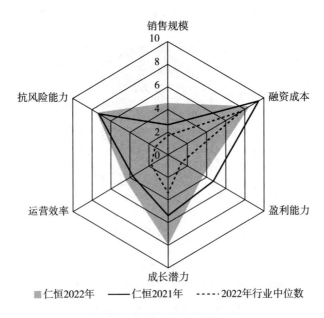

图 40 仁恒置地的六维蛛网图

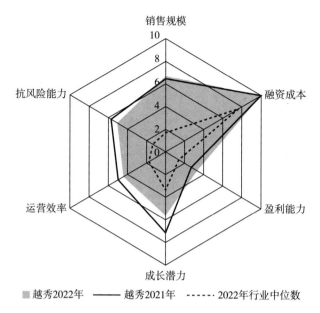

图41　越秀地产的六维蛛网图

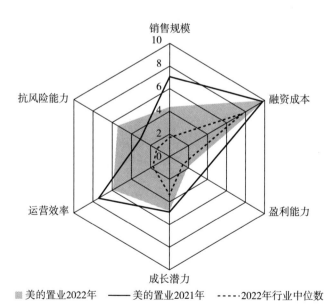

图42　美的置业的六维蛛网图

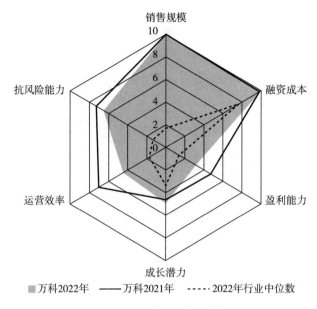

图 43　万科的六维蛛网图

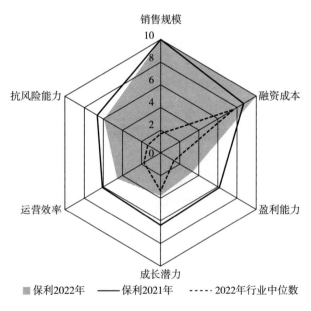

图 44　保利地产的六维蛛网图

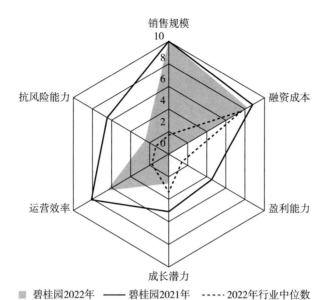

图45　碧桂园的六维蛛网图

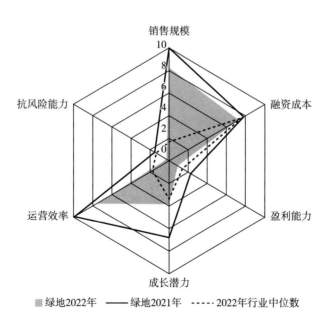

图46　绿地控股的六维蛛网图

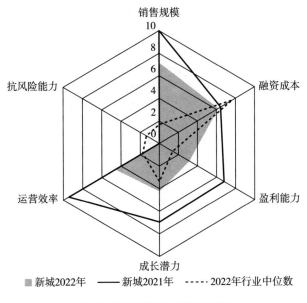

图 47　新城控股的六维蛛网图

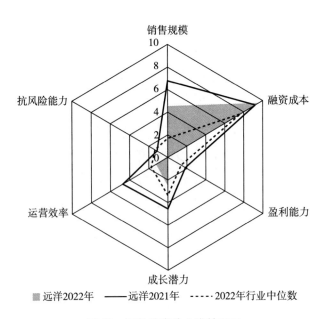

图 48　远洋地产的六维蛛网图

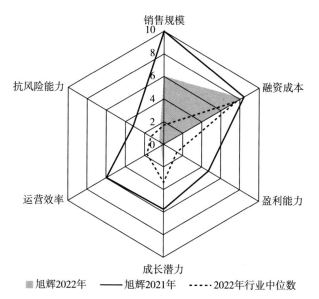

图49　旭辉地产的六维蛛网图

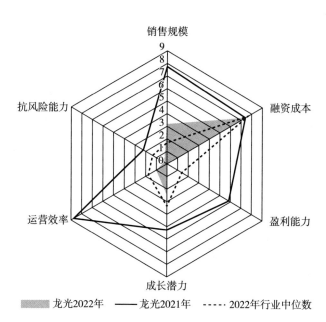

图50　龙光集团的六维蛛网图

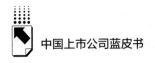

（二）房地产行业的生存矩阵

最后，根据我们的测算，在主要房地产上市公司中，财务状况尚可（2022年抗风险能力综合评分大于等于5分且融资成本评分大于等于8分）的企业有15家，占总数的18.8%，我们将其划定为财务状况"绿灯"企业；有一定财务压力，或财务状况不佳但融资成本优势明显，即使在偿债能力较弱的情况下也能保持其债务融资渠道畅通（即融资成本评分在8分以上，但抗风险能力综合评分小于5分；或融资成本评分在5~8分且抗风险能力综合评分在2分以上；或融资成本评分在2~5分且抗风险能力综合评分在5分以上）的企业有28家，占总数的35.0%，被划定为财务状况"黄灯"企业；其余财务风险较高（抗风险能力综合评分小于2分且融资成本评分小于8分；或融资成本评分小于2分且抗风险能力综合评分小于5分）的企业共37家，占总数的46.3%，被划定为财务状况"红灯"企业。

在经营状况方面，经营状况优于行业平均水平（成长潜力综合评分优于行业中位数水平或税前投入资本回报率优于行业中位数水平）的企业共45家，其中经营优势明显（即成长潜力综合评分大于5分且税前投入资本回报率排名行业前1/3）的企业有11家，占总数的13.8%，我们将其划定为经营状况"绿灯"企业；其余34家企业经营状况略优于行业平均水平，占总数的42.5%，被划定为经营状况"黄灯"企业；剩余35家企业经营状况逊于行业平均水平（成长潜力综合评分逊于行业中位数水平且税前投入资本回报率也逊于行业中位数水平），占总数的43.8%，被划定为经营状况"红灯"企业。

图51是2022年房地产行业的生存矩阵，如图所示，80家主要房地产上市公司中，财务状况和经营状况均为绿灯的企业仅6家，这些企业在当前市场环境下仍具有可持续发展潜力；与之相对，财务状况和经营状况均为红灯的企业有20家，这些企业在当前市场环境下面临较为严峻的生存危机；其余，财务状况为红灯或黄灯，但经营状况为黄灯或绿灯的企业共

30 家，这些企业尚有努力自救的空间；而经营状况为红灯或黄灯，财务状况为黄灯或绿灯的企业有 24 家，这些企业只能通过外部合作来弥补自身的效率短板。

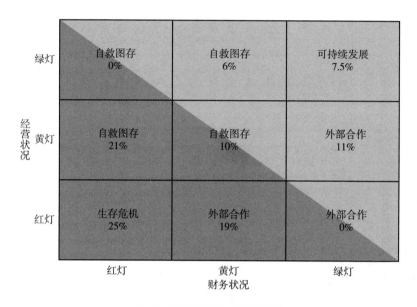

图 51　房地产行业的生存矩阵

综上，2022 年，房地产行业的生存结构进一步演化，以抗风险能力和融资成本的评分（财务状况）为横轴，以当前的投入资本回报率和未来的成长潜力评分（经营状况）为纵轴，则在主要房地产上市公司的生存矩阵中，有 25% 的企业当前就面临生存危机（这还不包括恒大、世茂等未公布财务数据的企业）；仅有 7.5% 的企业具有可持续发展潜力；其余企业均需通过自救或外部合作来拓展生存空间，但最终能否获得生存空间仍取决于行业状况和企业自身的努力。实际上，有 46% 的企业当前的财务状况已亮红灯，有 65% 的企业在财务状况或经营状况上被亮红灯，即，合计有2/3的企业都面临整合或重组压力，留下的企业中真正具有可持续发展潜力的不到 10%。未来，行业集中度恐将大幅提升，行业危机的化解仍需要多重措施的配合。

表 12 主要房地产上市公司的生存矩阵

排名	股票代码	公司名称	抗风险能力综合评分(分)	融资成本评分(分)	成长潜力综合评分(分)	税前投入资本回报率(%)	综合实力评分(分)	财务	运营
1	1109.HK	华润置地	8.01	10.00	8.94	8.9	8.36	绿灯	绿灯
2	0688.HK	中国海外	8.35	10.00	5.26	6.5	7.78	绿灯	绿灯
3	0960.HK	龙湖集团	6.63	10.00	5.72	10.7	7.66	绿灯	绿灯
4	000002.SZ	万科 A	6.54	10.00	4.94	8.4	7.22	绿灯	黄灯
5	600048.SH	保利地产	5.91	10.00	3.78	7.3	6.94	绿灯	黄灯
6	600153.SH	建发股份	4.18	9.10	6.15	8.7	6.88	黄灯	绿灯
7	600007.SH	中国国贸	9.70	10.00	5.00	12.3	6.83	绿灯	黄灯
8	3900.HK	绿城中国	5.80	7.95	5.10	8.0	6.66	黄灯	绿灯
9	001979.SZ	招商蛇口	6.58	8.77	2.89	6.2	6.57	绿灯	黄灯
10	002208.SZ	合肥城建	9.26	10.00	6.54	5.9	6.55	绿灯	黄灯
11	Z25.SI	仁恒置地	7.49	8.51	7.97	6.7	6.47	绿灯	绿灯
12	0123.HK	越秀地产	5.08	10.00	5.62	7.6	6.20	绿灯	绿灯
13	000006.SZ	深振业 A	8.32	8.39	8.30	7.4	5.99	绿灯	绿灯
14	3990.HK	美的置业	5.43	10.00	4.80	7.5	5.77	绿灯	黄灯
15	000517.SZ	荣安地产	8.65	4.91	4.99	12.5	5.57	黄灯	黄灯
16	600675.SH	中华企业	7.55	10.00	5.00	0.2	4.95	绿灯	黄灯
17	0604.HK	深圳控股	4.16	10.00	7.27	7.5	4.83	黄灯	绿灯
18	600639.SH	浦东金桥	5.14	10.00	3.88	9.5	4.74	绿灯	黄灯
19	601992.SH	金隅集团	2.13	10.00	3.15	3.3	4.67	黄灯	红灯

续表

排名	股票代码	公司名称	抗风险能力综合评分（分）	融资成本评分（分）	成长潜力综合评分（分）	税前投入资本回报率（%）	综合实力评分（分）	财务	运营
20	2007.HK	碧桂园	2.47	8.27	2.60	4.1	4.55	黄灯	红灯
21	002244.SZ	滨江集团	0.00	8.78	9.02	9.3	4.48	黄灯	绿灯
22	600648.SH	外高桥	2.79	10.00	4.79	6.2	4.31	黄灯	黄灯
23	600266.SH	城建发展	2.71	10.00	5.78	3.4	4.26	黄灯	黄灯
24	600748.SH	上实发展	5.17	9.81	3.47	3.8	4.07	绿灯	黄灯
25	600383.SH	金地集团	0.00	9.28	5.03	8.1	4.03	黄灯	绿灯
26	1966.HK	中骏集团	3.81	5.96	3.28	3.8	4.00	黄灯	红灯
27	0817.HK	中国金茂	1.07	9.92	3.14	4.0	3.65	黄灯	红灯
28	600606.SH	绿地控股	0.26	7.27	3.83	6.8	3.62	红灯	黄灯
29	9993.HK	金辉集团	3.20	7.84	3.65	6.6	3.61	黄灯	黄灯
30	600663.SH	陆家嘴	1.67	10.00	3.61	4.2	3.58	黄灯	黄灯
31	600895.SH	张江高科	2.00	10.00	0.51	2.5	3.35	黄灯	红灯
32	600208.SH	新湖中宝	4.29	6.29	3.63	5.6	3.30	黄灯	黄灯
33	600736.SH	苏州高新	2.17	9.33	3.19	4.0	3.30	黄灯	红灯
34	600325.SH	华发股份	0.00	7.84	5.67	5.9	3.24	红灯	黄灯
35	600094.SH	大名城	5.64	2.61	3.18	4.2	3.17	红灯	红灯
36	000402.SZ	金融街	1.54	10.00	2.91	2.5	3.15	黄灯	红灯
37	601155.SH	新城控股	0.00	6.19	4.24	8.0	3.15	红灯	黄灯
38	600708.SH	光明地产	0.97	10.00	3.41	5.2	3.15	黄灯	黄灯

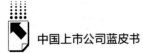

中国上市公司蓝皮书

续表

排名	股票代码	公司名称	抗风险能力综合评分（分）	融资成本评分（分）	成长潜力综合评分（分）	税前投入资本回报率（%）	综合实力评分（分）	财务	运营
39	600665. SH	天地源	0.95	6.20	4.87	11.0	3.12	红灯	黄灯
40	1238. HK	宝龙地产	1.24	6.26	4.54	8.1	3.07	红灯	黄灯
41	000069. SZ	华侨城 A	1.70	7.47	2.92	3.6	3.07	红灯	红灯
42	0754. HK	合生创展	2.93	4.76	3.46	4.7	3.04	红灯	黄灯
43	2019. HK	德信中国	3.05	3.53	3.86	6.7	2.94	红灯	黄灯
44	600823. SH	世茂股份	2.67	6.66	2.94	1.4	2.81	黄灯	红灯
45	600376. SH	首开股份	0.00	9.27	3.03	3.6	2.79	黄灯	红灯
46	0272. HK	瑞安房地产	0.00	8.70	3.33	6.0	2.78	黄灯	黄灯
47	3377. HK	远洋集团	0.07	9.58	2.50	-1.5	2.77	黄灯	红灯
48	601588. SH	北辰实业	1.47	8.24	2.92	2.6	2.76	黄灯	红灯
49	0884. HK	旭辉控股	0.48	8.22	2.50	-1.0	2.71	黄灯	红灯
50	000926. SZ	福星股份	5.08	0.00	1.88	11.2	2.70	红灯	黄灯
51	2772. HK	中梁控股	0.00	9.19	3.12	3.1	2.70	黄灯	红灯
52	0230. HK	五矿地产	0.80	10.00	2.50	0.2	2.67	黄灯	红灯
53	600743. SH	华远地产	1.83	6.89	2.88	1.1	2.62	红灯	红灯
54	0410. HK	SOHO 中国	4.42	3.54	0.63	1.0	2.60	红灯	红灯
55	3383. HK	雅居乐	0.65	7.12	2.50	-2.1	2.55	红灯	红灯
56	600657. SH	信达地产	1.90	3.91	3.40	6.3	2.52	红灯	黄灯
57	000031. SZ	大悦城	0.00	8.19	1.52	3.6	2.47	黄灯	红灯
58	3380. HK	龙光集团	0.26	7.40	2.50	-3.2	2.26	红灯	红灯
59	000736. SZ	中交地产	0.00	3.61	4.75	9.6	红灯	黄灯

续表

排名	股票代码	公司名称	抗风险能力综合评分(分)	融资成本评分(分)	成长潜力综合评分(分)	税前投入资本回报率(%)	综合实力评分(分)	财务	运营
60	1233.HK	时代中国	0.00	6.76	3.24	4.2	1.94	红灯	黄灯
61	1918.HK	融创中国	0.00	4.01	3.24	1.5	1.91	红灯	红灯
62	0106.HK	朗诗地产	0.00	4.02	2.83	-2.1	1.85	红灯	红灯
63	600223.SH	鲁商置业	0.81	0.00	5.00	16.7	1.78	红灯	黄灯
64	6158.HK	正荣地产	0.00	6.58	3.19	2.9	1.77	红灯	红灯
65	1813.HK	合景泰富	0.00	6.45	2.50	-4.0	1.70	红灯	红灯
66	1098.HK	路劲	0.00	5.97	0.89	5.3	1.69	红灯	黄灯
67	000656.SZ	金科股份	0.00	4.63	2.99	-0.1	1.64	红灯	红灯
68	000671.SZ	阳光城	0.00	5.53	2.98	-0.4	1.61	红灯	红灯
69	600565.SH	迪马股份	0.00	0.00	4.98	11.6	1.61	红灯	黄灯
70	600340.SH	华夏幸福	0.00	5.81	2.92	0.3	1.58	红灯	红灯
71	1628.HK	禹洲集团	0.01	4.26	3.05	1.4	1.40	红灯	红灯
72	2777.HK	富力地产	0.08	1.92	3.15	1.7	0.96	红灯	红灯
73	1638.HK	佳兆业	0.00	2.00	3.59	5.3	0.91	红灯	黄灯
74	0832.HK	建业地产	0.00	0.00	3.62	0.0	0.86	红灯	黄灯
75	000961.SZ	中南建设	0.06	0.17	3.23	-0.7	0.85	红灯	红灯
76	002146.SZ	荣盛发展	0.02	1.19	2.90	-2.0	0.74	红灯	红灯
77	002305.SZ	南国置业	0.00	0.00	3.74	4.7	0.71	红灯	黄灯
78	1996.HK	弘阳地产	0.00	0.57	3.10	2.1	0.66	红灯	红灯
79	3301.HK	融信中国	0.00	0.00	2.50	-7.3	0.53	红灯	红灯
80	1862.HK	景瑞控股	0.00	0.00	2.91	-2.8	0.37	红灯	红灯

B.5
资本市场参与"双碳"治理研究

马宗明　肖志敏　王　莹*

摘　要： 中国承诺在 2030 年前实现碳达峰、2060 年前实现碳中和，表明了积极应对气候变化的决心。然而，实现这些目标需要大量资金。资本市场有关键作用，可以通过直接融资、碳价格发现、资源配置和风险防范来填补资金缺口。在这样的背景下，中国的 ESG 制度迅速发展，有助于改善投资环境。上市公司在"双碳"治理方面取得显著进展，但 CSR 报告信息披露仍需改进。ESG 公募基金增长，但 ESG 主题基金仍有提升空间。证券公司作为中介，可以协助绿色企业直接融资，引导资金流向低碳公司，推动碳排放权交易市场发展。证券公司也积极创新碳金融工具，激活碳市场流动性。综上所述，资本市场在实现中国的"双碳"目标中发挥着关键作用，需要进一步完善机制，促进可持续低碳发展。

关键词： 资本市场　"双碳"治理　证券业　ESG　绿色发展

一　引言

中国作为全球第二大经济体，已向全世界做出"双碳"目标的庄严承诺。党的二十大报告指出，积极稳妥推进碳达峰、碳中和，立足我国能源资源禀赋，坚持先立后破，有计划分步骤实施碳达峰行动，深入推进能源革

---

* 马宗明，中国社会科学院上市公司研究中心研究员，中国银河证券 ESG 首席研究员；肖志敏，中国银河证券 ESG 研究员；王莹，中国银河证券高级研究员。

命，加强煤炭清洁高效利用，加快规划建设新型能源体系，积极参与应对气候变化全球治理。我国二氧化碳年排放量超过 100 亿吨，约 45 亿吨来自发电和供热，39 亿吨来自工业排放，10 亿吨来自交通排放，其余来自建筑物的使用排放等。发展建立以风、光、水、核、氢等清洁能源为主的电力/热力供应端，以绿电、绿氢等替代煤、油、气的工业能源消费端，以人为措施将"不得不排放的二氧化碳"固定下来的固碳端的三位一体的"三端共同发力体系"是实现碳中和的必然选择。对于"双碳"治理的理解已不能仅仅停留在降低经济活动中的碳排放，更是通过经济转型、技术突破、市场创新，动态地实现大气中的二氧化碳浓度不再增加，是将碳减排、碳分配、碳固定、碳转化融入经济社会发展全局的有机系统性工程。"双碳"治理这一系统性工程需要大量绿色、低碳投资，根据当前不同机构的测算，中国"碳中和"需要的投资规模高达百万亿元人民币，有机构测算这一数据甚至超过 500 万亿元。在清洁能源产业全面退补的趋势下，我国依靠金融力量推动碳中和时间点已到。当前我国"双碳"产业发展依然是以银行信贷为主，且总融资规模距离百万亿元"双碳"资金需求尚存在明显缺口。

"双碳"治理是一场集能源科技、低碳科技、零碳科技于一体的技术变革，表现出资金投入大、研发周期长、不确定性高等特征。显然，仅仅依靠以银行为主体的间接融资金融服务体系已远远不能满足"双碳"产业对资金的需求，亟须资本市场充分发挥直接融资、碳价格发现、优化要素资源市场化配置、防范化解风险等功能，在一级市场为绿色产业提供丰富的资金支持，在二级市场打破"向钱看齐"的短期投资观念而向 ESG 责任投资转变，在碳交易市场发挥机构投资者的作用深度参与，将长期低成本的社会资金引入"双碳"领域，优化实体经济融资结构，同时给予投资者以股东或债权人的"主人翁"身份分享"双碳"发展红利的机会。因此，大力发展以直接融资为主体的资本市场，充分利用其直接融资、碳价格发现、资源配置优化和风险管理等功能，将长期低成本的社会资金引入"双碳"领域，既是当务之急，又要驰而不息、久久为功。在此背景下，探讨如何合理推进资本市场更有效地服务"双碳"战略，是我国可持续高质量发展道路上面临的重大课题。

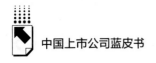

二 "双碳"目标下的减排路径分析

（一）提升现有能源的利用效率

1. 电力技改

余热回收是工业节能的重要方式之一。余热资源指的是在目前科技水平下一些应该但是尚未被回收利用的能量，该能源是煤、石油、天然气和水力这四大常规能源之外最重要的能源之一。高温烟气余热是其最重要的能量来源，如果将这些余热资源贮存并加以利用，可以在发电、驱动机械、加热或制冷等许多方面都能有所贡献，将能源消耗后的"废物"最大限度地利用，以此来减轻电力行业对大气环境的热量污染。

2. 钢铁技改

我国是煤炭生产大国，目前还是以长流程的焦炭炼钢为主，电炉炼钢仅占 10%，比世界平均水平低很多。为尽快推进全国钢铁企业实现低碳达峰，国家在 2022 年 12 月印发了《关于推进钢铁产业高质量发展的指导意见》，明确提出到 2025 年将电炉钢生产占全国粗钢总产值的比重提高至 15% 以上，并争取实现 20%，废钢比超过 30%，由于电炉炼钢不直接产生碳排，因而其占比提升将有助于减少钢铁行业的碳排放强度。

3. 交运技改

"十四五"时期，新能源汽车销量将有望增长 4 倍，而锂电池和充电桩等关键产业链也将跟随其步伐步入跨越式发展阶段。中国汽车工业协会公布的《新能源汽车产业发展规划》还对中国清洁能源汽车销量进行了展望，根据 2025 年中国清洁能源汽车市场新车的总销售占比 20% 的标准计算，当年中国清洁能源汽车销量便可能超过 600 万辆。相应地，其上游的锂电池和下游的充电桩设备也将受益于新能源汽车的发展。

4. 建材技改

建筑行业的整个产业链碳排放量现在已经超过 36.5 亿吨公里，包括整个建筑的生产制造环节都释放出大量的二氧化碳，所以，促进整个建筑产业链向环保节能的转变，同时也是碳达峰、碳中和的必然手段。2020年7月，住建部等七部门发布了《有关制定绿色建筑创建行为实施方案的通告》，规定2022年当年城镇建设房屋的绿化面积占比将超过70%，建筑装配化的施工技术占比将提高，绿色建材应用领域将继续拓展。

5. 化工技改

石油化工企业也应生产氢化学品，并研究生物基大分子物质。化学工业对原油、煤气等化石燃料依赖性强烈，这些燃料在燃烧过程中产生了大量二氧化碳。若想实现碳中和，既要积极推进氢化学发展，以达到能源端脱碳；也要推进用生物基或大分子建筑材料取代石化基材料，达到原材料端脱碳。氢化学技术方面，和钢铁、混凝土等产业相似，氢化学技术可以减少燃料燃烧过程中的碳排放量，但目前氢化学技术尚在突破的初级阶段，未来关键技术突破重点在氢生产、储存与运输等领域。生物基高分子材料领域，目前化工行业的主要生产产品还有树脂、合成纤维以及合成橡胶，如果用生物基高分子材料进行生物可降解替代，就可以达到"双碳"的减排目标，可见，用生物基高分子材料取代传统化石能源将具有更广阔的使用前景。

（二）增加可再生能源的比例

2022年3月，国家能源局和国家发展改革委联合下发《"十四五"现代能源体系规划》，明确了"十四五"期间中国能源产业发展的方向与路线。作为除水电以外占比最高的可再生能源，风电与太阳能发电将成为推动非化石能源装机增长的主力军。发电行业的新能源革命将成为碳中和的中坚力量，光伏、风电具有巨大的发展潜力。从全球能源互联网发展合作组织给出的数据来看，中国为实现"碳中和"目标，需要约35.5亿千瓦光伏的资源总量。截至2022年，国内的光伏装机总量已经达到2.1亿千瓦，只有提升为现有装机量的17倍，才有可能达到2060年的预期装机量。

表 1　2020~2060 年我国能源装机总量及结构

单位：亿千瓦，%

能源类型	2020 年		2025 年		2030 年		2050 年		2060 年	
	容量	占比	容量	占比	容量	占比	容量	占比	容量	占比
风电	2.8	12.7	5.36	18.2	8	21	22	29.4	25	31.2
太阳能	2.5	11.3	5.59	19	10.25	27	34.5	46.1	38	47.4
水电	3.7	16.8	4.6	15.6	5.54	14.6	7.4	9.9	7.6	9.5
煤电	10.8	49	11	37.3	10.5	27.6	3	4.0	0	0.0
气电	0.98	4.5	1.52	5.2	1.85	4.9	3.3	4.4	3.2	4.0
核电	0.5	2.3	0.72	2.5	1.08	2.8	2	2.7	2.5	3.1
生物质	0.67	3	0.65	2.2	0.82	2.2	1.7	2.3	1.8	2.2
清洁装机	—	43.4	—	57.5	—	67.5	—	92	—	96

资料来源：《中国 2030 年能源电力发展规划研究及 2060 年展望》。

（三）碳捕集、利用与封存技术

碳捕集、利用与封存技术（以下简称"CCUS 技术"）是我国实现碳中和目标技术组合的重要构成部分。从一定程度上来讲，CCUS 技术是如今大规模化石能源达到零排放的唯一技术选择。2019 年，煤炭消费占我国能源消费的比例高达 58%；预计到 2050 年，即使我国火电占比缩减至10%，仍有 16.4 亿吨二氧化碳需通过 CCUS 技术才能实现电力系统的净零排放。更为关键的是，CCUS 技术也是现有科技发展水平下钢铁水泥等难以减排行业深度脱碳的可行技术方案。从国际能源署发布的 2020 年钢铁行业技术路线图来看，预测截止到 21 世纪中期，钢铁行业或将能够采取工艺装备的改进方法、提升效率的技术、转换能源利用和原料替代等技术措施，此方案实施后，预计仍有剩余 34% 的碳排放量，即使是在氢能发电和钢铁直接熔融或还原铸铁技术中会取得一些重大的突破，剩余的碳排放量也会至少超过 8%。

（四）碳排放交易市场的建设

1. 发展概况

国内碳排放权交易市场的发展经历了从无到有的三个主要阶段。第一阶段为 2005~2012 年，中国尚未建立专门的碳排放权交易市场，中国企业仅能通过参与国际清洁发展机制 Clean Development Mechanism（CDM）的方式间接参与国际碳交易的市场活动。第二阶段是指 2013~2020 年的地区碳排放权益市场建设进展阶段。2011 年国家发改委公布《有关进行碳排放权交易试验管理工作的通告》，允许在北京、天津、上海、成都、湖北、广东和沈阳等 7 个地区进行碳贸易试验。第三阶段是 2021 年开始至今的中国国内碳排放权交易的全面推进时期。从 2021 年 2 月 1 日起开始实施《碳排放权交易管理办法（试行）》和 2021 年 7 月国内碳排放权交易的全面推出，意味着中国国内碳排放权交易的管理将进入第三层次。目前，我国的碳排放权交易正处在区域碳排放权交易与国家碳排放权交易并行时期，作为上述区域或国家碳排放权交易碳排放额度管理范围的重点排污单位（"控排企业"）、遵守交易规则的法人单位和个人，可以通过相应方式在上述区域/国家碳排放权交易市场买卖碳排放额度，以及可以通过上述区域的碳排放权交易买卖 CCER，或者在该区域内进行核证的自愿低耗排放。逐步形成国际一体化的国内碳排放权交易体系是国内外碳排放权交易的未来发展方向。草案还明确，待上述规定公开发布实施后将不再建立地方碳排放权交易体系，而原有的地方碳排放权交易体系将会逐渐融入国家交易市场。同时，原已加入国家碳排放权交易的控排单位将不再参加与当地同一温室气体种类和相同产业之间的国家碳排放权交易。现实层面上，地方碳排放权交易和国家碳排放权交易并行的局面或会持续相当长时间。

2. 运行现状

就中国当前经济发展状况分析，地区间碳排放权交易涉及的产业主要包括发电、热力、石油化工、钢材、建筑、商贸、金融服务等；我国碳排放权交易涵盖的产业大部分为发电行业，预计今后我国碳排放权交易将逐渐融入石化、化工、建筑、钢材、有色金属、造纸和民航这七大能源高效产业。这

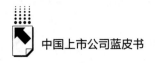

二者覆盖的温室气体种类均只包括为二氧化碳。

各地区碳排放权交易市场的交易规则基本一致，只有北京碳排放权交易市场暂时还未允许个人参与交易，其他所有地区碳排放权交易市场中，碳排放配额的交易主体都包括各自地区碳排放配额管理的控排企业、符合交易规则的法人机构和个人。各地区碳排放权交易市场中的CCER交易主体包括纳入各自地区碳排放配额管理的控排企业、减排项目业主及其他机构，个人交易暂时还没有对外开放。

从交易标的的视角来看，在地区层面，目前只有四川的碳排放权交易市场还没有对碳排放配额展开交易活动，其他地区以及全国碳排放权交易市场的交易标的都已经将该地区或者全国碳排放配额以及CCER纳入交易范畴，除了地区或者全国的碳排放配额以及CCER以外，有些地区的碳排放权交易市场也允许交易该地区自行核证的自愿减排量。

3. 交易概况

首先来看地区碳排放权交易的成交情况，从各地区碳排放权交易市场开市交易到2021年12月31日，各地区碳排放权交易市场的地区碳排放配额已经累计成交约5.3亿吨，CCER的累计成交量大约为4.4亿吨。

而从全国碳排放权2021年7月16日正式上线交易到2022年7月15日，全国碳排放权交易市场中碳排放配额（CEA）已经累计成交1.94亿吨，成交额总计高达85亿元，已经超过数年来各地区碳排放权交易市场总计碳排放配额成交量的1/3。和地区碳排放权交易相比，全国市场更加活跃和灵活，随着纳入碳排放配额管理的企业数量增加及行业范围扩大，未来全国碳排放权交易市场的交易量还将进一步增长。

三 资本市场参与"双碳"治理的机制

（一）绿色资产的识别

资本市场的价格发现功能能够对碳排放这种具有一定负外部性的公共资

源进行影子价格的测算。从古典经济学原理的角度思考,目前消除资源的负外部性主要有两种常用的基本解决方法,要么对其征收庇古税,要么按照科斯定理对已经明晰了的产权进行交易。故而,测算碳排放的影子价格是后续步骤实施的前提和基础,金融机构所采取的信贷政策作为中国企业融资工具使用成本和融资交易成本的重要参考部分,必然为金融机构随后对企业三废污染处理费价格的制定和实施提供重要的市场化分析依据,同时它还会为后续碳权价格的网上挂牌交易发挥更广泛更有效的市场信息功能,实现了市场价格更为完善和全面的发现功能,甚至还可为碳排放权交易的拍卖机制提供可行性参考,帮助整个国家公共基础设施资源以及公共环保资源得以更均衡地配置,从而实现我国资源市场价格的出清。

同时,资本市场可以作为各类地方政策性债券集中融资的信息管理平台,能够充分发挥全市场风险压力相互转移,和市场多方责任相互负担、化解风险的功能。金融机构自身则还可为相关行业绿色金融的创新、绿色技术、绿色中介服务与发展等方面提供一些更低成本的融资支持,使绿色企业的产品逐渐可持续化,生态绿色创新的技术研发和绿色生产的流程能够积极地直接被金融机构参与或嵌入,从而参与到以生态驱动为主的生态产业链中,新绿色循环持续发展的生态格局和体系也能逐步构建。另外,综合利用现有绿色金融外部生态资源环境优势形成优胜劣汰机制,倒逼产业相关核心企业必须通过创新加快企业自身生态产业链体系的构建,加快绿色技术重难点管理创新研发攻关,以应对基于生态绿色和循环化发展战略产生出的各种生态技术瓶颈。

通过以上分析可以得出,资本市场和"双碳"治理并不是相互割裂的,而是相辅相成的关系。因为高科技研发的风险性较高,这显然与银行资本追求安全稳定的首要诉求之间有一定的矛盾,所以,企业若想进行高科技的研发活动,很难仅仅通过银行的间接融资实现,它需要更丰富的直接融资渠道以及不断地创新金融工具。如果企业进行碳减排、碳捕捉等与绿色金融相关的活动时,其他更为直接的融资工具如私募股权、天使投资、债券发行等能够更容易解决企业融资需求,类型丰富的金融机构拥有更加专业化的研究团队和销售团队,它们能够在企业的资金使用状况、人才管理和培养模式、各项成本控制等方面提供可行的建议，从而达到分散风险的效果，最终帮助企业优化升级。

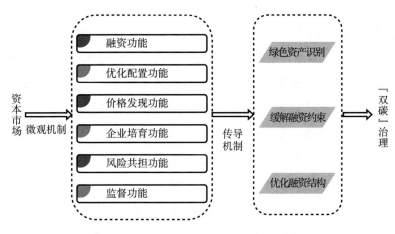

图1 资本市场参与"双碳"治理的机制

（二）融资约束的缓解

资本市场能够考虑将低碳环保的生产发展理念引入金融领域，鼓励金融机构直接参与企业或政府的环保治理项目融资，通过发挥杠杆和信用的作用，并由此发送信号，吸引更多的社会资本通过直接融资或间接融资的方式进入绿色投资领域。这种资本市场的优越性就在于金融机构的高度参与性，大多数金融机构面临着社会责任履行的外部压力和内部动力，通过直接参与环境治理项目的融资，从而发挥其专业判断能力和综合分析能力。

从另一个视角看，绿色产品和绿色技术是具有正外部性的公共品，具有前期投入巨大、投资回报期长且 ROE 低的特点，多数企业和金融机构都不愿意进入。而有政策性资金参与的资本市场能充分发挥融资的杠杆作用，加大金融产品的创新力度，如发展绿色信贷和绿色产业基金等，采取绿色贴息、绿色债券、免税免息等具有奖励性质的财政和税收政策，有助于以有限的财政资金和基础货币拉动成倍的民间资本投向绿色领域，有效地降低挤出效应和无谓损失。

（三）融资结构的优化

资本市场的资金流向要更加注重竞争中性原则，缓解拥有更强创新能力的民营企业的减碳压力。绿色债券、绿色基金、碳排放权交易等金融工具可以有效促进产业结构向低碳、节能、高效、环保的方向转变，实体经济中高耗能行业的融资也能向战略性高新科技行业、清洁生产行业、服务行业等低碳行业阶梯型渐进转移，以多品种的专业化投融资产品促进资本市场基础设施建设，减少实体经济中生产者和消费者的信息不对称，将绿色化、清洁性作为重要 KPI 指标纳入企业生产和金融机构信贷发放的考核内。最后，融资走向的清洁化、低碳化将有效引领产业结构的升级优化，为国内国际双循环格局下的高质量发展的实现和"双碳"目标的实现保驾护航。

四 资本市场参与"双碳"治理的实践

（一）"双碳"治理的相关政策梳理

中国与 ESG 相关的制度建设虽然起步略迟，但是近年来发展尤为迅速。深交所在 2006 年发布了《深圳证券交易所上市公司社会责任报告指引》，将社会责任主要解释为广义的"环境和资源"，但是主要针对的方向是污染防治，实际上并无涉及资源利用的范畴。近年来，国务院及监管机构已经先后发布了多条有关可持续发展的法规，将 ESG 列入企业发展应披露的内容之一。虽然中国证监会在新修订的《上市公司治理准则》、《上市公司投资者关系管理指引（征求意见稿）》都提及"鼓励公司自愿披露有利于保护生态、防治污染、履行环境责任的相关信息"，但是没有类似于"港交所ESG 指引"中所包括的关于资源披露的具体要求。表 2 对 2019~2022 年中国 ESG 的相关政策进行梳理。

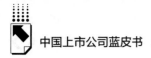

表2　2019～2022年中国ESG相关的政策

年份	发布主体	法规	主要内容
2019	深交所	《深圳证券交易所上市公司规范运作指引》	规定上市公司应当及时披露环境污染的产生原因及其对公司的影响
		《深圳证券交易所上市公司信息披露工作考核办法》	首次明确使用ESG考核上市公司的信息披露工作,重点考核上市公司披露社会责任报告、ESG履行情况及参与符合国家重大战略方针等事项的主动性、充实性和完整性
	上交所	《上海证券交易所科创板股票上市规则》	科创板上市公司强制披露其社会责任信息
	国务院	《关于构建现代环境治理体系的指导意见》	建立完善上市公司和发债企业的机制环境治理信息披露制度
	港交所	《环境、社会及管治报告指引》和《上市规则》	进一步增加了ESG关键绩效指标,扩大了强制披露和"不披露就解释"的范围
2021	港交所	《企业净零排放实用指引》	促进公司按照国家目标及全球承诺指定其净零排放路径,协助公司在制定净零排放路径时,认识及找到最佳平衡点,考虑与地方及国际目标法规保持一致
		《气候信息披露指引》	为促进上市公司遵守TCFD的建议提供实用指引
	证监会	《上市公司投资者关系管理指引(征求意见稿)》	加入ESG的相关内容
		《公开发行证券的公司信息披露内容与格式准则第2号——年度报告的内容与格式》	要求上市公司主动披露环境保护、社会责任方面信息,督促上市公司协同做好"碳达峰碳中和"和乡村振兴工作
	生态环境部	《企业环境信息依法披露管理办法》	明确了环境信息依法披露主体、企业环境信息依法披露内容
		《环境保护综合名录(2021年版)》	有效推动行业绿色转型升级,二硫化碳、硅酸钠等73项"高污染、高环境风险"产品重污染工艺全部淘汰

年份	发布主体	法规	主要内容
2021	中国人民银行	《金融机构环境信息披露指南》	金融机构应就与环境相关的信息进行披露,提供了金融机构在环境信息披露过程中遵循的原则、披露的形式、内容要素以及各要素的原则要求
	国新办	《中国应对气候变化的政策与行动白皮书》	克服自身经济、社会等方面困难,实施一系列应对气候变化战略、措施和行动,参与全球气候治理
2022	证监会	《上市公司投资者关系管理工作指引》	明确指出,上市公司在投资者沟通内容中增加上市公司的环境、社会和治理(ESG)信息。ESG 首次纳入投资者关系管理指引中,成为 A 股上市公司"新名片"
	上交所	《上海证券交易所股票上市规则(2022 年 1 月修订)》	规定上市公司应当积极践行可持续发展理念,主动承担社会责任,维护社会公共利益,重视生态环境保护。公司应当按规定编制和披露社会责任报告等非财务报告,出现违背社会责任等重大事项时,公司应当充分评估潜在影响并及时披露,说明原因和解决方案

资料来源:相关官方网站,作者整理。

我们对比了多个国家和地区的 ESG 信息披露监管要求,发现不同国家和地区对于 ESG 报告的披露程度有所不同,日本、澳大利亚、泰国等国家为自愿披露,鼓励上市公司披露气候信息;中国大陆、美国、韩国、印度等国家和地区为半强制性披露,一般要求成分股公司披露 ESG 信息,以年度的环境、社会及治理(ESG)报告、社会责任(CSR)报告、可持续发展报告为载体披露;而中国香港、新加坡、越南等国家和地区实行强制披露和不遵守就解释原则,对 ESG 报告的信息披露程度较高。

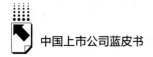

中国上市公司蓝皮书

表3 部分地区上市公司ESG信息披露监管要求对比

项目	美国	中国香港	中国大陆
监管机构	美国证券交易委员会、纽约证券交易所、纳斯达克证券交易所	香港证券及期货事务监察委员会、香港交易所	中国证券监督管理委员会、上海证券交易所、深圳证券交易所
ESG信息披露形式	可持续发展报告、企业社会责任报告、公司网站专栏、SEC文件（申报注册文件、10-K等）	环境、社会及公司治理（ESG）报告，年报	环境、社会及治理（ESG）报告，社会责任报告，可持续发展报告，半年报和年报
ESG报告编制指引	2019年纳斯达克《ESG报告指南2.0》	2016年联交所《环境、社会及管治报告指引》	2006年深圳证券交易所《上市公司社会责任指引》、2008年上海证券交易所《上市公司环境信息披露指引》、各交易所上市公司自律监管指引
ESG报告披露程度	通常不需要在SEC文件中提交ESG信息，除非该信息为重大披露	强制披露+不遵守就解释	以自愿披露为主，部分重点排污单位及其子公司要求强制披露相关信息。上交所强制要求在科创板申请上市公司披露社会责任报告，强制要求纳入"科创50指数"上市公司单独披露社会责任报告或ESG报告；深交所强制要求纳入"深证100指数"上市公司发布社会责任报告
覆盖范围	美国上市公司	全体港交所上市公司	A股上市公司
ESG报告时间周期	年度	年度	年度
披露时限		年结日后3个月	未规定
披露内容	实质性风险	强制披露ESG内容	重点排污单位上市公司需披露污染信息和防治措施；火力发电、钢铁、水泥等高耗能行业上市公司需要披露消耗、污染及防治措施和目标；所有上市公司应披露可能影响股价的环境信息
ESG信息披露标准	GRI、SASB、TCFB、泛ESG主题基金与ESG主题基金规模变化等	GRI、TCFD	约70%的A股上市公司参照GRI标准

资料来源：SEC、纽约证券交易所、纳斯达克证券交易所、香港证券及期货事务监察委员会、香港交易所、上海证券交易所、深圳证券交易所。

198

（二）上市公司践行"双碳"治理

1. 上市公司的 ESG 评级特征

ESG 评分由环境（E）分数、社会（S）分数、公司治理（G）分数三个部分组成。环境包括环境管理、污染物、废弃物、物料消耗、水资源、能源消耗、温室气体排放、气候变化、生物多样性 9 个二级指标，社会包括劳动管理、员工参与度与多样性、职业健康与安全、社区影响、产品责任、供应商管理 6 个二级指标，公司治理包括商业道德、公司治理、风险管理、ESG 治理 4 个二级指标。每个二级指标由若干个三级指标构成，共涉及 700多个标准化指标。环境分数、社会分数、公司治理分数是由二级指标按权重加权得到。ESG 最终得分则由环境分数、社会分数、公司治理分数按照相应权重加权计算得到。

本文 ESG 评分数据来源于妙盈科技。妙盈科技提供的 ESG 数据覆盖度相对较广，除年报、公司治理报告等报告数据外，妙盈科技利用爬虫技术和NLP 技术补充了丰富多维的另类数据如合规数据、争议事件等。妙盈科技的 ESG 评分数据是季度数据，涵盖的范围是从 2020 年第一季度到 2022 年第二季度。

（1）银行和非银金融行业 ESG 总评级分数较高

根据中信 30 个行业分类方式统计发现，银行和非银金融 ESG 评级分数较高，各行业的 ESG 分数均处于上升趋势。从 2020~2022 年的数据分析得知，ESG 分数较高的行业为银行和非银金融，均值分别为 0.51 和 0.46；而 ESG 分数较低的为综合金融和机械行业，均值分别为 0.30 和 0.31。从图 2 可知，2020~2022 年，银行和非银金融行业的 ESG 分数涨幅最大，而综合金融和机械行业涨幅相对较小。

分维度来看，各维度分数差距与行业本身性质有关。从 2022 年第二季度的数据分析得知，不同行业呈现对 ESG 评估的细分指标的分数差异。比如，总得分均分位于前列的银行和非银金融，在社会、公司治理维度与其他行业相比更胜一筹，但环境方面得分较低，这很大可能是因为金融业消耗资

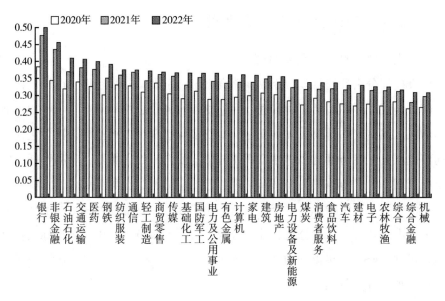

图 2 2020~2022 年三年第二季度各行业 ESG 得分情况

源、排放污染都较少，也基本上不生产实体产品，因此在排污、环保措施这些属性的披露上信息较少。由图 3 可知，有 13 个行业的社会分数大于公司治理分数，如消费者服务行业。而另有 17 个行业的社会分数小于公司治理分数，如轻工制造行业。可以看出，ESG 各维度分数差距与行业本身性质有关。共同点是，各个行业的环境分数均低于其公司治理分数和社会分数。ESG 得分高的企业更注重长远利益，愿意牺牲短期利润、加大研发创新投入，从而增强企业的可持续发展能力。

（2）上证主板的 ESG 得分均值最高

由表 4 可知，上证主板的 ESG 得分均值较高，深证主板紧随其后。各上市板块披露公告的公司的 ESG 得分均值均高于未披露公司，且 ESG 样本分数呈现逐年升高的趋势。

从披露样本看，2022 年，上证主板与深证主板的 ESG 披露样本得分均值持平，均值皆达到 0.46；创业板排名其后，均值为 0.44；科创板以 0.43 排名最后。而从总样本看，上证主板的 ESG 总样本均值达到 0.38；深证主

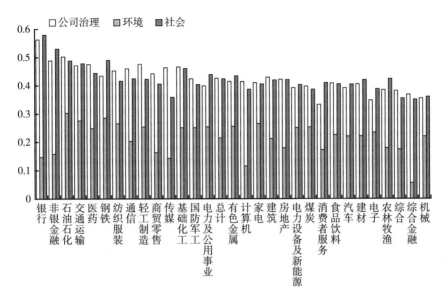

图 3　2022 年第二季度各行业 ESG 分维度得分情况

板排名第二，均值为 0.36；科创板排名第三，总样本均值为 0.35；创业板
较低，总样本均值为 0.32。在 2020 年和 2021 年，不论总样本还是披露样
本，也基本呈现上证主板与深证主板的 ESG 均值较高，位列前二的规律。
虽然 2020 年科创板披露样本均值达到 0.39，当时位列第一，但其总样本均
值为四个上市板块中的最后一名。各上市板块的上市公司 ESG 均值均稳定
攀升，涨势可期。

表 4　按上市公司所属上市板块统计 ESG 得分均值情况

所属板块	2022 年		2021 年		2020 年	
	总样本	披露样本	总样本	披露样本	总样本	披露样本
上证主板	0.38	0.46	0.36	0.44	0.32	0.38
深证主板	0.36	0.46	0.34	0.44	0.29	0.36
创业板	0.32	0.44	0.31	0.41	0.28	0.35
科创板	0.35	0.43	0.30	0.39	0.27	0.39

资料来源：Wind，作者整理。

（3）所属沪深 300 指数的上市公司 ESG 评级分数最高

根据表 5 数据统计分析，所属沪深 300 指数的上市公司 ESG 评级分数最高。各个所属指数的披露公告的公司的 ESG 均值均高于未披露公司，但 ESG 样本分数总体呈现降低的趋势。

截至 2022 年 6 月末，所属沪深 300 指数的上市公司的 ESG 总样本分数达到 0.39，披露样本分数达到 0.43；所属科创 50 指数的上市公司 ESG 披露样本分数同样高达 0.43，但总样本披露均分为 0.31，不及沪深 300；所属中证 500 指数的上市公司紧随其后，ESG 总样本分数为 0.33，披露样本分数为 0.37；所属创业板指的上市公司的 ESG 总样本分数为 0.31，披露样本分数为 0.37；而所属中证 1000 的上市公司的 ESG 总样本分数为 0.29，披露样本分数为 0.36，为五个指数板块中平均评级分数最低的板块，仍有一定提升空间。综合 2020 年和 2021 年数据来看，基本上呈现所属沪深 300 指数的上市公司 ESG 评级分数最高、中证 500 位列其后的规律。披露样本作为披露了 ESG 相关报告的上市公司，评分普遍高于总样本均分。但从时间维度分析，ESG 样本分数并未呈现逐年增高的趋势。

表 5　按上市公司所属指数统计 ESG 评级情况（ESG 得分均值）

所属指数	2022 年		2021 年		2020 年	
	总样本	披露样本	总样本	披露样本	总样本	披露样本
沪深 300	0.39	0.43	0.48	0.51	0.53	0.55
中证 500	0.33	0.37	0.40	0.45	0.43	0.48
中证 1000	0.29	0.36	0.33	0.42	0.36	0.43
科创 50	0.31	0.43	0.34	0.44	0.45	0.44
创业板指	0.31	0.37	0.37	0.46	0.41	0.51

资料来源：Wind，作者整理。

2. ESG 信息披露的案例分析

在对比了国内外 ESG 信息披露监管要求以及统计分析了我国 A 股上市公司 ESG 信息披露后，本节我们选用特斯拉在 2022 年 5 月发布的影响力报告作为案例，与 A/H 股乘用车上市公司比亚迪、长城汽车和 A 股乘用车上市公司上汽集团、长安汽车、广汽集团、东风汽车、江淮汽车发布的 CSR 报告做对比，进而指出美国 ESG 信息披露的优点和国内 ESG 信息披露的不足之处。

首先，从报告类型和整体详尽性来说，特斯拉 ESG 报告的信息披露更为完善，提供了详细的注释、测算模型和关键指标索引。特斯拉整体披露的 ESG 信息也最为详尽，正文部分共 121 页，其中详细说明公司 2021 年在公司治理、环境治理和社会治理三方面进展的有 107 页的内容；报告最后附带了 22 页的附录，对报告正文中出现的数据给出了测算过程或测算模型，对量化指标的计算方法给出了详细的注释。比亚迪和长城汽车作为 A/H 股上市公司，整体的 ESG 报告篇幅较长，内容披露较为详尽，并在附录中根据香港证监会和中国证监会的要求披露了各项关键绩效指标，也根据联交所《环境、社会及管治报告指引》列示了强制披露内容和一般披露内容对应的索引；上汽集团、长安汽车和广汽集团出具的 2021 年社会责任报告正文篇幅均超过 70 页，披露的数据和内容也较为完善；而东风汽车和江淮汽车的报告正文篇幅不足 30 页，相较前述车企披露信息较为单薄，披露的 ESG 数据也不太全面，缺少关键绩效指标的披露和对应交易所的环境信息披露指引对应的内容和索引。

其次，从 ESG 报告具体内容看，公司治理部分，特斯拉董事会成立专门的可持续发展委员会来进行公司的 ESG 管理和 ESG 报告的审查，中国香港和中国大陆的 7 家车企除东风汽车外，均组建了企业社会责任委员会，自上而下对企业社会责任工作进行管理，其中比亚迪在这一部分披露最为详细，将该机构的组织结构和具体职能均进行了披露；其余公司仅简要说明。因此，公司治理部分，比亚迪列示了完善的 CSR 组织架构和管理机制，在这部分表现最优。

环境治理部分，特斯拉的信息披露质量最优，详细地披露了践行碳中和战略的各项举措及具体相关数据，也对行业之间、竞争对手之间和地区之间的数据进行直观对比。特斯拉不但提供了不同车型的碳排放量数据和碳减排

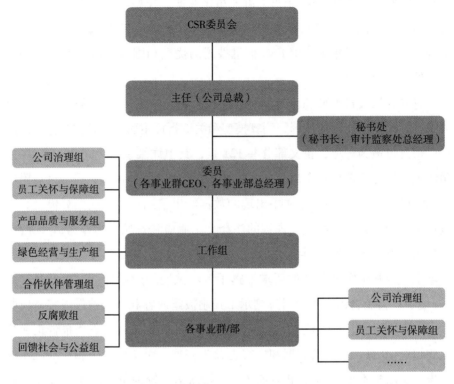

图 4　比亚迪公司 CSR 组织结构

资料来源：《2021 年比亚迪社会责任报告》。

数据，还拆解了公司在美国、欧盟、英国，欧洲自由贸易联盟，中国三大不同区域的碳排放数据，来证实 Model3 排放量低于同级别燃油车，也推算了单位新能源汽车的碳减排数据，并且多次采用相关指标的行业平均值、地区平均值与可比公司做数据对比，来印证公司在环境治理方面取得的成就，使结论的可信度大大提升。比较来看，比亚迪、长城汽车、上汽集团、广汽集团提供了整体的碳排放量数据，长安汽车、东风汽车、江淮汽车没有在报告中披露 CO_2 排放量数据，这说明 A 股上市公司对于碳排放数据的披露水平有待提高。

社会治理部分，特斯拉的信息披露相对更全面，对于负面信息、数据安全等方面的披露更为详尽。分拆为人文、产品和供应链三个章节进行披露，和其余 7 家车企相比,对于车辆召回、投诉、死亡事故等负面信息进行了详细的数据披露,这说明了 ESG 报告应该像公司年报一样客观地反映公司在 ESG 方面的进展和不足之处,并且可提供针对不足之处的解决方案,而国内的 CSR 报告存在一定的"报喜不报忧"情况,无法完全客观反映公司真实的 ESG 治理水平。

最后,从报告鉴证看,特斯拉 ESG 报告的外审、内审机制都很健全,除了特斯拉自身的可持续发展委员会对公司影响力报告进行了内审,公司还拥有独立第三方审计机构的审计鉴证,普华永道为特斯拉影响力报告出具了审计报告,提高了特斯拉 ESG 报告的公信力和权威性。而国内上市公司的 CSR 报告均停留在内审阶段。

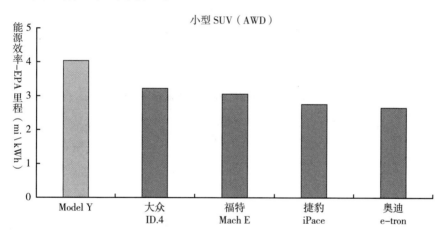

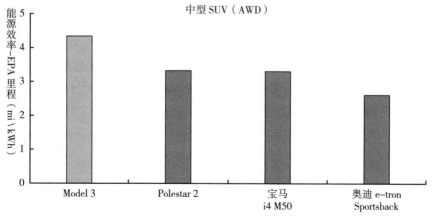

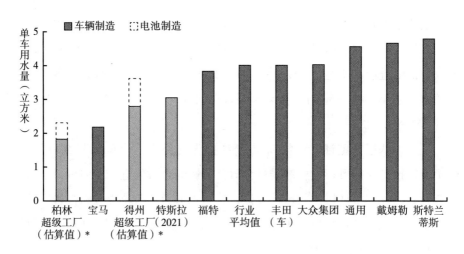

图5 特斯拉影响力报告采用可比公司数据作对比

注：* 基于工厂设计的最新耗水量估算值。实际生产数据需要等到工厂全面投产后方可得知。

表6 乘用车上市公司 ESG 报告信息披露对比

项目	美国	中国香港/中国大陆		中国大陆				
上市公司名称	特斯拉	比亚迪	长城汽车	上汽集团	长安汽车	广汽集团	东风汽车	江淮汽车
报告类型	ESG	CSR	CSR	CSR	CSR	CSR	CSR	CSR
报告正文篇幅(不含附录)(页)	121	78	78	81	72	83	24	6
其中:公司治理(页)	11	11	13	15	6	13	2	2
环境治理(页)	21	19	16	10	7	15	4	1
社会治理(页)	75	34	34	32	52	38	14	2
其他(前言、致辞、公司简介、展望等)(页)	14	14	15	24	7	17	4	1
是否组建专门的 ESG 管理部门	是	是	是	是	是	是	否	是
是否提供碳排放量数据	是	是	是	是	否	是	否	否
是否有同行业数据对比	是	否	否	否	否	否	否	否
是否披露车辆召回、投诉等负面信息	是	是	是	否	否	是	否	否

项目	美国	中国香港/ 中国大陆		中国大陆				
是否提供全面可对照的索引表	是	是	是	否	否	是	否	否
是否披露碳减排数据和计划	是	是	是	是	是	是	否	否
是否经过第三方审计	是	否	否	否	否	否	否	否

资料来源：相关上市公司 2021 年 ESG 报告，作者整理。

（三）机构投资者践行"双碳"治理

目前，我国 ESG 主题产品以 ESG 公募基金为主，ESG 公募基金发展实践是机构投资者在资本市场中践行 ESG 的重要体现。

规模及数量总体呈上升趋势，以泛 ESG 主题基金为主。ESG 公募基金规模及数量一直保持着稳健增长态势，并在 2022 年 3 月创新高。截至 2022 年 3 月 25 日，泛 ESG 主题基金规模已超 4000 亿元，数量达到 225 只，ESG 主题基金规模超过 160 亿元，数量达到 33 只。与 2016 年相比，2022 年 3 月泛 ESG 主题基金规模增长了 447%，数量是 2016 年的 2.6 倍。

ESG 主题基金在规模和数量上均远远落后于泛 ESG 主题基金。2019 ～ 2022 年，ESG 主题基金在规模上实现 80 亿元的增长，增长幅度仅是同期泛 ESG 主题基金的 1/20，同时，ESG 主题基金在数量上与泛 ESG 主题基金也相差较大，截至 2022 年 3 月，ESG 主题基金数量是泛 ESG 主题基金数量的 1/7。近年来，ESG 主题基金发展逐步加快，但仍未出现大规模的快速增长趋势，仍有较大发展空间。

泛 ESG 主题基金的快速发展主要得益于权益类基金规模的增长。截至 2022 年 3 月 25 日，泛 ESG 权益类基金达到 209 只，总规模为 3591 亿元，占泛 ESG 主题基金总规模的 88%。近年来，泛 ESG 权益类基金发展迅速，规模由 2019 年 1000 亿元增长至 2022 年的 3591 亿元，数量也增加了 100 多只。泛 ESG 非权益类基金在 2017 年之前一直处于慢坡爬行式发展状态，在

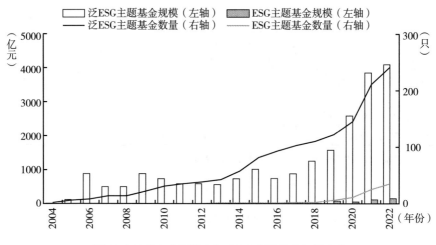

图6 泛 ESG 主题基金与 ESG 主题基金规模变化

注：数据更新到 2022 年 3 月 25 日，下同。

资料来源：Wind，笔者整理。

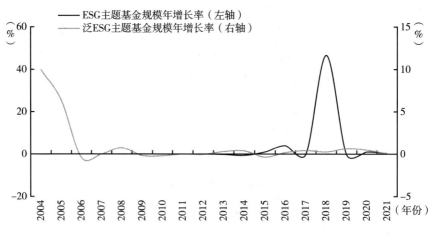

图7 泛 ESG 主题基金与 ESG 主题基金规模增长情况

资料来源：Wind，笔者整理。

2018 年规模达到峰值，占泛 ESG 主题基金总规模的 40%，伴随着权益类基金的稳步发展，非权益类基金在泛 ESG 主题基金中的占比也持续下滑，2022 年仅占泛 ESG 主题基金总规模的 12%。

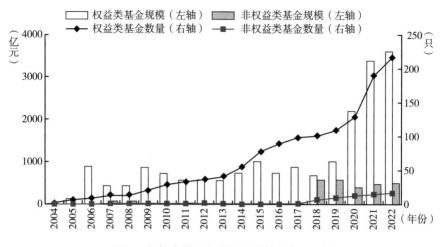

图8　权益类基金与非权益类基金发展趋势

资料来源：Wind，作者整理。

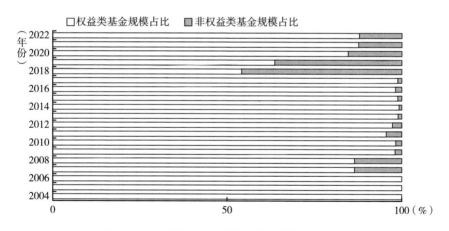

图9　权益类基金与非权益类基金规模占比对比

资料来源：Wind，作者整理。

主动权益型基金是权益类泛 ESG 主题基金发展的中坚力量。截至 2022 年 3 月，172 只主动权益类泛 ESG 主题基金规模达 3395 亿元，占权益类泛 ESG 主题基金总规模的 95%，创历史新高。同期被动指数类泛 ESG 主题基

■ 权益类基金　■ 非权益类基金

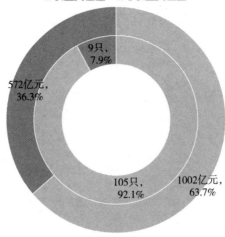

图 10　2019 年权益类与非权益类 ESG 主题基金规模对比

注：内圈为基金数量，外圈为基金规模。
资料来源：Wind，作者整理。

■ 权益类基金　■ 非权益类基金

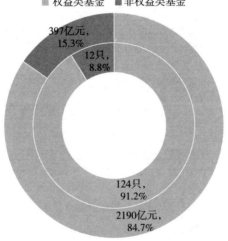

图 11　2020 年权益类与非权益类泛 ESG 主题基金规模对比

注：内圈为基金数量，外圈为基金规模。
资料来源：Wind，作者整理。

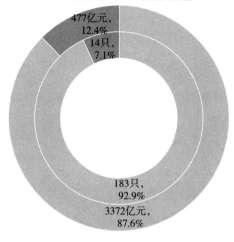

图 12　2021 年权益类与非权益类泛 ESG 主题基金规模对比

注：内圈为基金数量，外圈为基金规模。
资料来源：Wind，作者整理。

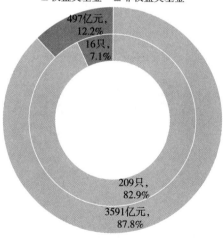

图 13　2022 年权益类与非权益类泛 ESG 主题基金规模对比

注：内圈为基金数量，外圈为基金规模。
资料来源：Wind，作者整理。

金规模仅 195 亿元，数量也只有 37 只。2012 年至 2022 年 3 月十余年，权益类泛 ESG 主题基金共实现 3019 亿元的规模增长，其中主动权益类泛 ESG 主题基金占 96%。

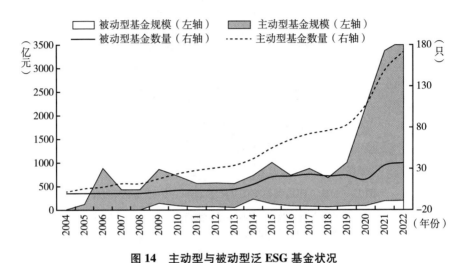

图 14　主动型与被动型泛 ESG 基金状况

资料来源：Wind，作者整理。

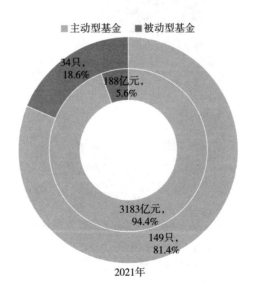

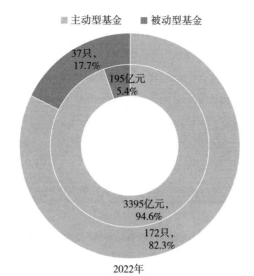

图 15　2021 年主动型与被动型泛 ESG 基金数量占比

注：内圈为基金规模，外圈为基金数量。
资料来源：Wind，作者整理。

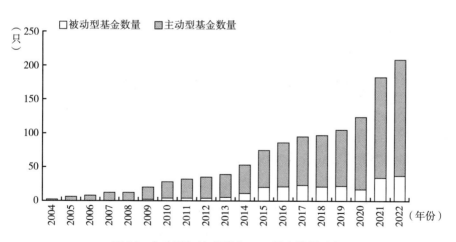

图 16　主动型与被动型泛 ESG 基金数量对比

资料来源：Wind，作者整理。

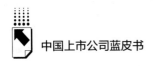

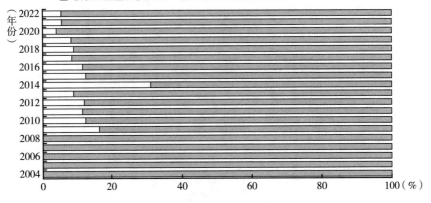

图 17 主动型与被动型泛 ESG 基金规模对比

资料来源：Wind，作者整理。

（四）中介机构践行"双碳"治理

1. 投资银行效能助力绿色企业直接融资

证券公司投行业务可以为绿色企业提供专业的承销和保荐等中介服务，帮助绿色上市公司通过 IPO、再融资、绿色债券发行等手段实现高效融资。在股权融资方面，自"双碳"目标提出到 2022 年 9 月 22 日这两年间，证券行业服务 86 家公用事业及电力设备行业上市公司完成境内首发上市，融资金额达到 1404 亿元，服务 98 家公用事业及电力设备行业境内上市公司实现增发融资，融资规模达到 2772 亿元；证券行业服务 6 家新能源主题概念类上市公司完成境内首发上市，其中 4 家沪深主板上市公司、2 家科创板上市公司，总融资金额达到 286 亿元。在绿色债券方面，自"双碳"目标提出到 2022 年 9 月 22 日两年间，共有 95 家境内证券公司作为绿色债券的主承销商参与其中，参与发行 1349 只债券，共计发行规模2.1 万亿元，占市场绿色债券发行总规模的 82%，其中 616 只债券的主承销商完全为境内证券公司，共计发行规模 5140 亿元。

2. 资本中介引导资金向低碳上市公司配置

证券公司投研业务可以为机构投资者提供专业的投研服务,引导机构资金投向低碳上市公司,还可引入、创设绿色投资产品,吸引境内外投资者参与绿色投资。"双碳"目标提出两年间,碳中和主题概念类上市公司受证券公司关注度较高,126 家该类上市公司接受证券公司调研次数共计 950 次,平均被调研次数为 7.5 次,高于全 A 股市场均值的 4.7 次。2021 年被视为"碳中和元年",据《中国证券业发展报告(2022)》统计,2021 年全年,共计 14 家证券公司协助机构客户投资低碳绿色产业上市公司,助力投资总规模为 485.1 亿元,其中协助机构客户投资规模最大的证券公司投资规模达163.32 亿元;通过设立市场化母基金以及境内外私募股权投资及战略配售对绿色低碳领域实现投资的证券公司有 29 家,投资总规模达到 328.86 亿元,其中投资规模最大的证券公司投资规模达 265.22 亿元;引入绿色低碳主题公募基金的证券公司有 41 家,共计引入公募基金 725 只,引入数量最多的证券公司引入公募基金达 156 只;12 家证券公司资管子公司发行绿色资产证券化产品,发行绿色资产证券化产品的总规模为 307.68 亿元;19 家证券公司发行了绿色低碳主题基金,发行总规模为 861.46 亿元。

3. 金融机构促进碳排放权交易市场健康发展

证券行业通过参与我国碳排放权市场建设与碳金融产品开发等方式来助力碳市场的发展。在支持碳排放权市场建设方面,证券公司通过参与碳市场建设主题研讨、加入相关行业联盟、参与地方试点碳市场交易活动以及在公司内部成立碳金融业务团队等方式支持国内碳排放权市场建设。据《中国证券业发展报告(2022)》统计,目前我国已经有 15 家证券公司成立了专门的碳金融业务团队或业务组,2 家证券公司向中国证监会申请并获得了开展碳交易业务的批准。

4. 碳金融工具为激活碳市场流动性贡献力量

在支持国内碳金融产品建设方面,证券公司响应中国证监会政策,积极开发碳金融工具,为激活碳市场流动性贡献力量。根据中国证监会于 2022 年 4 月 12 日发布的《碳金融产品》(JR/T 0244—2022)行业标准,碳金融产品被划分为碳市场融资工具、碳市场交易工具以及碳市场支持工具。在对碳市场融资工具的支持上，证券公司通过承销、提供资金和托管等方式助力企业通过以碳配额为标的碳债券、碳资产抵质押、碳资产回购及碳资产托管等工具融资。例如，2022 年 4 月，国泰君安在广州碳排放权交易所开展了碳资产买断式回购业务。在助力碳市场支持工具的发展上，证券公司积极参与碳指数的编制，为碳基金提供做市服务。从 2021 年起由各大证券公司推出的碳指数逐渐发布，具体包括南方东英银河—联昌富时亚太低碳指数ETF、中国中金碳中和指数、长城碳中和指数、长城 ESG 沪深 300 优选指数、东方证券·碳中和指数和申万宏源碳中和指数等，其中南方东英银河—联昌富时亚太低碳指数 ETF 是于 2020 年 9 月 29 日由中国银河证券和南方东英资产管理联名推出的，并在新加坡交易所上市，该指数是全球首只覆盖亚太地区的低碳 ETF，也是新交所上市募资规模最大的股权 ETF。国内首批 8只碳中和 ETF 于 2022 年 7 月 19 日发行上市，中国银河证券、中信证券等证券公司获得为碳中和 ETF 提供主做市服务的资格。

B.6
中国上市公司 ESG 信息披露
现状与行业差异分析

中国社会科学院上市公司研究中心 ESG 研究课题组*

摘　要： ESG 是国际化可持续发展指标体系，已成为企业主流评价体系和可持续发展的核心框架。本文基于中国上市公司 ESG 信息披露实践，对电力、能源、工业、可选消费、信息技术等具体行业的 ESG 相关报告披露情况以及 ESG 评级情况开展分析。研究发现，当前 ESG 报告以社会责任报告为主，国企进行披露的意识更强，ESG 评级为 A 及以上的公司数量较少。此外，企业规模、地域、上市地等因素也会影响其 ESG 信息披露情况。中国上市公司的 ESG 信息披露存在缺乏一致性和标准化、披露内容不够全面、缺少独立验证等问题，需要政府部门、资本市场以及上市公司三方共同发力提高企业 ESG 披露水平、提升企业 ESG 表现。

关键词： 上市公司　ESG　信息披露

　　ESG，即环境（Environment）、社会（Social）和公司治理（Corporate Governance），是联合国负责任投资原则组织（UNPRI）于 2004 年提出并经过多年演化和发展的国际化可持续发展指标体系。在各国际组织的推动下，

＊ 课题组成员：张小溪，中国社会科学院经济研究所副研究员；刘博，中国社会科学院大学博士研究生；彪义雯，中国社会科学院大学硕士研究生；卢欣一，北京大学硕士研究生；王格，中国社会科学院大学本科生；修心然，中国社会科学院大学本科生；何馨怡，中国社会科学院大学本科生。

ESG 理念逐步走向成熟，ESG 实践逐渐走向标准化、国际化、体系化，ESG 投资也日益成为投资"新规则"。随着企业责任内涵的不断延伸，ESG 信息披露已成为企业非财务绩效的主流评价体系，是企业实现可持续发展的核心框架。当前我国企业广泛采纳现有的国际 ESG 信息标准进行相关披露，同时我国也出台了一系列相关政策文件，为企业披露 ESG 信息打下了良好的基础。2006 年以来，深交所《上市公司社会责任指引》、上交所《关于加强上市公司社会责任承担工作暨发布〈上海证券交易所上市公司环境信息披露指引〉的通知》、香港联合交易所《环境、社会及管治报告指引》、中国证监会新版《上市公司治理准则》等一系列符合 ESG 理念的标准指引陆续出台。2022 年，上交所和中国证监会分别在 1 月和 4 月发布《上海证券交易所股票上市规则（2022 年 1 月修订）》和《上市公司投资者关系管理工作指引》，从制度层面加强上市公司 ESG 信息披露；7 月，深交所正式推出国证 ESG 评价方法和 ESG 指数，ESG 生态进一步健全。

ESG 信息披露是 ESG 体系的核心。截至 2022 年 12 月 31 日，发布 2021 年度 ESG 相关报告的上市公司数量共 1376 家，其中，发布社会责任报告的有 1152 家，发布 ESG 报告的共 107 家，发布可持续发展报告的共 56 家，另有 58 家发布了社会责任报告暨 ESG 报告，3 家发布了可持续发展报告暨 ESG 报告，企业披露的报告类型仍以社会责任报告居多。践行与国家发展理念高度契合的绿色发展 ESG 理念，有利于企业形成内生驱动力、提升财务表现和社会形象，进而通过获得 ESG 投资拥有较高竞争优势；在宏观层面，契合我国向高质量发展转变的背景，与新发展理念的目标内涵高度一致。因此，如何将企业同环境部门及更广泛的利益相关方相联系，形成可持续发展的勾稽关系，是我国践行绿色发展理念面临的重要议题。

一 研究现状综述

（一）ESG 披露的经济影响

首先，披露 ESG 报告能够在资本市场上更好地对企业进行定价。ESG

争议事件增加了公司未来前景的不确定性，而 ESG 披露降低了这种不确定性，能够帮助市场更好地对企业进行评价；这表明独立的企业社会责任报告的发布起到了财务披露的补充作用。

其次，ESG 披露有利于提升公司价值，ESG 披露质量对增加公司的托宾Q 值、ROA 和降低下行风险的调节作用，与回报增长率也高度相关。实证结果表明，ESG 披露对企业财务指标、公司业绩具有有利影响，吸引了 ESG 投资者。ESG 信息披露也在 ESG 评级与财务绩效之间的联系中起到了正向调节作用，无论是作为单一因素影响，还是综合的交互作用，ESG 披露对财务指标的正向作用都显著存在，其中治理维度对公司业绩的影响最大。

在对资本成本的影响方面，ESG 披露的影响效应尚存在讨论空间。一些实证研究表明，ESG 披露对债务融资成本存在负面影响。另一些实证研究则得出 ESG 披露与成本存在非线性关系——无形资本的变化趋势随着 ESG 信息披露程度呈"倒 S 形"曲线。研究表明，在 ESG 建设投资初期，新的 ESG 投资增加了无形资本。随着 ESG 投资的增加和时间的推进，ESG 评分的提高对无形资本的正向作用开始显现，并逐渐抵消了 ESG 投资的成本。在异地上市的公司披露的 ESG 数据要多于仅在本国市场上市的公司，究其原因，ESG 披露能够减轻外国资本市场中外国债务的负担。也有研究表明，ESG 披露本身会降低估值。不过，符合一般认知的规律是 ESG 的优势可以提高公司价值，而劣势则会降低价值。

（二）影响 ESG 披露的因素

企业是否披露 ESG 报告，最重要的影响因素就是政策是否要求强制性披露。为提高公司活动对社会和环境影响的透明度而采取的监管措施可有效提高披露有效性。

公司的治理结构会对企业是否披露 ESG 产生较大影响。一般而言，董事会规模、董事会的独立性、是否在异地上市等因素都能影响企业是否披露 ESG。董事会成员的组成是影响公司进行 ESG 披露的一个重要因素。董事会的独立性和性别多元化对 ESG 指标的披露程度产生积极影响。当员工成为

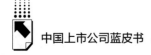

董事会成员之一时，由于员工和股东之间可能存在利益冲突，因此，ESG得分高可能表明员工和经理之间结成联盟，以抵消股东在董事会中的影响作用。从披露的倾向性来看，独立董事较多的公司在 CSR 报告中会更倾向于悲观表述，而非乐观表述。

市场反应也是影响 ESG 披露的重要原因。在美国强制要求上市公司公布 ESG 报告后，市场出现了−1.1%的波动，这些负面反应存在异质性，在ESG 得分较高的公司中负面效应有所减弱。但是，也有研究表明，自愿进行 ESG 披露能降低企业面临的风险，例如，减少特殊波动性、下行尾部风险，更有助于公司在上市后建立声誉资本。

除了上述因素以外，投资者的投资动机、客户需求、公司制定的产品策略均是推动企业披露 ESG 的因素，道德也是推动企业披露 ESG 的动力之一。也有研究表明，在受自然灾害影响地区附近县的公司，在灾难发生后的一段时间内提高了 ESG 披露的透明度。

（三）披露 ESG 的得分情况

有文献研究了标普 500 指数公司的 ESG 披露水平，环境、社会、治理三个方面的披露率有较明显的区别。在三个指标中，治理（G 维度）的透明度最高，环境（E）的透明度最低。此外，标普 500 指数公司披露有关特定社会政策（例如童工）信息的百分比差异很大。在某些行业，社会和治理方面的透明度存在显著差异。从企业的异质性来看，规模较大的公司的ESG 披露得分明显高于中等规模公司。董事会的性别差异大、将高管薪酬与 ESG 得分挂钩的企业 ESG 披露得分较高。

二　现状分析

（一）电力行业

1. 行业背景

在巴黎协定及我国"双碳"目标的约束下，经济活动的脱碳变得至关重要。电气化是实现脱碳的第一步，有助于降低所有经济活动中的直接碳排放，因此，电力行业需要承接来自工业、交通运输等其他领域转移的能源消耗。而与此同时，电力行业本身也是我国碳减排的重点领域，目前能源行业碳排放占我国全部碳排放的 88% 左右，电力行业碳排放约占能源行业碳排放的 41%，降低电力行业碳排放中的含碳量需要依托绿色清洁能源的配置与替代。上述两个方面均需要大规模的融资支持，目前存在的渠道主要有以下两种：一是通过"自上而下"的"引导型"转型金融工具实现融资，能源、电力等行业对国家安全与稳定具有难以替代的作用，行业的特殊性、企业自身的局限性及技术升级带来的回报时效性问题决定了需要通过特殊的路径、特殊的金融工具对绿色转型进行规划与促进，但当前尚未形成与此相关的标准体系与评价标准；二是通过"自下而上"的"自主型"信息披露吸引投资，ESG 在这种方式中占据了主导地位，其带来的企业绩效和价值提升可以平衡降碳减排的投入，并引导绿色资金向 ESG 绩效好的企业倾斜，促进和保障"双碳"目标的实现。

2. 行业现状

（1）ESG 相关报告披露情况

电力行业的研究样本是 Wind 公用事业行业分类中电力以及独立电力生产商与能源贸易商两个三级行业的 A 股上市公司，合计 74 家。截至 2022 年 12 月 31 日，电力行业共 42 家上市公司单独披露了 ESG 相关报告，行业披露率达 56.76%（高于 A 股上市公司整体披露率 31.53%）。电力行业 ESG 报告披露主要呈现以下几个特点。

一是报告类型仍然以社会责任报告为主。在 2022 年电力行业的 42 家已披露 ESG 相关报告的样本公司中，34 家公司披露社会责任报告，5 家公司披露的是 ESG 报告，2 家公司披露可持续发展报告，1 家公司披露了社会责任报告暨 ESG 报告（见图 1）。

二是披露 ESG 相关报告的企业区域分化明显。在 42 家样本公司中，六

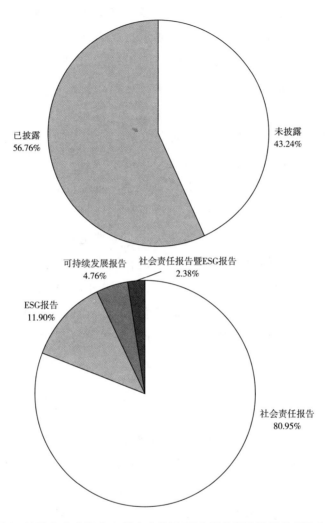

图1　2022年电力行业A股上市公司ESG相关报告披露情况及占比

成位于南方①（见图2），且北京、四川、广东、福建四个省市披露报告的公司数量位于前列，经济发展水平越高的地区披露意识越强。

---

① 在本报告中，北方省（区、市）有北京、天津、河北、山西、内蒙古、辽宁、吉林、黑龙江、山东、河南、陕西、甘肃、青海、宁夏、新疆；南方省（区、市）有上海、江苏、浙江、安徽、福建、江西、湖北、湖南、广东、广西、海南、重庆、四川、贵州、云南、西藏。

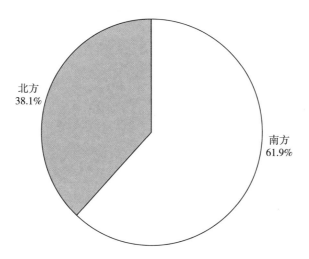

图 2　已披露 ESG 相关报告的企业区域占比

资料来源：作者根据企业 ESG 报告自行整理。

三是披露 ESG 相关报告的企业类型以国企为主。在 42 家已披露的样本公司中，国有企业占比高达 90.47%（中央国有企业占 57.14%，地方国有企业占 33.33%）（见图 3）。考虑到电力行业国企占据主导地位，全行业 74 个公司中国企占比就高达 81.08%，因此，本文计算了全行业国企中披露 ESG 相关报告的企业占比，发现这一比例达 63%；对标民营企业，这一比重为 33.33%，国企在 ESG 披露方面拥有更高的履责意识，民营企业的披露动力不足，"自下而上"的渠道并未完全打通。

（2）ESG 评级情况

Wind ESG 对电力行业中的 74 家 A 股上市公司进行了评级。其中，AA 级 1 家（中国广核），占比 1.35%；A 级 6 家（宝新能源、广州发展、国投电力、银星能源、金开新能与中国核电），占比 8.11%；BBB 级 16 家，占比 21.62%；BB 级 46 家，占比 62.16%；B 级 5 家，占比 6.76%（见图 4）。从得分来看，无论是电力行业整体还是不同评级内部，环境维度得分均值均低于社会维度和治理维度（见表 1）。

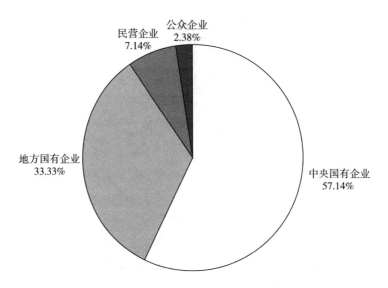

图3 已披露 ESG 相关报告的企业类型占比

资料来源：作者根据企业 ESG 报告自行整理。

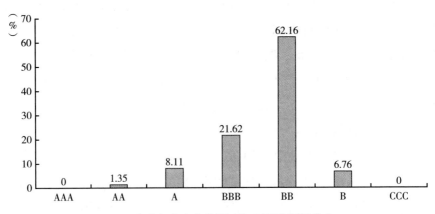

图4 电力行业上市公司 Wind ESG 评级分布

资料来源：Wind ESG。

表 1   不同评级得分差异

评级		综合得分	ESG 管理实践得分	ESG 争议事件得分	环境维度得分	社会维度得分	治理维度得分
AA	均值	8.31	5.49	2.82	7.16	7.87	8.20
	标准差	—	—	—	—	—	—
	中位数	8.31	5.49	2.82	7.16	7.87	8.20
	最大值	8.31	5.49	2.82	7.16	7.87	8.20
	最小值	8.31	5.49	2.82	7.16	7.87	8.20
A	均值	7.65	4.76	2.89	5.67	7.39	6.98
	标准差	0.32	0.29	0.03	1.40	0.95	0.55
	中位数	7.74	4.83	2.90	5.84	7.29	7.06
	最大值	7.99	5.08	2.91	7.60	8.62	7.69
	最小值	7.09	4.25	2.84	4.11	5.95	6.29
BBB	均值	6.53	3.63	2.90	3.99	4.38	6.45
	标准差	0.34	0.35	0.05	2.27	2.05	0.93
	中位数	6.58	3.63	2.91	3.25	4.55	6.54
	最大值	7.09	4.17	2.96	7.61	7.91	8.01
	最小值	6.09	3.16	2.77	1.43	0.92	4.76
BB	均值	5.56	2.71	2.85	1.11	2.67	6.37
	标准差	0.33	0.31	0.12	1.20	1.13	0.69
	中位数	5.51	2.67	2.88	0.58	2.55	6.53
	最大值	6.45	3.63	2.96	4.74	5.09	7.88
	最小值	4.94	2.13	2.47	0.00	0.06	4.75
B	均值	5.16	2.48	2.68	0.88	1.96	6.31
	标准差	0.40	0.44	0.30	1.07	1.28	0.75
	中位数	4.89	2.70	2.75	0.33	2.66	6.37
	最大值	5.69	2.94	2.91	2.23	3.01	7.07
	最小值	4.85	1.97	2.15	0.00	0.34	5.12
全样本	均值	5.95	3.10	2.85	2.17	3.44	6.46
	标准差	0.79	0.77	0.13	2.25	2.02	0.77
	中位数	5.74	2.92	2.89	1.37	3.23	6.56
	最大值	8.31	5.49	2.96	7.61	8.62	8.20
	最小值	4.85	1.97	2.15	0.00	0.06	4.75

资料来源：Wind ESG。

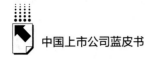

（二）能源行业

1. 行业背景

在"双碳"约束下，脱碳与清洁能源建设的需求与日俱增，能源行业仍是电气化和能源绿色化的核心部门，如何运用 ESG 理念构建行业的可持续发展能力迫在眉睫。

2. 行业现状

（1）ESG 相关报告披露情况

能源行业的研究样本是 Wind 行业分类中能源行业的 A 股上市公司，合计 80 家。截至 2022 年 12 月 31 日，能源行业共 35 家上市公司单独披露了 ESG 相关报告，行业披露率为 43.75%（高于 A 股上市公司整体披露率 31.53%）。能源行业 ESG 报告披露主要呈现以下几个特点。

一是报告类型以社会责任报告为主。在 2022 年能源行业的 35 家已披露 ESG 相关报告的样本公司中，26 家公司披露社会责任报告，6 家公司披露的是 ESG 报告，3 家公司披露可持续发展报告（见图 5）。

二是相较于民企，国企披露 ESG 相关报告的意识更强。这一特点比之电力行业更加明显。在能源行业的所有国企中披露 ESG 相关报告的占比为 62.5%，而能源行业中的民营企业披露率仅为 10.71%（见表 2）。

（2）ESG 评级情况

Wind ESG 对能源行业的 80 家 A 股上市公司进行了评级。其中，AA 级 2 家（海油发展、中国神华），占比 2.50%；A 级 6 家（杰瑞股份、山东墨龙、兖矿能源、海油工程、石化油服与中国海油），占比 7.50%；BBB 级 18 家，占比 22.50%；BB 级 47 家，占比 58.75%；B 级 6 家，占比 7.50%；CCC 级 1 家，占比 1.25%（见图 6）。从得分来看，能源行业的环境得分的组间差异较大，评级为 AA 的企业环境得分均值比评级为 CCC 的高出 8.58（评分最高值为 10），表明环境议题层面各企业的做法两极分化严重（见表 3）。

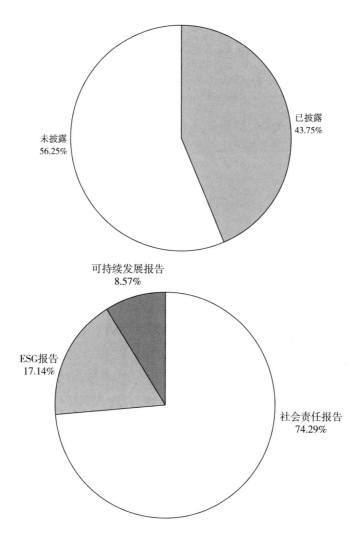

图 5　2022 年能源行业 A 股上市公司 ESG 相关报告披露情况占比

资料来源：作者根据企业 ESG 报告自行整理。

表2 已披露 ESG 相关报告的企业类型及占比

单位：家，%

企业类型	披露 ESG 相关报告企业数	行业内企业总数	披露率
国有企业	30	48	62.50
地方国有企业	16	31	51.61
中央国有企业	14	17	82.35
民营企业	3	28	10.71
公众企业	1	3	33.33
外资企业	1	1	100.00

资料来源：作者根据企业 ESG 报告自行整理。

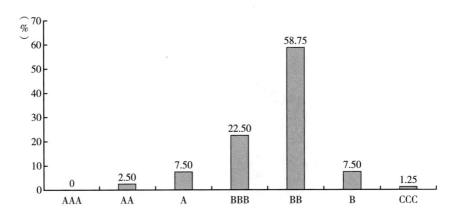

图6 能源行业上市公司 Wind ESG 评级分布

资料来源：Wind ESG。

表3 不同评级得分差异

	评级	综合得分	ESG 管理实践得分	ESG 争议事件得分	环境维度得分	社会维度得分	治理维度得分
AA	均值	8.74	6.14	2.60	9.04	8.24	8.90
	标准差	0.11	0.24	0.35	0.08	0.16	1.05
	中位数	8.74	6.14	2.60	9.04	8.24	8.90
	最大值	8.82	6.31	2.85	9.10	8.36	9.64
	最小值	8.66	5.97	2.35	8.98	8.13	8.16

评级		综合得分	ESG 管理 实践得分	ESG 争议 事件得分	环境维 度得分	社会维 度得分	治理维 度得分
A	均值	7.43	4.76	2.67	6.46	6.38	7.38
	标准差	0.28	0.49	0.28	1.22	1.78	0.60
	中位数	7.46	4.58	2.78	6.88	6.72	7.31
	最大值	7.89	5.54	2.90	7.88	8.58	8.36
	最小值	7.11	4.29	2.29	4.36	3.55	6.69
BBB	均值	6.39	3.63	2.77	3.06	5.33	6.88
	标准差	0.42	0.48	0.28	1.62	1.46	0.57
	中位数	6.37	3.62	2.88	3.33	5.69	6.94
	最大值	7.31	4.86	3.00	6.76	7.55	7.82
	最小值	5.68	2.97	1.98	0.21	2.92	5.20
BB	均值	5.51	2.69	2.81	1.34	2.95	6.54
	标准差	0.31	0.35	0.14	1.09	1.24	0.47
	中位数	5.45	2.74	2.85	1.19	2.85	6.64
	最大值	6.06	3.49	2.99	3.79	5.91	7.32
	最小值	4.84	1.93	2.46	0.00	0.95	5.24
B	均值	5.01	2.25	2.76	0.31	2.21	6.31
	标准差	0.27	0.36	0.18	0.52	2.27	0.50
	中位数	4.99	2.16	2.72	0.08	1.48	6.32
	最大值	5.45	2.74	3.00	1.33	6.22	6.94
	最小值	4.63	1.88	2.51	0.00	0.09	5.56
CCC	均值	4.54	1.84	2.70	0.46	2.21	4.71
	标准差	—	—	—	—	—	—
	中位数	4.54	1.84	2.70	0.46	2.21	4.71
	最大值	4.54	1.84	2.70	0.46	2.21	4.71
	最小值	4.54	1.84	2.70	0.46	2.21	4.71
全样本	均值	5.88	3.10	2.78	2.22	3.81	6.70
	标准差	0.85	0.91	0.20	2.20	2.02	0.70
	中位数	5.67	2.92	2.85	1.69	3.38	6.74
	最大值	8.82	6.31	3.00	9.10	8.58	9.64
	最小值	4.54	1.84	1.98	0.00	0.09	4.71

资料来源：Wind ESG。

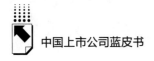

（三）工业

1. 行业背景

我国是世界上公认的工业大国，工业体系完整、规模庞大，2019年，我国工业增加值达到 317108.7 亿元，占世界的比重为 24.06%。从国内视角来看，工业项目投资是我国拉动经济增长的重要抓手，2022 年全部工业增加值为 401644 亿元，占 GDP 的比重为 33.19%，工业领域能耗占全社会能耗的 65%，无论从经济效益还是能源消耗来看，工业行业的 ESG 发展情况都需要得到重视。我国工业能源结构偏煤，煤炭的终端利用效率较低，技术储备不足，资源和环境约束进一步加剧，工业绿色低碳转型任务艰巨。工业领域用能企业数量多、涉及面广，因此，提高工业企业的能源资源利用效率、推动重点领域生产设备更新换代、关注企业的 ESG 发展至关重要。

2. 行业现状

（1）ESG 相关报告披露情况

本文收集了 2022 年所有上市公司发布的 ESG 相关报告（共 1379 篇），将其与工业行业 Wind 评级[①]（共 1278 家上市公司）进行匹配，共有 301 家工业上市公司发布了相关报告，行业披露率为 23.55%，低于 A 股上市公司整体披露率 31.53%。工业行业披露的报告有以下特点。

首先，企业发布相关报告多采取社会责任报告的形式。在 301 家上市公司发布的 301 篇报告中，社会责任报告 260 篇，ESG 报告 20 篇，社会责任暨 ESG 报告 10 篇，可持续发展报告 10 篇，可持续发展 & ESG 报告 1 篇（见图 7）。

其次，注册地位于北方省（区、市）的企业披露率高于南方。本文以 A 股市场中所有工业企业数据为分母，对比了注册地在南方和北方的企业的披露率。A 股市场中工业企业共 1360 家，注册地在北方的共 358 家，其中 100 家披露了报告，披露率为 27.93%。注册地在南方的共 1002 家，其中

---

① Wind 数据库中，工业行业下分商业和专业服务、运输业、资本货物三个子行业。

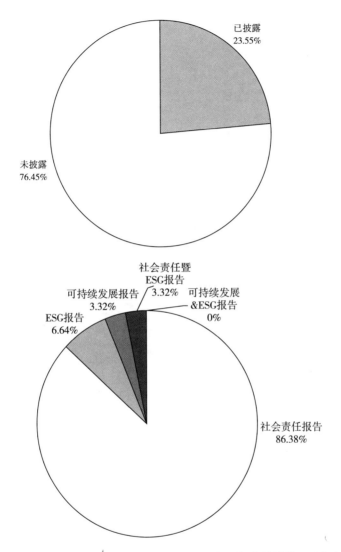

图 7 2022 年工业行业 A 股上市公司 ESG 相关报告披露情况及占比

201 家披露了报告，披露率为 20.06%，如图 8 所示。

在披露报告的 301 家工业上市企业中，注册地位于南方的有 201 家，占比 66.78%，注册地位于北方的有 100 家，占比 33.22%（见图 9）。其中，注册地位于广东、浙江、上海、北京的上市公司披露较多。

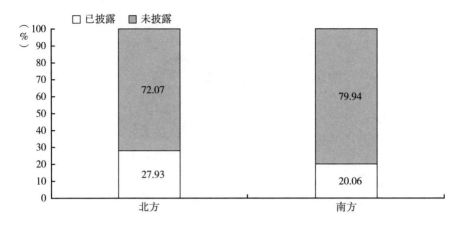

图8 按注册所在地分类的企业的披露情况

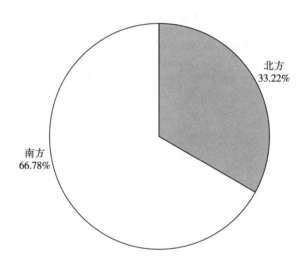

图9 已披露ESG相关报告的企业区域占比

再次，民营企业披露率较低，国有企业披露率较高。本文以A股市场中所有分类为工业行业的企业数据为分母，对比不同所有制的企业ESG报告披露情况。如表4、图10所示，中央国有企业披露率为55.56%，地方国有企业披露率为31.87%，民营企业披露率为13.40%，外资企业披露率为17.95%，公众企业披露率为29.82%，其他企业披露率为33.33%，集体企业披露率为0%。

表4　工业行业各所有制企业的披露情况

单位：家，%

项目	全工业	已披露	未披露	披露率
中央国有企业	144	80	64	55.56
地方国有企业	251	80	171	31.87
民营企业	858	115	743	13.40
外资企业	39	7	32	17.95
公众企业	57	17	40	29.82
其他企业	6	2	4	33.33
集体企业	5	0	5	0.00
合计	1360	301	1059	

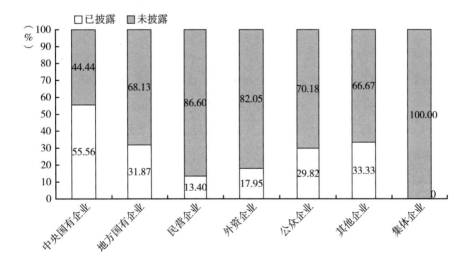

图 10　各类所有制企业的披露情况

资料来源：作者根据企业 ESG 报告自行整理。

在 301 家披露报告的工业上市公司中，民营企业占比最多，达 38.21%，地方国有企业、中央国有企业占比紧随其后，均为 26.58%，如图 11 所示，但这主要是由于工业企业中民营企业本身数量较多的缘故。

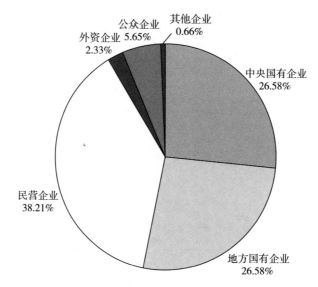

图 11 已披露 ESG 相关报告的企业类型及占比

资料来源：作者根据企业 ESG 报告自行整理。

最后，在工业行业的各个子行业中，运输业披露率最高，大约为43.09%，资本货物次之，披露率为21.16%，商业和专业服务最低，仅为13.02%，如图12所示，这可能由于运输业对信息安全和信息披露的要求较高的缘故。

（2）ESG 评级情况

Wind ESG 共对 1278 家企业进行了评级。其中，ESG 评级结果为：AAA 级 1 家，占比 0.08%；AA 级 10 家，占比 0.78%；A 级 100 家，占比 7.82%；BBB 级 459 家，占比 35.92%；BB 级 582 家，占比 45.54%；B 级 112 家，占比 8.76%；CCC 级 14 家，占比 1.10%（见图 13）。

比较工业行业（共 1278 家）与全行业（4752 家）的 ESG 得分，如表 5 所示，可以看到 ESG 评级分布呈现相似的结构性特征。BB、BBB 级是评级得分的主流。全行业评级为 A 级及 A 级以上的企业比例高于工业行业，说明对标全行业，工业企业的 ESG 评级仍有进步的空间。无论是

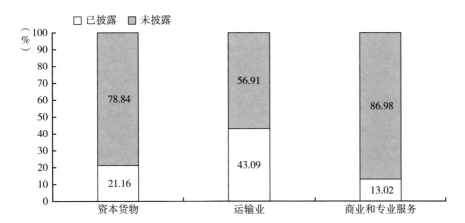

图 12　工业行业子行业披露情况

资料来源：作者根据企业 ESG 报告自行整理。

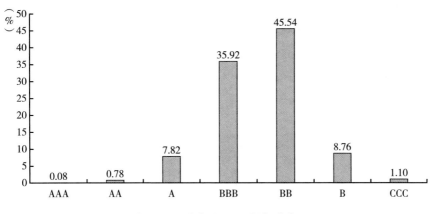

图 13　工业行业 ESG 评级分布

资料来源：Wind ESG，作者根据企业 ESG 报告自行整理。

全行业还是工业行业，ESG 评级为 AAA 级、AA 级的公司数量都很少，说明我国的上市公司在 ESG 报告、可持续发展报告方面都有提升和改进的空间。

表5 工业行业和全行业评级分布对比

单位：%

等级	全行业	工业行业
AAA	0.06	0.08
AA	1.44	0.78
A	8.66	7.82
BBB	38.41	35.92
BB	43.83	45.54
B	7.64	8.76
CCC	0.53	1.10

资料来源：Wind ESG，作者根据企业 ESG 报告自行整理。

从 ESG 评级的细分数据来看，如表6所示，评级为 AAA 的公司只有1家，组内差距没有意义。从各项细分指标的方差来看，评级为 AA、A、BBB 级的企业均呈现环境维度差异较大，社会、治理维度差异较小的特点，而评级为 B、CCC 级的企业，呈现治理维度方差较大，而环境、社会维度差异较小的特点。

所有工业企业的 ESG 争议事件得分大致相似，说明整个工业行业面临的 ESG 争议事件的风险及受到的影响大致相似。

表6 不同评级得分差异

评级		综合得分	ESG 管理实践得分	ESG 争议事件得分	环境维度得分	社会维度得分	治理维度得分
AAA	最大值	9.12	6.22	2.90	10.00	9.96	7.08
	平均值	9.12	6.22	2.90	10.00	9.96	7.08
	最小值	9.12	6.22	2.90	10.00	7.08	7.08
	方差						
AA	最大值	8.84	5.92	2.95	8.69	9.27	9.65
	平均值	8.26	5.39	2.87	6.24	7.70	8.19
	最小值	7.71	4.80	2.76	0.71	7.10	7.10
	方差	0.10	0.12	0.00	7.36	1.05	0.92

评级		综合得分	ESG 管理 实践得分	ESG 争议 事件得分	环境维 度得分	社会维 度得分	治理维 度得分
A	最大值	8.16	5.70	3.00	10.00	9.47	8.92
	平均值	7.40	4.54	2.86	4.22	6.85	7.29
	最小值	6.34	3.42	2.28	0.00	5.35	5.35
	方差	0.12	0.13	0.01	4.54	0.95	0.48
BBB	最大值	7.98	5.09	3.00	8.94	8.68	8.76
	平均值	6.50	3.60	2.90	2.38	5.24	6.82
	最小值	5.43	2.54	2.41	0.00	4.06	4.06
	方差	0.13	0.14	0.01	2.31	1.08	0.45
BB	最大值	7.91	5.29	3.00	7.63	7.43	8.82
	平均值	5.64	2.77	2.87	1.19	3.43	6.55
	最小值	4.42	1.61	2.00	0.00	1.55	1.55
	方差	0.14	0.14	0.02	1.30	1.22	0.66
B	最大值	6.40	3.56	3.00	4.67	5.58	7.80
	平均值	4.96	2.17	2.79	0.77	2.43	5.64
	最小值	3.99	1.37	1.87	0.00	0.70	0.70
	方差	0.13	0.12	0.05	0.75	1.27	2.31
CCC	最大值	5.39	2.50	2.99	2.11	3.47	7.17
	平均值	4.34	1.71	2.63	0.80	2.15	4.20
	最小值	3.55	0.68	2.00	0.00	1.12	1.12
	方差	0.23	0.30	0.13	0.60	0.45	4.58

资料来源：Wind ESG。

（四）可选消费行业

1.行业背景

实现"双碳"目标，消费端碳减排不容忽视。中国科学院研究报告显示，居民消费产生的碳排放量占全社会碳排放总量的53%，是碳排放的重要来源。进入高质量发展新阶段，我国可选消费行业面临着前所未有的机遇和挑战。一方面，ESG 理念逐渐深入人心。在"双碳"目标成为人们共识的背景下，消费者和投资者在绿色消费和绿色投资等方面的观念进一步升级。因此，履行社会责任的企业更受消费者和投资者的青睐。例如，近年来，新能源汽车逐渐受到市场认可，成为各车企提高业绩的新赛道。埃森哲发布的《2022 中国消费者洞察》也说明消费观念的提升。报告显示，43%的受访者愿意为环保产品或包装支付溢价。另一方面，互联网流量零售崛起，商业逻辑发生转变。良好的 ESG 表现不仅可以提高企业价值，打造环保、具有韧性的生产链条，更重要的是可以提升商业口碑，并借助互联网提高企业声誉，帮助企业实现可持续发展。越来越多的企业将 ESG 理念融入产品全生命周期。

2. 行业现状

（1）ESG 相关报告披露情况

按照 Wind 行业分类标准，可选消费行业包括汽车与汽车零部件、消费者服务Ⅱ、媒体Ⅱ、耐用消费品与服装、零售业、房地产Ⅱ、软件与服务、资本货物等 8 个二级行业。截至 2022 年 12 月 31 日，在我国可选消费行业 686 家 A 股上市公司中，186 家披露了 ESG 相关报告，披露率为 27.11%，低于 A 股上市公司整体披露率 31.53%。可选消费行业 ESG 相关报告披露情况具有以下几个特点。

一是披露 ESG 信息的报告主要是社会责任报告。统计显示，在可选消费行业中，186 家 A 股上市公司披露了 2021 年 ESG 相关报告（共 186 篇），其中，社会责任报告 174 篇，占比 93.55%；ESG 报告 8 篇，占比 4.30%；社会责任报告暨 ESG 报告 3 篇，占比 1.61%；可持续发展报告 1 篇，占比 0.54%（见图 14）。

二是不同区域企业披露 ESG 相关报告的情况相当。在 A 股可选消费行业上市公司中，以秦岭淮河为界划分南北，南方企业 ESG 相关报告披露率为 26.78%，北方企业披露率为 28.29%。以东、中、西部以及东北地区划分，东部地区披露率为 27.05%，中部地区为 32.00%，西部地区为 23.21%，东北地区为 23.33%（见图 15）。可以看到，中部地区披露率略高于其他地区，但总体来说各地区不存在较大差异。

三是披露 ESG 相关报告的企业类型以国有企业为主。可选消费行业有 441 家民营企业，其中，93 家披露了 ESG 相关报告，披露率为 21.09%。相

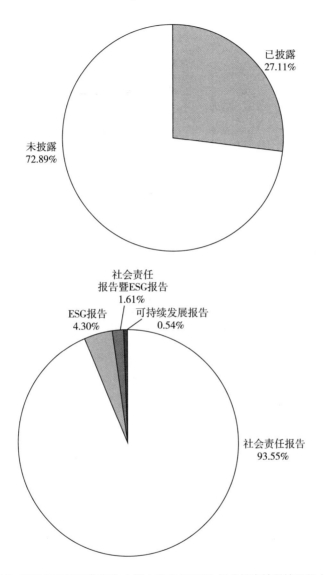

图 14　2022 年可选消费行业 A 股上市公司 ESG 相关报告披露情况及占比

资料来源：作者根据企业 ESG 报告自行整理。

比之下，37 家中央国有企业和 144 家地方国有企业中各有 21 家和 53 家企业披露了 ESG 相关报告，披露率分别为 56.76% 和 36.81%，远高于民营企业。此外，公众企业、集体企业和其他企业的数量均小于 30 家，披露率也与民

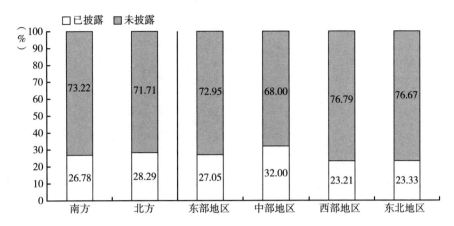

图15　2022年可选消费行业中不同区位企业ESG相关报告披露率

资料来源：作者根据企业ESG报告自行整理。

营企业基本持平。但是，外资企业仅有24家，却有9家披露了ESG相关报告，披露率高达37.50%（见图16）。总体来说，国有企业和外资企业正在以更积极的态度接纳ESG理念。

四是上交所ESG相关报告披露比例高于深交所。在686家可选消费行业上市公司中，230家属于深交所（不包含创业板），123家属于创业板，317家属于上交所（不包含科创板），8家属于科创板，8家属于北京证券交易所。五种市场类型企业中分别有56家、19家、109家、2家、0家企业披露了ESG相关报告，披露率分别为24.35%、15.45%、34.38%、25.00%和0.00%（见图17）。其中，披露率最高的为上交所（不包含科创板）的企业。

五是大企业更有可能披露ESG相关报告。本文以2021年可选消费行业上市公司资产总额中位数为标准划分企业规模，大于中位数为大企业，小于中位数为小企业。大企业样本中ESG相关报告披露率为42.86%，大于小企业样本的11.37%（见图18）。因此，企业ESG信息披露情况与资产规模呈现正相关关系。

（2）ESG评级情况

本文汇总了第三方ESG评级机构Wind对可选消费行业686家A股上市公

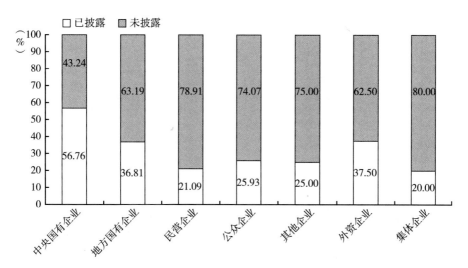

图 16　2022 年可选消费行业中不同经营属性企业 ESG 相关报告披露率

资料来源：作者根据企业 ESG 报告自行整理。

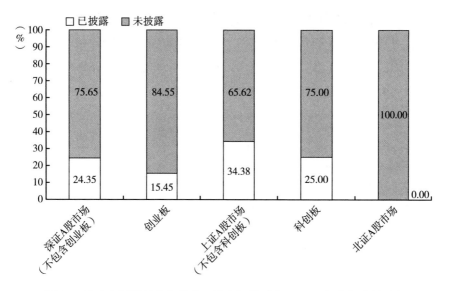

图 17　2022 年可选消费行业中不同市场类型企业 ESG 相关报告披露率

资料来源：作者根据企业 ESG 报告自行整理。

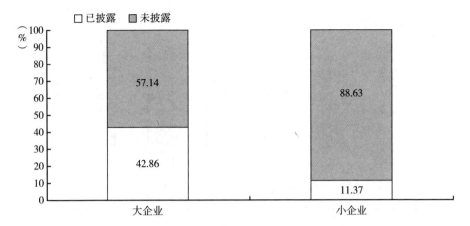

图18　2022年可选消费行业中不同规模企业 ESG 相关报告披露率

资料来源：作者根据企业 ESG 报告自行整理。

司的 ESG 评估情况。结果显示，可选消费领域 ESG 评级相对集中，87.60%的公司 ESG 评级在 B 类等级（BBB/BB/B），99.70%的公司 ESG 评估等级在 B 级及以上，仅有众泰汽车和赫美集团两家企业被评为 CCC 级。其中，海尔智家是唯一被评为 AAA 级的上市公司；AA 级 14 家，占比 2.04%；A 级 68 家，占比 9.91%；BBB 级 283 家，占比 41.25%；BB 级 271 家，占比 39.50%；B 级 47 家，占比 6.85%；CCC 级 2 家，占比 0.29%（见图19）。

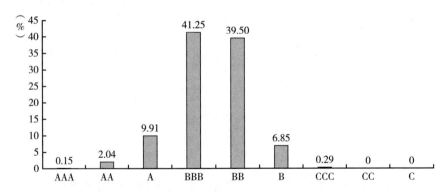

图19　Wind 可选消费行业上市公司 ESG 评级情况

资料来源：Wind ESG。

　　根据 Wind 提供的 ESG 得分数据可以看出，2022 年可选消费行业 A 股上市公司环境维度得分整体偏低，相比之下，社会维度表现较好，治理维度表现最优。并且，企业间环境维度得分和社会维度得分的差距较大，治理维度得分差距较小。其中，评级越高（AAA 级除外），同样评级企业之间的环境维度得分差距越大。具体评估结果见表 7。

表 7　Wind 可选消费行业上市公司 ESG 得分情况

评级		样本量	综合得分	ESG 管理实践得分	ESG 争议事件得分	环境维度得分	社会维度得分	治理维度得分
全样本	均值	686	6.05	3.18	2.87	1.23	3.98	6.41
	标准差	686	0.85	0.79	0.18	2.26	2.06	0.95
	中位数	686	6.03	3.16	2.92	0.00	3.93	6.44
	最大值	686	9.34	6.57	3.00	10.00	9.04	9.50
	最小值	686	3.14	1.38	1.40	0.00	0.08	1.57
AAA	均值	1	9.34	6.57	2.77	10.00	9.04	9.50
	标准差	1	0.00	0.00	0.00	0.00	0.00	0.00
	中位数	1	9.34	6.57	2.77	10.00	9.04	9.50
	最大值	1	9.34	6.57	2.77	10.00	9.04	9.50
	最小值	1	9.34	6.57	2.77	10.00	9.04	9.50
AA	均值	14	8.29	5.38	2.91	6.96	7.53	7.92
	标准差	14	0.28	0.25	0.08	3.28	1.04	0.97
	中位数	14	8.26	5.30	2.92	7.75	7.60	7.96
	最大值	14	8.93	5.98	2.99	10.00	8.98	9.42
	最小值	14	7.82	5.07	2.73	0.00	5.36	5.54
A	均值	68	7.32	4.41	2.90	4.06	6.56	6.84
	标准差	68	0.29	0.32	0.15	3.02	1.14	0.79
	中位数	68	7.26	4.35	2.95	3.25	6.66	6.76
	最大值	68	7.92	5.10	3.00	10.00	8.64	9.33
	最小值	68	6.80	3.96	1.95	0.00	2.53	5.48
BBB	均值	283	6.42	3.51	2.91	1.24	5.01	6.58
	标准差	283	0.30	0.29	0.09	2.01	1.26	0.74
	中位数	283	6.40	3.49	2.94	0.00	5.04	6.58
	最大值	283	7.19	4.40	3.00	10.00	8.54	8.76
	最小值	283	5.73	2.79	2.32	0.00	1.34	3.50

续表

评级		样本量	综合得分	ESG 管理实践得分	ESG 争议事件得分	环境维度得分	社会维度得分	治理维度得分
BB	均值	271	5.49	2.64	2.85	0.38	2.54	6.25
	标准差	271	0.33	0.29	0.19	0.93	1.27	0.89
	中位数	271	5.53	2.64	2.90	0.00	2.35	6.29
	最大值	271	6.63	3.84	3.00	6.94	7.92	8.57
	最小值	271	3.78	2.06	1.57	0.00	0.24	1.57
B	均值	47	4.61	1.92	2.70	0.15	1.29	5.24
	标准差	47	0.43	0.31	0.35	0.47	0.95	0.93
	中位数	47	4.74	1.86	2.82	0.00	1.11	5.31
	最大值	47	5.57	2.93	3.00	2.80	5.38	8.33
	最小值	47	3.14	1.38	1.40	0.00	0.08	3.26
CCC	均值	2	3.83	1.39	2.44	1.00	1.10	3.41
	标准差	2	0.15	0.01	0.15	0.08	0.17	0.13
	中位数	2	3.83	1.39	2.44	1.00	1.10	3.41
	最大值	2	3.97	1.39	2.59	1.08	1.27	3.54
	最小值	2	3.68	1.38	2.29	0.92	0.93	3.28

资料来源：Wind ESG。

（五）信息技术行业

1. 行业背景

信息技术行业分为软件与服务、半导体与半导体生产设备、技术硬件与设备三个子行业，由于子行业生产特征不同，它们的 ESG 命题侧重点也有所不同。研发创新是适用于整个信息技术行业的命题。对于软件与服务行业，由于计算机行业往往掌握大量信息与数据，与个人、社会与国家的信息安全息息相关，因此较为重要的 ESG 议题涉及信息化及数字安全。对于涉及制造与生产的技术硬件与设备子行业，若企业属于劳动密集型产业，员工权益保护相关内容则较为重要；同时，绿色生产、环保生产也是该类企业的重要议题。

2022 年 8 月，七部门联合发布《信息通信行业绿色低碳发展行动计划

（2022—2025 年）》，将通信行业低碳发展与碳中和目标相统一，并由政府加大环保相关政策支持、完善统筹工作、深化国际合作。整体来看，信息技术行业的 ESG 报告单独披露率为 17.70%，低于 A 股行业披露均值 30.19%。

软件与服务类企业的主营业务大多与近期热点企业数字化转型相关。账务软件、企业管理软件及综合管理系统能够赋能客户企业，进行更高效办公，最终成为对整个社会的正向影响，创造更多正外部性。这也意味着企业在披露 ESG 信息的过程中，应深入挖掘主业业务价值，寻找客户需求与社会利益的重合点并发扬光大，方为环境、社会与公司治理的更深入逻辑。

2. 行业现状

（1）ESG 报告整体披露情况

信息技术行业的研究样本为 Wind 行业分类中软件与服务、半导体与半导体生产设备、技术硬件与设备三个子行业企业，合计 1045 家。截至 2022 年 12 月 31 日，信息技术行业共 185 家上市公司披露了社会责任报告或 ESG 独立报告，行业总披露率为 17.70%。其中，软件与服务共 337 家上市公司，63 家披露独立报告，披露率为 18.69%；技术硬件与设备共 545 家上市公司，88 家披露独立报告，披露率为 16.15%；半导体与半导体生产设备共 163 家上市公司，34 家披露独立报告，披露率为 20.86%（见图 20）。

信息技术行业的报告披露以社会责任报告为主。2022 年，在信息技术行业已披露报告的 185 家公司中，157 家公司披露社会责任报告，仅 28 家披露 ESG 综合报告，占比 15.14%。在大部分信息技术公司所披露的独立报告中，主要内容涉及信息安全、助力企业数字化转型、产学研结合、员工权益、乡村振兴与公益等方面，体现了全行业 ESG 报告普遍性中信息技术行业的特殊性。

披露 ESG 相关报告的企业区域分化明显。在 157 家已披露独立报告的公司中，24% 位于北方，76% 位于南方，主要集中于浙江省、广东省、江苏

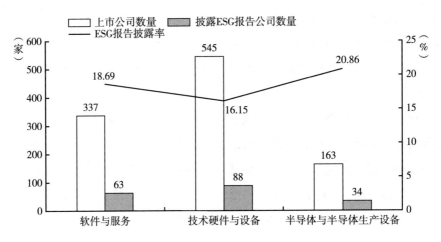

图20　2022年信息技术行业ESG报告披露数量及占比

省、上海市和北京市，经济发展水平越高的地区披露意识越强。

（2）ESG评级情况

Wind ESG对信息技术行业中的1045家A股上市公司进行了评级，其中939家有具体评分，评级结果呈现正态分布。无评级结果为AAA级的公司；AA级13家，占比1.25%；A级116家，占比11.11%；BBB级404家，占比38.70%；BB级347家，占比33.24%；B级44家，占比4.21%；CCC级14家，占比1.34%（见表8、图21）。

表8　各子行业评级情况与占比

单位：家，%

项目	AA	A	BBB	BB	B	CCC	无评分
软件与服务上市公司数量	4	47	137	106	15	5	23
评级占比	1.19	13.95	40.65	31.45	4.45	1.48	6.82
技术硬件与设备上市公司数量	4	38	207	213	19	5	58
评级占比	0.74	6.99	38.05	39.15	3.49	0.92	10.66
半导体与半导体生产设备上市公司数量	5	31	60	28	10	4	25
评级占比	3.07	19.02	36.81	17.18	6.13	2.45	15.34

项目	AA	A	BBB	BB	B	CCC	无评分
合计	13	116	404	347	44	14	106
各评级总占比	1.25	11.11	38.70	33.24	4.21	1.34	10.15

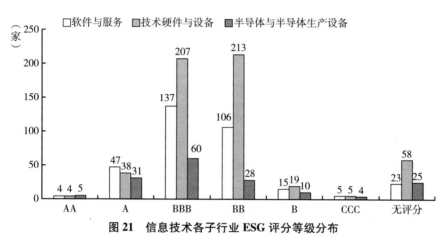

图 21　信息技术各子行业 ESG 评分等级分布

资料来源：Wind ESG。

分析不同评级内部各个企业的环境、社会、公司治理分项得分的均值、中位数、最大值、最小值（见表 9）。

表 9　ESG 各维度得分情况

单位：分

子行业	统计量	综合得分	ESG 管理实践得分	ESG 争议事件得分	环境维度得分	社会维度得分	治理维度得分
技术硬件与设备	平均值	6.2012	3.3050	2.8956	2.0759	3.8891	6.6355
	中位数	6.1100	3.2200	2.9130	1.6300	3.6500	6.7850
	最大值	8.4400	5.6420	3.0000	8.4700	8.3300	9.0100
	最小值	4.2800	1.4140	2.3670	0.0000	0.4900	1.1400
软件与服务	平均值	6.3389	3.4634	2.8752	2.1427	3.9091	6.7516
	中位数	6.3100	3.4125	2.8950	0.0000	3.7550	7.0000
	最大值	8.5300	5.5720	3.0000	10.0000	8.4800	8.8500
	最小值	3.6800	0.7210	2.2320	0.0000	0.6500	0.1500

续表

子行业	统计量	综合得分	ESG 管理实践得分	ESG 争议事件得分	环境维度得分	社会维度得分	治理维度得分
半导体与半导体生产设备	平均值	6.4686	3.5903	2.8778	3.0546	5.2374	5.8274
	中位数	6.4350	3.5280	2.9010	3.3600	5.1800	6.0750
	最大值	8.3400	5.5160	3.0000	9.8000	9.5600	8.8300
	最小值	4.3400	1.3790	2.4930	0.0000	1.5500	0.9400

资料来源：Wind ESG。

考察数据雷达图均值，可知三个子行业在环境维度的得分均为最低，社会维度与治理维度得分相对较高。半导体与半导体生产设备行业治理维度的得分较低，技术硬件与设备环境方面披露得分较低，而这两个行业涉及生产有关内容、对环保与社会的关联较为紧密，故未来有较大提升空间。半导体与半导体生产设备在环境维度和社会维度的最大值表现非常出色，但总体评级不高，可能存在统计指标疏漏或需要改进的地方（见图22、图23、图24）。

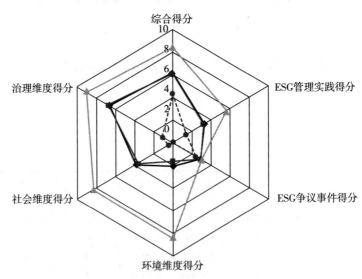

图22 技术硬件与设备 ESG 评分雷达图

资料来源：Wind ESG。

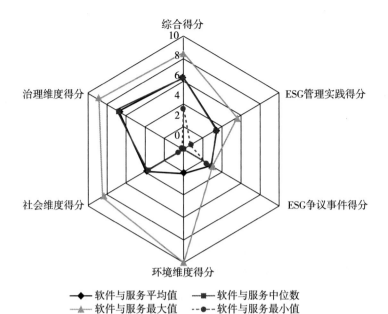

图 23　软件与服务 ESG 评分雷达图

资料来源：Wind ESG。

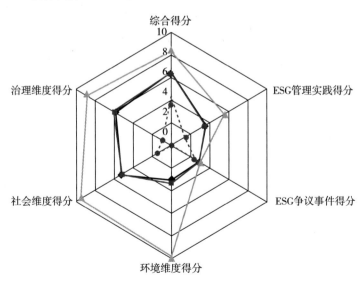

图 24　半导体与半导体生产设备 ESG 评分雷达图

资料来源：Wind ESG。

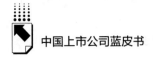

（六）医疗行业

1. 行业背景

医疗行业分为两大板块——医疗器械、生物医药。目前我国药械水平为 2.9，高于全球平均水平 1.4。在医疗器械市场方面上，我国 7 年复合增速约为 17.5%。在研发投入上，近几年国内前十大医疗器械企业每年投入均维持在 20% 的增速。生物医药方面，全国生物医药企业存量占全国企业总量的 0.03%，生物医药上市公司总量占生物医药企业总量的 2.8%，具有很大的发展空间。截至 2023 年 3 月，医药标准共有 51 条，包括国家层面、行业层面、团体层面、地方层面。从总体上看，生物医药发展态势弱于医疗器械发展。对于整体医疗行业的发展，我国从央地两级财政根据地域、发展情况等给予了不同等级的资金补助，助力医疗行业的发展。

2. 行业现状

（1）ESG 披露情况

行业的研究样本来源于 Wind 行业，合计 494 家上市公司。截至 2023 年 4 月 13 日，医疗行业共 110 家上市公司披露了 ESG 相关报告，行业披露率为 22.27%。其中社会责任报告 90 篇，可持续发展报告 5 篇，ESG 报告 9 篇，社会责任报告暨 ESG 报告以及两者均有单独报告的有 6 家公司（见图 25）。

（2）ESG 评级情况

Wind ESG 对行业 494 家上市公司中的 455 家进行评级。注册地址为南方的共有 312 家，北方共有 143 家。其中，没有一家上市公司 ESG 评级为 AAA，ESG 评级为 AA 级的总计 14 家，占比 3.08%；A 级 66 家，占比 14.51%；BBB 级 224 家，占比 49.23%；BB 级 132 家，占比 29.01%；B 级 17 家，占比 3.74%；CCC 级 2 家，占比 0.44%（见图 26）。

在 14 家评级为 AA 级的医疗行业上市公司中，环境、社会、治理平均分分别为 7.12、7.16、8.56。可以看出，AA 级上市公司普遍在治理方面做得比较好，环境、社会较次。其中环境评分最高为 9.19，社会最高为 8.92，治理最高为 9.92。而环境、社会、治理在综合评级为 AA 级的上市公司中最

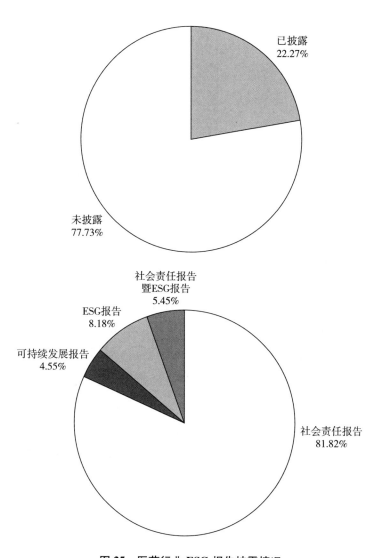

图 25　医药行业 ESG 报告披露情况

资料来源：作者根据企业 ESG 报告自行整理。

低分别为 4.43、5.96、7.65；中位数分别为 7.31、7.095、7.65。综合评级为 A 级的上市公司在环境、社会、治理方面平均分分别为 4.9、6.02、7.61。可以看出，A 级上市公司在环境方面还有待加强。A 级上市公司在环

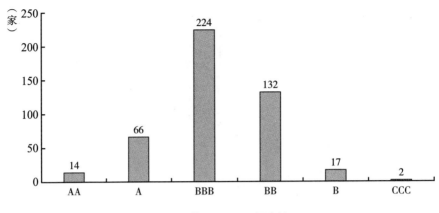

图26　医药行业 ESG 得分情况

资料来源：Wind ESG。

境评分的最高分、最低分以及中位数分别为9.29、0、5.33；在社会方面，评分最高分、最低分以及中位数分别为8.10、1.90、6.025；在治理方面，评分最高分、最低分以及中位数分别为9.25、5.96、7.655。综合评级为BBB级的上市公司，在环境方面平均分、最高分、最低分以及中位数分别为2.55、8.39、0、2.58；在社会方面平均分、最高分、最低分以及中位数分别为4.48、6.94、1.21、4.23；在治理方面平均分、最高分、最低分以及中位数分别为7.13、8.61、4.23、7.195。综合评级为BB级的上市公司在环境方面平均分、最高分、最低分以及中位数分别为1.65、9.85、0、1.395；在社会方面平均分、最高分、最低分以及中位数分别为3.05、6.68、0.55、3.11；在治理方面平均分、最高分、最低分以及中位数分别为5.06、7.17、1.7、4.87。综合评级为B级的上市公司，在环境方面平均分、最高分、最低分以及中位数分别为1.17、4.45、0、0.34；在社会方面平均分、最高分、最低分以及中位数分别为2.14、5.2、0.3、1.53；在治理方面平均分、最高分、最低分以及中位数分别为5.06、7.17、1.7、4.87。综合评级为CCC级的上市公司在环境方面平均分、最高分、最低分以及中位数分别为0.04、0.08、0、0.04；在社会方面平均分、最高分、最低分以及中位数分别为 2.575、4.05、1.1、2.575；在治理方面平均分、最高分、最低分以及中位数分别为 2.95、3.55、1.64、2.595。

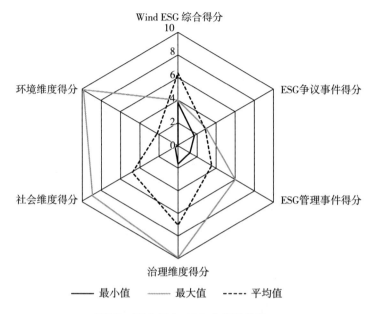

图 27 医药行业 ESG 分项得分情况

资料来源：Wind ESG。

三　存在的主要问题

一是缺乏标准化的信息披露框架。由于我国 ESG 披露的标准框架体系尚未形成，上市公司所披露的 ESG 相关报告存在多种形式，即使是同一行业的不同公司，其相应 ESG 报告披露框架也各异。报告缺少统一的信息披露框架会增加企业及利益相关者获取、比较信息的成本，进一步增加其代理成本和融资成本；同时也会使企业将部分资源利用在信息披露形式的探索上，加大了 ESG 信息披露的难度。

二是 ESG 量化可比的数据及负面信息披露不完整。目前，上市公司的 ESG 信息以描述性为主，量化的数据所占篇幅较少。且绝大多数企业均

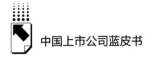

"择优披露"，更愿意披露在保护环境、承担社会责任、应对气候变化等方面对自身有利的 ESG 信息，对一些负面事件和指标的披露不够详细和客观。

三是相较于国企，民企 ESG 披露意识不足。自 2008 年以来，国务院国资委及地方国资委不断出台央企、地方国企履行社会责任的相应政策，使中央国有企业与地方国有企业在 ESG 相应的战略制定、行动举措和信息披露等方面的表现较民企更为积极。推行 ESG 理念的前期会给企业带来大量成本投入，短期内也不会给企业带来明显收益，如何自下而上使民企形成参与 ESG 信息披露的内生动力是下一阶段亟待解决的问题。

四是缺乏独立验证。在 ESG 信息披露中，一些企业的数据和信息缺乏独立第三方的验证，存在可信度和透明度不高的问题。这使投资者和利益相关方对披露数据的真实性和可比性持怀疑态度。上市公司在披露方式、指标选择和数据质量等方面存在差异，这给投资者和利益相关方的比较和评估带来一定的困难。

五是投资者意识有待提高。尽管 ESG 投资在中国逐渐兴起，但相对于传统的财务指标，ESG 因素在投资决策中的权重还不够高。部分投资者对 ESG 信息的关注和利用仍有限，这也限制了上市公司进行 ESG 信息披露的积极性。

四 展望与建议

随着可持续发展理念在全球范围内的普及和发展，企业的 ESG 表现作为当前推动企业可持续发展的重要着力点，是企业创造长期价值的能力体现。针对我国上市公司 ESG 相关信息披露的现状，本文认为，上市公司的 ESG 信息披露实践需要政府部门、资本市场以及上市公司三方共同发力，即通过政府部门"自上而下"监管、资本市场"自下而上"参与以及上市公司"自下而上"披露，提高自身 ESG 表现和可持续发展能力。

从"自上而下"的角度来看，政府部门应加强 ESG 信息披露标准化的顶层基础制度建设。当前缺乏 ESG 披露的标准框架体系，无法科学规范地指导上市公司实现实质性、可靠性、可比性和公开透明地进行 ESG 信息披露，应加快 ESG 信息披露指导文件的出台。此外，我国 ESG 信息披露呈现"半强制"特征，监管部门还应以强化上市公司 ESG 信息披露要求为抓手，利用大数据及信息化平台搭建 ESG 信息追踪数据库，加强对标管理，进一步提高 ESG 信息披露数量和质量。

从"自下而上"的角度来看，一是上市公司应顺应外部发展趋势提高 ESG 治理水平。对内完善 ESG 管理体制，并制定公司 ESG 发展战略，以 ESG 理念引领公司可持续发展。对外加强对碳数据等 ESG 信息日常记录和共享，完善以公司官网为核心的日常信息披露，做好年度 ESG 报告等定期披露，加强碳排放、环境处罚等环境治理信息披露。此外，上市公司应注重 ESG 报告的规范性并提高 ESG 报告的质量，可参考 GRI、TCFD 和 SASB 标准范式，规范化披露 ESG 报告，列示关键指标、强制披露和一般披露条目。

二是资本市场应发挥证券金融机构业务优势，加强绿色金融产品创新。综合运用股权融资、并购重组、新三板挂牌、可转债等多种业务形式及专业能力服务实体经济发展，为绿色企业及企业的绿色业务提供综合性、创新性的金融解决方案。同时，可对具有 ESG 优势的行业、企业进行适当倾斜（如环保、新能源、清洁能源、污水治理等），助力企业通过直接融资实现高质量发展，为上市公司 ESG 披露从"被动应答"到"主动践行"增砖添瓦。

参考文献

孙忠娟、郁竹、路雨桐：《中国 ESG 信息披露标准发展现状、问题与建议》，《财会通讯》2023 年第 8 期。

方先明、胡丁：《企业 ESG 表现与创新——来自 A 股上市公司的证据》，《经济研究》2023 年第 2 期。

韩芳：《"双碳"背景下上市公司 ESG 信息披露现状研究》，《产业创新研究》2023 年第 1 期。

Albitar K. , Abdoush T. , Hussainey K. , "Do corporate governance mechanisms and ESG disclosure drive CSR narrative tones?", *International Journal of Finance & Economics*, 2022.

Amel-Zadeh A. , Serafeim G. , "Why and how investors use ESG information: Evidence from a global survey", *Financial Analysts Journal*, 2018, 74 (3): 87-103.

Barth M. E. , Cahan S. F. , Chen L. , et al. , "The economic consequences associated with integrated report quality: Capital market and real effects", *Accounting, Organizations and Society*, 2017, 62: 43-64.

Bermejo Climent R. , Garrigues I. F. F. , Paraskevopoulos I. , et al. , "ESG disclosure and portfolio performance", *Risks*, 2021, 9 (10): 172.

Carnini Pulino S. , Ciaburri M. , Magnanelli B. S. , et al. , "Does ESG disclosure influence firm performance?" *Sustainability*, 2022, 14 (13): 7595.

Chen Z. , Xie G. , "ESG disclosure and financial performance: Moderating role of ESG investors", *International Review of Financial Analysis*, 2022, 83: 102291.

Cicchiello A. F. , Marrazza F. , Perdichizzi S. , "Non - financial disclosure regulation and environmental, social, and governance (ESG) performance: The case of EU and US firms", *Corporate Social Responsibility and Environmental Management*, 2022.

Dhaliwal D. S. , Radhakrishnan S. , Tsang A. , et al. , "Nonfinancial disclosure and analyst forecast accuracy: International evidence on corporate social responsibility disclosure", *The accounting review*, 2012, 87 (3): 723-759.

Fatemi A. , Glaum M. , Kaiser S. , "ESG performance and firm value: The moderating role of disclosure", *Global finance journal*, 2018, 38: 45-64.

Huang Q. , Li Y. , Lin M. , et al. , "Natural disasters, risk salience, and corporate ESG disclosure", *Journal of Corporate Finance*, 2022, 72: 102152.

Jun W. , Shiyong Z. , Yi T. , "Does ESG disclosure help improve intangible capital? Evidence from A - share listed companies", *Frontiers in Environmental Science*, 2022, 10: 858548.

Khalid F. , Razzaq A. , Ming J. , et al. , "Firm characteristics, governance mechanisms, and ESG disclosure: how caring about sustainable concerns?," *Environmental Science and Pollution Research*, 2022, 29 (54): 82064-82077.

Lavin J. F. , Montecinos - Pearce A. A. , "ESG disclosure in an emerging market: an empirical analysis of the influence of board characteristics and ownership structure", *Sustainability*, 2021, 13 (19): 10498.

Nekhili M. , Boukadhaba A. , Nagati H. , et al. , "ESG performance and market value: The moderating role of employee board representation", *The International Journal of Human Resource Management*, 2021, 32 (14): 3061-3087.

Nicolo G. , Zampone G. , Sannino G. , et al. , "Worldwide evidence of corporate governance influence on ESG disclosure in the utilities sector", *Utilities Policy*, 2023, 82: 101549.

Raimo N., Caragnano A., Zito M., et al., "Extending the benefits of ESG disclosure: The effect on the cost of debt financing", *Corporate Social Responsibility and Environmental Management*, 2021, 28 (4): 1412-1421.

Reber B., Gold A., Gold S., "ESG disclosure and idiosyncratic risk in initial public offerings", *Journal of Business Ethics*, 2022, 179 (3): 867-886.

Ruan L., Liu H., "Environmental, social, governance activities and firm performance: Evidence from China", *Sustainability*, 2021, 13 (2): 767.

Schiemann F., Tietmeyer R., "ESG controversies, ESG disclosure and analyst forecast accuracy", *International Review of Financial Analysis*, 2022, 84: 102373.

Tamimi N., Sebastianelli R., "Transparency among S&P 500 companies: An analysis of ESG disclosure scores", *Management Decision*, 2017, 55 (8): 1660-1680.

Wang J., Hu X., Zhong A., "Stock market reaction to mandatory ESG disclosure", *Finance Research Letters*, 2023, 53: 103402.

Wang L. L., "Transmission Effects of ESG Disclosure Regulations through Bank Lending Networks", *Available at SSRN* 4092506, 2022.

Wen H., Ho K. C., Gao J., et al., "The fundamental effects of ESG disclosure quality in boosting the growth of ESG investing", *Journal of International Financial Markets*, Institutions and Money, 2022, 81: 101655.

Yu E. P., VanLuu B., "International variations in ESG disclosure – do cross – listed companies care more?" *International Review of Financial Analysis*, 2021, 75: 101731.

附　录　中国上市公司高质量发展评价结果

（一）银行

排名	代码	公司名称	总得分	财务指标	估值与成长性	创值能力	公司治理	创新与研发
1	600036. SH	招商银行	5.62	5.98	4.93	6.31	5.73	5.16
2	600908. SH	无锡银行	5.37	5.24	5.17	6.17	5.21	5.06
3	000001. SZ	平安银行	5.35	5.3	5.09	5.71	5.45	5.18
4	600919. SH	江苏银行	5.31	5.63	5.32	5.49	5.41	4.69
5	601128. SH	常熟银行	5.3	5.55	5.25	5	5.81	4.91
6	601939. SH	建设银行	5.28	5.33	4.99	5.4	5.34	5.33
7	002966. SZ	苏州银行	5.24	5.44	5.36	4.84	5.71	4.82
8	601658. SH	邮储银行	5.23	5.04	5.37	5.81	4.64	5.3
9	601166. SH	兴业银行	5.23	5.09	5.03	5.51	5.61	4.9
10	601009. SH	南京银行	5.21	5.72	4.98	4.7	5.78	4.88
11	002807. SZ	江阴银行	5.19	5.33	5.22	5.77	5.02	4.61
12	600926. SH	杭州银行	5.18	5.57	4.93	5	5.54	4.87
13	601988. SH	中国银行	5.17	4.92	5.04	5.35	5.49	5.07
14	601288. SH	农业银行	5.17	5.14	5.19	5.02	5.42	5.06
15	601398. SH	工商银行	5.15	5.19	4.83	5.36	5.3	5.07
16	002142. SZ	宁波银行	5.14	5.77	4.92	5	5.23	4.79
17	601838. SH	成都银行	5.14	5.79	4.74	5	5.27	4.91
18	601963. SH	重庆银行	5.12	4.56	5.26	5.56	5.36	4.88

续表

排名	代码	公司名称	总得分	财务指标	估值与成长性	创值能力	公司治理	创新与研发
19	601577. SH	长沙银行	5. 12	5. 42	5. 44	4. 59	5. 07	5. 05
20	601825. SH	沪农商行	5. 11	5. 51	4. 98	5. 11	5. 19	4. 75
21	603323. SH	苏农银行	5. 08	5. 07	5. 01	5. 34	5. 35	4. 63
22	601860. SH	紫金银行	5. 08	4. 31	5. 02	6. 24	5. 2	4. 61
23	601998. SH	中信银行	5. 05	4. 56	5. 31	5. 32	5. 29	4. 79
24	601528. SH	瑞丰银行	5. 04	4. 99	5. 11	5. 45	4. 78	4. 86
25	002839. SZ	张家港行	5. 01	5. 21	4. 87	5. 14	5. 21	4. 63
26	601229. SH	上海银行	4. 98	5. 03	4. 88	4. 78	5. 21	5. 01
27	601328. SH	交通银行	4. 98	4. 84	5. 17	4. 95	4. 93	5. 02
28	002948. SZ	青岛银行	4. 94	4. 37	5. 05	5. 31	4. 85	5. 12
29	601818. SH	光大银行	4. 9	4. 61	4. 78	4. 55	5. 66	4. 89
30	601665. SH	齐鲁银行	4. 88	5. 37	5. 14	4. 36	4. 63	4. 9
31	601187. SH	厦门银行	4. 88	4. 83	5. 32	4. 89	4. 53	4. 83
32	601169. SH	北京银行	4. 87	4. 47	5. 16	4. 98	4. 92	4. 85
33	601077. SH	渝农商行	4. 86	5. 1	4. 66	4. 58	5. 12	4. 85
34	600015. SH	华夏银行	4. 83	4. 13	5. 13	4. 6	5. 4	4. 9
35	002936. SZ	郑州银行	4. 78	4. 78	4. 59	5	4. 8	4. 74
36	601997. SH	贵阳银行	4. 78	4. 7	4. 59	5	5. 01	4. 58
37	600016. SH	民生银行	4. 76	4. 02	4. 64	5	5. 11	5. 06
38	600000. SH	浦发银行	4. 76	4. 36	4. 84	4. 71	5. 14	4. 75
39	601916. SH	浙商银行	4. 72	4. 63	5. 2	3. 73	5. 33	4. 71
40	002958. SZ	青农商行	4. 7	4. 53	4. 87	4. 76	4. 65	4. 72
41	600928. SH	西安银行	4. 6	4. 19	4. 75	4. 67	4. 51	4. 9

（二）非银金融

证券								
排名	代码	公司名称	总得分	财务指标	估值与成长性	创值能力	公司治理	创新与研发
1	300059. SZ	东方财富	5. 65	5. 26	5. 37	6. 42	5. 43	5. 78
2	600030. SH	中信证券	5. 56	5. 76	5. 62	5. 81	5. 59	5. 04
3	601878. SH	浙商证券	5. 47	5. 53	5. 29	6. 22	5. 33	5
4	601555. SH	东吴证券	5. 45	5. 65	5. 55	5. 33	5. 79	4. 95

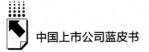
中国上市公司蓝皮书

续表

排名	代码	公司名称	总得分	财务指标	估值与成长性	创值能力	公司治理	创新与研发
5	601995.SH	中金公司	5.41	5.31	5.5	6.24	5.24	4.79
6	601066.SH	中信建投	5.4	5.76	5.3	5.38	5.47	5.09
7	600621.SH	华鑫股份	5.36	5.01	5.13	6.36	5.25	5.06
8	601881.SH	中国银河	5.32	5.62	5.31	5.21	5.46	4.99
9	002945.SZ	华林证券	5.28	5.59	5.43	5	5.21	5.17
10	600958.SH	东方证券	5.27	5.48	4.79	5.59	5.54	4.95
11	601211.SH	国泰君安	5.21	5.2	5.37	4.86	5.83	4.79
12	601696.SH	中银证券	5.2	5.01	4.99	6.45	4.89	4.66
13	601377.SH	兴业证券	5.2	5.28	5.08	5.24	5.71	4.7
14	000728.SZ	国元证券	5.15	4.9	5.51	5	5.69	4.67
15	601901.SH	方正证券	5.14	4.8	5.18	6	4.9	4.82
16	601788.SH	光大证券	5.13	5.16	4.66	5.81	5.37	4.67
17	601688.SH	华泰证券	5.1	5.27	5.58	3.86	5.55	5.23
18	600837.SH	海通证券	5.05	4.93	5.02	4.83	5.6	4.89
19	002797.SZ	第一创业	5.03	4.91	4.87	5.25	5.38	4.72
20	600109.SH	国金证券	5	5.66	5.32	3.86	5.57	4.6
21	000783.SZ	长江证券	5	4.83	5.07	5.39	5.23	4.47
22	002500.SZ	山西证券	4.98	4.57	5.06	5.22	5.3	4.74
23	600999.SH	招商证券	4.97	5.11	5.24	4.11	5.41	4.97
24	000750.SZ	国海证券	4.96	4.61	4.87	5.19	5.39	4.75
25	601099.SH	太平洋	4.95	4.99	4.09	6.41	4.54	4.72
26	601990.SH	南京证券	4.95	4.9	4.79	5	5.38	4.66
27	600095.SH	湘财股份	4.94	4.71	5.08	5	4.79	5.12
28	002670.SZ	国盛金控	4.94	4.55	4.36	6.4	4.66	4.71
29	601456.SH	国联证券	4.93	4.74	5.29	4.79	5.17	4.66
30	000776.SZ	广发证券	4.93	5.33	5.34	3.63	5.45	4.89
31	600918.SH	中泰证券	4.93	5	5.18	4.63	4.99	4.83
32	600906.SH	财达证券	4.92	4.72	4.83	5.18	5.09	4.78
33	601198.SH	东兴证券	4.9	4.71	5.14	5.29	4.85	4.52
34	000166.SZ	申万宏源	4.89	5.03	5.15	4.07	5.38	4.83
35	601375.SH	中原证券	4.89	4.2	4.72	5.96	5.05	4.51
36	600155.SH	华创云信	4.87	4.51	4.8	4.96	5.11	4.97
37	002736.SZ	国信证券	4.86	5.41	4.97	3.5	5.55	4.87

续表

排名	代码	公司名称	总得分	财务指标	估值与成长性	创值能力	公司治理	创新与研发
38	600909.SH	华安证券	4.84	4.88	5.03	4.01	5.7	4.6
39	002673.SZ	西部证券	4.83	5.17	5.19	3.95	5.03	4.83
40	601236.SH	红塔证券	4.8	4.91	4.74	4.76	4.73	4.83
41	600369.SH	西南证券	4.72	4.25	4.63	5	5.09	4.65
42	002939.SZ	长城证券	4.72	4.73	4.94	4.3	4.98	4.68
43	601108.SH	财通证券	4.71	5.07	4.59	3.86	5.06	4.98
44	000686.SZ	东北证券	4.67	5.15	4.82	3.85	4.9	4.63
45	000712.SZ	锦龙股份	4.66	3.91	4.14	6.22	4.5	4.55
46	600864.SH	哈投股份	4.65	4.61	4.34	4.88	4.61	4.81
47	002926.SZ	华西证券	4.54	4.56	4.93	3.64	5.02	4.55
48	601162.SH	天风证券	4.49	3.99	4.63	4.08	5.19	4.55

保险

排名	代码	公司名称	总得分	财务指标	估值与成长性	创值能力	公司治理	创新与研发
1	601319.SH	中国人保	5.74	6.1	5.93	5.87	5.49	5.29
2	601601.SH	中国太保	5.47	5.76	5.72	5.75	5.34	4.78
3	601318.SH	中国平安	5.01	4.95	4.98	4.52	5.37	5.22
4	601628.SH	中国人寿	4.98	4.64	4.44	5.58	5.19	5.04
5	601336.SH	新华保险	4.94	5.54	5.12	4.6	4.73	4.71
6	000627.SZ	天茂集团	4.28	3.52	4.38	4.17	4.85	4.46

（三）多元金融

排名	代码	公司名称	总得分	财务指标	估值与成长性	创值能力	公司治理	创新与研发
1	000935.SZ	四川双马	5.61	6.75	4.94	6.28	5.44	4.82
2	000567.SZ	海德股份	5.58	5.1	5.9	6.95	5.36	5.2
3	000532.SZ	华金资本	5.5	5.35	5.19	6.78	5.5	5.17
4	603300.SH	华铁应急	5.4	5.33	5.62	6.44	4.85	5.22
5	600517.SH	国网英大	5.28	5.08	5.5	4.38	5.37	5.72

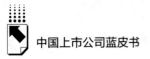

续表

排名	代码	公司名称	总得分	财务指标	估值与成长性	创值能力	公司治理	创新与研发
6	002316. SZ	亚联发展	5.23	4.38	4.35	7.13	5.34	5.64
7	600901. SH	江苏金租	5.11	4.43	5.52	5.56	5.87	4.43
8	600061. SH	国投资本	5.08	4.82	5.3	5.25	4.97	5.17
9	000987. SZ	越秀资本	5.08	4.72	4.72	5.48	5.75	4.85
10	000958. SZ	电投产融	5.08	4.92	4.73	5.85	5.34	4.84
11	300773. SZ	拉卡拉	5.01	5.13	4.34	5	5.07	5.45
12	600705. SH	中航产融	5.01	5.39	5.06	4.41	5.03	4.93
13	600120. SH	浙江东方	5.01	5.2	4.97	3.76	5.35	5.25
14	000617. SZ	中油资本	4.97	4.83	5.32	4.85	5.17	4.67
15	000666. SZ	经纬纺机	4.95	5.25	5.33	2.86	4.93	5.56
16	002647. SZ	仁东控股	4.91	4.77	4.72	6.87	3.73	5.25
17	002961. SZ	瑞达期货	4.82	4.41	5.7	5.07	4.78	4.38
18	002423. SZ	中粮资本	4.81	5.23	5.63	3.49	4.61	4.66
19	600053. SH	九鼎投资	4.81	5.03	4.16	5.74	4.83	4.59
20	600643. SH	爱建集团	4.81	5.34	4.95	3.47	5.02	4.71
21	600830. SH	香溢融通	4.8	4.87	4.94	5.72	4.24	4.64
22	600927. SH	永安期货	4.78	4.6	5.17	4.8	4.49	4.87
23	600390. SH	五矿资本	4.75	5.03	4.8	3.46	5.11	4.81
24	600318. SH	新力金融	4.73	5.16	3.72	4.43	5.08	4.99
25	603093. SH	南华期货	4.68	4.39	5.36	5.1	4.5	4.3
26	000563. SZ	陕国投 A	4.6	4.58	5.02	4.15	5.03	4.1
27	000415. SZ	渤海租赁	4.4	4.89	4.3	2.72	4.31	5.06

（四）传媒

排名	代码	公司名称	总得分	财务指标	估值与成长性	创值能力	公司治理	创新与研发
1	603444. SH	吉比特	6.27	6.67	5.54	6.34	6.59	6.26
2	002555. SZ	三七互娱	6.04	6.14	5.41	6.09	6.23	6.36
3	002517. SZ	恺英网络	5.96	6.33	5.72	6.47	5.48	6.17

排名	代码	公司名称	总得分	财务指标	估值与成长性	创值能力	公司治理	创新与研发
4	300002. SZ	神州泰岳	5.93	5.9	6.03	6.14	5.3	6.42
5	300494. SZ	盛天网络	5.84	5.96	6.16	6.46	5.31	5.78
6	300533. SZ	冰川网络	5.73	5.57	6	6.15	5.75	5.5
7	603258. SH	电魂网络	5.72	6.22	5.19	5.83	5.74	5.7
8	002027. SZ	分众传媒	5.68	6.35	5.03	6.3	5.89	5.3
9	600633. SH	浙数文化	5.67	6.09	5.23	5.18	5.46	6.04
10	300770. SZ	新媒股份	5.65	6.76	5.4	5.76	5.11	5.31
11	002558. SZ	巨人网络	5.6	6.46	5.09	5.44	5.01	5.87
12	603096. SH	新经典	5.53	6.48	5.23	4.69	5.81	4.82
13	300785. SZ	值得买	5.51	5.75	5.42	5.55	5.67	5.18
14	002624. SZ	完美世界	5.47	5.35	4.74	5.74	5.76	5.96
15	300467. SZ	迅游科技	5.45	5.98	5.57	6.22	4.68	5.37
16	300418. SZ	昆仑万维	5.44	5.41	5.11	5.65	5.26	5.93
17	002878. SZ	元隆雅图	5.44	5.09	5.79	5.92	5.79	4.96
18	300413. SZ	芒果超媒	5.42	5.1	5.46	5.76	5.21	5.84
19	002605. SZ	姚记科技	5.4	5.47	4.85	6.05	5.83	5.29
20	601811. SH	新华文轩	5.39	5.38	5.55	4.59	5.54	5.28
21	601019. SH	山东出版	5.35	5.55	5.4	4.6	5.27	5.39
22	301052. SZ	果麦文化	5.35	6.16	5.48	6.03	4.99	4.6
23	603533. SH	掌阅科技	5.34	5.58	5.02	5.85	5.27	5.38
24	605168. SH	三人行	5.32	4.85	5.64	6.25	5.35	5.24
25	000156. SZ	华数传媒	5.3	5.24	5.58	4.23	5.39	5.25
26	300315. SZ	掌趣科技	5.29	5.48	4.79	5.7	5.24	5.54
27	300781. SZ	因赛集团	5.28	5.41	5.57	5.75	5.19	4.84
28	603999. SH	读者传媒	5.27	5.53	5.87	5.22	4.73	4.97
29	300182. SZ	捷成股份	5.26	5.54	5.34	5.37	4.87	5.27
30	300364. SZ	中文在线	5.25	4.99	5.28	6.45	5.11	5.33
31	300459. SZ	汤姆猫	5.25	5.6	5.06	6.26	4.61	5.48
32	601928. SH	凤凰传媒	5.24	5.5	5.16	4.97	5.11	5.26
33	603888. SH	新华网	5.22	5.56	5.16	5.95	5.09	4.89
34	601949. SH	中国出版	5.21	5.2	5.39	5.26	5.13	5.11
35	000719. SZ	中原传媒	5.2	5.46	5.69	4.02	5.05	4.89
36	601098. SH	中南传媒	5.18	5.11	5.2	4.51	5.51	5.07

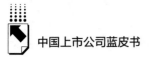

续表

排名	代码	公司名称	总得分	财务指标	估值与成长性	创值能力	公司治理	创新与研发
37	601921.SH	浙版传媒	5.18	5.38	5.37	4.63	4.63	5.47
38	300299.SZ	富春股份	5.17	4.74	5.19	6.47	4.86	5.55
39	601858.SH	中国科传	5.16	5.69	4.77	6.06	5.09	4.88
40	603000.SH	人民网	5.16	5.61	4.5	6.22	5.03	5.22
41	600373.SH	中文传媒	5.15	5.5	4.96	3.77	5.41	5.09
42	002238.SZ	天威视讯	5.15	5.46	5.11	5.2	5.19	4.81
43	002995.SZ	天地在线	5.14	5.06	5.26	5.2	5.34	4.9
44	601801.SH	皖新传媒	5.14	5.25	5.56	5	4.94	4.85
45	301025.SZ	读客文化	5.14	5.48	4.94	6.19	5.15	4.71
46	000681.SZ	视觉中国	5.13	5.28	5.26	5	4.76	5.25
47	600229.SH	城市传媒	5.13	5.44	5.21	5.09	5.16	4.72
48	600757.SH	长江传媒	5.11	5.41	5.12	4.23	5.08	5.04
49	300031.SZ	宝通科技	5.1	4.82	5.19	4.12	5.43	5.19
50	605577.SH	龙版传媒	5.09	5.57	5.6	5.51	4.6	4.49
51	603721.SH	中广天择	5.08	5.24	5.47	5.7	5.08	4.39
52	002602.SZ	世纪华通	5.07	4.91	4.59	3.63	5.35	5.78
53	601900.SH	南方传媒	5.06	5.2	5.36	5.48	4.93	4.65
54	600551.SH	时代出版	5.02	5.28	5.37	4.3	4.84	4.79
55	300063.SZ	天龙集团	5.01	4.45	5.63	5.07	5.09	4.86
56	000607.SZ	华媒控股	4.98	4.8	5.7	5.77	4.95	4.28
57	300113.SZ	顺网科技	4.98	5.31	4.6	4.86	4.61	5.43
58	600892.SH	大晟文化	4.98	4.75	5.17	6.63	4.34	5.22
59	300133.SZ	华策影视	4.97	5.31	5.1	5.24	4.82	4.59
60	600637.SH	东方明珠	4.97	5.59	4.64	1.67	5.41	5.07
61	002400.SZ	省广集团	4.96	4.66	5.02	5.65	4.89	5.08
62	603230.SH	内蒙新华	4.95	5.32	5.48	5.17	4.33	4.62
63	300612.SZ	宣亚国际	4.94	3.88	5.14	7.56	5.16	4.92
64	600825.SH	新华传媒	4.93	5.33	5.08	5.2	4.9	4.35
65	300788.SZ	中信出版	4.93	5.42	4.89	4.99	4.68	4.7
66	600959.SH	江苏有线	4.92	5.36	5.18	3.81	4.62	4.8
67	002292.SZ	奥飞娱乐	4.91	4.5	4.98	4.15	5.51	4.85
68	603466.SH	风语筑	4.91	4.79	4.62	5.02	5.38	4.82
69	300987.SZ	川网传媒	4.91	5.79	4.73	4.96	4.45	4.65

排名	代码	公司名称	总得分	财务指标	估值与成长性	创值能力	公司治理	创新与研发
70	002174. SZ	游族网络	4.89	4.87	4.3	3.64	4.88	5.84
71	000802. SZ	北京文化	4.89	4.42	5.09	6.06	4.81	4.93
72	002354. SZ	天娱数科	4.85	4.46	4.63	6.13	4.99	5.02
73	300654. SZ	世纪天鸿	4.85	5	4.97	5.07	4.61	4.76
74	300051. SZ	三五互联	4.84	4.61	5	6.68	4.46	4.82
75	300295. SZ	三六五网	4.83	5.04	4.94	3.9	5.03	4.54
76	300043. SZ	星辉娱乐	4.79	4.46	4.96	4.05	4.98	4.96
77	600831. SH	广电网络	4.79	4.46	5.57	4	4.72	4.59
78	300052. SZ	中青宝	4.78	4.78	4.69	4.88	4.38	5.23
79	600037. SH	歌华有线	4.78	5.8	4.66	2.68	4.5	4.66
80	002425. SZ	凯撒文化	4.77	5.13	4.2	1.86	4.89	5.61
81	300061. SZ	旗天科技	4.76	4.37	4.59	5.95	5.04	4.73
82	002739. SZ	万达电影	4.75	4.1	5.08	6.09	5	4.5
83	000676. SZ	智度股份	4.74	4.48	4.77	4.21	4.76	5.08
84	002095. SZ	生意宝	4.73	4.44	4.93	4.85	4.65	4.84
85	601929. SH	吉视传媒	4.72	4.93	4.71	2.57	5.02	4.77
86	600977. SH	中国电影	4.72	4.68	4.66	4.29	5.36	4.3
87	603598. SH	引力传媒	4.72	4.01	5.04	6.59	4.86	4.51
88	002291. SZ	遥望科技	4.7	4.52	4.54	3.38	4.95	5.11
89	601999. SH	出版传媒	4.69	4.88	4.9	3.36	4.97	4.35
90	600358. SH	国旅联合	4.69	3.81	5.68	6.59	4.3	4.49
91	300058. SZ	蓝色光标	4.68	4.5	4.63	3.74	4.75	5.07
92	002343. SZ	慈文传媒	4.68	4.28	4.65	4.99	4.7	4.99
93	300280. SZ	紫天科技	4.67	4.24	4.79	5.25	4.4	5.12
94	000917. SZ	电广传媒	4.67	4.57	4.78	3.91	4.93	4.57
95	600986. SH	浙文互联	4.66	4.02	4.88	5.31	4.71	4.87
96	300805. SZ	电声股份	4.64	4.82	4.65	4.23	5.09	4.12
97	300291. SZ	百纳千成	4.64	4.82	4.99	3.8	4.27	4.67
98	300148. SZ	天舟文化	4.63	4.94	4.4	4.09	4.47	4.86
99	600088. SH	中视传媒	4.6	4.54	4.62	4.53	4.6	4.65
100	300071. SZ	福石控股	4.55	4.19	4.8	6.66	4.22	4.44
101	603825. SH	华扬联众	4.54	3.81	4.47	4.06	5.13	4.88
102	300251. SZ	光线传媒	4.54	4.85	4.32	4.33	4.56	4.46

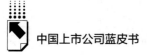

续表

排名	代码	公司名称	总得分	财务指标	估值与成长性	创值能力	公司治理	创新与研发
103	002181.SZ	粤传媒	4.53	4.41	4.21	4.25	5.25	4.3
104	300426.SZ	唐德影视	4.53	3.42	5.38	6.82	4.22	4.51
105	600640.SH	国脉文化	4.51	4.67	4.44	3.79	4.79	4.34
106	300242.SZ	佳云科技	4.48	4.2	4.88	3.87	4.8	4.18
107	603729.SH	龙韵股份	4.47	4.37	4.62	4.76	4.23	4.6
108	603103.SH	横店影视	4.47	4.46	4.24	5.03	5.02	4.01
109	600936.SH	广西广电	4.46	4.18	4.43	4.15	4.69	4.62
110	000892.SZ	欢瑞世纪	4.44	3.69	5.06	5.73	4.35	4.35
111	002712.SZ	思美传媒	4.42	3.96	4.4	4.19	4.78	4.6
112	300027.SZ	华谊兄弟	4.39	3.85	4.49	6.24	4.68	4.07
113	600996.SH	贵广网络	4.36	4.03	4.5	3.38	4.48	4.69
114	000665.SZ	湖北广电	4.32	4.45	4.21	2.59	4.57	4.48
115	300528.SZ	幸福蓝海	4.24	4.22	3.75	5.26	4.79	3.93
116	601595.SH	上海电影	4.22	4.16	4.05	4.27	4.77	3.87
117	600715.SH	文投控股	4.14	3.65	3.77	4.91	4.56	4.39
118	000793.SZ	华闻集团	4.13	3.73	3.84	3.3	4.86	4.32
119	002905.SZ	金逸影视	4.1	3.83	3.99	4.42	4.51	4.01

（五）电力设备

排名	代码	公司名称	总得分	财务指标	估值与成长性	创值能力	公司治理	创新与研发
1	002709.SZ	天赐材料	5.97	6.01	5.68	7.48	6.54	5.29
2	600406.SH	国电南瑞	5.81	5.63	5.15	5.74	5.97	6.52
3	605117.SH	德业股份	5.77	6.27	5.85	6.71	5.75	4.97
4	600438.SH	通威股份	5.75	6.1	5.64	5.43	5.98	5.38
5	002801.SZ	微光股份	5.75	6.74	5.66	5.7	5.84	4.76
6	300037.SZ	新宙邦	5.75	5.9	5.73	6.14	5.7	5.56
7	600089.SH	特变电工	5.74	5.53	5.47	5	6.29	5.86
8	603489.SH	八方股份	5.74	6.7	5.52	5.65	5.61	5.13
9	601012.SH	隆基绿能	5.69	5.67	5.56	5.71	5.92	5.61

续表

排名	代码	公司名称	总得分	财务指标	估值与成长性	创值能力	公司治理	创新与研发
10	300750.SZ	宁德时代	5.63	5.47	5.83	6.4	5.22	5.83
11	603026.SH	胜华新材	5.62	6.47	5.56	5.34	5.28	5.23
12	002980.SZ	华盛昌	5.61	6.59	5.42	5.72	5.5	4.88
13	603185.SH	弘元绿能	5.6	5.54	5.95	5.97	5.7	5.11
14	300360.SZ	炬华科技	5.59	6.56	5.17	5.44	5.28	5.39
15	300450.SZ	先导智能	5.58	5.16	5.61	6	5.51	5.93
16	300776.SZ	帝尔激光	5.57	5.83	5.31	6.04	5.63	5.38
17	300073.SZ	当升科技	5.56	5.49	5.93	5.35	5.39	5.5
18	300274.SZ	阳光电源	5.53	4.69	5.25	6.45	5.94	6.01
19	000400.SZ	许继电气	5.53	5.39	5.27	4.99	5.58	6
20	601126.SH	四方股份	5.52	5.64	5.06	5.52	5.68	5.69
21	301023.SZ	江南奕帆	5.5	7.06	5.25	5.14	5.1	4.69
22	603806.SH	福斯特	5.5	5.81	5.04	5.79	5.8	5.27
23	002056.SZ	横店东磁	5.5	5.7	5.72	5.76	5.2	5.32
24	002129.SZ	TCL中环	5.5	5.27	5.63	5.75	5.1	5.94
25	300286.SZ	安科瑞	5.49	5.63	5	6.1	5.35	5.85
26	300820.SZ	英杰电气	5.49	5.27	5.52	6.42	5.71	5.24
27	603556.SH	海兴电力	5.49	6.1	5.46	4.84	5.33	5.23
28	002706.SZ	良信股份	5.49	5.76	4.93	5.42	5.58	5.68
29	300763.SZ	锦浪科技	5.48	5.31	6.27	6.77	5.17	4.86
30	300316.SZ	晶盛机电	5.46	5.31	5.59	6.52	5.51	5.17
31	603659.SH	璞泰来	5.44	5.25	5.44	6.24	5.61	5.26
32	002518.SZ	科士达	5.43	5.93	5.15	6.09	5.47	5.03
33	300751.SZ	迈为股份	5.42	5.31	5.64	6.39	5.21	5.3
34	603016.SH	新宏泰	5.41	6.43	5.19	5.64	5.36	4.6
35	002812.SZ	恩捷股份	5.41	5.3	5.48	6.17	5.6	5.06
36	301179.SZ	泽宇智能	5.38	5.84	5.31	5.52	5.45	4.9
37	300880.SZ	迦南智能	5.38	5.7	5.45	6.16	4.9	5.28
38	603606.SH	东方电缆	5.36	5.64	4.98	5.97	5.47	5.19
39	003021.SZ	兆威机电	5.36	6.64	4.68	5.42	5.12	4.98
40	600268.SH	国电南自	5.36	5.17	4.94	4.52	5.59	5.94
41	600885.SH	宏发股份	5.35	5.93	5.36	5.58	4.94	5.1
42	601865.SH	福莱特	5.35	5.24	5.28	6.02	5.75	4.94

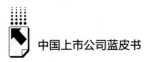

中国上市公司蓝皮书

续表

排名	代码	公司名称	总得分	财务指标	估值与成长性	创值能力	公司治理	创新与研发
43	300014. SZ	亿纬锂能	5.34	5.15	5.33	5.58	5.1	5.72
44	002028. SZ	思源电气	5.34	5.45	5.31	5.81	5.25	5.22
45	002759. SZ	天际股份	5.34	5.57	5.76	3.84	5.59	4.8
46	300593. SZ	新雷能	5.33	4.82	5.27	5.55	5.37	5.82
47	002249. SZ	大洋电机	5.33	5.35	5.56	4.36	5.79	4.88
48	603728. SH	鸣志电器	5.33	5.9	5.09	6.29	5.17	4.91
49	300693. SZ	盛弘股份	5.33	5.56	5.24	6.57	4.92	5.27
50	002459. SZ	晶澳科技	5.32	5.07	5.46	5.87	5.26	5.36
51	002850. SZ	科达利	5.32	5.26	5.43	6.13	5.5	4.89
52	002851. SZ	麦格米特	5.32	4.89	5.07	5.71	5.71	5.5
53	300568. SZ	星源材质	5.31	5.64	5.34	6.34	5.08	4.93
54	300617. SZ	安靠智电	5.3	5.81	5.42	5.09	4.86	5.16
55	300514. SZ	友讯达	5.29	5.54	4.97	5.69	5.36	5.2
56	002270. SZ	华明装备	5.29	6.24	4.96	5.7	5.17	4.68
57	600732. SH	爱旭股份	5.27	4.95	5.11	6.23	5.43	5.37
58	300018. SZ	中元股份	5.26	6.27	4.29	4.35	5.08	5.65
59	605378. SH	野马电池	5.26	6.14	5.35	4.96	5.17	4.47
60	000682. SZ	东方电子	5.26	5.29	5.18	5.33	5.05	5.51
61	601616. SH	广电电气	5.26	6.4	5.29	3.2	5.07	4.8
62	003022. SZ	联泓新科	5.24	6.09	4.91	5.79	4.81	5.03
63	002498. SZ	汉缆股份	5.24	5.78	5.17	4.56	5.21	4.97
64	002340. SZ	格林美	5.24	4.8	5.23	4.4	5.68	5.46
65	600875. SH	东方电气	5.23	4.52	5.55	4.25	5.19	5.9
66	002335. SZ	科华数据	5.23	5.41	4.62	5.76	5.01	5.73
67	300443. SZ	金雷股份	5.22	6.21	4.88	5.35	5.08	4.7
68	603063. SH	禾望电气	5.22	5.1	5.12	6.69	5.28	5
69	603031. SH	安孚科技	5.21	5.01	5.68	5.25	4.81	5.35
70	601615. SH	明阳智能	5.21	4.93	5.02	4.14	5.42	5.75
71	002533. SZ	金杯电工	5.2	5.38	5.52	4.02	5.18	5.02
72	002606. SZ	大连电瓷	5.2	5.46	5.81	5.48	4.75	4.71
73	603628. SH	清源股份	5.19	5.11	5.59	5.79	5.49	4.44
74	600481. SH	双良节能	5.19	4.3	5.65	5.86	5.37	5.27
75	002865. SZ	钧达股份	5.19	4.74	5.41	8.08	4.96	4.91

续表

排名	代码	公司名称	总得分	财务指标	估值与成长性	创值能力	公司治理	创新与研发
76	300882. SZ	万胜智能	5.19	5.51	5.23	6.02	4.69	5.11
77	002202. SZ	金风科技	5.19	4.89	4.75	3.25	5.59	6
78	301002. SZ	崧盛股份	5.18	5.4	5.4	5.2	5.44	4.48
79	601877. SH	正泰电器	5.17	5.18	4.97	3.7	5.7	5.22
80	600379. SH	宝光股份	5.17	5.62	5.24	5.87	5.11	4.53
81	002580. SZ	圣阳股份	5.17	5.25	5.71	5.49	5.22	4.42
82	300491. SZ	通合科技	5.14	5.1	5.26	5.85	4.72	5.31
83	002892. SZ	科力尔	5.14	5.61	5.16	5.53	5.32	4.38
84	300724. SZ	捷佳伟创	5.14	5.01	5.51	5.98	4.82	5.02
85	300660. SZ	江苏雷利	5.12	5.78	4.98	5.47	4.97	4.66
86	002074. SZ	国轩高科	5.12	4.6	5.25	4.57	5.05	5.72
87	300105. SZ	龙源技术	5.1	5.39	5.02	4.53	4.86	5.28
88	600475. SH	华光环能	5.09	5.03	4.91	3.48	5.82	5.01
89	300457. SZ	赢合科技	5.09	4.84	5.34	5.65	4.95	5.08
90	600468. SH	百利电气	5.09	5.11	5.3	5.42	4.95	4.91
91	300619. SZ	金银河	5.08	4.87	5.36	6.1	4.97	4.86
92	002857. SZ	三晖电气	5.08	6.23	4.72	4.75	4.4	5.06
93	601567. SH	三星医疗	5.08	5.45	4.56	4.94	5.36	4.98
94	300376. SZ	易事特	5.07	5.41	4.86	4.72	4.57	5.53
95	300769. SZ	德方纳米	5.06	4.04	5.45	6.4	5.37	5.04
96	600207. SH	安彩高科	5.05	4.95	5.39	4.31	5.2	4.86
97	002346. SZ	柘中股份	5.04	5.32	5.01	5.09	5.06	4.76
98	603530. SH	神马电力	5.04	5.47	4.83	4.81	5.36	4.55
99	300853. SZ	申昊科技	5.04	5.11	4.65	4.4	4.83	5.7
100	601218. SH	吉鑫科技	5.03	5.82	5.24	3.81	4.78	4.58
101	600525. SH	长园集团	5.02	4.67	4.75	3.76	5	5.98
102	000821. SZ	京山轻机	5.01	4.75	5.44	5.66	4.83	4.88
103	601311. SH	骆驼股份	5.01	5.47	4.61	3.17	5.67	4.77
104	002300. SZ	太阳电缆	5.01	5.11	5.14	5.06	5.27	4.53
105	603396. SH	金辰股份	5	4.42	4.91	5.85	5.41	5.03
106	002276. SZ	万马股份	5	5.18	5.2	5.04	4.89	4.71
107	300919. SZ	中伟股份	4.99	4.3	5.7	4.87	5.13	4.88
108	002927. SZ	泰永长征	4.99	5.49	4.91	5.13	4.99	4.56

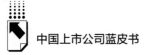

续表

排名	代码	公司名称	总得分	财务指标	估值与成长性	创值能力	公司治理	创新与研发
109	000009.SZ	中国宝安	4.99	4.58	5.02	5.02	5.12	5.24
110	600580.SH	卧龙电驱	4.99	5.01	4.91	4.21	5.17	5.07
111	002218.SZ	拓日新能	4.99	5.19	5.17	4.05	4.87	4.95
112	002487.SZ	大金重工	4.98	4.95	5.1	5.42	4.73	5.05
113	600312.SH	平高电气	4.98	5.11	4.64	4.46	5.15	5.16
114	002245.SZ	蔚蓝锂芯	4.98	5.09	5.24	5.16	4.59	4.97
115	300772.SZ	运达股份	4.98	4.18	5.41	4.74	5.23	5.16
116	300407.SZ	凯发电气	4.98	5.29	5.38	4.32	4.62	4.78
117	300827.SZ	上能电气	4.98	4.68	5.14	6.29	4.78	4.98
118	002441.SZ	众业达	4.98	5.32	4.83	3.54	5.45	4.66
119	600884.SH	杉杉股份	4.97	4.89	4.79	4.61	5.32	4.99
120	600458.SH	时代新材	4.97	4.54	5.24	4.39	5.11	5.14
121	600110.SH	诺德股份	4.97	5.43	5.14	4.12	4.72	4.81
122	601179.SH	中国西电	4.97	4.93	5.13	3.39	5.24	4.98
123	603218.SH	日月股份	4.97	5.74	4.73	3.7	5.26	4.46
124	600151.SH	航天机电	4.96	4.97	5.15	4.76	4.83	4.96
125	301168.SZ	通灵股份	4.96	5.59	5.3	5.31	4.56	4.31
126	002125.SZ	湘潭电化	4.96	4.8	4.95	6.73	4.88	4.76
127	300432.SZ	富临精工	4.96	5.04	4.59	5.14	5.26	4.9
128	000049.SZ	德赛电池	4.95	4.9	5.41	4.95	4.89	4.6
129	300850.SZ	新强联	4.95	4.76	5.28	5.38	4.92	4.75
130	300207.SZ	欣旺达	4.94	4.65	5.14	3.32	5.38	5.01
131	300690.SZ	双一科技	4.94	5.91	4.54	4.31	5.15	4.31
132	002879.SZ	长缆科技	4.94	5.86	4.78	3.62	4.85	4.59
133	300870.SZ	欧陆通	4.94	5.13	5.37	5.35	4.85	4.29
134	300438.SZ	鹏辉能源	4.93	4.72	5.21	6.28	4.75	4.72
135	300713.SZ	英可瑞	4.92	5.02	4.12	4.92	5.65	4.89
136	002339.SZ	积成电子	4.9	4.93	4.69	4.21	4.71	5.45
137	002534.SZ	西子洁能	4.9	4.66	4.7	4.97	5.16	5.07
138	002452.SZ	长高电新	4.9	5.49	4.72	3.92	4.89	4.74
139	600478.SH	科力远	4.88	5.14	4.97	5.57	4.75	4.49
140	603320.SH	迪贝电气	4.88	5.27	4.98	4.87	5.01	4.26
141	300890.SZ	翔丰华	4.88	4.68	5.49	5.21	4.74	4.52

续表

排名	代码	公司名称	总得分	财务指标	估值与成长性	创值能力	公司治理	创新与研发
142	002546.SZ	新联电子	4.88	6.07	4.24	2.26	4.83	5.01
143	002623.SZ	亚玛顿	4.87	5.01	5.05	4.42	4.96	4.58
144	300932.SZ	三友联众	4.87	5.25	5.31	4.03	4.81	4.34
145	002112.SZ	三变科技	4.87	4.21	5.42	6.55	4.68	4.75
146	300129.SZ	泰胜风能	4.86	4.63	5.28	4.83	4.67	4.87
147	301155.SZ	海力风电	4.86	5.3	4.52	4.01	4.88	4.94
148	002576.SZ	通达动力	4.85	4.72	4.94	6.79	4.89	4.37
149	600482.SH	中国动力	4.85	5.19	4.76	2.19	4.93	5.17
150	000533.SZ	顺钠股份	4.85	4.5	4.88	5.77	4.84	4.93
151	002882.SZ	金龙羽	4.84	4.63	4.97	5.34	5.14	4.51
152	301012.SZ	扬电科技	4.84	4.46	5.17	5.85	4.78	4.69
153	000922.SZ	佳电股份	4.84	4.76	4.95	5.12	5	4.57
154	600241.SH	时代万恒	4.84	5.1	5.53	5.1	4.25	4.39
155	300222.SZ	科大智能	4.83	4.31	4.52	5.42	4.96	5.39
156	600405.SH	动力源	4.83	4.41	4.88	5.23	4.63	5.29
157	603829.SH	洛凯股份	4.83	4.59	5.34	5.24	4.64	4.64
158	300062.SZ	中能电气	4.83	4.93	4.89	5.09	4.82	4.61
159	605196.SH	华通线缆	4.83	4.43	5.63	4.2	4.94	4.47
160	603050.SH	科林电气	4.83	4.29	4.89	5.1	5.01	5.05
161	603985.SH	恒润股份	4.82	5.29	4.53	4.07	5.07	4.59
162	300265.SZ	通光线缆	4.82	4.84	4.93	6.12	4.68	4.49
163	603507.SH	振江股份	4.81	4.87	5.24	4.79	4.95	4.18
164	600577.SH	精达股份	4.8	4.94	5.03	3.89	4.89	4.58
165	001208.SZ	华菱线缆	4.8	4.51	5.04	5.52	4.67	4.81
166	002823.SZ	凯中精密	4.8	5.08	4.97	3.78	4.91	4.5
167	300648.SZ	星云股份	4.8	4.3	4.53	5.96	4.97	5.1
168	002090.SZ	金智科技	4.8	4.96	4.16	5.45	4.53	5.37
169	300409.SZ	道氏技术	4.79	4.91	5.06	1.76	5.02	4.91
170	600537.SH	亿晶光电	4.78	4.4	5.56	5.33	4.51	4.53
171	002953.SZ	日丰股份	4.78	4.54	5.28	5.29	4.82	4.37
172	300569.SZ	天能重工	4.78	4.41	4.93	4.42	5.01	4.87
173	002168.SZ	惠程科技	4.78	4.53	4.34	5.42	4.76	5.33
174	002733.SZ	雄韬股份	4.78	4.73	4.8	5.27	4.9	4.56

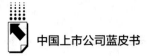

续表

排名	代码	公司名称	总得分	财务指标	估值与成长性	创值能力	公司治理	创新与研发
175	002350.SZ	北京科锐	4.78	5.28	4.33	3.49	4.63	5.19
176	300001.SZ	特锐德	4.77	4.74	5.04	4.84	4.45	4.85
177	605066.SH	天正电气	4.77	5.2	4.74	4.41	4.72	4.52
178	300185.SZ	通裕重工	4.77	4.55	5.19	2.5	5.34	4.56
179	600869.SH	远东股份	4.77	4.43	5.03	5.73	4.67	4.71
180	002531.SZ	天顺风能	4.77	4.92	4.59	5.05	4.8	4.69
181	301040.SZ	中环海陆	4.76	4.74	5.31	4.03	4.53	4.66
182	603212.SH	赛伍技术	4.76	4.76	4.84	5.1	4.62	4.74
183	601700.SH	风范股份	4.76	4.45	5.01	4.95	5.28	4.27
184	300410.SZ	正业科技	4.76	4.26	4.81	6.03	4.41	5.23
185	002255.SZ	海陆重工	4.76	5.25	4.92	4.12	4.32	4.7
186	002364.SZ	中恒电气	4.76	4.9	4.87	3.29	4.45	5.17
187	002121.SZ	科陆电子	4.75	4.26	4.79	6.47	4.2	5.32
188	301082.SZ	久盛电气	4.74	4.11	5.47	5.04	4.55	4.76
189	300141.SZ	和顺电气	4.74	5.13	4.47	5.24	4.46	4.78
190	603861.SH	白云电器	4.74	4.79	5.04	1.99	5.29	4.52
191	300153.SZ	科泰电源	4.73	4.58	4.93	5.46	4.48	4.77
192	300040.SZ	九洲集团	4.73	4.72	5.38	3.55	4.53	4.6
193	603897.SH	长城科技	4.73	4.89	4.81	3.7	4.66	4.82
194	300953.SZ	震裕科技	4.72	3.89	5.25	5.42	5.15	4.42
195	300393.SZ	中来股份	4.72	4.15	4.52	5.53	5.28	4.7
196	300842.SZ	帝科股份	4.71	3.9	5.09	4.95	4.47	5.34
197	301063.SZ	海锅股份	4.71	4.24	5.17	5.18	4.78	4.53
198	300283.SZ	温州宏丰	4.71	4.35	5.25	4.96	4.82	4.34
199	601727.SH	上海电气	4.7	4.4	4.29	1.91	5.18	5.61
200	300118.SZ	东方日升	4.69	4.47	4.8	5.04	4.64	4.78
201	600212.SH	绿能慧充	4.69	4.43	4.49	6.57	4.54	4.84
202	002227.SZ	奥特迅	4.69	4.69	4.33	3.73	4.77	5.2
203	000982.SZ	中银绒业	4.68	4.66	4.78	5.97	4.45	4.5
204	600847.SH	万里股份	4.68	5.39	4.49	4.17	4.48	4.49
205	300626.SZ	华瑞股份	4.68	5.07	4.91	5.05	4.57	4.07
206	600152.SH	维科技术	4.67	4.51	4.92	4.61	4.86	4.42
207	605222.SH	起帆电缆	4.67	4.13	4.73	4.3	5.43	4.5

续表

排名	代码	公司名称	总得分	财务指标	估值与成长性	创值能力	公司治理	创新与研发
208	603988. SH	中电电机	4.66	4.7	4.37	5.51	5.09	4.28
209	600550. SH	保变电气	4.65	4.12	4.3	6.94	4.91	4.71
210	603398. SH	沐邦高科	4.65	4.62	4.88	4.64	4.84	4.26
211	300670. SZ	大烨智能	4.65	5.37	4.3	3.57	4.28	4.92
212	300068. SZ	南都电源	4.65	4.37	4.64	5.74	4.85	4.46
213	600973. SH	宝胜股份	4.63	4.55	4.83	3.46	4.56	4.89
214	300907. SZ	康平科技	4.62	4.93	5.05	4.93	4.35	4.08
215	300444. SZ	双杰电气	4.62	4.03	4.71	5.93	4.39	5.03
216	300510. SZ	金冠股份	4.61	4.97	4.48	4.81	4.13	4.82
217	603618. SH	杭电股份	4.6	4.17	4.87	3.92	4.77	4.74
218	002169. SZ	智光电气	4.6	4.79	4.34	2.88	4.89	4.78
219	600416. SH	湘电股份	4.59	4.31	4.63	5.55	4.35	4.85
220	002560. SZ	通达股份	4.59	4.69	4.87	4.16	4.5	4.43
221	300173. SZ	福能东方	4.58	4.01	4.68	5.33	4.59	4.87
222	300933. SZ	中辰股份	4.58	4.36	4.84	4.66	4.38	4.73
223	002451. SZ	摩恩电气	4.58	4.1	4.78	5.46	4.18	5.04
224	300035. SZ	中科电气	4.58	3.92	5.15	4.29	4.52	4.79
225	603333. SH	尚纬股份	4.56	4.81	4.5	2.68	4.78	4.64
226	603819. SH	神力股份	4.56	4.43	4.59	4.03	4.59	4.75
227	002805. SZ	丰元股份	4.55	3.78	5.11	4.72	4.71	4.58
228	000720. SZ	新能泰山	4.54	4	4.82	3.65	5.1	4.46
229	300080. SZ	易成新能	4.52	4.42	4.76	4.44	4.23	4.69
230	300423. SZ	昇辉科技	4.48	4.82	4.3	3.04	4.62	4.55
231	002471. SZ	中超控股	4.47	4.23	4.9	5.14	3.76	4.84
232	603577. SH	汇金通	4.47	4.04	4.89	4.41	4.73	4.25
233	002196. SZ	方正电机	4.4	4.29	4.13	3.73	4.57	4.77
234	002506. SZ	协鑫集成	4.38	4.19	4.21	6.09	4.64	4.03
235	300490. SZ	华自科技	4.38	4.28	4.18	3.5	4.4	4.86
236	002610. SZ	爱康科技	4.38	4.61	4.18	5.5	4.17	4.26
237	300140. SZ	中环装备	4.35	4.22	3.93	5.45	4.17	4.79
238	300069. SZ	金利华电	4.31	4.24	4.4	4.28	4.26	4.36
239	002358. SZ	森源电气	4.25	3.58	4.7	3.8	4.4	4.41
240	300477. SZ	合纵科技	4.24	3.79	4.46	2.8	4.22	4.83

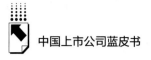

续表

排名	代码	公司名称	总得分	财务指标	估值与成长性	创值能力	公司治理	创新与研发
241	600192.SH	长城电工	4.18	3.86	4.24	3.19	4.43	4.46
242	300340.SZ	科恒股份	4.15	3.62	3.7	4.57	4.44	4.74
243	002366.SZ	融发核电	4.1	3.56	4.28	5.28	3.66	4.62
244	002630.SZ	华西能源	4.03	3.51	4.01	3.47	4.28	4.45
245	002665.SZ	首航高科	4.03	4.02	4.06	3.79	3.79	4.29
246	300116.SZ	保力新	3.74	3.14	3.59	6.54	3.62	3.91

（六）电子

排名	代码	公司名称	总得分	财务指标	估值与成长性	创值能力	公司治理	创新与研发
1	300661.SZ	圣邦股份	6.08	6.91	5.48	6.38	5.8	6.04
2	603986.SH	兆易创新	6.04	6.94	5.25	5.89	5.62	6.4
3	300782.SZ	卓胜微	5.85	6.68	5.54	6.03	5.19	5.92
4	300223.SZ	北京君正	5.84	5.81	5.68	6.46	5.01	6.71
5	300613.SZ	富瀚微	5.75	6.18	5.27	5.98	5.36	6.15
6	002222.SZ	福晶科技	5.75	6.72	5.88	6.05	5.46	4.86
7	605111.SH	新洁能	5.71	6.41	5.46	5.68	5.39	5.57
8	300866.SZ	安克创新	5.67	5.56	5.88	5.75	5.54	5.7
9	003043.SZ	华亚智能	5.66	6.21	6.16	5.6	5.57	4.72
10	300481.SZ	濮阳惠成	5.66	6.42	5.75	5.23	5.39	5.17
11	603005.SH	晶方科技	5.66	7.18	5.03	5.63	5.03	5.4
12	002841.SZ	视源股份	5.64	5.84	5.02	5.45	5.92	5.84
13	002643.SZ	万润股份	5.62	5.83	5.73	5.1	5.82	5.21
14	002049.SZ	紫光国微	5.6	5.54	5.1	6.39	5.25	6.33
15	002938.SZ	鹏鼎控股	5.59	5.78	5.62	4.77	5.82	5.36
16	603931.SH	格林达	5.57	6.79	5.25	5.63	4.94	5.3
17	603327.SH	福蓉科技	5.56	6.37	5.44	5.65	5.46	4.96
18	603290.SH	斯达半导	5.56	5.59	6.05	6.12	5.15	5.3
19	300408.SZ	三环集团	5.54	6.59	5.29	5.47	5.24	5.05
20	300604.SZ	长川科技	5.53	4.79	5.49	6.87	5.43	6.08

续表

排名	代码	公司名称	总得分	财务 指标	估值与 成长性	创值 能力	公司 治理	创新与 研发
21	600563. SH	法拉电子	5.53	6.23	5.53	6.05	5.32	4.91
22	603297. SH	永新光学	5.52	6.67	5.21	5.91	5.13	4.99
23	002371. SZ	北方华创	5.52	4.52	5.46	6.35	5.65	6.23
24	300327. SZ	中颖电子	5.51	5.6	5.04	6	5.21	6.05
25	300852. SZ	四会富仕	5.5	6.22	5.78	5.5	5.18	4.81
26	600584. SH	长电科技	5.5	5.58	5.53	5.54	5.57	5.29
27	300916. SZ	朗特智能	5.49	6.08	5.94	5.7	5.2	4.66
28	300373. SZ	扬杰科技	5.44	5.56	5.55	5.78	5.47	5.12
29	300684. SZ	中石科技	5.43	6.21	5.13	5.4	5.39	4.98
30	002937. SZ	兴瑞科技	5.41	5.99	5.34	5.9	5.43	4.79
31	300951. SZ	博硕科技	5.41	6.12	5.5	5.36	5.13	4.92
32	300831. SZ	派瑞股份	5.41	6.76	5.06	5.54	4.64	5.14
33	300054. SZ	鼎龙股份	5.4	5.45	5.57	5.97	5.04	5.41
34	300458. SZ	全志科技	5.4	6.02	4.65	5.9	4.84	5.99
35	003028. SZ	振邦智能	5.4	5.5	5.73	5.27	5.4	5.02
36	603738. SH	泰晶科技	5.4	6.16	5.34	5.78	5.24	4.76
37	002351. SZ	漫步者	5.4	6.33	4.92	6.07	5.21	4.97
38	603893. SH	瑞芯微	5.4	5.28	4.74	6.12	5.37	6.01
39	002962. SZ	五方光电	5.39	6.62	5.27	4.62	5.19	4.68
40	002925. SZ	盈趣科技	5.39	5.74	5.19	5.09	5.52	5.17
41	002241. SZ	歌尔股份	5.38	4.98	5.36	4.83	5.22	6.1
42	002409. SZ	雅克科技	5.37	5.53	5.38	5.74	5.34	5.13
43	603501. SH	韦尔股份	5.36	4.6	4.7	5.87	5.62	6.4
44	300701. SZ	森霸传感	5.35	6.93	5	5.3	4.95	4.55
45	002815. SZ	崇达技术	5.35	5.27	5.59	5.03	5.79	4.84
46	002475. SZ	立讯精密	5.35	4.84	5.49	5.61	5.47	5.52
47	002106. SZ	莱宝高科	5.34	5.71	5.85	3.75	5.22	5
48	603228. SH	景旺电子	5.3	5.21	5.54	5.02	5.73	4.79
49	300623. SZ	捷捷微电	5.3	5.67	5.13	5.45	5.35	5
50	600171. SH	上海贝岭	5.3	5.41	4.62	5.42	5.33	5.81
51	601138. SH	工业富联	5.3	4.71	4.87	5.43	5.68	5.89
52	002484. SZ	江海股份	5.29	5.29	5.51	5.6	5.51	4.78
53	002139. SZ	拓邦股份	5.28	4.67	5.33	5.15	5.79	5.38

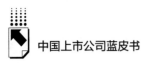

排名	代码	公司名称	总得分	财务指标	估值与成长性	创值能力	公司治理	创新与研发
54	603160. SH	汇顶科技	5.28	4.97	4.59	4.79	5.54	6.14
55	002273. SZ	水晶光电	5.28	5.97	5.43	4.61	5.01	4.87
56	002916. SZ	深南电路	5.28	5.32	5.17	5.36	5.61	4.99
57	300672. SZ	国科微	5.28	4.97	5.02	5.86	4.7	6.26
58	002463. SZ	沪电股份	5.27	5.56	5.32	5.74	5.41	4.7
59	301031. SZ	中熔电气	5.27	5.12	5.6	6.29	5.3	4.82
60	000725. SZ	京东方 A	5.27	5.29	4.94	2.77	5.81	5.68
61	002881. SZ	美格智能	5.27	4.38	5.13	6.22	5.35	5.98
62	300285. SZ	国瓷材料	5.25	5.74	4.94	5.64	5.19	5.02
63	600206. SH	有研新材	5.23	5.53	5.33	6.76	5.03	4.65
64	301086. SZ	鸿富瀚	5.22	5.79	5.58	4.96	4.92	4.66
65	002436. SZ	兴森科技	5.22	5.14	5.31	5.4	5.57	4.81
66	301180. SZ	万祥科技	5.22	5.46	5.09	5.83	5.22	4.95
67	300656. SZ	民德电子	5.21	5.13	5.6	5.71	4.82	5.18
68	600877. SH	电科芯片	5.21	4.97	5.18	6.08	4.67	5.8
69	002213. SZ	大为股份	5.21	4.75	5.7	5.83	4.78	5.45
70	300735. SZ	光弘科技	5.21	5.97	5.16	4.34	5.27	4.63
71	603380. SH	易德龙	5.21	5.18	5.48	5.43	5.47	4.63
72	300739. SZ	明阳电路	5.21	5.19	5.8	5	5.36	4.53
73	300679. SZ	电连技术	5.2	5.61	5.08	5.57	5.26	4.78
74	300976. SZ	达瑞电子	5.2	6.18	5	3.96	5.19	4.72
75	300939. SZ	秋田微	5.2	5.83	5.4	5.45	5.04	4.46
76	003019. SZ	宸展光电	5.2	4.97	5.59	4.9	5.63	4.68
77	002156. SZ	通富微电	5.19	5.09	5.58	5.93	4.93	4.99
78	603920. SH	世运电路	5.19	5.34	5.46	5.24	5.6	4.35
79	002384. SZ	东山精密	5.19	4.76	5.71	5.14	5.35	4.95
80	603002. SH	宏昌电子	5.19	5.05	5.41	5.19	5.27	5
81	605358. SH	立昂微	5.18	4.98	5.43	5.37	5.26	5.02
82	301067. SZ	显盈科技	5.17	5.47	5.77	5.08	4.95	4.52
83	300787. SZ	海能实业	5.17	4.9	5.78	5.33	5.51	4.45
84	300909. SZ	汇创达	5.17	5.64	5.38	5.3	5.02	4.59
85	601231. SH	环旭电子	5.16	4.48	5.48	4.98	5.43	5.32
86	002859. SZ	洁美科技	5.16	5.28	5.29	5.54	5	4.97

续表

排名	代码	公司名称	总得分	财务指标	估值与成长性	创值能力	公司治理	创新与研发
87	002913. SZ	奥士康	5. 16	5. 13	5. 28	5. 34	5. 4	4. 78
88	600183. SH	生益科技	5. 16	5. 05	4. 96	4. 96	5. 66	5
89	002079. SZ	苏州固锝	5. 16	5. 46	4. 97	5. 65	5. 3	4. 76
90	002138. SZ	顺络电子	5. 15	5. 34	5. 28	5. 4	5. 06	4. 87
91	002955. SZ	鸿合科技	5. 15	5. 54	4. 86	3. 91	5. 54	4. 99
92	300136. SZ	信维通信	5. 15	5. 03	4. 99	5. 07	5. 36	5. 25
93	300389. SZ	艾比森	5. 15	4. 72	5. 55	5. 83	5. 54	4. 62
94	002635. SZ	安洁科技	5. 15	5. 48	5. 06	4. 33	5. 46	4. 8
95	002402. SZ	和而泰	5. 15	4. 7	5. 2	5. 33	5. 16	5. 48
96	300346. SZ	南大光电	5. 15	5. 23	4. 89	6. 38	4. 65	5. 51
97	300433. SZ	蓝思科技	5. 14	5. 28	5. 02	3. 8	5. 41	5. 2
98	301099. SZ	雅创电子	5. 13	3. 92	5. 55	5. 63	5. 54	5. 4
99	002947. SZ	恒铭达	5. 13	5. 15	5. 03	5. 1	5. 44	4. 9
100	002130. SZ	沃尔核材	5. 12	5. 13	5. 46	4. 81	4. 88	5. 11
101	300398. SZ	飞凯材料	5. 12	5. 08	5. 16	5. 16	5. 2	5. 04
102	600460. SH	士兰微	5. 11	4. 4	4. 86	6. 13	5. 24	5. 71
103	300655. SZ	晶瑞电材	5. 11	5. 26	5. 09	6. 09	5. 07	4. 77
104	300666. SZ	江丰电子	5. 11	4. 64	5. 32	5. 74	5. 3	5. 01
105	002600. SZ	领益智造	5. 1	4. 8	4. 88	5. 17	5. 42	5. 29
106	003026. SZ	中晶科技	5. 1	5. 57	5. 26	5. 07	5. 15	4. 44
107	600745. SH	闻泰科技	5. 1	4. 81	4. 64	4. 37	5. 41	5. 72
108	000062. SZ	深圳华强	5. 1	4. 39	5. 89	4. 25	5. 23	5. 09
109	300475. SZ	香农芯创	5. 1	4. 87	5. 31	6. 53	4. 8	5. 04
110	300964. SZ	本川智能	5. 09	5. 23	5. 69	5. 23	4. 84	4. 58
111	300936. SZ	中英科技	5. 09	5. 87	5. 05	4. 64	4. 82	4. 73
112	300582. SZ	英飞特	5. 09	5. 02	5. 19	5	5. 4	4. 77
113	301041. SZ	金百泽	5. 09	5. 45	4. 98	5. 67	5. 04	4. 73
114	300319. SZ	麦捷科技	5. 08	5. 3	5. 11	4. 92	5. 3	4. 66
115	605277. SH	新亚电子	5. 07	5. 3	5. 31	5. 34	5. 09	4. 51
116	003015. SZ	日久光电	5. 07	5. 98	5. 08	4. 46	4. 73	4. 63
117	300456. SZ	赛微电子	5. 06	5. 07	4. 57	3. 91	5. 3	5. 57
118	300493. SZ	润欣科技	5. 05	4. 45	5. 43	5. 84	4. 79	5. 34
119	603328. SH	依顿电子	5. 05	5. 6	5. 37	4. 73	4. 98	4. 32

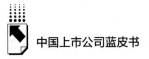

排名	代码	公司名称	总得分	财务 指标	估值与 成长性	创值 能力	公司 治理	创新与 研发
120	300516. SZ	久之洋	5.05	4.96	4.83	5.67	4.95	5.28
121	603386. SH	骏亚科技	5.04	4.62	5.73	5.42	4.96	4.76
122	000727. SZ	冠捷科技	5.04	4.27	5.41	3.67	5.17	5.66
123	002983. SZ	芯瑞达	5.03	4.91	5.34	5.55	5.15	4.6
124	002866. SZ	传艺科技	5.03	5.14	5.1	5.48	5.09	4.66
125	002185. SZ	华天科技	5.03	5.45	5.2	4.76	4.82	4.7
126	300088. SZ	长信科技	5.02	5.6	5.06	4.37	4.7	4.88
127	002993. SZ	奥海科技	5.02	5.27	5.26	4.88	4.85	4.72
128	301189. SZ	奥尼电子	5.01	5.69	5.27	3.6	4.28	5.18
129	300476. SZ	胜宏科技	5.01	4.8	5.39	5.3	5.15	4.61
130	000100. SZ	TCL 科技	5.01	4.89	4.81	2.51	5.27	5.68
131	605218. SH	伟时电子	4.99	5.28	4.89	5.1	5.28	4.48
132	605058. SH	澳弘电子	4.99	5.12	5.32	4.72	5.09	4.49
133	002137. SZ	实益达	4.99	5.04	5.22	5.77	4.79	4.7
134	603989. SH	艾华集团	4.98	4.83	4.99	5.12	5.41	4.66
135	002729. SZ	好利科技	4.98	5.34	4.7	6.22	4.67	4.89
136	300046. SZ	台基股份	4.98	5.44	4.99	5.61	4.6	4.71
137	000050. SZ	深天马 A	4.97	4.95	4.45	3.24	5.54	5.38
138	000021. SZ	深科技	4.97	4.49	5.19	5.19	5.4	4.74
139	000823. SZ	超声电子	4.97	5.01	5.56	3.48	4.85	4.81
140	300543. SZ	朗科智能	4.96	4.42	5.56	4.91	5.13	4.75
141	603078. SH	江化微	4.96	4.85	5.15	5.5	4.95	4.74
142	605258. SH	协和电子	4.96	5.34	4.93	4.53	5.15	4.51
143	605588. SH	冠石科技	4.95	5.33	5.07	5.21	4.95	4.4
144	300650. SZ	太龙股份	4.95	4.88	5.47	4.78	4.67	4.82
145	300545. SZ	联得装备	4.95	4.32	5.08	5.27	5.23	5.08
146	002952. SZ	亚世光电	4.95	4.6	5.33	5.38	5.59	4.17
147	300632. SZ	光莆股份	4.95	5.42	4.93	4.08	5.02	4.63
148	603890. SH	春秋电子	4.94	4.66	5.4	3.8	5.43	4.58
149	300296. SZ	利亚德	4.94	4.46	4.8	4.51	5.47	5.15
150	603933. SH	睿能科技	4.93	4.43	4.77	6.1	5.37	4.88
151	002741. SZ	光华科技	4.92	4.4	5.31	6.25	4.82	4.83
152	600651. SH	飞乐音响	4.92	4.33	5.07	5.62	4.88	5.23

排名	代码	公司名称	总得分	财务指标	估值与成长性	创值能力	公司治理	创新与研发
153	301045.SZ	天禄科技	4.92	5.53	5.02	4.96	4.69	4.41
154	002922.SZ	伊戈尔	4.91	4.57	5.31	5.33	4.92	4.75
155	002449.SZ	国星光电	4.91	5.16	4.9	3.83	5.34	4.53
156	300219.SZ	鸿利智汇	4.91	4.89	5	4.96	4.91	4.83
157	000701.SZ	厦门信达	4.91	4.84	4.79	3.74	5.28	5.03
158	600353.SH	旭光电子	4.9	4.68	5.13	5.57	4.92	4.7
159	002724.SZ	海洋王	4.9	5.35	4.46	4.58	5.01	4.84
160	002119.SZ	康强电子	4.89	4.87	5.05	5.64	4.87	4.6
161	002876.SZ	三利谱	4.89	4.86	5.1	5.44	4.89	4.58
162	002981.SZ	朝阳科技	4.89	4.69	5.23	5.2	5.01	4.54
163	300303.SZ	聚飞光电	4.89	5.22	4.74	4.94	4.95	4.62
164	300843.SZ	胜蓝股份	4.88	5.13	5.14	5.12	4.95	4.25
165	300975.SZ	商络电子	4.88	3.93	5.61	5.14	5.15	4.76
166	300812.SZ	易天股份	4.87	4.52	4.9	5.49	4.83	5.07
167	300968.SZ	格林精密	4.87	5.53	5.44	4.54	4.2	4.4
168	300576.SZ	容大感光	4.87	4.72	4.84	6.11	4.86	4.73
169	002134.SZ	天津普林	4.86	4.93	5.49	6.04	4.53	4.19
170	300236.SZ	上海新阳	4.86	5.07	4.26	4.42	4.87	5.35
171	603626.SH	科森科技	4.85	4.78	5.11	3.73	5.16	4.65
172	002161.SZ	远望谷	4.85	4.19	4.79	4.52	4.8	5.7
173	600363.SH	联创光电	4.85	4.82	5.22	5.48	4.79	4.41
174	600130.SH	波导股份	4.85	5.06	5.15	5.32	4.57	4.5
175	603936.SH	博敏电子	4.84	4.68	5.1	4.06	4.93	4.85
176	300446.SZ	乐凯新材	4.84	5.35	4.12	4.95	5.03	4.82
177	300822.SZ	贝仕达克	4.84	5.09	5.24	4.81	4.55	4.48
178	002636.SZ	金安国纪	4.83	5.26	4.81	4.39	4.79	4.58
179	300991.SZ	创益通	4.83	5.02	4.78	4.83	5.02	4.51
180	603595.SH	东尼电子	4.83	4.32	4.56	5.71	5.5	4.72
181	600360.SH	华微电子	4.83	5.02	4.91	4.82	4.7	4.68
182	002077.SZ	大港股份	4.82	5.39	4.59	5.27	4.69	4.51
183	600552.SH	凯盛科技	4.82	4.46	5.08	4.97	5.09	4.62
184	002660.SZ	茂硕电源	4.82	4.63	5.34	5.17	4.81	4.42
185	300184.SZ	力源信息	4.82	4.49	4.99	4.52	4.83	5.05

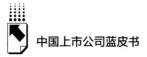

排名	代码	公司名称	总得分	财务指标	估值与成长性	创值能力	公司治理	创新与研发
186	000045.SZ	深纺织A	4.81	4.9	5.43	3.95	4.78	4.36
187	600703.SH	三安光电	4.81	4.84	4.33	3.82	4.82	5.51
188	300857.SZ	协创数据	4.81	4.73	5.21	5.6	4.38	4.74
189	002782.SZ	可立克	4.81	4.57	4.99	5.99	5.13	4.27
190	300232.SZ	洲明科技	4.81	4.48	4.96	4.43	4.73	5.15
191	300429.SZ	强力新材	4.81	4.83	4.98	4.21	4.91	4.65
192	000636.SZ	风华高科	4.8	5.25	4.5	3.31	5.21	4.63
193	603186.SH	华正新材	4.8	4.49	4.98	5.07	5.02	4.66
194	603629.SH	利通电子	4.8	4.45	4.79	5.2	5.46	4.41
195	300793.SZ	佳禾智能	4.8	4.58	5.21	5.1	4.73	4.62
196	300868.SZ	杰美特	4.8	5.15	4.53	3.97	5.28	4.44
197	002765.SZ	蓝黛科技	4.8	4.58	5.19	4.97	4.82	4.55
198	603690.SH	至纯科技	4.79	4.04	4.35	5.2	5.13	5.54
199	603068.SH	博通集成	4.79	4.7	4.08	4.27	4.81	5.69
200	002655.SZ	共达电声	4.79	4.86	4.81	5.9	4.66	4.54
201	002388.SZ	新亚制程	4.78	4.52	5	4.89	4.74	4.85
202	603633.SH	徕木股份	4.78	4.69	5.29	4.69	4.71	4.44
203	600288.SH	大恒科技	4.77	4.58	4.55	4.72	4.78	5.19
204	002888.SZ	惠威科技	4.77	5.27	4.44	4.9	4.77	4.58
205	002036.SZ	联创电子	4.76	4.22	4.86	5.04	4.8	5.07
206	002587.SZ	奥拓电子	4.76	4.48	4.56	5	4.88	5.05
207	600237.SH	铜峰电子	4.75	5.04	4.98	5.51	4.44	4.37
208	300940.SZ	南极光	4.75	4.78	4.86	4.77	4.91	4.44
209	000509.SZ	华塑控股	4.75	3.32	6.07	6.27	4.53	4.68
210	000536.SZ	华映科技	4.74	4.78	4.7	3.81	4.78	4.94
211	002681.SZ	奋达科技	4.74	4.77	4.72	5.64	4.6	4.62
212	002861.SZ	瀛通通讯	4.73	4.97	4.94	3.73	4.84	4.4
213	300537.SZ	广信材料	4.72	4.44	4.73	4.77	5.24	4.45
214	300566.SZ	激智科技	4.71	4.44	4.77	5.07	4.63	4.91
215	603703.SH	盛洋科技	4.71	4.74	5.34	4.16	4.49	4.39
216	002869.SZ	金溢科技	4.7	4.68	3.99	3.9	5.14	5.2
217	300162.SZ	雷曼光电	4.7	4.24	5.08	5.45	4.76	4.54
218	000670.SZ	盈方微	4.7	3.7	4.93	6.29	4.57	5.21

续表

排名	代码	公司名称	总得分	财务指标	估值与成长性	创值能力	公司治理	创新与研发
219	300115.SZ	长盈精密	4.7	4.3	4.71	4.88	4.67	5.08
220	603773.SH	沃格光电	4.69	4.85	4.34	4.04	5.25	4.47
221	300708.SZ	聚灿光电	4.69	4.88	4.16	4.49	5.11	4.65
222	000020.SZ	深华发A	4.68	4.55	4.96	6.09	4.42	4.45
223	300814.SZ	中富电路	4.68	4.82	4.84	5.75	4.52	4.29
224	300602.SZ	飞荣达	4.68	4.44	4.48	5.31	4.95	4.71
225	002885.SZ	京泉华	4.68	4.09	4.82	5.95	5.17	4.31
226	300241.SZ	瑞丰光电	4.67	4.49	4.64	4.38	5.23	4.4
227	300076.SZ	GQY视讯	4.67	4.21	4.96	4.7	4.43	5.06
228	002584.SZ	西陇科学	4.66	4.42	4.97	3.98	4.55	4.89
229	300671.SZ	富满微	4.65	4.51	4.48	4.35	4.31	5.37
230	002855.SZ	捷荣技术	4.65	4.6	4.52	4.08	5.3	4.33
231	300131.SZ	英唐智控	4.65	4.81	4.15	4.56	4.65	5.01
232	300460.SZ	惠伦晶体	4.64	4.27	5.17	5.27	4.06	4.91
233	300808.SZ	久量股份	4.64	4.86	4.91	3.95	4.65	4.32
234	301182.SZ	凯旺科技	4.64	4.92	4.75	4.44	4.68	4.26
235	002045.SZ	国光电器	4.63	4.37	4.57	5.24	4.7	4.75
236	002141.SZ	贤丰控股	4.62	4.37	4.45	5.5	4.28	5.18
237	300032.SZ	金龙机电	4.62	4.35	5.24	5.83	4.15	4.44
238	300956.SZ	英力股份	4.62	4.27	5.23	3.81	4.63	4.55
239	300706.SZ	阿石创	4.62	4.42	4.73	4.46	4.8	4.57
240	300077.SZ	国民技术	4.61	4.1	3.76	5.76	4.82	5.47
241	300903.SZ	科翔股份	4.61	4.36	4.88	4.49	4.52	4.69
242	002745.SZ	木林森	4.61	4.76	4.4	3.24	4.79	4.82
243	300709.SZ	精研科技	4.6	4.63	4.07	4.2	5.09	4.73
244	600071.SH	凤凰光学	4.6	4.27	4.59	6.12	4.79	4.37
245	300323.SZ	华灿光电	4.59	4.19	4.83	4.04	4.61	4.89
246	002456.SZ	欧菲光	4.57	4.37	3.68	4.6	5.04	5.19
247	300102.SZ	乾照光电	4.57	4.18	4.9	4.31	4.36	4.89
248	002387.SZ	维信诺	4.56	4.67	4.14	1.93	4.73	5.34
249	603685.SH	晨丰科技	4.55	4.13	5.18	4.06	4.52	4.5
250	300752.SZ	隆利科技	4.55	4.25	4.38	4.67	4.96	4.58
251	300889.SZ	爱克股份	4.55	4.43	4.73	3.55	4.76	4.53

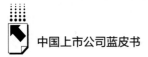

续表

排名	代码	公司名称	总得分	财务指标	估值与成长性	创值能力	公司治理	创新与研发
252	002579. SZ	中京电子	4.54	4.43	4.74	3.9	4.43	4.74
253	301051. SZ	信濠光电	4.54	4.79	4.83	4.41	4.26	4.3
254	300322. SZ	硕贝德	4.54	4.46	4.61	4.42	4.33	4.77
255	300269. SZ	联建光电	4.51	4.19	4.58	6.37	4.5	4.32
256	600601. SH	方正科技	4.51	4.04	4.72	5.68	4.47	4.53
257	603679. SH	华体科技	4.51	4.07	4.44	4.33	4.64	4.92
258	600203. SH	福日电子	4.49	4.12	4.17	3.1	4.79	5.23
259	300128. SZ	锦富技术	4.48	4.5	4.21	4.96	4.44	4.67
260	300736. SZ	百邦科技	4.47	4.53	4.63	6.2	3.85	4.45
261	300120. SZ	经纬辉开	4.45	4.49	4.46	3.62	4.51	4.56
262	002845. SZ	同兴达	4.45	4.15	4.56	4.64	4.66	4.37
263	002199. SZ	东晶电子	4.42	4.27	4.38	4.64	4.73	4.24
264	002426. SZ	胜利精密	4.42	4.3	4.63	4.68	4.26	4.42
265	300686. SZ	智动力	4.41	4.92	4.37	3.81	4.26	4.24
266	002654. SZ	万润科技	4.41	4.21	4.25	4.63	4.15	4.98
267	002055. SZ	得润电子	4.4	3.86	4.59	4.66	4.37	4.72
268	600707. SH	彩虹股份	4.37	4.98	3.99	2.9	4.32	4.57
269	002992. SZ	宝明科技	4.37	4.33	3.97	5.25	4.67	4.27
270	300657. SZ	弘信电子	4.35	4.34	4.25	4.66	4.26	4.49
271	300331. SZ	苏大维格	4.35	4.26	4.23	4.33	4.32	4.59
272	300647. SZ	超频三	4.33	3.67	4.45	3.25	4.55	4.9
273	300279. SZ	和晶科技	4.29	3.77	4.48	4.02	4.45	4.56
274	000413. SZ	东旭光电	4.24	3.93	4.55	3.38	3.91	4.78
275	002288. SZ	超华科技	4.2	4.11	4.02	3.48	4.28	4.59
276	002369. SZ	卓翼科技	4.2	4.74	3.65	4.01	4.29	4.18
277	600751. SH	海航科技	4.17	4.02	3.65	3.47	4.28	4.89
278	002217. SZ	合力泰	4.09	3.77	3.76	3.14	4.21	4.84

（七）纺织服饰

排名	代码	公司名称	总得分	财务指标	估值与成长性	创值能力	公司治理	创新与研发
1	603587. SH	地素时尚	5.69	6.66	4.82	5.6	6.14	5.13
2	300979. SZ	华利集团	5.64	5.88	5.4	6.53	5.93	5.12
3	002327. SZ	富安娜	5.62	6.31	5.27	5.63	5.9	4.99
4	002832. SZ	比音勒芬	5.61	6.03	5.56	6.57	5.41	5.21
5	002003. SZ	伟星股份	5.56	5.75	5.51	6.38	5.49	5.29
6	002867. SZ	周大生	5.54	5.71	5.28	6.13	5.54	5.47
7	301177. SZ	迪阿股份	5.53	6.38	5.42	5.94	5.37	4.87
8	301088. SZ	戎美股份	5.5	6.32	5.21	5.35	4.98	5.53
9	002154. SZ	报喜鸟	5.49	5.47	5.73	6.3	5.54	5.03
10	002763. SZ	汇洁股份	5.45	6.01	5.38	5.37	5.8	4.62
11	605180. SH	华生科技	5.45	6.49	5.18	5.37	4.87	5.25
12	002293. SZ	罗莱生活	5.43	5.39	5.24	5.89	5.61	5.37
13	600612. SH	老凤祥	5.41	5.01	5.4	6.13	5.63	5.44
14	300952. SZ	恒辉安防	5.38	5.44	5.7	6.19	5.15	5.02
15	605003. SH	众望布艺	5.37	6.54	5.4	5.47	4.64	4.89
16	600916. SH	中国黄金	5.34	5.23	5.39	6.28	5.25	5.26
17	002563. SZ	森马服饰	5.33	5.2	4.63	5.05	5.64	5.94
18	300840. SZ	酷特智能	5.3	5.5	5.52	6.07	4.69	5.29
19	603511. SH	爱慕股份	5.28	5.97	4.98	5.05	5.1	5.14
20	603889. SH	新澳股份	5.28	4.91	5.55	5.94	5.55	4.93
21	002486. SZ	嘉麟杰	5.27	4.8	6.28	6.22	5.02	4.75
22	002144. SZ	宏达高科	5.26	5.86	5.34	2.78	5.03	5.42
23	603365. SH	水星家纺	5.25	5.57	5.04	5.18	5.34	5.08
24	600527. SH	江南高纤	5.24	6.18	5.06	3.88	4.91	5.17
25	600398. SH	海澜之家	5.24	5.17	4.89	5.73	5.36	5.4
26	600987. SH	航民股份	5.21	5.67	5.38	4.97	4.99	4.86
27	300945. SZ	曼卡龙	5.2	5.6	5.26	6.13	4.85	4.86
28	000726. SZ	鲁泰 A	5.2	4.99	5.36	3.83	5.56	5.2
29	000026. SZ	飞亚达	5.2	5.42	5.15	5.47	5.3	4.84
30	003041. SZ	真爱美家	5.16	5.52	5.5	5.66	4.46	5.05
31	605599. SH	菜百股份	5.16	4.73	5.29	6.19	5.46	4.92

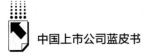

排名	代码	公司名称	总得分	财务指标	估值与成长性	创值能力	公司治理	创新与研发
32	300819.SZ	聚杰微纤	5.16	5.57	5.38	5.7	4.96	4.6
33	603055.SH	台华新材	5.15	4.76	5.38	6.01	5.08	5.17
34	600177.SH	雅戈尔	5.15	4.59	5.26	3.94	5.89	5.15
35	605189.SH	富春染织	5.14	5.25	5.46	5.19	4.8	5.05
36	002612.SZ	朗姿股份	5.13	4.98	4.74	5.09	5.35	5.46
37	300005.SZ	探路者	5.13	4.71	5.1	6.07	4.68	5.79
38	603558.SH	健盛集团	5.12	4.74	5.56	4.95	5.69	4.53
39	003016.SZ	欣贺股份	5.12	5.74	4.69	4.98	5.12	4.96
40	002345.SZ	潮宏基	5.12	4.92	5.45	5.63	5.22	4.74
41	002404.SZ	嘉欣丝绸	5.11	4.65	5.56	5.8	5.4	4.66
42	002687.SZ	乔治白	5.11	5.41	4.97	5.55	5.08	4.84
43	600137.SH	浪莎股份	5.08	5.51	5.48	6.25	4.37	4.65
44	002634.SZ	棒杰股份	5.07	5.28	5.33	6.61	4.71	4.56
45	300577.SZ	开润股份	5.04	4.68	5.2	4.93	5.83	4.46
46	600735.SH	新华锦	5.03	5.11	5.68	5.28	4.55	4.74
47	601339.SH	百隆东方	5.03	4.71	5.3	4.39	5.54	4.72
48	603196.SH	日播时尚	5.03	5.02	4.53	6.66	5.36	4.8
49	603908.SH	牧高笛	5.03	4.35	5.63	7.07	5.11	4.52
50	300901.SZ	中胤时尚	5.03	5.43	5.02	5.77	4.74	4.74
51	002722.SZ	物产金轮	5.03	5.11	5.62	5.31	4.81	4.48
52	002674.SZ	兴业科技	5.02	4.82	5.38	5.57	5.06	4.7
53	002098.SZ	浔兴股份	5.01	4.8	5.19	5.95	4.42	5.41
54	603808.SH	歌力思	5.01	5.29	4.8	4.49	5.05	5.04
55	001209.SZ	洪兴股份	4.98	5.27	4.76	4.51	4.95	5.07
56	301066.SZ	万事利	4.96	5	4.83	5.51	4.55	5.32
57	603877.SH	太平鸟	4.96	4.91	4.58	5.02	5.15	5.16
58	603518.SH	锦泓集团	4.95	4.74	4.95	3.66	4.85	5.56
59	600493.SH	凤竹纺织	4.92	4.5	5.59	4.45	5.04	4.68
60	300918.SZ	南山智尚	4.91	4.94	5.35	6.13	4.36	4.68
61	605055.SH	迎丰股份	4.9	4.96	4.96	4.77	4.85	4.86
62	603665.SH	康隆达	4.9	3.83	5.92	6.59	4.76	4.67
63	601718.SH	际华集团	4.9	4.57	4.78	3.97	5.11	5.37
64	002762.SZ	金发拉比	4.88	5.42	3.87	4.11	5.08	5.35

续表

排名	代码	公司名称	总得分	财务指标	估值与成长性	创值能力	公司治理	创新与研发
65	603839. SH	安正时尚	4.87	5.03	4.68	3.63	5.27	4.82
66	002780. SZ	三夫户外	4.86	4.46	5.07	6.09	4.84	4.75
67	600400. SH	红豆股份	4.85	5.11	4.8	5	4.93	4.53
68	000850. SZ	华茂股份	4.82	4.84	4.65	3.72	5	5.08
69	605138. SH	盛泰集团	4.82	4.62	5.45	5.6	4.6	4.43
70	002083. SZ	孚日股份	4.82	4.82	5.53	4.34	4.33	4.72
71	002394. SZ	联发股份	4.82	4.96	5.35	2.9	4.87	4.58
72	603116. SH	红蜻蜓	4.79	4.99	4.7	3.18	5.17	4.68
73	002029. SZ	七匹狼	4.78	4.98	4.84	1.94	4.67	5.36
74	300877. SZ	金春股份	4.76	5.32	4.55	3.96	4.57	4.79
75	601566. SH	九牧王	4.73	5.07	4.42	4.01	5.19	4.41
76	600448. SH	华纺股份	4.73	4.26	5.34	3.81	4.67	4.87
77	603608. SH	天创时尚	4.72	4.5	4.3	3.98	5.08	5.18
78	002731. SZ	萃华珠宝	4.71	4.18	5.08	5.88	4.17	5.11
79	000955. SZ	欣龙控股	4.7	5.01	3.95	4.8	4.8	5.03
80	000017. SZ	深中华 A	4.69	3.53	5.17	5.43	4.28	5.58
81	603900. SH	莱绅通灵	4.56	4.97	4.88	2.32	4.85	4.11
82	002574. SZ	明牌珠宝	4.56	4.65	4.81	4.13	4.22	4.66
83	600220. SH	江苏阳光	4.52	4.32	4.88	5.49	4.13	4.52
84	002397. SZ	梦洁股份	4.51	4.34	4.03	3.93	4.9	4.9
85	600439. SH	瑞贝卡	4.5	4.34	5.03	2.93	4.59	4.45
86	601599. SH	浙文影业	4.48	4.06	5.11	6.36	4.19	4.1
87	002494. SZ	华斯股份	4.48	4.08	4.46	3.82	4.74	4.8
88	002042. SZ	华孚时尚	4.4	4.13	4.23	2.57	5.04	4.66
89	002875. SZ	安奈儿	4.38	4.49	3.64	3.98	5.06	4.43
90	600630. SH	龙头股份	4.37	4.37	4.15	4.62	4.52	4.38
91	300591. SZ	万里马	4.33	3.46	4.26	4.35	4.67	4.93
92	603958. SH	哈森股份	4.3	4.46	3.98	4.44	4.58	4.17
93	600156. SH	华升股份	4.29	3.69	4.32	5.4	4.56	4.34
94	002269. SZ	美邦服饰	4.29	3.53	3.78	6.88	4.75	4.48
95	600107. SH	美尔雅	4.1	4.01	4.2	4.38	4.01	4.13
96	002193. SZ	如意集团	4	3.83	4.09	2.68	3.9	4.51

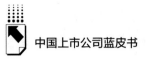

（八）钢铁

排名	代码	公司名称	总得分	财务指标	估值与成长性	创值能力	公司治理	创新与研发
1	600295.SH	鄂尔多斯	5.55	5.55	5.71	6.49	5.74	4.95
2	600019.SH	宝钢股份	5.55	5.35	5.26	4.63	5.8	6
3	002318.SZ	久立特材	5.52	5.92	5.77	6.8	4.98	5.09
4	000708.SZ	中信特钢	5.5	5.11	4.99	6.52	5.79	5.85
5	001203.SZ	大中矿业	5.48	5.85	5.81	6.7	4.91	5.05
6	600282.SH	南钢股份	5.46	4.9	5.48	5.16	5.64	5.9
7	603995.SH	甬金股份	5.46	5.27	5.69	6.56	5.44	5.16
8	000932.SZ	华菱钢铁	5.45	5.07	5.47	5.15	5.34	5.99
9	000923.SZ	河钢资源	5.38	6.75	5.39	5.46	4.95	4.43
10	000655.SZ	金岭矿业	5.34	6.65	5.41	6.08	4.57	4.55
11	000629.SZ	钒钛股份	5.3	6.06	4.22	6.74	5.16	5.41
12	600022.SH	山东钢铁	5.29	5.06	5.23	5.49	5.39	5.45
13	601969.SH	海南矿业	5.18	5.43	4.91	6.77	5.09	4.9
14	600507.SH	方大特钢	5.16	5.66	5.2	5.84	5.05	4.55
15	600126.SH	杭钢股份	5.13	5.2	4.97	4.17	5.06	5.53
16	000778.SZ	新兴铸管	5.1	4.94	5.46	4.87	5	5.05
17	002075.SZ	沙钢股份	5.09	5.46	5.38	5.67	4.62	4.76
18	603878.SH	武进不锈	5.08	5.04	5.09	6.17	5.42	4.52
19	002443.SZ	金洲管道	5.08	5.41	5.06	5.83	4.86	4.81
20	000959.SZ	首钢股份	5.05	4.57	5.2	3.72	5.2	5.56
21	600782.SH	新钢股份	5.01	4.75	5.21	3.49	5.28	5.17
22	000898.SZ	鞍钢股份	5.01	5.22	4.83	3.15	5.32	5.13
23	000825.SZ	太钢不锈	4.98	5.13	4.92	3.78	4.93	5.24
24	600382.SH	广东明珠	4.96	5.39	4.73	5.6	4.92	4.64
25	002478.SZ	常宝股份	4.95	4.5	5.29	6.09	4.93	4.81
26	000717.SZ	中南股份	4.85	4.88	4.81	4.26	4.95	4.92
27	601686.SH	友发集团	4.83	4.97	4.86	5.04	5.52	3.91
28	600516.SH	方大炭素	4.81	5.51	4.65	5.77	4.61	4.23
29	600808.SH	马钢股份	4.78	4.37	4.8	2.71	5.26	5.21
30	002110.SZ	三钢闽光	4.78	4.77	4.68	3.65	4.95	4.99
31	601005.SH	重庆钢铁	4.78	4.72	5.14	2.7	5.08	4.69

续表

排名	代码	公司名称	总得分	财务指标	估值与成长性	创值能力	公司治理	创新与研发
32	600399. SH	抚顺特钢	4.74	4.7	4.31	6.65	4.68	4.79
33	000709. SZ	河钢股份	4.7	4.4	4.97	2.69	4.89	5.06
34	300881. SZ	盛德鑫泰	4.69	3.8	4.97	6.74	4.63	4.85
35	600010. SH	包钢股份	4.63	4.31	4.43	5.88	4.72	4.76
36	601003. SH	柳钢股份	4.57	3.97	5.61	2.95	4.93	4.2
37	600231. SH	凌钢股份	4.4	4.34	4.65	3.24	4.42	4.5
38	600569. SH	安阳钢铁	4.32	3.99	4.16	3.25	4.56	4.84
39	600581. SH	八一钢铁	4.31	3.81	4.04	4.8	4.82	4.44
40	600307. SH	酒钢宏兴	4.28	3.96	4.32	3.92	4.74	4.21
41	000761. SZ	本钢板材	4.23	3.91	4.05	4.33	4.64	4.31

（九）公用事业

排名	代码	公司名称	总得分	财务指标	估值与成长性	创值能力	公司治理	创新与研发
1	600803. SH	新奥股份	5.78	5.17	5.86	5.76	5.82	6.26
2	605028. SH	世茂能源	5.69	6.92	5.43	6.39	4.98	5.25
3	600900. SH	长江电力	5.64	5.85	4.91	6.19	5.56	6.09
4	605090. SH	九丰能源	5.62	5.57	5.93	6.15	5.6	5.24
5	601985. SH	中国核电	5.55	5.21	5.48	4.93	5.33	6.31
6	603105. SH	芯能科技	5.5	5.76	5.5	6.89	5.03	5.38
7	003816. SZ	中国广核	5.49	5.16	4.9	4.78	5.58	6.52
8	605580. SH	恒盛能源	5.48	5.66	5.26	6.52	5.65	5.07
9	600236. SH	桂冠电力	5.47	5.52	5.39	6.05	5.72	5.1
10	603393. SH	新天然气	5.45	6.41	5.26	5.52	5.5	4.6
11	002911. SZ	佛燃能源	5.43	4.95	4.93	5.99	6.01	5.68
12	600025. SH	华能水电	5.42	5.59	5.2	5.92	5.34	5.45
13	600163. SH	中闽能源	5.35	5.59	5.49	6.45	5.06	5
14	605169. SH	洪通燃气	5.34	6.3	5.05	5.63	5.34	4.61
15	600905. SH	三峡能源	5.34	5.23	5.24	6.56	4.97	5.61
16	600780. SH	通宝能源	5.33	5.73	5.43	6.96	5.17	4.58

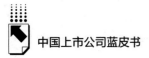
续表

排名	代码	公司名称	总得分	财务指标	估值与成长性	创值能力	公司治理	创新与研发
17	300435.SZ	中泰股份	5.31	5.38	5.66	6.46	4.9	5.02
18	601016.SH	节能风电	5.31	5.22	5.56	6.71	4.89	5.22
19	603706.SH	东方环宇	5.3	5.85	5.48	5.72	5.46	4.33
20	601222.SH	林洋能源	5.3	5.38	5.57	4.86	5.21	5.14
21	003035.SZ	南网能源	5.27	5.14	5.27	6.62	4.81	5.53
22	600886.SH	国投电力	5.27	5.1	5.06	3.96	5.66	5.58
23	600452.SH	涪陵电力	5.26	6.06	5.02	6.6	4.81	4.8
24	600101.SH	明星电力	5.24	5.62	5.33	5.71	5.26	4.62
25	605368.SH	蓝天燃气	5.23	5.69	5.44	5.98	4.71	4.91
26	600956.SH	新天绿能	5.22	4.9	5.3	5.69	5.41	5.17
27	600821.SH	金开新能	5.22	4.83	6.05	5.65	4.65	5.25
28	600116.SH	三峡水利	5.21	4.93	5.79	3.88	5.25	5.21
29	600674.SH	川投能源	5.21	5.35	5.49	5.86	5.04	4.77
30	601619.SH	嘉泽新能	5.21	5.1	5.44	6.02	4.85	5.22
31	002039.SZ	黔源电力	5.2	5.7	5.25	5.27	5.14	4.71
32	600098.SH	广州发展	5.2	4.86	5.36	3.33	5.6	5.43
33	600167.SH	联美控股	5.19	5.9	4.9	5.15	5.24	4.73
34	605162.SH	新中港	5.19	6.07	4.69	6.34	4.89	4.81
35	001210.SZ	金房能源	5.19	5.75	4.9	5.75	5.22	4.74
36	600795.SH	国电电力	5.18	4.62	5.14	3.84	5.42	5.9
37	300332.SZ	天壕环境	5.18	4.85	5.48	6.36	5.07	5.05
38	600995.SH	南网储能	5.18	5.63	4.75	5.76	4.97	5.23
39	000155.SZ	川能动力	5.18	5.42	5.05	6.81	5.26	4.57
40	600483.SH	福能股份	5.18	5.11	5.47	4.8	5.33	4.88
41	603053.SH	成都燃气	5.17	5.54	4.74	5.95	5.43	4.79
42	600863.SH	内蒙华电	5.16	5.01	5.25	5.56	5.28	5.01
43	002267.SZ	陕天然气	5.16	5.08	5.26	5.41	5.23	5.01
44	603693.SH	江苏新能	5.16	5.27	5.62	6.22	4.95	4.54
45	601139.SH	深圳燃气	5.14	4.85	5.02	5.55	5.29	5.3
46	603080.SH	新疆火炬	5.14	5.67	5.3	5.57	4.94	4.53
47	600917.SH	重庆燃气	5.12	5.04	5	5.84	5.37	4.91
48	603689.SH	皖天然气	5.11	5.43	5.57	5.33	4.83	4.54
49	000722.SZ	湖南发展	5.11	5.26	4.87	5.47	5.03	5.16

续表

排名	代码	公司名称	总得分	财务 指标	估值与 成长性	创值 能力	公司 治理	创新与 研发
50	000591. SZ	太阳能	5.08	4.83	5.13	5.27	4.82	5.47
51	002479. SZ	富春环保	5.07	4.85	5.06	4.73	5.61	4.86
52	605011. SH	杭州热电	5.06	5.26	5.16	6.59	4.82	4.63
53	603318. SH	水发燃气	5.06	5	5.48	6.18	4.63	4.83
54	000803. SZ	山高环能	5.05	4.16	5.97	6.16	4.66	5.11
55	000593. SZ	德龙汇能	5.03	5.19	5.56	6.06	4.59	4.54
56	600681. SH	百川能源	5.03	5.27	4.93	5.52	5.26	4.53
57	300335. SZ	迪森股份	5.03	5.09	4.76	4.34	5.31	5.12
58	600032. SH	浙江新能	5.01	4.81	5.14	5.85	4.81	5.07
59	000875. SZ	吉电股份	5.01	4.66	5.43	3.98	5.35	4.86
60	000883. SZ	湖北能源	5	5.2	5.11	2.88	5.02	5.22
61	000507. SZ	珠海港	4.99	4.81	5.98	2.57	5.13	4.65
62	000862. SZ	银星能源	4.96	4.7	5.17	5.93	4.86	4.88
63	002060. SZ	粤水电	4.96	4.28	5.21	5.5	4.9	5.3
64	600982. SH	宁波能源	4.94	4.75	5.57	5.02	4.78	4.63
65	002893. SZ	京能热力	4.93	5	4.82	6.33	4.82	4.73
66	300483. SZ	首华燃气	4.92	5.56	4.92	2.86	4.53	5.17
67	601908. SH	京运通	4.91	4.56	5.11	5.45	4.94	4.92
68	000993. SZ	闽东电力	4.91	5.31	4.9	6.26	4.77	4.32
69	600226. SH	瀚叶股份	4.91	4.7	5.13	6.37	4.64	4.8
70	600505. SH	西昌电力	4.91	4.93	5.05	4.82	5.04	4.62
71	300317. SZ	珈伟新能	4.9	5.19	4.98	6.36	4.39	4.67
72	600644. SH	乐山电力	4.9	5.07	4.72	4.82	5.12	4.71
73	000027. SZ	深圳能源	4.88	4.76	4.69	2.61	5.4	5.24
74	000690. SZ	宝新能源	4.87	5.3	4.71	4.02	4.66	5.04
75	000791. SZ	甘肃能源	4.83	5.27	5.18	3.39	4.64	4.6
76	600021. SH	上海电力	4.78	4.5	4.89	1.72	5.29	5.19
77	300125. SZ	聆达股份	4.77	3.88	5.29	6.89	4.38	5
78	600642. SH	申能股份	4.76	4.9	4.82	3.06	5.11	4.65
79	600578. SH	京能电力	4.76	4.46	4.82	3.09	5.06	5.12
80	600149. SH	廊坊发展	4.76	4.65	5.01	5.4	4.55	4.67
81	601778. SH	晶科科技	4.75	5.09	5.09	4.44	4.43	4.46
82	600023. SH	浙能电力	4.75	4.79	4.71	2.9	4.83	5.13

续表

排名	代码	公司名称	总得分	财务指标	估值与成长性	创值能力	公司治理	创新与研发
83	000407.SZ	胜利股份	4.74	4.85	4.98	4.72	4.46	4.67
84	002015.SZ	协鑫能科	4.74	4.72	4.59	4.83	4.55	5.06
85	600903.SH	贵州燃气	4.73	4.7	4.91	4.55	4.96	4.38
86	600979.SH	广安爱众	4.72	5.12	5.24	2.66	4.68	4.35
87	600617.SH	国新能源	4.72	4.54	4.88	5.36	4.63	4.67
88	002616.SZ	长青集团	4.69	4.27	4.8	4.73	4.95	4.73
89	600011.SH	华能国际	4.69	4.34	4.13	3.97	5.19	5.27
90	000899.SZ	赣能股份	4.69	4.68	4.35	4.21	4.99	4.85
91	002608.SZ	江苏国信	4.68	4.7	4.68	2.51	5.36	4.53
92	000543.SZ	皖能电力	4.65	4.55	5.22	3.15	4.62	4.59
93	002256.SZ	兆新股份	4.65	4.31	4.73	6.58	4.52	4.56
94	601991.SH	大唐发电	4.64	4.33	4.41	2.98	5.03	5.21
95	600052.SH	东望时代	4.64	4.59	4.49	4.52	4.61	4.89
96	000600.SZ	建投能源	4.63	4.49	4.53	3.28	4.68	5.17
97	600509.SH	天富能源	4.63	4.33	5.09	5.66	4.4	4.44
98	002480.SZ	新筑股份	4.59	4.01	4.73	4.35	4.77	4.9
99	600969.SH	郴电国际	4.58	4.85	4.76	3.61	4.8	4.17
100	000040.SZ	东旭蓝天	4.56	4.52	5.1	3.83	3.96	4.85
101	000531.SZ	穗恒运A	4.54	4.33	4.36	3.18	4.95	4.88
102	600027.SH	华电国际	4.54	4.39	3.98	3.75	5.16	4.83
103	600726.SH	华电能源	4.53	3.85	4.11	6.04	5.16	4.62
104	000037.SZ	深南电A	4.52	4.48	3.98	5.53	4.66	4.71
105	000539.SZ	粤电力A	4.52	4.26	4.49	3.24	4.85	4.8
106	000966.SZ	长源电力	4.52	4.4	4.39	4.33	4.97	4.35
107	600635.SH	大众公用	4.52	4.65	4.29	2.95	4.98	4.53
108	600333.SH	长春燃气	4.5	4.55	4.4	4.65	4.52	4.5
109	000537.SZ	广宇发展	4.49	3.83	4.32	4.42	4.96	4.85
110	002617.SZ	露笑科技	4.48	4.42	4.39	4.92	4.28	4.72
111	600310.SH	广西能源	4.46	4.5	4.38	4.15	4.43	4.6
112	600719.SH	大连热电	4.45	4.46	4.28	5.48	4.62	4.17
113	600744.SH	华银电力	4.45	3.96	3.79	5.66	4.98	4.76
114	000601.SZ	韶能股份	4.44	4.48	4.65	3.21	4.57	4.35
115	000767.SZ	晋控电力	4.33	4.35	4.02	3.11	4.48	4.8
116	001896.SZ	豫能控股	4.27	3.98	4.03	4.27	4.44	4.61

（十）国防军工

排名	代码	公司名称	总得分	财务指标	估值与成长性	创值能力	公司治理	创新与研发
1	300395.SZ	菲利华	5.73	6.43	5.79	6.4	5.65	4.87
2	002179.SZ	中航光电	5.68	5.38	5.65	6.07	5.98	5.62
3	300699.SZ	光威复材	5.66	6.67	5.3	5.96	5.55	5.03
4	603267.SH	鸿远电子	5.63	6.07	5.79	5.66	5.6	5.03
5	000733.SZ	振华科技	5.56	5.52	5.6	6.92	5.36	5.44
6	300726.SZ	宏达电子	5.54	6.36	5.56	5.7	5.45	4.75
7	601698.SH	中国卫通	5.52	6.85	5.11	5.79	4.48	5.55
8	300474.SZ	景嘉微	5.5	5.33	5.05	6.68	5	6.32
9	603678.SH	火炬电子	5.47	5.7	5.5	5.1	5.88	4.88
10	300777.SZ	中简科技	5.47	6.82	5.29	6.07	4.67	4.93
11	600562.SH	国睿科技	5.46	4.94	5.45	6.68	5.15	5.98
12	002414.SZ	高德红外	5.45	5.46	5.18	5.97	5.54	5.51
13	300101.SZ	振芯科技	5.44	5.12	5.3	6.89	5.15	5.83
14	600760.SH	中航沈飞	5.38	5.35	5	6.68	5.5	5.32
15	002829.SZ	星网宇达	5.37	5.04	5.48	6.33	5.68	5.04
16	300922.SZ	天秦装备	5.35	6.6	5.06	4.35	5.4	4.61
17	002389.SZ	航天彩虹	5.28	5.29	5.51	3.64	5.61	5.14
18	000519.SZ	中兵红箭	5.26	5.59	5.24	5.48	5.54	4.62
19	002151.SZ	北斗星通	5.26	4.96	5.19	5.69	5.34	5.43
20	600862.SH	中航高科	5.26	5.37	5.08	6.2	5.24	5.1
21	000738.SZ	航发控制	5.25	5.68	5.3	5.41	5.25	4.71
22	600764.SH	中国海防	5.25	5.47	5.3	4.72	5.2	5.15
23	600435.SH	北方导航	5.24	5	5.46	6.33	5.44	4.78
24	600765.SH	中航重机	5.23	4.92	5.27	6.24	5.6	4.89
25	002025.SZ	航天电器	5.23	5.19	5.19	5.74	5.03	5.37
26	002935.SZ	天奥电子	5.22	5.19	5.16	5.79	5.32	5.09
27	300775.SZ	三角防务	5.22	5.12	5.86	5.79	4.89	4.88
28	300722.SZ	新余国科	5.22	6.31	4.68	6.6	4.79	4.75
29	300629.SZ	新劲刚	5.21	5.27	5.42	5.85	5.03	4.96
30	300696.SZ	爱乐达	5.2	5.5	5.5	5.75	4.9	4.77
31	002651.SZ	利君股份	5.17	5.71	5.47	5.32	5.17	4.31

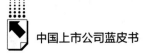

中国上市公司蓝皮书

续表

排名	代码	公司名称	总得分	财务指标	估值与成长性	创值能力	公司治理	创新与研发
32	301050.SZ	雷电微力	5.14	4.88	5.74	5.97	5.24	4.51
33	300034.SZ	钢研高纳	5.14	5.14	5.35	6.19	4.94	4.86
34	002985.SZ	北摩高科	5.12	5.23	4.99	5.66	5.32	4.79
35	603712.SH	七一二	5.11	4.83	5.25	6.04	4.76	5.37
36	003009.SZ	中天火箭	5.11	5.25	5.33	5.93	4.77	4.88
37	002625.SZ	光启技术	5.11	5.5	5.18	5.71	4.39	5.21
38	300762.SZ	上海瀚讯	5.11	5.41	5.05	4.75	4.21	5.85
39	605123.SH	派克新材	5.09	4.97	5.47	5.45	5.14	4.7
40	600118.SH	中国卫星	5.07	4.94	4.85	5.24	5.05	5.41
41	002465.SZ	海格通信	5.07	5.22	5.14	4.38	5.1	4.99
42	300965.SZ	恒宇信通	5.07	6.09	4.63	3.43	4.85	5.12
43	300900.SZ	广联航空	5.02	4.85	5.82	5.35	5.07	4.27
44	002338.SZ	奥普光电	5.02	5.62	5.07	6.13	4.85	4.27
45	600150.SH	中国船舶	5.02	4.71	5.09	3.48	5.14	5.52
46	300114.SZ	中航电测	5.01	5.05	5.14	6.56	4.84	4.64
47	601890.SH	亚星锚链	5.01	5.48	5.39	5.37	4.93	4.15
48	300045.SZ	华力创通	5.01	4.77	4.97	5.71	4.65	5.47
49	002977.SZ	天箭科技	4.97	5.21	4.82	5.34	4.97	4.8
50	600372.SH	中航电子	4.96	4.48	4.88	6.22	5.02	5.16
51	300177.SZ	中海达	4.95	4.34	4.95	4.54	5.19	5.43
52	002446.SZ	盛路通信	4.94	4.93	4.81	4.97	5.07	4.95
53	300447.SZ	全信股份	4.93	4.72	5.2	5.16	5.01	4.75
54	600967.SH	内蒙一机	4.91	4.1	5.15	3.7	5.8	4.88
55	002297.SZ	博云新材	4.91	5.11	5.56	4.51	4.46	4.59
56	300008.SZ	天海防务	4.89	4.42	6.11	5.97	4.13	4.63
57	002383.SZ	合众思壮	4.88	4.13	5.16	5.58	4.61	5.46
58	600879.SH	航天电子	4.88	4.33	5.27	3.49	4.75	5.51
59	000576.SZ	甘化科工	4.87	5.48	4.62	5	4.58	4.78
60	000768.SZ	中航西飞	4.84	3.72	5.19	5.85	5.33	4.87
61	300589.SZ	江龙船艇	4.83	5.26	5.22	5.91	4.54	4.05
62	002933.SZ	新兴装备	4.82	5.61	4.55	3.36	4.57	4.93
63	600893.SH	航发动力	4.81	4.29	4.56	4.88	5.23	5.13
64	600990.SH	四创电子	4.79	4.31	4.78	3.06	5.35	5.16

排名	代码	公司名称	总得分	财务指标	估值与成长性	创值能力	公司治理	创新与研发
65	300810. SZ	中科海讯	4.77	4.38	4.79	3.84	4.68	5.48
66	301213. SZ	观想科技	4.77	4.71	4.56	4.89	4.5	5.26
67	002111. SZ	威海广泰	4.76	4.67	5.03	3.54	4.99	4.65
68	600072. SH	中船科技	4.75	4.79	4.41	5.75	4.95	4.61
69	300875. SZ	捷强装备	4.72	4.71	4.5	3.98	4.96	4.9
70	002023. SZ	海特高新	4.72	5.23	4.4	3.8	4.69	4.79
71	600391. SH	航发科技	4.71	4.06	5.33	5.56	5.09	4.14
72	300424. SZ	航新科技	4.71	4.28	4.78	5.69	4.77	4.75
73	300581. SZ	晨曦航空	4.7	4.94	4.29	5.11	4.93	4.52
74	300719. SZ	安达维尔	4.69	4.84	4.14	4.3	5.13	4.77
75	600316. SH	洪都航空	4.68	4.37	4.78	5.16	5.05	4.42
76	300397. SZ	天和防务	4.68	4.76	4.39	4.03	4.81	4.94
77	600184. SH	光电股份	4.68	4.44	5.02	4.9	4.93	4.29
78	000561. SZ	烽火电子	4.68	4.52	4.94	5.21	4.62	4.52
79	002214. SZ	大立科技	4.66	4.59	4.23	4.21	4.87	5.04
80	600038. SH	中直股份	4.65	4.1	4.8	4.59	4.83	4.9
81	300065. SZ	海兰信	4.64	4.46	4.36	3.81	4.52	5.44
82	601989. SH	中国重工	4.63	4.32	4.29	3.49	4.86	5.35
83	000547. SZ	航天发展	4.61	4.58	4.25	2.63	4.5	5.61
84	601606. SH	长城军工	4.52	4.55	4.59	5.03	4.62	4.17
85	600685. SH	中船防务	4.51	4.83	4.18	4.39	4.76	4.31
86	002189. SZ	中光学	4.49	4.62	4.69	4.01	4.81	3.96
87	002413. SZ	雷科防务	4.49	4.3	4.2	1.95	4.81	5.28
88	300527. SZ	中船应急	4.46	4.31	4.26	4.15	4.92	4.43
89	600590. SH	泰豪科技	4.43	3.51	4.58	2.58	4.76	5.34
90	300600. SZ	国瑞科技	4.41	3.93	4.81	4.44	4.59	4.3
91	002231. SZ	奥维通信	4.4	3.92	4.16	4.91	4.92	4.47
92	300252. SZ	金信诺	4.39	4.44	4.49	3.54	4.37	4.48
93	300123. SZ	亚光科技	4.02	3.89	3.54	2.89	4.62	4.31

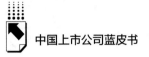

（十一）环保

排名	代码	公司名称	总得分	财务指标	估值与成长性	创值能力	公司治理	创新与研发
1	603279．SH	景津装备	5.68	5.69	6.04	6.66	5.65	5.09
2	603568．SH	伟明环保	5.66	5.83	5.61	6.21	5.73	5.33
3	002658．SZ	雪迪龙	5.55	5.81	5.13	6	5.64	5.5
4	002266．SZ	浙富控股	5.53	5.16	5.78	6.9	5.14	5.7
5	000598．SZ	兴蓉环境	5.51	5.7	5.78	5.08	5.56	5.11
6	600008．SH	首创环保	5.48	5.12	5.27	4.27	5.96	5.86
7	601158．SH	重庆水务	5.44	5.85	5.44	5.51	5.52	4.95
8	600461．SH	洪城环境	5.42	5.58	5.67	5.07	5.47	5.04
9	600388．SH	龙净环保	5.41	4.8	5.49	6.05	5.04	6.16
10	000551．SZ	创元科技	5.4	5.33	5.67	5.41	5.35	5.27
11	600283．SH	钱江水利	5.39	5.87	5.64	6.02	5.39	4.49
12	601199．SH	江南水务	5.39	5.96	5.37	5.79	5.29	4.82
13	002034．SZ	旺能环境	5.38	5.8	5.53	5.1	5.02	5.26
14	003039．SZ	顺控发展	5.38	6.36	5.12	6.32	5.02	4.79
15	300864．SZ	南大环境	5.38	6.07	5.12	6.27	5.02	5.1
16	600769．SH	祥龙电业	5.37	5.7	5.7	7.96	4.54	4.88
17	600874．SH	创业环保	5.37	5.41	5.48	5.11	5.52	5.13
18	603126．SH	中材节能	5.35	4.99	5.69	6.02	5.45	5.12
19	300899．SZ	上海凯鑫	5.35	6.07	5.07	5.54	4.92	5.31
20	301127．SZ	天源环保	5.34	5.29	5.87	5.92	5.05	5
21	601827．SH	三峰环境	5.34	5.57	5.35	5.36	5.28	5.15
22	002573．SZ	清新环境	5.31	4.87	5.48	4.75	5.52	5.53
23	300800．SZ	力合科技	5.3	5.98	4.69	4.84	5.21	5.45
24	600323．SH	瀚蓝环境	5.3	5.11	5.53	5.08	5.46	5.15
25	002645．SZ	华宏科技	5.29	5.13	5.48	5.79	5.11	5.33
26	601330．SH	绿色动力	5.29	5.16	5.81	5.55	5.25	4.87
27	600796．SH	钱江生化	5.28	5.43	6.34	5.56	4.76	4.52
28	300425．SZ	中建环能	5.27	5.05	5.47	5.54	5.45	5.06
29	603588．SH	高能环境	5.26	5.06	5.03	5.6	5.49	5.39
30	300815．SZ	玉禾田	5.21	5.83	5.03	5.71	5.17	4.7
31	603324．SH	盛剑环境	5.18	4.75	5.29	6.18	5.73	4.7

排名	代码	公司名称	总得分	财务指标	估值与成长性	创值能力	公司治理	创新与研发
32	300172.SZ	中电环保	5.16	5.24	5.2	4.79	5	5.3
33	000685.SZ	中山公用	5.15	5.22	5.49	3.72	5.59	4.67
34	300055.SZ	万邦达	5.15	5.26	5.53	5.2	5.05	4.74
35	600526.SH	菲达环保	5.15	4.99	5.2	4.88	5.43	5.03
36	002973.SZ	侨银股份	5.11	5.13	5.37	6.31	5.25	4.39
37	603759.SH	海天股份	5.11	5.53	5.33	5.61	4.77	4.69
38	300867.SZ	圣元环保	5.1	5.46	5.27	4.34	5.12	4.74
39	000967.SZ	盈峰环境	5.1	5.27	4.77	3.44	4.97	5.79
40	603200.SH	上海洗霸	5.08	5.09	4.78	6.17	5.27	4.93
41	300958.SZ	建工修复	5.07	4.71	5.03	6.04	4.54	5.78
42	601200.SH	上海环境	5.07	5.12	5.08	3.14	5.07	5.48
43	300692.SZ	中环环保	5.06	4.77	5.55	5.2	5.03	4.86
44	301068.SZ	大地海洋	5.06	5.3	5.16	6.22	4.87	4.63
45	603686.SH	福龙马	5.04	5.23	4.66	5.22	5.57	4.68
46	301030.SZ	仕净科技	5.03	3.95	5.56	6.38	5.23	5.03
47	002887.SZ	绿茵生态	5.03	4.88	4.97	4.72	5.37	4.96
48	300388.SZ	节能国祯	5.03	5.24	5	3.88	5.33	4.83
49	300774.SZ	倍杰特	4.99	4.89	4.85	5.16	5.08	5.1
50	300854.SZ	中兰环保	4.99	4.85	5.01	5.2	5.16	4.87
51	603817.SH	海峡环保	4.96	5.09	5.07	3.7	5.18	4.83
52	301049.SZ	超越科技	4.96	5.85	4.52	4.88	5.03	4.47
53	003027.SZ	同兴环保	4.96	4.87	4.95	5.3	5.07	4.85
54	000035.SZ	中国天楹	4.96	5.28	4.61	4.94	5.07	4.86
55	002672.SZ	东江环保	4.95	5.08	4.66	3.8	5.21	5.13
56	301081.SZ	严牌股份	4.94	4.99	5.5	5.84	4.46	4.6
57	300786.SZ	国林科技	4.93	5.18	5.09	4.79	4.93	4.54
58	300614.SZ	百川畅银	4.92	5.87	5	4.97	4.48	4.34
59	300631.SZ	久吾高科	4.92	4.85	4.56	5.93	4.86	5.16
60	300070.SZ	碧水源	4.92	4.7	4.62	2.38	5.27	5.72
61	000544.SZ	中原环保	4.91	4.16	5.2	3.53	5.43	5.2
62	300210.SZ	森远股份	4.9	4.5	4.98	6.2	4.73	5.07
63	300334.SZ	津膜科技	4.9	4.61	4.67	6.48	5.18	4.74
64	603903.SH	中持股份	4.9	4.97	4.84	5.14	5.01	4.71

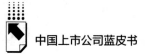

续表

排名	代码	公司名称	总得分	财务指标	估值与成长性	创值能力	公司治理	创新与研发
65	601368.SH	绿城水务	4.89	5.39	5.22	2.99	4.87	4.56
66	300437.SZ	清水源	4.89	4.8	5.01	4.52	5.08	4.77
67	300664.SZ	鹏鹞环保	4.87	4.89	5.47	3.71	4.72	4.68
68	600217.SH	中再资环	4.85	4.97	5.09	4.93	4.7	4.65
69	603177.SH	德创环保	4.85	4.48	4.82	6.85	5.01	4.61
70	600292.SH	远达环保	4.85	4.8	4.98	3.18	5.02	5.01
71	603315.SH	福鞍股份	4.84	4.71	5.6	4.88	4.49	4.53
72	300779.SZ	惠城环保	4.79	4.2	5.46	5.35	4.86	4.51
73	000605.SZ	渤海股份	4.77	5.05	4.91	4.27	4.98	4.26
74	300929.SZ	华骐环保	4.74	4.69	5.02	4.73	4.59	4.68
75	603797.SH	联泰环保	4.74	5.27	5.06	3.95	4.28	4.53
76	300385.SZ	雪浪环境	4.74	4.61	4.42	4.61	5.09	4.86
77	300961.SZ	深水海纳	4.73	4.03	5.11	4.61	4.93	4.9
78	600168.SH	武汉控股	4.72	5.16	4.68	2.14	4.92	4.77
79	300137.SZ	先河环保	4.7	4.89	4.54	4.29	4.25	5.23
80	300072.SZ	海新能科	4.67	4.47	4.23	3.45	5.1	5.21
81	300203.SZ	聚光科技	4.64	4.65	3.71	4.33	4.58	5.69
82	002778.SZ	中晟高科	4.62	5.03	4.31	3.92	4.67	4.63
83	300422.SZ	博世科	4.61	4.51	4.68	3.94	4.35	5.06
84	300190.SZ	维尔利	4.58	4.9	4.38	2.61	4.87	4.65
85	300187.SZ	永清环保	4.57	5.08	4.14	4.38	4.46	4.63
86	000890.SZ	法尔胜	4.54	4.11	4.92	6.81	4.54	4.01
87	000820.SZ	神雾节能	4.49	3.43	4.54	6.98	4.06	5.31
88	002210.SZ	飞马国际	4.46	4.31	4.32	6.98	4.1	4.45
89	000068.SZ	华控赛格	4.45	4.59	3.93	4.93	4.3	4.84
90	600187.SH	国中水务	4.39	4.4	4.09	5.34	4.5	4.32
91	000826.SZ	启迪环境	4.36	4.58	4.33	1.67	4.62	4.59
92	605069.SH	正和生态	4.34	3.89	4.5	3.35	4.25	4.97
93	300152.SZ	新动力	4.33	4.22	3.34	6.4	4.64	4.58
94	300262.SZ	巴安水务	4.3	4.29	3.73	5.6	4.1	4.76
95	300266.SZ	兴源环境	4.3	4.24	3.48	4.71	4.48	4.87
96	605081.SH	太和水	4.29	4.3	4.17	3.29	4.48	4.44
97	300056.SZ	中创环保	4.11	4.1	4.14	5.16	3.98	3.97

（十二）基础化工

排名	代码	公司名称	总得分	财务指标	估值与成长性	创值能力	公司治理	创新与研发
1	300910.SZ	瑞丰新材	5.85	6.15	5.99	6.57	5.83	5.26
2	605399.SH	晨光新材	5.8	6.68	5.86	5.78	5.49	5.18
3	600426.SH	华鲁恒升	5.71	6.39	5.26	5.66	5.43	5.77
4	000893.SZ	亚钾国际	5.71	6.76	5.91	5.93	4.93	5.16
5	603688.SH	石英股份	5.69	5.93	5.55	7.01	5.72	5.22
6	600389.SH	江山股份	5.64	5.39	5.76	6.18	5.84	5.44
7	600746.SH	江苏索普	5.6	6.26	5.78	5.11	4.91	5.57
8	603599.SH	广信股份	5.6	5.8	6.01	5.66	5.31	5.25
9	300801.SZ	泰和科技	5.59	6.15	5.5	4.93	5.73	5.17
10	301003.SZ	江苏博云	5.57	6.49	5.21	5.25	5.08	5.57
11	603938.SH	三孚股份	5.57	5.87	5.47	6.37	5.67	5.05
12	600141.SH	兴发集团	5.54	5.1	5.74	6	5.58	5.65
13	605016.SH	百龙创园	5.54	6.4	5.49	6.03	5.53	4.62
14	600486.SH	扬农化工	5.54	5.27	5.58	5.83	5.61	5.63
15	000792.SZ	盐湖股份	5.53	5.5	5.12	6.03	5.52	5.84
16	301071.SZ	力量钻石	5.53	5.89	5.83	5.46	5.25	5.15
17	605086.SH	龙高股份	5.53	6.98	4.74	5.41	5.08	5.33
18	600096.SH	云天化	5.52	4.87	5.57	6.26	5.82	5.65
19	600873.SH	梅花生物	5.51	5.42	5.5	5.76	6	5.05
20	300858.SZ	科拓生物	5.51	6.88	4.58	5.22	5.09	5.56
21	600618.SH	氯碱化工	5.5	6.07	5.46	4.41	5.41	5.35
22	600299.SH	安迪苏	5.5	5.59	5.31	4.68	5.54	5.74
23	605183.SH	确成股份	5.48	6.28	5.29	5.62	5.36	4.97
24	002258.SZ	利尔化学	5.47	5.46	5.92	4.88	5.27	5.37
25	603217.SH	元利科技	5.47	5.75	5.6	5.52	5.33	5.18
26	600273.SH	嘉化能源	5.46	5.91	4.98	4.69	5.52	5.65
27	300487.SZ	蓝晓科技	5.46	5.62	5.23	6.45	5.41	5.35
28	603722.SH	阿科力	5.46	5.83	5.37	6.35	5.57	4.86
29	603155.SH	新亚强	5.46	6.4	5.46	5.38	5.16	4.85
30	002109.SZ	兴化股份	5.46	6.62	5.29	4.13	5.02	5.24
31	603041.SH	美思德	5.46	5.92	5.34	4.8	5.05	5.67

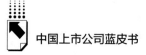

续表

排名	代码	公司名称	总得分	财务指标	估值与成长性	创值能力	公司治理	创新与研发
32	600378. SH	昊华科技	5.46	5.02	5.01	6.02	5.8	5.84
33	002802. SZ	洪汇新材	5.45	6.26	5.41	5.63	4.97	5.14
34	600989. SH	宝丰能源	5.45	5.86	5.05	5.7	5.53	5.28
35	603948. SH	建业股份	5.45	5.45	5.67	5.54	5.65	4.99
36	002136. SZ	安纳达	5.43	5.28	5.98	5.9	5.45	4.88
37	300109. SZ	新开源	5.43	5.29	5.28	6.17	5.16	5.79
38	300741. SZ	华宝股份	5.43	6.8	4.58	4.84	5.02	5.46
39	301092. SZ	争光股份	5.42	6.14	5.07	5.26	5.42	5.07
40	301059. SZ	金三江	5.42	6.27	5.16	6.05	4.9	5.18
41	002407. SZ	多氟多	5.42	4.51	5.56	5.92	5.66	5.8
42	002597. SZ	金禾实业	5.4	5.87	5.36	5.27	5.46	4.95
43	002601. SZ	龙佰集团	5.4	4.87	5.42	5.06	5.43	5.97
44	000731. SZ	四川美丰	5.4	6.15	5.63	4.65	5.38	4.63
45	603010. SH	万盛股份	5.4	5.53	5.58	5.01	5.45	5.12
46	300847. SZ	中船汉光	5.39	6.21	5.22	5.96	4.84	5.16
47	301069. SZ	凯盛新材	5.39	5.9	4.89	6.31	5.06	5.47
48	600929. SH	雪天盐业	5.38	5.26	5.41	5.71	5.14	5.63
49	600309. SH	万华化学	5.38	5.2	5.38	5.84	5.1	5.73
50	600596. SH	新安股份	5.37	5.21	5.26	4.6	5.55	5.67
51	301035. SZ	润丰股份	5.37	4.88	5.94	6.11	5.15	5.32
52	603213. SH	镇洋发展	5.37	5.66	5.38	5.92	5.14	5.17
53	301076. SZ	新瀚新材	5.36	6.4	5.25	5.55	5.01	4.76
54	002825. SZ	纳尔股份	5.36	5.22	5.46	5.71	5.87	4.8
55	002064. SZ	华峰化学	5.35	5.46	4.96	4.92	5.47	5.61
56	002648. SZ	卫星化学	5.34	4.68	5.11	5.57	5.33	6.19
57	603968. SH	醋化股份	5.34	5.24	5.69	5.1	5.62	4.87
58	603585. SH	苏利股份	5.34	5.38	5.83	3.4	5.59	5.02
59	603067. SH	振华股份	5.33	5.06	5.47	5.67	5.75	4.97
60	600160. SH	巨化股份	5.33	5.48	5	5.83	5.21	5.51
61	600063. SH	皖维高新	5.33	5.38	5.41	5.09	5.23	5.35
62	301149. SZ	隆华新材	5.32	6.05	5.35	5.51	4.82	5.03
63	301019. SZ	宁波色母	5.32	6.49	4.83	5.38	5.2	4.76
64	002312. SZ	川发龙蟒	5.32	4.95	5.79	5.36	5.19	5.36

续表

排名	代码	公司名称	总得分	财务指标	估值与成长性	创值能力	公司治理	创新与研发
65	603977. SH	国泰集团	5.31	5.35	5.01	5.02	5.38	5.59
66	300796. SZ	贝斯美	5.31	5.61	5.65	5.73	4.73	5.12
67	603360. SH	百傲化学	5.3	5.77	5.34	5.6	5.29	4.71
68	603379. SH	三美股份	5.29	6.07	5.08	5.52	5.27	4.7
69	002810. SZ	山东赫达	5.29	5.54	5.54	5.92	5.16	4.75
70	300596. SZ	利安隆	5.29	4.71	5.55	5.52	5.71	5.12
71	601568. SH	北元集团	5.29	6.17	4.84	4.66	5.18	5.12
72	300200. SZ	高盟新材	5.29	5.84	4.91	4.96	5.44	5.03
73	603505. SH	金石资源	5.28	5.68	4.73	6.27	5.82	4.66
74	002549. SZ	凯美特气	5.26	5.58	4.89	6.2	5.25	5.08
75	603077. SH	和邦生物	5.26	5.49	5.21	5.69	4.92	5.31
76	601216. SH	君正集团	5.25	5.68	4.93	4.65	5.1	5.45
77	300522. SZ	世名科技	5.24	5.55	4.84	5.86	5.1	5.33
78	300019. SZ	硅宝科技	5.24	5.03	5.29	5.71	5.32	5.22
79	603260. SH	合盛硅业	5.24	4.69	5.03	6.21	5.2	5.79
80	603227. SH	雪峰科技	5.23	4.86	5.56	6.2	4.87	5.4
81	603181. SH	皇马科技	5.23	5.22	5.16	5.57	5.29	5.18
82	000920. SZ	沃顿科技	5.23	5.36	5.07	5.58	5.33	5.09
83	000830. SZ	鲁西化工	5.23	5.24	4.88	4.34	5.43	5.6
84	600328. SH	中盐化工	5.22	5.12	5.06	4.35	5.71	5.21
85	600714. SH	金瑞矿业	5.22	5.88	5.08	5.98	4.86	4.86
86	300848. SZ	美瑞新材	5.21	4.89	5.05	6.08	5.03	5.64
87	600722. SH	金牛化工	5.2	6.41	4.78	6.1	4.79	4.62
88	603639. SH	海利尔	5.2	5.14	5.38	5.2	5.27	5.03
89	605366. SH	宏柏新材	5.2	5.39	5.48	5.67	5.17	4.65
90	603299. SH	苏盐井神	5.2	5.16	5.26	6.24	5.38	4.74
91	600955. SH	维远股份	5.19	6.17	5.12	4.4	4.9	4.78
92	301118. SZ	恒光股份	5.19	5.99	5.45	5.27	4.48	4.82
93	002683. SZ	广东宏大	5.19	4.93	5.03	5.69	5.43	5.24
94	605077. SH	华康股份	5.18	5.62	5.03	5.36	5.14	4.91
95	002588. SZ	史丹利	5.18	5.33	5.44	5.58	4.78	5.08
96	300121. SZ	阳谷华泰	5.18	5.18	5.46	4.83	5.32	4.84
97	300610. SZ	晨化股份	5.17	5.91	4.93	5.35	5.1	4.68

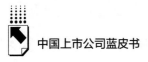

排名	代码	公司名称	总得分	财务指标	估值与成长性	创值能力	公司治理	创新与研发
98	603970.SH	中农立华	5.16	4.39	6.06	5.89	4.97	5.06
99	600143.SH	金发科技	5.16	4.58	4.95	4.52	5.58	5.71
100	301057.SZ	汇隆新材	5.16	5.8	4.83	5.59	5.08	4.84
101	603612.SH	索通发展	5.16	4.1	5.77	4.88	5.61	5.23
102	603580.SH	艾艾精工	5.16	5.37	5.18	4.74	5	5.2
103	300927.SZ	江天化学	5.16	5.61	5.03	5.77	4.76	5.09
104	600409.SH	三友化工	5.16	4.87	5.15	4.71	5.4	5.33
105	300717.SZ	华信新材	5.15	5.89	5.1	5.41	4.79	4.77
106	000902.SZ	新洋丰	5.15	5.07	5.52	5.08	5.1	4.93
107	002254.SZ	泰和新材	5.14	4.96	5.28	6.27	5.17	4.87
108	600866.SH	星湖科技	5.14	5.11	5.58	4.92	4.99	4.93
109	603867.SH	新化股份	5.14	4.85	5.57	5.93	5.08	4.85
110	002263.SZ	大东南	5.14	6.04	4.81	4.98	4.66	5.08
111	001217.SZ	华尔泰	5.13	5.56	5.26	5.12	4.75	4.96
112	300107.SZ	建新股份	5.13	6.25	4.94	4.71	4.96	4.48
113	301090.SZ	华润材料	5.13	5.16	4.87	5.45	5.36	5.06
114	002539.SZ	云图控股	5.13	4.56	5.4	5.54	5.28	5.17
115	300575.SZ	中旗股份	5.13	5	5.56	5.66	5.03	4.77
116	600075.SH	新疆天业	5.12	5.06	5.24	3.68	4.92	5.64
117	603086.SH	先达股份	5.12	5.27	5.11	4.67	5.19	5.04
118	600731.SH	湖南海利	5.12	5.02	5.61	5.44	4.96	4.82
119	605020.SH	永和股份	5.12	4.72	5.62	6.18	5.34	4.54
120	002768.SZ	国恩股份	5.12	4.66	5.52	4.14	5.01	5.53
121	000677.SZ	恒天海龙	5.11	5.2	5.71	6	4.94	4.37
122	002206.SZ	海利得	5.11	4.64	5.21	5	6.05	4.55
123	002145.SZ	中核钛白	5.11	5.3	5.17	5.75	4.93	4.86
124	300821.SZ	东岳硅材	5.1	5.36	4.94	5.33	4.54	5.51
125	000707.SZ	双环科技	5.09	4.87	5.33	7.14	4.89	4.76
126	600500.SH	中化国际	5.09	4.55	5.26	3.5	5.6	5.34
127	301190.SZ	善水科技	5.09	5.9	4.79	4.77	5.14	4.6
128	002749.SZ	国光股份	5.09	5.88	4.51	5.49	5.04	4.8
129	002391.SZ	长青股份	5.08	4.93	5.54	3.69	5.17	5.05
130	300174.SZ	元力股份	5.08	5.79	5.4	5.23	4.65	4.47

排名	代码	公司名称	总得分	财务指标	估值与成长性	创值能力	公司治理	创新与研发
131	300387. SZ	富邦股份	5.08	5.18	5.07	5.27	4.42	5.61
132	002250. SZ	联化科技	5.08	4.68	5.34	5.08	5.23	5.08
133	002895. SZ	川恒股份	5.08	4.96	5.48	5.77	4.95	4.75
134	002585. SZ	双星新材	5.08	5.15	4.72	4.87	5.22	5.28
135	001207. SZ	联科科技	5.08	4.7	5.24	5.52	5.42	4.83
136	002734. SZ	利民股份	5.07	4.57	5.46	4.2	5.28	5.2
137	002360. SZ	同德化工	5.07	5.61	5.3	5.13	4.76	4.61
138	605166. SH	聚合顺	5.07	4.76	5.72	5.05	4.66	5.14
139	300876. SZ	蒙泰高新	5.07	5.88	4.89	5.34	4.89	4.55
140	000973. SZ	佛塑科技	5.07	5.16	5.16	4.91	5.39	4.59
141	300586. SZ	美联新材	5.06	4.97	5.2	6.29	5.06	4.7
142	601208. SH	东材科技	5.06	4.18	5.08	6.24	5.4	5.29
143	603663. SH	三祥新材	5.06	5.3	5.04	5.83	5.01	4.69
144	600935. SH	华塑股份	5.06	5.47	4.75	5.08	4.92	5.08
145	600367. SH	红星发展	5.05	4.89	5.35	5.96	5.15	4.6
146	000859. SZ	国风新材	5.05	5.15	5.03	6.47	4.78	4.89
147	002274. SZ	华昌化工	5.04	4.95	5.01	5.36	5.32	4.82
148	002915. SZ	中欣氟材	5.04	4.86	5.25	5.74	5.22	4.67
149	002545. SZ	东方铁塔	5.04	4.86	5.34	4.43	5.13	4.98
150	605589. SH	圣泉集团	5.04	4.62	4.83	5.43	5.23	5.39
151	301077. SZ	星华新材	5.04	5.42	4.78	5.22	5.34	4.58
152	300505. SZ	川金诺	5.04	4.96	5.35	6.09	5.06	4.51
153	300041. SZ	回天新材	5.03	4.53	5.16	5.48	5.01	5.32
154	001218. SZ	丽臣实业	5.03	5.44	4.73	4.51	5.1	4.98
155	300727. SZ	润禾材料	5.03	4.7	4.85	5.98	5.48	4.85
156	300214. SZ	日科化学	5.02	5.48	5.35	4.17	4.84	4.62
157	002632. SZ	道明光学	5.02	5.41	4.91	5.17	5.01	4.71
158	600623. SH	华谊集团	5.02	4.78	5.43	3.56	5.15	5.08
159	603790. SH	雅运股份	5.02	4.94	4.71	5.04	5.16	5.26
160	600370. SH	三房巷	5.01	4.55	5.66	6.36	4.64	4.86
161	603928. SH	兴业股份	5.01	5.22	4.98	4.81	5.3	4.6
162	300980. SZ	祥源新材	5.01	5.56	5.09	5.2	4.74	4.61
163	603810. SH	丰山集团	5.01	4.89	5.3	5	5.33	4.53

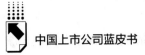

续表

排名	代码	公司名称	总得分	财务指标	估值与成长性	创值能力	公司治理	创新与研发
164	002942.SZ	新农股份	5.01	5.51	4.74	5.37	5.13	4.57
165	300829.SZ	金丹科技	5.01	5.04	5.28	5.4	4.95	4.65
166	600230.SH	沧州大化	5	4.89	5.14	4.97	5.2	4.79
167	601678.SH	滨化股份	5	5.22	5.05	3.93	5.25	4.76
168	002226.SZ	江南化工	5	5.2	4.86	4.65	5.07	4.97
169	300218.SZ	安利股份	4.99	4.85	4.91	4.77	5.38	4.9
170	002170.SZ	芭田股份	4.99	4.73	5.11	5.62	4.98	4.98
171	301100.SZ	风光股份	4.99	5.57	4.93	4.99	4.88	4.58
172	000683.SZ	远兴能源	4.99	5.45	4.59	5.38	4.98	4.85
173	300587.SZ	天铁股份	4.99	4.57	4.77	5.68	5.27	5.16
174	002522.SZ	浙江众成	4.98	5	5.59	5.31	4.65	4.61
175	605033.SH	美邦股份	4.98	4.7	5.06	5.51	5.27	4.77
176	603739.SH	蔚蓝生物	4.97	5.28	4.93	5.12	4.65	4.98
177	002386.SZ	天原股份	4.96	4.69	4.95	4.67	5.37	4.91
178	300539.SZ	横河精密	4.96	4.61	5.38	6.75	4.62	4.79
179	603681.SH	永冠新材	4.96	4.54	5.64	3.99	5.25	4.64
180	300905.SZ	宝丽迪	4.96	5.46	4.84	5.03	4.77	4.74
181	603826.SH	坤彩科技	4.95	4.6	4.83	5.62	5.36	4.86
182	000553.SZ	安道麦A	4.95	4.47	5.54	3.46	4.94	5.24
183	002809.SZ	红墙股份	4.95	4.75	5.07	4.58	5.37	4.7
184	002562.SZ	兄弟科技	4.95	4.28	5.71	5	5.15	4.64
185	002538.SZ	司尔特	4.95	5.21	5.05	4.47	4.85	4.8
186	003002.SZ	壶化股份	4.95	5.56	5.13	5.57	4.45	4.49
187	002442.SZ	龙星化工	4.94	4.36	5.38	4.97	5.06	4.97
188	300305.SZ	裕兴股份	4.94	5.05	4.98	5	4.99	4.73
189	002748.SZ	世龙实业	4.94	4.61	5.43	5.17	4.94	4.71
190	300343.SZ	联创股份	4.93	5.14	4.55	6.18	4.33	5.41
191	002053.SZ	云南能投	4.93	5.36	5.12	3.4	5.04	4.58
192	002108.SZ	沧州明珠	4.92	5.11	5.05	5.1	5.07	4.42
193	000990.SZ	诚志股份	4.92	5.26	4.25	3.16	5.21	5.41
194	002054.SZ	德美化工	4.92	4.63	5.06	2.96	5.54	4.95
195	603650.SH	彤程新材	4.92	4.65	4.36	6.05	5.05	5.33
196	000818.SZ	航锦科技	4.92	5.01	4.28	5.92	5.03	5.11

排名	代码	公司名称	总得分	财务指标	估值与成长性	创值能力	公司治理	创新与研发
197	603916. SH	苏博特	4.91	4.83	4.66	4.19	5.25	5.1
198	002166. SZ	莱茵生物	4.91	4.29	5.36	5.23	5.3	4.61
199	300806. SZ	斯迪克	4.91	4.34	4.77	5.86	5.09	5.19
200	300261. SZ	雅本化学	4.91	4.86	4.87	5.93	4.45	5.19
201	300767. SZ	震安科技	4.9	4.3	4.76	5.69	4.96	5.4
202	000422. SZ	湖北宜化	4.9	4.51	4.92	6.64	4.81	4.94
203	002886. SZ	沃特股份	4.9	4.51	4.74	5.43	5.23	5.01
204	000912. SZ	泸天化	4.9	5.18	5.15	4.45	4.75	4.64
205	002224. SZ	三力士	4.9	5.84	4.61	3.59	4.72	4.75
206	002381. SZ	双箭股份	4.89	4.92	4.94	4.65	5.25	4.51
207	002827. SZ	高争民爆	4.88	4.53	4.78	5.86	5.02	4.95
208	605488. SH	福莱新材	4.88	4.86	4.94	5.34	5.11	4.5
209	300641. SZ	正丹股份	4.88	5.11	5.19	3.64	4.68	4.83
210	002917. SZ	金奥博	4.87	4.42	4.85	4.15	5.34	5.07
211	600470. SH	六国化工	4.87	4.34	5.56	4.98	4.82	4.73
212	300230. SZ	永利股份	4.87	5.12	4.64	4.01	4.9	5.02
213	600423. SH	柳化股份	4.86	4.77	4.86	6.24	4.55	4.93
214	002440. SZ	闰土股份	4.86	5.36	4.66	3.2	5.01	4.85
215	300920. SZ	润阳科技	4.86	5.75	4.75	3.99	4.64	4.52
216	600352. SH	浙江龙盛	4.86	4.66	4.61	3.22	5.03	5.55
217	000822. SZ	山东海化	4.85	4.13	5.29	5.77	4.93	4.83
218	000881. SZ	中广核技	4.85	4.68	4.67	4.26	4.87	5.34
219	603823. SH	百合花	4.85	4.87	4.86	5.16	5.07	4.52
220	603020. SH	爱普股份	4.85	5.37	4.52	2.89	5.33	4.66
221	002326. SZ	永太科技	4.85	4.43	4.75	6.19	4.65	5.23
222	600227. SH	赤天化	4.84	4.54	5.24	5.03	4.32	5.23
223	603192. SH	汇得科技	4.84	4.79	4.73	4.96	4.84	4.99
224	603906. SH	龙蟠科技	4.84	3.87	5.14	5.39	4.95	5.27
225	002246. SZ	北化股份	4.83	4.94	4.67	4.26	5.3	4.58
226	300995. SZ	奇德新材	4.82	5.39	4.52	4.74	4.72	4.69
227	603033. SH	三维股份	4.82	4.51	5.12	5.89	4.89	4.5
228	605008. SH	长鸿高科	4.81	4.61	4.74	5.91	4.55	5.08
229	603683. SH	晶华新材	4.81	4.97	4.34	5.57	5.06	4.67

排名	代码	公司名称	总得分	财务指标	估值与成长性	创值能力	公司治理	创新与研发
230	002324. SZ	普利特	4.8	4.17	4.7	5.99	4.87	5.19
231	002669. SZ	康达新材	4.8	4.43	4.62	3.39	4.99	5.5
232	002092. SZ	中泰化学	4.8	4.92	4.64	3.55	4.77	5.16
233	603110. SH	东方材料	4.8	5.35	4.09	5.32	4.67	4.95
234	002909. SZ	集泰股份	4.8	4.41	4.27	5.45	5.22	5.12
235	002215. SZ	诺普信	4.79	4.63	4.96	4.72	5	4.59
236	300721. SZ	怡达股份	4.79	4.44	5.32	5.59	4.87	4.32
237	300644. SZ	南京聚隆	4.79	4.12	5.22	5.67	4.84	4.76
238	002998. SZ	优彩资源	4.78	4.95	4.9	4.57	4.85	4.48
239	600727. SH	鲁北化工	4.78	4.64	4.94	2.87	4.93	5.1
240	000565. SZ	渝三峡A	4.77	4.88	4.81	4.99	4.73	4.61
241	300320. SZ	海达股份	4.76	4.7	4.56	5.14	4.92	4.76
242	300535. SZ	达威股份	4.75	4.48	5.1	3.7	4.8	4.9
243	002666. SZ	德联集团	4.74	4.65	4.64	3.11	5.16	4.93
244	300321. SZ	同大股份	4.74	4.96	4.89	4.41	4.65	4.54
245	600277. SH	亿利洁能	4.74	5.07	4.25	4.75	4.33	5.3
246	603225. SH	新凤鸣	4.74	4.6	4.61	3.29	4.74	5.36
247	300221. SZ	银禧科技	4.73	4.47	4.71	5.29	4.64	4.97
248	300243. SZ	瑞丰高材	4.72	4.52	4.88	5.07	4.86	4.53
249	002999. SZ	天禾股份	4.71	4.57	4.79	5.19	4.5	4.88
250	003017. SZ	大洋生物	4.71	4.81	4.99	5.13	4.42	4.51
251	002971. SZ	和远气体	4.71	4.71	4.75	5.6	4.7	4.44
252	300163. SZ	先锋新材	4.7	5.3	5.38	4.07	3.83	4.47
253	300637. SZ	扬帆新材	4.68	4.8	4.95	4.47	4.6	4.45
254	300538. SZ	同益股份	4.68	4.08	5.1	4.46	4.65	4.94
255	300731. SZ	科创新源	4.68	4.73	4.62	4.38	4.71	4.73
256	605566. SH	福莱蒽特	4.67	4.66	5.03	3.99	4.56	4.62
257	300891. SZ	惠云钛业	4.67	4.81	4.77	4.6	4.67	4.43
258	600691. SH	阳煤化工	4.66	4.5	4.71	4.29	4.53	4.99
259	301037. SZ	保立佳	4.66	3.9	4.86	4.46	5.08	4.84
260	002783. SZ	凯龙股份	4.66	4.21	4.74	4.66	5.09	4.58
261	300082. SZ	奥克股份	4.64	4.9	4.38	3.69	4.81	4.71
262	603725. SH	天安新材	4.64	4.35	4.7	4.16	4.86	4.75

排名	代码	公司名称	总得分	财务指标	估值与成长性	创值能力	公司治理	创新与研发
263	002838. SZ	道恩股份	4.64	4.47	4.34	5.29	4.64	4.93
264	001296. SZ	长江材料	4.63	4.96	4.47	3.93	5	4.27
265	003042. SZ	中农联合	4.63	4.31	4.97	4.85	4.57	4.59
266	600135. SH	乐凯胶片	4.62	5.02	4.61	3.31	4.77	4.4
267	300067. SZ	安诺其	4.61	4.35	4.57	3.5	4.77	5.02
268	301036. SZ	双乐股份	4.6	4.43	4.79	3.48	4.68	4.8
269	002068. SZ	黑猫股份	4.59	3.87	4.84	5.64	4.84	4.54
270	603879. SH	永悦科技	4.59	5.22	4.15	4.37	4.38	4.64
271	300758. SZ	七彩化学	4.58	4.57	4.8	4.45	4.28	4.71
272	000510. SZ	新金路	4.58	4.79	4.27	3.82	4.95	4.49
273	002453. SZ	华软科技	4.58	4.16	4.34	6.08	4.76	4.69
274	600610. SH	中毅达	4.57	4.27	4.6	5.26	4.4	4.86
275	002319. SZ	乐通股份	4.57	4	4.68	6.62	4.55	4.55
276	603822. SH	嘉澳环保	4.55	3.75	5.08	4.36	4.71	4.7
277	300180. SZ	华峰超纤	4.54	4.49	4.29	2.74	4.53	5.31
278	000691. SZ	亚太实业	4.54	3.72	5.49	6.22	3.87	4.66
279	002455. SZ	百川股份	4.53	4.22	4.94	3.79	4.8	4.36
280	002165. SZ	红宝丽	4.53	4.19	4.75	3.51	4.48	4.94
281	002637. SZ	赞宇科技	4.52	4.47	4.54	3.55	4.61	4.7
282	000545. SZ	金浦钛业	4.5	4.34	4.94	3.68	4.47	4.44
283	002361. SZ	神剑股份	4.49	3.95	4.58	3.72	4.74	4.86
284	002753. SZ	永东股份	4.48	4.24	4.76	3.09	4.71	4.56
285	603980. SH	吉华集团	4.47	4.44	4.42	2.26	5.01	4.54
286	600810. SH	神马股份	4.45	4.39	4.51	2.5	4.67	4.73
287	300798. SZ	锦鸡股份	4.45	4.46	4.51	4.23	4.64	4.24
288	002496. SZ	辉丰股份	4.43	4.13	4.13	5.42	4.23	5.01
289	002427. SZ	尤夫股份	4.41	3.62	4.5	6.93	4.29	4.62
290	002513. SZ	蓝丰生化	4.41	3.73	4.46	6.24	5.17	3.82
291	002395. SZ	双象股份	4.4	4.12	4.44	4.43	4.57	4.47
292	002591. SZ	恒大高新	4.38	3.98	4.11	4.14	4.79	4.72
293	603332. SH	苏州龙杰	4.38	5.14	4.04	3.65	4.41	4.12
294	603991. SH	至正股份	4.37	3.67	4.55	6.31	3.9	4.87
295	600319. SH	亚星化学	4.36	3.77	4.93	6.43	4.33	3.92

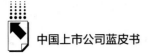
续表

排名	代码	公司名称	总得分	财务指标	估值与成长性	创值能力	公司治理	创新与研发
296	600844. SH	丹化科技	4.36	4.1	4.37	5.37	4.64	4.08
297	603330. SH	天洋新材	4.36	3.92	4.22	4.15	4.78	4.56
298	000936. SZ	华西股份	4.35	4.72	3.9	4.19	4.6	4.2
299	300225. SZ	金力泰	4.29	4.1	4.21	4.34	3.95	4.91
300	002211. SZ	宏达新材	4.29	3.13	4.55	6.56	4.5	4.41
301	600889. SH	南京化纤	4.29	3.9	4.46	4.78	4.85	3.82
302	000420. SZ	吉林化纤	4.28	4.01	4.71	3.45	4.43	4.18
303	300530. SZ	领湃科技	4.28	3.37	3.86	4.69	4.33	5.44
304	300665. SZ	飞鹿股份	4.27	3.85	4.27	3.89	4.59	4.48
305	000782. SZ	美达股份	4.27	3.75	4.31	4.97	4.54	4.31
306	300478. SZ	杭州高新	4.23	3.14	4.55	6.54	4.14	4.5
307	300169. SZ	天晟新材	4.22	3.49	4.77	6.11	4.13	4.01
308	603188. SH	亚邦股份	4.21	3.64	4.29	3.85	4.77	4.23
309	000949. SZ	新乡化纤	4.18	4.13	4.15	2.17	4.45	4.51
310	002002. SZ	鸿达兴业	4.17	4.26	4.17	2.44	3.84	4.82
311	600165. SH	宁科生物	4.16	3.82	4.33	4.76	3.83	4.49
312	300405. SZ	科隆股份	4.15	3.89	3.76	4.19	4.63	4.33
313	600331. SH	宏达股份	4.14	3.76	3.92	6.7	4.29	3.93
314	002341. SZ	新纶新材	4.12	3.81	3.46	4.3	4.04	5.13
315	002037. SZ	保利联合	4.12	3.84	4	2.49	4.25	4.79
316	000635. SZ	英力特	4.07	4.4	3.67	2.97	4.43	4.06
317	300716. SZ	泉为科技	4.05	3.87	4.15	4.36	3.97	4.15

（十三）机械设备

排名	代码	公司名称	总得分	财务指标	估值与成长性	创值能力	公司治理	创新与研发
1	002690. SZ	美亚光电	5.88	6.65	5.07	6.38	5.92	5.75
2	603203. SH	快克智能	5.86	6.55	5.56	6.15	5.74	5.54
3	300445. SZ	康斯特	5.86	6.68	5.42	5.68	5.31	6.09
4	300833. SZ	浩洋股份	5.85	6.59	6	5.98	5.7	5.09

续表

排名	代码	公司名称	总得分	财务指标	估值与成长性	创值能力	公司治理	创新与研发
5	300354.SZ	东华测试	5.78	6.07	5.56	6.81	5.63	5.58
6	601100.SH	恒立液压	5.76	6.45	5.41	6.36	5.46	5.54
7	002884.SZ	凌霄泵业	5.75	6.89	5.73	5.39	5.65	4.84
8	300124.SZ	汇川技术	5.73	5.27	5.71	6.7	5.63	6.05
9	301029.SZ	怡合达	5.72	6.19	5.66	6.66	5.42	5.38
10	300813.SZ	泰林生物	5.69	6.29	5.7	6.09	5.4	5.25
11	605305.SH	中际联合	5.68	6.49	5.41	4.97	5.46	5.56
12	300861.SZ	美畅股份	5.67	6.57	5.9	6.11	5.3	4.8
13	300515.SZ	三德科技	5.67	5.92	5.62	6.2	5.36	5.63
14	301129.SZ	瑞纳智能	5.66	5.65	5.14	5.53	5.98	5.9
15	300470.SZ	中密控股	5.64	6.14	5.62	5.79	5.61	5.12
16	002979.SZ	雷赛智能	5.63	5.59	5.43	6.18	5.81	5.57
17	603338.SH	浙江鼎力	5.62	5.41	5.78	5.98	6.1	5.11
18	002833.SZ	弘亚数控	5.59	6.55	5.34	5.49	5.36	5.14
19	603277.SH	银都股份	5.57	5.72	5.65	5.91	6.18	4.65
20	300885.SZ	海昌新材	5.57	6.89	5.49	5.39	4.93	5.01
21	603025.SH	大豪科技	5.56	6.04	4.5	6.3	5.82	5.69
22	301006.SZ	迈拓股份	5.54	6.49	5.2	5.14	5.39	5.19
23	002903.SZ	宇环数控	5.54	5.69	5.54	6.15	5.26	5.53
24	300179.SZ	四方达	5.54	6.47	5.26	5.9	5.11	5.24
25	002972.SZ	科安达	5.49	6.06	4.73	5.16	5.5	5.74
26	002975.SZ	博杰股份	5.49	5.82	5.1	5.53	5.67	5.34
27	300480.SZ	光力科技	5.48	5.69	5.06	6.17	5.15	5.84
28	300720.SZ	海川智能	5.48	6.85	4.99	5.79	4.95	5.02
29	002430.SZ	杭氧股份	5.47	5.06	5.31	5.84	6.01	5.42
30	603757.SH	大元泵业	5.47	6.03	5.74	5.54	5.36	4.72
31	002158.SZ	汉钟精机	5.47	5.46	5.58	6.09	5.68	4.99
32	600582.SH	天地科技	5.45	5.37	5.5	3.79	5.51	5.82
33	002747.SZ	埃斯顿	5.44	4.67	5.3	6.39	5.58	5.96
34	605259.SH	绿田机械	5.43	5.52	5.88	5.16	5.77	4.6
35	300371.SZ	汇中股份	5.42	5.73	5.14	5.38	5.39	5.44
36	600761.SH	安徽合力	5.42	5.26	5.45	5	5.84	5.22
37	300259.SZ	新天科技	5.42	6.34	4.93	4.27	5.14	5.55

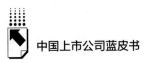

续表

排名	代码	公司名称	总得分	财务指标	估值与成长性	创值能力	公司治理	创新与研发
38	600031.SH	三一重工	5.42	5	4.97	4.85	5.48	6.35
39	300306.SZ	远方信息	5.42	6.5	4.63	4.86	5.14	5.54
40	002595.SZ	豪迈科技	5.41	5.35	5.83	5.78	5.56	4.82
41	002871.SZ	伟隆股份	5.41	5.67	5.57	5.96	5.74	4.51
42	601882.SH	海天精工	5.4	5.26	5.58	7.03	5.38	5
43	000039.SZ	中集集团	5.4	5.15	5.28	3.91	5.73	5.81
44	600499.SH	科达制造	5.39	5.26	5.76	5.87	5.38	5.05
45	301016.SZ	雷尔伟	5.39	6.41	4.84	5.31	5.39	4.92
46	301028.SZ	东亚机械	5.39	6.19	5.44	5.7	5.2	4.64
47	603416.SH	信捷电气	5.39	5.72	5.25	5.36	5.18	5.4
48	002046.SZ	国机精工	5.38	5.15	5.51	5.3	5.45	5.44
49	300151.SZ	昌红科技	5.38	5.86	5.6	6.46	5.16	4.62
50	603337.SH	杰克股份	5.37	4.91	5.82	5.16	5.61	5.17
51	300823.SZ	建科机械	5.36	5.84	5.26	4.42	5.59	5
52	300669.SZ	沪宁股份	5.36	6.6	5.33	5.5	5	4.48
53	603698.SH	航天工程	5.36	5.42	5.31	5.44	5.11	5.59
54	300828.SZ	锐新科技	5.36	5.91	5.41	5.59	5.26	4.81
55	300897.SZ	山科智能	5.36	5.49	5.38	5.21	5.17	5.43
56	603298.SH	杭叉集团	5.36	5.2	5.45	5.75	5.5	5.18
57	603915.SH	国茂股份	5.35	5.66	5.32	5.83	5.55	4.75
58	603339.SH	四方科技	5.35	5.38	5.64	5.26	5.71	4.67
59	605060.SH	联德股份	5.34	6.23	5.54	5.62	4.86	4.66
60	300802.SZ	矩子科技	5.34	5.77	5.11	6.06	5.2	5.09
61	603088.SH	宁波精达	5.34	5.42	5.62	6.31	5.44	4.64
62	300990.SZ	同飞股份	5.34	5.94	5.25	5.98	5.14	4.87
63	300488.SZ	恒锋工具	5.33	6.39	4.74	5.41	5.23	4.93
64	300718.SZ	长盛轴承	5.33	6.2	4.82	5.82	5.41	4.76
65	002008.SZ	大族激光	5.32	4.85	4.98	4.62	5.38	6.26
66	601038.SH	一拖股份	5.32	5.24	5.52	5.8	5.41	5
67	300484.SZ	蓝海华腾	5.32	5.62	5.17	6	4.97	5.36
68	002960.SZ	青鸟消防	5.32	5.56	5.23	4.99	5.32	5.24
69	603100.SH	川仪股份	5.32	5.31	4.95	6.09	5.63	5.19
70	002353.SZ	杰瑞股份	5.32	4.97	5.41	4.35	5.73	5.4

续表

排名	代码	公司名称	总得分	财务指标	估值与成长性	创值能力	公司治理	创新与研发
71	603656. SH	泰禾智能	5. 32	5. 2	5. 25	4. 74	5. 67	5. 29
72	603283. SH	赛腾股份	5. 31	4. 32	5. 58	6. 01	5. 74	5. 43
73	000988. SZ	华工科技	5. 3	4. 8	5. 45	6. 21	5. 32	5. 4
74	603036. SH	如通股份	5. 3	6. 13	5. 26	4. 77	5. 23	4. 7
75	605186. SH	健麾信息	5. 29	5. 83	4. 58	6. 01	5. 31	5. 28
76	603583. SH	捷昌驱动	5. 29	5. 45	5. 54	4. 63	5. 35	5
77	300553. SZ	集智股份	5. 29	5. 24	5. 01	5. 93	5. 05	5. 7
78	300154. SZ	瑞凌股份	5. 29	5. 83	5. 27	4. 65	5. 52	4. 7
79	603500. SH	祥和实业	5. 28	5. 72	5. 03	5. 6	5. 52	4. 77
80	003025. SZ	思进智能	5. 28	5. 86	5. 17	5. 74	4. 96	5. 01
81	301021. SZ	英诺激光	5. 28	6. 03	4. 85	5. 51	4. 63	5. 55
82	300837. SZ	浙矿股份	5. 27	5. 55	5. 22	5. 66	5. 29	4. 94
83	300112. SZ	万讯自控	5. 27	5. 68	5. 25	5. 28	5. 19	4. 97
84	600262. SH	北方股份	5. 27	4. 93	5. 47	5. 95	5. 62	4. 9
85	601717. SH	郑煤机	5. 27	4. 99	5. 01	3. 73	5. 8	5. 67
86	301083. SZ	百胜智能	5. 27	6. 19	4. 94	5. 84	5. 18	4. 64
87	002757. SZ	南兴股份	5. 27	5. 75	5. 13	4. 64	5. 33	5. 01
88	300818. SZ	耐普矿机	5. 26	5. 33	5. 83	5. 05	5. 25	4. 7
89	002150. SZ	通润装备	5. 26	5. 97	5. 34	5. 57	5. 21	4. 46
90	603662. SH	柯力传感	5. 25	5. 55	5. 07	5. 8	5. 6	4. 65
91	605389. SH	长龄液压	5. 25	6. 32	4. 81	4. 76	5. 25	4. 74
92	300950. SZ	德固特	5. 25	5. 66	5. 45	5. 95	5. 01	4. 69
93	603855. SH	华荣股份	5. 25	5. 05	5. 2	6. 09	5. 6	4. 93
94	002819. SZ	东方中科	5. 24	5. 34	5. 28	5. 68	4. 72	5. 52
95	300971. SZ	博亚精工	5. 24	5. 62	5. 37	4. 96	5. 14	4. 87
96	300851. SZ	交大思诺	5. 23	5. 68	4. 58	4. 5	5. 13	5. 74
97	002957. SZ	科瑞技术	5. 23	5	5. 22	5. 18	5. 41	5. 3
98	301138. SZ	华研精机	5. 23	5. 64	5. 33	5. 61	5. 33	4. 51
99	605056. SH	咸亨国际	5. 23	5. 8	4. 8	5. 56	5. 53	4. 69
100	300066. SZ	三川智慧	5. 22	5. 61	5. 39	5	5. 08	4. 87
101	300193. SZ	佳士科技	5. 22	5. 87	5. 3	4. 53	5. 09	4. 8
102	002698. SZ	博实股份	5. 22	5. 17	5. 66	6. 11	5. 04	4. 8
103	300099. SZ	精准信息	5. 22	5. 45	5. 21	5. 16	4. 79	5. 45

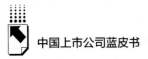

续表

排名	代码	公司名称	总得分	财务指标	估值与成长性	创值能力	公司治理	创新与研发
104	300667. SZ	必创科技	5.22	5.61	4.92	3.82	5.07	5.62
105	603321. SH	梅轮电梯	5.21	5.11	5.33	5.96	5.53	4.69
106	600528. SH	中铁工业	5.21	4.76	5.02	3.59	5.43	6.03
107	300260. SZ	新莱应材	5.21	4.6	5.5	6.93	5.68	4.63
108	300415. SZ	伊之密	5.2	5.1	5.5	5.84	5.08	4.98
109	603666. SH	亿嘉和	5.2	5.03	4.8	4.35	5.04	6.16
110	002444. SZ	巨星科技	5.2	5.31	5.46	4.96	5.06	5.03
111	002184. SZ	海得控制	5.2	5.1	5.11	5.84	5.06	5.36
112	300817. SZ	双飞股份	5.19	5.68	5.29	5.35	5.21	4.55
113	300557. SZ	理工光科	5.19	4.83	5.34	5.68	5	5.47
114	300607. SZ	拓斯达	5.19	4.4	5.25	5.06	5.31	5.81
115	300567. SZ	精测电子	5.19	4.57	4.66	6.19	5.21	6.06
116	603015. SH	弘讯科技	5.18	5.05	5.1	5.53	4.86	5.64
117	601369. SH	陕鼓动力	5.17	4.7	5.28	4.81	5.6	5.21
118	600894. SH	广日股份	5.17	5.23	5.27	3.66	5.35	5.21
119	002730. SZ	电光科技	5.17	5.6	5.23	5.31	5.11	4.68
120	300349. SZ	金卡智能	5.16	5.37	4.87	4.08	5.09	5.6
121	300549. SZ	优德精密	5.16	5.51	4.99	6.78	5.23	4.51
122	000680. SZ	山推股份	5.16	4.68	5.53	5.62	5.26	5.06
123	002334. SZ	英威腾	5.16	4.93	5.44	6.03	4.9	5.16
124	300838. SZ	浙江力诺	5.16	5.3	5.52	5.43	5.15	4.59
125	300503. SZ	昊志机电	5.16	4.97	5.62	6.08	4.48	5.32
126	603969. SH	银龙股份	5.15	5	5.51	4.54	5.46	4.78
127	002837. SZ	英维克	5.14	4.81	4.94	6.42	5.29	5.2
128	000157. SZ	中联重科	5.14	4.7	4.87	3.23	5.18	6.29
129	300521. SZ	爱司凯	5.14	5.62	4.63	3.98	4.82	5.78
130	603032. SH	德新科技	5.14	5.18	5.38	6.63	4.77	4.85
131	600330. SH	天通股份	5.13	4.93	5.51	5.89	4.93	4.98
132	605298. SH	必得科技	5.13	5.88	4.53	4.79	5.21	4.99
133	300946. SZ	恒而达	5.13	5.7	5.05	5.85	4.98	4.63
134	603960. SH	克来机电	5.13	5	4.3	5.74	5.71	5.36
135	002843. SZ	泰嘉股份	5.13	5.36	5.48	6.26	5.06	4.33
136	301128. SZ	强瑞技术	5.13	6.54	4.75	5.26	4.7	4.48

续表

排名	代码	公司名称	总得分	财务指标	估值与成长性	创值能力	公司治理	创新与研发
137	301070. SZ	开勒股份	5.13	6.26	4.92	4.83	4.92	4.47
138	300943. SZ	春晖智控	5.12	5.59	5	5.53	5.07	4.73
139	603700. SH	宁水集团	5.11	5.41	5.05	4.63	5.33	4.8
140	300351. SZ	永贵电器	5.11	5.33	5.17	5.37	4.88	5
141	000425. SZ	徐工机械	5.11	4.57	4.91	4.24	5.03	6.14
142	600501. SH	航天晨光	5.1	4.81	5.26	5.77	5.22	4.97
143	002367. SZ	康力电梯	5.1	5.02	5.19	5.08	5.53	4.68
144	601766. SH	中国中车	5.1	4.72	4.93	3.54	5.46	5.67
145	300007. SZ	汉威科技	5.1	5.03	4.77	5.01	5.17	5.44
146	002438. SZ	江苏神通	5.1	4.86	5.6	4.79	5.28	4.72
147	300382. SZ	斯莱克	5.09	4.78	5.36	5.75	4.94	5.13
148	001696. SZ	宗申动力	5.09	5.32	5.33	4.37	4.94	4.96
149	603095. SH	越剑智能	5.09	5.39	5.1	3.66	5.52	4.71
150	002073. SZ	软控股份	5.08	4.8	5.82	4.11	4.84	5.12
151	301056. SZ	森赫股份	5.08	5.41	5	5.46	5.14	4.69
152	300161. SZ	华中数控	5.08	4.59	4.68	5.83	4.97	5.89
153	002204. SZ	大连重工	5.07	4.73	5.2	4.92	5.28	5.12
154	000811. SZ	冰轮环境	5.07	5.11	5.2	5.29	4.96	4.97
155	300421. SZ	力星股份	5.07	5.02	5.38	6.74	4.98	4.49
156	600560. SH	金自天正	5.07	4.21	5.25	5.83	5.15	5.45
157	603289. SH	泰瑞机器	5.06	5.22	5.19	5.09	5	4.84
158	603159. SH	上海亚虹	5.06	5.78	5.1	5.89	4.68	4.48
159	003036. SZ	泰坦股份	5.06	4.74	6.29	5.34	4.57	4.58
160	002209. SZ	达意隆	5.06	4.57	5.59	5.73	5.26	4.63
161	002931. SZ	锋龙股份	5.05	5.23	5.51	5.56	4.7	4.65
162	603187. SH	海容冷链	5.05	5.1	5.02	4.93	5.37	4.76
163	000927. SZ	中国铁物	5.05	4.57	5.13	4.8	5.15	5.41
164	002006. SZ	精工科技	5.05	4.91	5.22	6.51	4.74	4.95
165	300960. SZ	通业科技	5.05	4.9	4.96	5.38	5.07	5.18
166	605286. SH	同力日升	5.05	5.04	5.44	5.19	5.14	4.52
167	300466. SZ	赛摩智能	5.04	4.68	4.89	5.98	4.74	5.63
168	002667. SZ	威领股份	5.04	4.29	5.48	6.1	5.21	4.9
169	300906. SZ	日月明	5.04	6.38	4.29	4.17	4.65	5.04

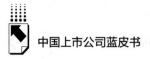

续表

排名	代码	公司名称	总得分	财务指标	估值与成长性	创值能力	公司治理	创新与研发
170	002611.SZ	东方精工	5.03	5.44	5.06	4.16	4.8	5.04
171	601608.SH	中信重工	5.03	4.64	5.15	5.15	5.03	5.26
172	300092.SZ	科新机电	5.03	4.67	5.47	6.39	4.99	4.63
173	300486.SZ	东杰智能	5.02	4.55	5.17	3.86	4.68	5.99
174	603488.SH	展鹏科技	5.02	6.06	4.81	4.74	4.68	4.62
175	002026.SZ	山东威达	5.02	5.37	5.34	4.03	4.88	4.74
176	301018.SZ	申菱环境	5.02	4.7	5.11	6.17	5.05	4.95
177	601177.SH	杭齿前进	5.02	4.59	5.46	5.49	5.34	4.56
178	300988.SZ	津荣天宇	5.02	5.23	5.47	5.58	4.64	4.59
179	603966.SH	法兰泰克	5.01	4.85	5.29	5.43	4.95	4.87
180	603638.SH	艾迪精密	5.01	5.03	4.82	5.8	5.16	4.86
181	300400.SZ	劲拓股份	5.01	5.08	5.19	6.24	4.55	4.93
182	002774.SZ	快意电梯	5.01	4.77	5.04	5.41	5.23	4.91
183	300257.SZ	开山股份	5.01	4.86	6	5.69	4.43	4.58
184	002767.SZ	先锋电子	5.01	4.8	4.97	5.78	5.01	5.06
185	600444.SH	国机通用	5	4.8	4.79	5.46	5.02	5.29
186	603901.SH	永创智能	5	4.7	5.23	5.56	5.13	4.79
187	300902.SZ	国安达	4.99	5.47	4.37	5.01	5.07	5.06
188	603012.SH	创力集团	4.99	5.02	5.2	3.61	5.24	4.86
189	002598.SZ	山东章鼓	4.99	4.6	5.39	5.71	5.16	4.63
190	300992.SZ	泰福泵业	4.98	5.42	5.45	4.91	4.77	4.32
191	002896.SZ	中大力德	4.98	5.54	4.49	6.11	4.98	4.65
192	600592.SH	龙溪股份	4.98	5.07	5.23	3.5	5.18	4.82
193	002337.SZ	赛象科技	4.98	4.63	5.37	5.59	4.88	4.9
194	603699.SH	纽威股份	4.98	5.08	5.57	5.64	4.52	4.58
195	603090.SH	宏盛股份	4.98	4.65	5.39	5.99	5.3	4.32
196	002760.SZ	凤形股份	4.98	5.42	5.21	5.19	4.27	4.95
197	603667.SH	五洲新春	4.97	4.82	5.25	5.03	5.44	4.37
198	300402.SZ	宝色股份	4.97	4.3	5.06	6.4	5.22	4.94
199	300281.SZ	金明精机	4.97	5.44	4.78	4.37	5.04	4.76
200	301079.SZ	邵阳液压	4.97	4.95	5.28	5.8	4.85	4.58
201	603308.SH	应流股份	4.97	4.52	5.16	5.49	4.97	5.09
202	002282.SZ	博深股份	4.96	5.72	5.35	3.56	4.64	4.5

续表

排名	代码	公司名称	总得分	财务指标	估值与成长性	创值能力	公司治理	创新与研发
203	002890. SZ	弘宇股份	4.96	5.34	5.35	5.74	4.6	4.36
204	002779. SZ	中坚科技	4.96	4.67	5.63	6.24	4.6	4.62
205	600320. SH	振华重工	4.96	4.37	5.04	3.68	5.14	5.6
206	600835. SH	上海机电	4.96	4.88	5.09	3.5	5.09	5.13
207	603912. SH	佳力图	4.95	4.97	4.71	5.68	5	4.95
208	600558. SH	大西洋	4.95	5.38	5.13	4.31	4.78	4.66
209	000528. SZ	柳工	4.95	4.71	5.24	2.55	4.86	5.57
210	000852. SZ	石化机械	4.94	4.49	5.17	4.98	5.38	4.73
211	603269. SH	海鸥股份	4.94	4.28	5.42	5.35	5.2	4.75
212	000925. SZ	众合科技	4.94	4.78	4.83	4	4.76	5.61
213	600783. SH	鲁信创投	4.94	4.9	5.1	6.4	5.39	3.99
214	603956. SH	威派格	4.94	4.82	4.63	3.32	5.18	5.53
215	001288. SZ	运机集团	4.93	5.14	5.49	3.69	4.97	4.44
216	600520. SH	文一科技	4.93	4.82	5.39	6.24	4.63	4.55
217	600215. SH	派斯林	4.93	4.45	5.38	5.3	4.46	5.31
218	300809. SZ	华辰装备	4.92	5.37	4.79	4.73	4.94	4.63
219	300441. SZ	鲍斯股份	4.91	5.3	5.31	4.99	4.41	4.62
220	300512. SZ	中亚股份	4.9	4.62	4.84	5.16	5.27	4.81
221	000777. SZ	中核科技	4.9	4.62	5.34	5.54	5	4.5
222	300499. SZ	高澜股份	4.9	4.55	4.91	6.23	5.16	4.66
223	300700. SZ	岱勒新材	4.9	4.29	5.05	6.38	5.36	4.53
224	300195. SZ	长荣股份	4.9	4.75	5.43	3.67	4.79	4.92
225	600114. SH	东睦股份	4.89	4.78	5.11	4.56	4.99	4.78
226	002795. SZ	永和智控	4.89	5.14	5.2	4.53	4.82	4.5
227	603680. SH	今创集团	4.89	4.71	5.06	3.32	5.46	4.73
228	300984. SZ	金沃股份	4.88	4.57	5.34	5.24	5.24	4.28
229	301043. SZ	绿岛风	4.87	5.59	4.78	4.93	4.74	4.38
230	603029. SH	天鹅股份	4.87	4.75	5	7.05	4.54	4.65
231	002849. SZ	威星智能	4.87	4.53	4.51	5.27	5.08	5.26
232	002877. SZ	智能自控	4.87	4.11	5.26	5.97	5.07	4.75
233	000837. SZ	秦川机床	4.87	4.51	5.16	5.8	4.83	4.73
234	603111. SH	康尼机电	4.86	5.06	4.74	3.65	5	4.94
235	002943. SZ	宇晶股份	4.86	4.51	4.92	6.44	4.83	4.78

313

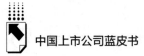
排名	代码	公司名称	总得分	财务指标	估值与成长性	创值能力	公司治理	创新与研发
236	603617.SH	君禾股份	4.86	4.79	5.45	4.22	4.96	4.39
237	300430.SZ	诚益通	4.85	4.87	4.89	5.27	4.71	4.84
238	603331.SH	百达精工	4.85	4.57	5.46	5.35	5.02	4.25
239	300923.SZ	研奥股份	4.85	5.48	4.88	3.91	4.75	4.51
240	002686.SZ	亿利达	4.84	4.69	4.93	5.18	4.79	4.87
241	605288.SH	凯迪股份	4.84	5.13	5.11	3.2	5.04	4.5
242	300083.SZ	创世纪	4.84	4.53	4.88	5.5	4.71	5.08
243	600232.SH	金鹰股份	4.84	5.06	5.43	4.92	4.83	4.01
244	300747.SZ	锐科激光	4.84	4.84	4.58	5.82	4.73	4.96
245	002483.SZ	润邦股份	4.84	4.95	5.44	2.41	4.96	4.6
246	605100.SH	华丰股份	4.83	6.22	4.56	3.22	4.51	4.42
247	300048.SZ	合康新能	4.82	4.85	4.41	5.72	4.7	5.1
248	300227.SZ	光韵达	4.82	5.25	4.81	5.16	4.51	4.62
249	300228.SZ	富瑞特装	4.82	4.8	5.19	4.94	4.7	4.55
250	300836.SZ	佰奥智能	4.82	4.26	4.95	4.39	5.13	5.03
251	300606.SZ	金太阳	4.81	5.09	4.94	5.55	4.34	4.69
252	002009.SZ	天奇股份	4.81	4.06	5.02	5.69	4.8	5.16
253	300780.SZ	德恩精工	4.81	4.55	5.52	5.08	4.87	4.23
254	300865.SZ	大宏立	4.81	4.62	4.93	4.15	5.41	4.45
255	000856.SZ	冀东装备	4.81	4.51	5.04	6.3	4.92	4.38
256	603081.SH	大丰实业	4.81	4.13	4.82	5.11	5.46	4.75
257	300145.SZ	中金环境	4.8	4.48	4.78	5.45	5.08	4.68
258	300509.SZ	新美星	4.79	4.59	4.61	5.47	5.09	4.71
259	301053.SZ	远信工业	4.79	4.75	5.05	5.64	4.48	4.67
260	600860.SH	京城股份	4.79	4.56	4.76	6.14	5.07	4.42
261	002689.SZ	远大智能	4.77	4.36	4.85	5.81	4.55	5.07
262	000008.SZ	神州高铁	4.77	4.52	4.69	2.18	5.04	5.45
263	603076.SH	乐惠国际	4.76	3.88	5.13	5.83	4.93	4.82
264	002559.SZ	亚威股份	4.76	4.75	4.74	3.85	4.95	4.81
265	300417.SZ	南华仪器	4.76	5.35	3.89	4.53	4.82	5.02
266	600843.SH	上工申贝	4.75	4.95	5.1	1.67	4.91	4.82
267	600495.SH	晋西车轴	4.73	5.26	4.55	3.4	5.11	4.34
268	603131.SH	上海沪工	4.73	4.84	4.7	4.06	5.04	4.52

续表

排名	代码	公司名称	总得分	财务指标	估值与成长性	创值能力	公司治理	创新与研发
269	603169.SH	兰石重装	4.73	4.14	5.04	5.71	4.78	4.72
270	300411.SZ	金盾股份	4.73	5.02	4.33	5.58	4.34	5
271	002058.SZ	威尔泰	4.72	4.66	4.91	6.26	4.21	4.72
272	600169.SH	太原重工	4.72	3.94	4.94	4.03	4.99	5.19
273	603800.SH	道森股份	4.72	3.94	5.09	6.2	5	4.48
274	300278.SZ	华昌达	4.72	4.21	5.05	5.86	4.21	5.12
275	002552.SZ	宝鼎科技	4.72	5.21	4.96	3.53	4.55	4.45
276	002523.SZ	天桥起重	4.72	4.76	4.77	2.7	4.95	4.89
277	300024.SZ	机器人	4.72	3.99	4.06	4.34	5.14	5.76
278	300756.SZ	金马游乐	4.71	4.74	4.64	4.07	4.89	4.75
279	002526.SZ	山东矿机	4.71	4.89	4.93	3.64	4.69	4.6
280	300345.SZ	华民股份	4.71	5.19	4.77	4.26	4.68	4.32
281	002342.SZ	巨力索具	4.7	4.84	4.84	4.27	4.91	4.32
282	300095.SZ	华伍股份	4.7	4.74	5.08	3.37	4.74	4.58
283	601399.SH	国机重装	4.69	4.42	5.01	4.44	4.68	4.72
284	300862.SZ	蓝盾光电	4.69	4.95	4.87	3.85	4.66	4.49
285	603028.SH	赛福天	4.68	4.8	4.36	4.08	5.23	4.46
286	301048.SZ	金鹰重工	4.68	4.22	4.7	5.45	4.62	4.98
287	601106.SH	中国一重	4.67	4.03	4.59	3.75	4.94	5.37
288	300307.SZ	慈星股份	4.67	4.3	4.7	5.35	4.64	4.88
289	002132.SZ	恒星科技	4.67	4.64	5.16	4.58	4.59	4.3
290	300263.SZ	隆华科技	4.66	4.64	4.34	4.15	4.72	5.07
291	002691.SZ	冀凯股份	4.66	4.73	4.75	4.84	4.53	4.59
292	002347.SZ	泰尔股份	4.65	4.57	4.88	3.51	4.72	4.73
293	002164.SZ	宁波东力	4.65	4.73	4.65	5.7	4.48	4.5
294	603011.SH	合锻智能	4.64	4.35	4.58	4.28	4.78	4.96
295	300084.SZ	海默科技	4.64	4.3	4.46	5.28	4.46	5.2
296	600343.SH	航天动力	4.64	4.32	4.83	5.76	4.66	4.47
297	300461.SZ	田中精机	4.63	4.49	4.79	6.07	4.14	4.76
298	300420.SZ	五洋停车	4.63	4.48	5.11	3.03	4.43	4.9
299	002527.SZ	新时达	4.63	4.36	3.79	3.95	5.23	5.3
300	300097.SZ	智云股份	4.62	4.07	4.44	5.89	4.15	5.52
301	002031.SZ	巨轮智能	4.61	4.58	4.65	5.72	4.35	4.59

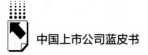

续表

排名	代码	公司名称	总得分	财务指标	估值与成长性	创值能力	公司治理	创新与研发
302	300293.SZ	蓝英装备	4.61	4.18	4.19	4.34	4.27	5.84
303	300554.SZ	三超新材	4.6	3.98	4.9	5.88	4.76	4.46
304	002529.SZ	海源复材	4.6	4.25	5.1	6.3	4.32	4.31
305	300757.SZ	罗博特科	4.6	3.83	4.58	6.01	4.58	5.05
306	300489.SZ	光智科技	4.57	3.71	5.39	6.49	3.94	4.78
307	600992.SH	贵绳股份	4.57	4.41	4.52	5.51	4.83	4.3
308	300412.SZ	迦南科技	4.57	4.71	4.38	3.79	4.63	4.77
309	002175.SZ	东方智造	4.57	4.32	4.44	6.23	4.35	4.75
310	600815.SH	厦工股份	4.57	3.86	5.08	5.56	4.95	4.14
311	600202.SH	哈空调	4.57	3.91	5.03	4.43	4.76	4.6
312	600302.SH	标准股份	4.57	3.97	5.24	4.58	4.44	4.6
313	300879.SZ	大叶股份	4.56	4.12	4.99	4.5	4.46	4.69
314	002097.SZ	山河智能	4.56	3.99	4.62	2.47	4.89	5.27
315	300201.SZ	海伦哲	4.56	4.57	4.33	5.85	4.16	4.87
316	601002.SH	晋亿实业	4.56	4.67	4.7	2.44	5	4.4
317	603356.SH	华菱精工	4.55	4.49	5.15	3.32	4.74	4.14
318	300011.SZ	鼎汉技术	4.54	3.94	4.07	3.69	5.12	5.27
319	002786.SZ	银宝山新	4.53	3.83	4.66	6.53	4.83	4.31
320	002633.SZ	申科股份	4.53	4.16	5.1	5.67	4.15	4.41
321	002535.SZ	林州重机	4.53	4.12	4.97	6.55	4.1	4.41
322	300985.SZ	致远新能	4.52	4.94	4.41	4.36	4.12	4.66
323	002278.SZ	神开股份	4.52	4.7	4.34	3.19	4.65	4.72
324	300471.SZ	厚普股份	4.51	4.35	4.01	4.52	4.89	4.8
325	301032.SZ	新柴股份	4.51	4.45	4.8	4.65	4.43	4.3
326	300594.SZ	朗进科技	4.5	4.29	4.43	3.85	4.66	4.79
327	300157.SZ	恒泰艾普	4.49	3.98	4.53	6.33	4.53	4.47
328	301013.SZ	利和兴	4.49	4.46	4.16	4.47	4.83	4.51
329	300126.SZ	锐奇股份	4.48	4.47	4.76	4.34	4.53	4.22
330	600579.SH	克劳斯	4.48	4.34	4.43	1.94	4.74	5.06
331	002272.SZ	川润股份	4.48	3.94	4.82	2.86	4.85	4.72
332	002122.SZ	汇洲智能	4.48	4.25	4.29	5.69	4.31	4.75
333	000410.SZ	沈阳机床	4.47	3.04	4.53	6.68	5.29	4.47
334	002514.SZ	宝馨科技	4.47	4.64	4.17	4.77	4.58	4.39

续表

排名	代码	公司名称	总得分	财务指标	估值与成长性	创值能力	公司治理	创新与研发
335	000595.SZ	宝塔实业	4.46	3.49	4.15	6.39	4.81	4.92
336	600172.SH	黄河旋风	4.46	4.84	3.92	4.65	4.5	4.53
337	600421.SH	华嵘控股	4.46	3.79	4.8	6.42	4.08	4.66
338	600984.SH	建设机械	4.46	4.34	4.78	2.24	4.78	4.47
339	300472.SZ	新元科技	4.44	3.8	4.33	3.74	4.53	5.29
340	603895.SH	天永智能	4.43	3.37	4.25	4.98	4.54	5.42
341	002248.SZ	华东数控	4.43	3.84	4.24	6.87	4.74	4.28
342	002445.SZ	中南文化	4.43	4.42	4.44	5.61	4.2	4.36
343	300276.SZ	三丰智能	4.43	4.34	4.3	3.64	4.34	4.93
344	002131.SZ	利欧股份	4.42	4.77	4.11	2	4.5	4.92
345	301199.SZ	迈赫股份	4.41	4.2	4.36	3.7	4.24	5.04
346	002639.SZ	雪人股份	4.41	4.29	3.97	3.69	4.85	4.71
347	300931.SZ	通用电梯	4.41	4.57	4.34	3.92	4.4	4.44
348	601798.SH	蓝科高新	4.38	4.3	4.24	3.5	4.39	4.8
349	002685.SZ	华东重机	4.37	4.31	4.57	2.99	4.47	4.47
350	002520.SZ	日发精机	4.37	4.81	3.97	3	4.26	4.77
351	600545.SH	卓郎智能	4.33	4.06	4.53	2.34	4.28	4.93
352	603789.SH	星光农机	4.32	3.76	4.06	4.38	4.89	4.55
353	300004.SZ	南风股份	4.31	4.29	4.13	4.32	4.23	4.57
354	603278.SH	大业股份	4.31	4.13	4.24	2.73	4.81	4.44
355	300103.SZ	达刚控股	4.3	4.36	3.88	2.97	4.75	4.56
356	300165.SZ	天瑞仪器	4.3	3.89	3.97	3.13	4.32	5.3
357	300540.SZ	蜀道装备	4.26	3.82	3.96	4.14	4.66	4.63
358	000530.SZ	冰山冷热	4.22	4.33	4.01	3.28	4.53	4.25
359	002490.SZ	山东墨龙	4.21	4.31	3.66	5.63	4.55	3.98
360	605001.SH	威奥股份	4.16	4.14	4.12	2.2	4.72	4.16
361	600243.SH	青海华鼎	4.14	3.77	4.38	5.04	4.17	4.04
362	300091.SZ	金通灵	4.11	3.81	4.05	2.83	4.22	4.7

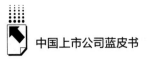

（十四）计算机

排名	代码	公司名称	总得分	财务指标	估值与成长性	创值能力	公司治理	创新与研发
1	300033.SZ	同花顺	6.06	6.93	5.59	6.47	5.87	5.75
2	002410.SZ	广联达	5.99	6.13	5.92	6.31	6.11	5.71
3	002415.SZ	海康威视	5.88	5.59	5.76	5.85	6.12	6.09
4	300496.SZ	中科创达	5.79	5.57	6.03	6.12	5.42	6.04
5	300803.SZ	指南针	5.62	6.54	6.14	6.48	5.14	4.44
6	300768.SZ	迪普科技	5.61	6.49	5.25	5.42	5.54	5.2
7	301185.SZ	鸥玛软件	5.58	6.85	5.25	5.57	4.86	5.37
8	603383.SH	顶点软件	5.58	6.4	5.23	6.21	5.62	4.9
9	002439.SZ	启明星辰	5.56	5.34	5.5	5.7	5.73	5.65
10	300454.SZ	深信服	5.56	5.76	5.24	6	5.59	5.55
11	600845.SH	宝信软件	5.56	5.45	5.61	6.53	5.49	5.44
12	002063.SZ	远光软件	5.55	5.58	5.3	5.86	5.75	5.51
13	002230.SZ	科大讯飞	5.55	4.92	4.99	6.24	5.73	6.36
14	600570.SH	恒生电子	5.53	5.68	4.92	6.24	5.81	5.54
15	300378.SZ	鼎捷软件	5.51	5.77	5.38	5.98	5.75	5
16	603039.SH	泛微网络	5.49	5.81	5.36	6.37	5.38	5.21
17	300017.SZ	网宿科技	5.49	6.25	5.59	4.99	5.12	5.13
18	002236.SZ	大华股份	5.48	5	5.26	5.26	5.98	5.75
19	002920.SZ	德赛西威	5.48	5	5.66	6.7	5.73	5.23
20	300624.SZ	万兴科技	5.47	5.95	5.31	6.48	5.1	5.27
21	002649.SZ	博彦科技	5.47	5.71	6.01	5.05	5.55	4.72
22	300996.SZ	普联软件	5.47	5.92	5.64	6.13	5.17	4.97
23	603859.SH	能科科技	5.47	5.34	5.74	5.69	5.13	5.6
24	603019.SH	中科曙光	5.46	4.92	5.5	5.78	5.69	5.65
25	300525.SZ	博思软件	5.45	5.89	5.74	6.19	4.99	5
26	300687.SZ	赛意信息	5.45	5.51	5.97	6.09	4.95	5.2
27	300508.SZ	维宏股份	5.41	5.66	5.29	6.15	5.24	5.28
28	000948.SZ	南天信息	5.41	4.59	6.31	5.54	5.29	5.43
29	002152.SZ	广电运通	5.41	5.67	5.48	5.06	5.88	4.69
30	300042.SZ	朗科科技	5.4	5.9	6.03	5.96	5.14	4.41
31	300941.SZ	创识科技	5.4	6.43	4.93	5.53	5.26	4.95

排名	代码	公司名称	总得分	财务指标	估值与成长性	创值能力	公司治理	创新与研发
32	600850. SH	电科数字	5.39	4.93	5.37	5.73	5.77	5.39
33	300766. SZ	每日互动	5.38	5.88	5.33	5.58	4.76	5.5
34	002180. SZ	纳思达	5.37	4.83	5.34	5.34	5.79	5.53
35	300235. SZ	方直科技	5.37	6.7	4.97	4.7	4.7	5.26
36	600131. SH	国网信通	5.37	4.87	5.22	5.83	5.67	5.58
37	002268. SZ	电科网安	5.36	5.58	5.37	6.15	4.87	5.4
38	002577. SZ	雷柏科技	5.36	5.9	5.86	5.93	4.6	4.92
39	300468. SZ	四方精创	5.35	6.2	5.53	5.36	4.83	4.86
40	002908. SZ	德生科技	5.35	5.17	5.69	6	5.62	4.74
41	300634. SZ	彩讯股份	5.35	5.67	5.26	6.05	5.13	5.15
42	300532. SZ	今天国际	5.32	4.58	6.07	6.46	5.22	5.12
43	605398. SH	新炬网络	5.32	5.73	5.41	5.37	5.11	5
44	300248. SZ	新开普	5.31	5.67	5.15	4.87	5.31	5.22
45	300229. SZ	拓尔思	5.31	5.57	4.86	5.86	5.1	5.57
46	300789. SZ	唐源电气	5.31	5.27	5.4	5.35	5.65	4.88
47	002401. SZ	中远海科	5.3	5.14	5.13	6.14	5.55	5.16
48	300188. SZ	美亚柏科	5.29	5.08	5.02	5.52	5.32	5.71
49	002835. SZ	同为股份	5.28	5.15	5.89	6.07	5.29	4.6
50	300369. SZ	绿盟科技	5.28	5.43	4.96	5.38	5.39	5.33
51	605118. SH	力鼎光电	5.27	6.35	5.7	5.79	4.67	4.24
52	600271. SH	航天信息	5.27	5.7	4.97	4.16	5.57	5.11
53	603611. SH	诺力股份	5.27	4.71	6.26	5.52	5.33	4.7
54	603990. SH	麦迪科技	5.27	5.8	5.65	4.55	4.98	4.82
55	603496. SH	恒为科技	5.26	4.55	5.64	5.92	5.31	5.39
56	300682. SZ	朗新科技	5.26	5.24	5.33	5.42	5.26	5.17
57	603171. SH	税友股份	5.26	5.67	5.23	5.99	5.02	4.95
58	300079. SZ	数码视讯	5.26	5.98	4.89	5.11	4.75	5.44
59	600588. SH	用友网络	5.25	5.14	4.79	5.71	5.73	5.23
60	603516. SH	淳中科技	5.24	5.86	5.19	5.21	5.37	4.55
61	603508. SH	思维列控	5.23	5.69	5.33	4.15	5.28	4.87
62	000977. SZ	浪潮信息	5.22	4.19	5.56	5.76	5.56	5.45
63	000938. SZ	紫光股份	5.22	4.84	5.1	5.07	5.27	5.71
64	002405. SZ	四维图新	5.22	5.27	4.58	4.76	5.3	5.84

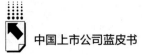

续表

排名	代码	公司名称	总得分	财务指标	估值与成长性	创值能力	公司治理	创新与研发
65	300743.SZ	天地数码	5.21	4.85	6.31	5.94	5.18	4.33
66	300771.SZ	智莱科技	5.21	6.24	5.23	4.04	5.42	4.24
67	300541.SZ	先进数通	5.21	4.88	5.73	5.76	5.17	4.91
68	002368.SZ	太极股份	5.2	4.59	5.19	6.29	5.14	5.64
69	300845.SZ	捷安高科	5.18	5.39	5.19	5.28	5.57	4.55
70	300523.SZ	辰安科技	5.18	4.63	5.51	5.38	5.36	5.17
71	300379.SZ	东方通	5.18	5.18	4.84	5.75	4.87	5.66
72	002322.SZ	理工能科	5.17	6.17	5.23	3.82	4.94	4.69
73	300130.SZ	新国都	5.17	5.52	5.24	5.75	5.29	4.5
74	600756.SH	浪潮软件	5.17	4.82	5.7	5.32	4.86	5.27
75	601360.SH	三六零	5.17	5.56	4.29	4.14	5.24	5.83
76	300170.SZ	汉得信息	5.16	5.12	5.18	5.63	5.13	5.12
77	002777.SZ	久远银海	5.16	5.37	5.3	6.19	5.02	4.71
78	603927.SH	中科软	5.16	5.03	5.39	6.23	5.15	4.8
79	300451.SZ	创业慧康	5.16	5.45	5.24	4.14	5.12	5.08
80	300559.SZ	佳发教育	5.15	5.98	4.83	5.63	4.78	4.91
81	300075.SZ	数字政通	5.15	5.32	5.25	5.69	5.21	4.67
82	300579.SZ	数字认证	5.15	5	4.86	6.26	5.32	5.12
83	300678.SZ	中科信息	5.14	4.97	5.56	6.56	4.55	5.14
84	000034.SZ	神州数码	5.14	4.51	5.12	5.12	5.52	5.43
85	300846.SZ	首都在线	5.14	5.3	5.15	4.19	5.44	4.9
86	300531.SZ	优博讯	5.14	5.42	5.61	5.68	4.68	4.7
87	301042.SZ	安联锐视	5.12	5.79	5.3	4.91	5.17	4.28
88	300830.SZ	金现代	5.12	4.94	5.33	5.46	5.35	4.78
89	003007.SZ	直真科技	5.11	5.08	5.16	5.43	4.86	5.25
90	300288.SZ	朗玛信息	5.1	5.72	5.23	5.81	4.75	4.53
91	002990.SZ	盛视科技	5.09	4.84	5.06	5.57	5.27	5.09
92	603918.SH	金桥信息	5.09	5.32	5.34	4.95	4.93	4.82
93	603189.SH	网达软件	5.09	5.39	5.2	3.73	4.93	5.18
94	003004.SZ	声迅股份	5.09	5.57	5.6	5.32	4.54	4.59
95	002212.SZ	天融信	5.09	5.11	4.9	3.88	5.24	5.41
96	300884.SZ	狄耐克	5.09	5.11	5.65	4.92	5.1	4.53
97	002421.SZ	达实智能	5.08	4.5	5.74	5.44	4.69	5.3

续表

排名	代码	公司名称	总得分	财务指标	估值与成长性	创值能力	公司治理	创新与研发
98	301085.SZ	亚康股份	5.08	4.8	5.73	6.03	5.12	4.42
99	600455.SH	博通股份	5.08	5.51	5.83	5.82	4.38	4.4
100	003029.SZ	吉大正元	5.07	5.5	4.94	4.45	4.86	5.13
101	300561.SZ	汇金科技	5.07	5.29	4.85	4.62	5.39	4.86
102	003005.SZ	竞业达	5.07	5.39	5.11	5.06	5	4.77
103	002195.SZ	二三四五	5.07	6.22	4.6	3.41	4.95	4.92
104	300231.SZ	银信科技	5.07	4.6	5.45	5.47	5.27	4.85
105	300377.SZ	赢时胜	5.07	5.6	4.59	5.04	4.95	5.14
106	300226.SZ	上海钢联	5.06	4.61	5.46	5.03	5.42	4.76
107	002987.SZ	京北方	5.05	5.4	5.26	5.91	5.07	4.25
108	300168.SZ	万达信息	5.05	4.23	5.06	6.45	5.15	5.39
109	300542.SZ	新晨科技	5.05	4.88	5.24	5.9	5.05	4.81
110	002609.SZ	捷顺科技	5.04	5.2	5.49	4.05	5.16	4.58
111	002279.SZ	久其软件	5.04	5.06	4.67	5.47	5.18	5.15
112	000555.SZ	神州信息	5.04	4.79	5.15	4.73	5.27	5.03
113	600536.SH	中国软件	5.04	4.34	4.7	6.39	5.36	5.42
114	002153.SZ	石基信息	5.04	5.19	4.29	3.78	5.58	5.42
115	002065.SZ	东华软件	5.03	4.7	5.21	4.73	5.11	5.18
116	300691.SZ	联合光电	5.03	4.89	5.47	5.28	5.24	4.45
117	300253.SZ	卫宁健康	5.02	5.19	4.82	4.41	5.15	5.07
118	300608.SZ	思特奇	5.02	4.93	4.94	3.78	5.18	5.34
119	002362.SZ	汉王科技	5.02	5	5.09	4.14	5.14	5.06
120	300925.SZ	法本信息	5.01	5.09	5.27	5.68	5.06	4.48
121	002376.SZ	新北洋	5.01	4.7	5.3	3.73	5.34	5.04
122	300339.SZ	润和软件	5.01	5.1	5.13	6.16	4.65	4.89
123	300935.SZ	盈建科	5.01	5.32	4.86	4.04	4.83	5.28
124	300674.SZ	宇信科技	5	5.11	5.01	5.54	5.19	4.57
125	600797.SH	浙大网新	5	5.14	5.25	5.54	4.7	4.79
126	300275.SZ	梅安森	5	4.76	5.61	5.94	4.75	4.63
127	300277.SZ	海联讯	5	4.95	5.04	5.85	4.91	4.86
128	600446.SH	金证股份	4.99	4.82	5.13	5.45	5.21	4.7
129	300659.SZ	中孚信息	4.99	4.64	4.38	4.31	5.66	5.45
130	300302.SZ	同有科技	4.98	4.77	5.17	5.33	4.95	4.93

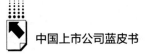

排名	代码	公司名称	总得分	财务指标	估值与成长性	创值能力	公司治理	创新与研发
131	603636. SH	南威软件	4.97	4.56	5.09	5.22	5.06	5.12
132	300546. SZ	雄帝科技	4.97	4.94	5.14	5.24	5.1	4.63
133	600718. SH	东软集团	4.96	4.94	4.72	2.88	5.47	5.24
134	300440. SZ	运达科技	4.96	4.66	5.45	4.81	4.81	4.96
135	300645. SZ	正元智慧	4.96	4.81	5.6	5.61	4.3	4.95
136	300348. SZ	长亮科技	4.95	4.79	4.93	5.58	5.14	4.81
137	300270. SZ	中威电子	4.95	4.72	5.51	5.68	4.22	5.19
138	601519. SH	大智慧	4.95	5.56	4.25	4.69	4.98	5.07
139	603003. SH	龙宇股份	4.95	5.16	5.5	3.96	4.6	4.77
140	600602. SH	云赛智联	4.94	5.24	5.08	5.6	4.62	4.64
141	002232. SZ	启明信息	4.94	4.43	4.99	5.89	5.12	4.96
142	600476. SH	湘邮科技	4.93	4.42	5.36	6.49	4.86	4.71
143	300311. SZ	任子行	4.92	4.87	4.79	6.23	4.43	5.29
144	603232. SH	格尔软件	4.92	5.2	4.75	3.84	4.94	5.07
145	300605. SZ	恒锋信息	4.92	4.28	5.69	5.63	4.65	4.89
146	002373. SZ	千方科技	4.92	4.99	4.72	3.32	5.2	5.16
147	000997. SZ	新大陆	4.92	4.82	5.33	5.23	4.75	4.68
148	300448. SZ	浩云科技	4.91	5.63	4.76	4.17	4.59	4.87
149	300455. SZ	航天智装	4.91	4.54	4.97	5.72	5.08	4.86
150	000066. SZ	中国长城	4.9	4.38	4.67	4.94	5.36	5.19
151	300790. SZ	宇瞳光学	4.9	4.83	5.48	5.35	4.86	4.32
152	300166. SZ	东方国信	4.9	5.22	4.6	3.2	4.78	5.42
153	002771. SZ	真视通	4.9	5.16	5.38	4.69	4.58	4.52
154	300047. SZ	天源迪科	4.89	4.59	5.49	2.97	4.96	5
155	300552. SZ	万集科技	4.89	5.29	4.51	3.71	5.09	4.96
156	300098. SZ	高新兴	4.89	4.52	5.11	5.04	5.14	4.74
157	301178. SZ	天亿马	4.88	4.8	4.86	4.86	4.89	4.96
158	002474. SZ	榕基软件	4.86	4.84	4.75	4.11	4.86	5.18
159	002530. SZ	金财互联	4.86	4.47	5.06	5.91	5.28	4.34
160	300598. SZ	诚迈科技	4.86	4.8	4.98	4.62	4.53	5.16
161	002970. SZ	锐明技术	4.85	4.36	5.08	4.67	5.45	4.57
162	002177. SZ	御银股份	4.84	6.29	4.44	4.6	4.03	4.66
163	300386. SZ	飞天诚信	4.84	4.92	4.77	3.47	5.2	4.8

续表

排名	代码	公司名称	总得分	财务指标	估值与成长性	创值能力	公司治理	创新与研发
164	603528. SH	多伦科技	4.84	5.18	5.16	4.23	4.98	4.18
165	300556. SZ	丝路视觉	4.83	4.78	5.47	5.59	4.87	4.02
166	300245. SZ	天玑科技	4.83	5.24	5.25	3.48	4.32	4.85
167	603869. SH	新智认知	4.83	5.6	4.41	2.63	4.73	5.12
168	002253. SZ	川大智胜	4.82	5.13	4.68	2.89	4.67	5.3
169	002912. SZ	中新赛克	4.82	4.72	4.49	4.8	5	5.08
170	300730. SZ	科创信息	4.81	4.35	4.94	5.92	5.18	4.5
171	002657. SZ	中科金财	4.8	4.66	4.91	5.44	4.72	4.76
172	300399. SZ	天利科技	4.8	5.08	5.08	4.38	4.54	4.61
173	300036. SZ	超图软件	4.8	5.03	4.61	4.18	4.8	4.9
174	300872. SZ	天阳科技	4.76	4.39	4.99	5.24	5.01	4.54
175	300609. SZ	汇纳科技	4.75	5.29	4.4	4.1	4.36	5.12
176	000409. SZ	云鼎科技	4.75	4.29	5.07	5.87	4.58	4.76
177	300333. SZ	兆日科技	4.74	4.86	3.93	3.74	5.19	5.24
178	300419. SZ	浩丰科技	4.74	4.35	5.13	5.99	4.49	4.68
179	300250. SZ	初灵信息	4.73	4.72	4.46	4.46	4.79	5.04
180	603660. SH	苏州科达	4.73	4.48	4.57	3.95	5.28	4.79
181	300212. SZ	易华录	4.72	4.53	4.14	4.41	5.1	5.19
182	300044. SZ	赛为智能	4.71	4.08	4.63	5.91	4.67	5.17
183	603138. SH	海量数据	4.71	5	4.55	4.65	4.54	4.75
184	300520. SZ	科大国创	4.7	4.37	4.92	5.34	4.58	4.79
185	002331. SZ	皖通科技	4.7	4.71	4.77	2.99	4.92	4.83
186	300155. SZ	安居宝	4.7	5.19	4.91	3.5	4.75	4.24
187	300085. SZ	银之杰	4.7	4.73	4.49	4.66	4.48	5.1
188	600728. SH	佳都科技	4.69	4.64	4.71	3.72	4.63	5.01
189	300895. SZ	铜牛信息	4.68	4.84	4.76	3.71	4.28	5.07
190	000503. SZ	国新健康	4.66	4.07	4.06	6.31	5.01	5.08
191	002197. SZ	证通电子	4.66	5.04	4.2	3.41	4.77	4.94
192	600571. SH	信雅达	4.66	4.85	4.31	5.48	4.78	4.47
193	300663. SZ	科蓝软件	4.66	4.31	4.82	5.51	4.48	4.81
194	000158. SZ	常山北明	4.65	4.53	4.35	4.59	4.68	5.07
195	600410. SH	华胜天成	4.63	4.75	4.61	2.58	4.76	4.93
196	600100. SH	同方股份	4.63	4.18	4.17	3.66	4.76	5.65

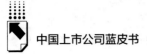

续表

排名	代码	公司名称	总得分	财务指标	估值与成长性	创值能力	公司治理	创新与研发
197	603887.SH	城地香江	4.63	4.4	5.3	2.61	4.92	4.4
198	300074.SZ	华平股份	4.62	5.04	4.88	3.24	4.22	4.66
199	002308.SZ	威创股份	4.61	5.1	4.47	5.32	4.27	4.43
200	300352.SZ	北信源	4.61	4.42	4.11	4.1	4.78	5.25
201	002298.SZ	中电兴发	4.6	4.6	5.14	1.67	4.73	4.64
202	300020.SZ	银江技术	4.59	4.28	5.25	2.72	4.23	5.08
203	300807.SZ	天迈科技	4.59	4.14	4.75	4.73	4.73	4.73
204	300290.SZ	荣科科技	4.59	4.74	4.36	3.39	4.77	4.8
205	300550.SZ	和仁科技	4.58	4.44	4.69	3.99	4.35	5
206	300479.SZ	神思电子	4.58	4.84	3.88	4.2	4.76	4.92
207	002261.SZ	拓维信息	4.57	4.6	4.05	3.95	4.84	4.93
208	002380.SZ	科远智慧	4.55	4.25	4.62	3.27	5.05	4.6
209	000638.SZ	万方发展	4.55	4.1	4.6	4.86	4.56	4.85
210	600855.SH	航天长峰	4.54	4.3	4.72	4.22	4.84	4.39
211	300264.SZ	佳创视讯	4.53	3.61	4.72	6.58	4.65	4.63
212	300551.SZ	古鳌科技	4.53	4.82	4.51	4.54	4.44	4.33
213	002642.SZ	荣联科技	4.51	4.03	4.36	5.5	4.62	4.77
214	300150.SZ	世纪瑞尔	4.5	4.6	4.53	2.43	4.77	4.62
215	300462.SZ	华铭智能	4.5	4.64	4.53	3.05	4.89	4.28
216	300271.SZ	华宇软件	4.48	4.9	4.53	2.63	3.97	4.99
217	002178.SZ	延华智能	4.47	4.26	4.21	3.79	4.61	4.98
218	600225.SH	卓朗科技	4.47	3.8	4.35	6.3	4.32	4.96
219	300366.SZ	创意信息	4.47	3.87	4.39	4.04	4.5	5.21
220	300096.SZ	易联众	4.46	4.21	3.85	4.29	4.8	5.03
221	300365.SZ	恒华科技	4.46	4.2	4.71	3.58	4.5	4.65
222	603106.SH	恒银科技	4.44	4.63	4.15	4.29	5.09	3.94
223	300324.SZ	旋极信息	4.41	4.75	4.33	2.16	4.33	4.82
224	300297.SZ	蓝盾退	4.41	3.3	4.43	7.02	4.4	4.87
225	000004.SZ	国华网安	4.39	4.33	3.91	4.23	4.25	5.11
226	300449.SZ	汉邦高科	4.37	3.94	4.44	6.64	4.07	4.47
227	300287.SZ	飞利信	4.35	4.11	3.88	3.89	4.95	4.55
228	300465.SZ	高伟达	4.33	4.09	4.23	4.91	4.85	4.02
229	300588.SZ	熙菱信息	4.32	4.4	3.89	4.31	4.41	4.6

续表

排名	代码	公司名称	总得分	财务 指标	估值与 成长性	创值 能力	公司 治理	创新与 研发
230	300078.SZ	思创医惠	4.32	4.18	4.29	3.18	4.22	4.89
231	300469.SZ	信息发展	4.32	3.77	4.37	5.28	4.4	4.5
232	300380.SZ	安硕信息	4.32	4.13	4.63	4.9	4.38	3.98
233	300300.SZ	海峡创新	4.24	3.81	4.89	6.26	3.82	3.95
234	300249.SZ	依米康	4.18	4.2	3.57	4.04	4.63	4.38
235	002512.SZ	达华智能	4.14	3.9	3.89	4.35	4.33	4.4
236	002528.SZ	英飞拓	4.14	3.87	3.75	3.91	4.67	4.33
237	300344.SZ	立方数科	4.06	3.01	4.12	3.9	4.13	5.01
238	300368.SZ	汇金股份	3.94	3.9	3.92	3.75	3.82	4.17

（十五）家用电器

排名	代码	公司名称	总得分	财务 指标	估值与 成长性	创值 能力	公司 治理	创新与 研发
1	603486.SH	科沃斯	5.79	5.65	5.8	7.57	5.41	5.87
2	002677.SZ	浙江美大	5.73	7.45	4.6	5.57	5.72	5.19
3	300911.SZ	亿田智能	5.64	6.62	5.46	5.7	5.06	5.42
4	002508.SZ	老板电器	5.57	6.04	5.17	5.15	5.85	5.31
5	605336.SH	帅丰电器	5.56	7.13	4.98	4.5	5.44	4.97
6	600690.SH	海尔智家	5.55	5.06	5.31	5.23	5.6	6.31
7	002032.SZ	苏泊尔	5.52	5.89	5.06	6.02	5.95	5.06
8	000333.SZ	美的集团	5.51	5.1	5.13	5.33	5.93	5.93
9	603868.SH	飞科电器	5.5	6.6	5	6.26	5.48	4.74
10	300894.SZ	火星人	5.45	6.15	4.89	6.04	5.48	5.12
11	300824.SZ	北鼎股份	5.4	6.05	5.09	5.49	5.4	5.02
12	002050.SZ	三花智控	5.38	5.21	5.3	6.45	5.39	5.36
13	603551.SH	奥普家居	5.36	5.99	4.51	5.38	5.76	5.19
14	605365.SH	立达信	5.31	5.06	5.27	5.16	5.65	5.29
15	603219.SH	富佳股份	5.29	4.83	6.1	6.75	5.05	4.81
16	600060.SH	海信视像	5.28	4.86	5.48	4.83	5.5	5.4
17	000810.SZ	创维数字	5.28	4.85	5.43	5.59	5.12	5.65

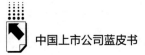

续表

排名	代码	公司名称	总得分	财务指标	估值与成长性	创值能力	公司治理	创新与研发
18	603579. SH	荣泰健康	5. 23	5. 81	4. 68	3. 94	5. 76	4. 98
19	000921. SZ	海信家电	5. 22	4. 86	5. 31	5. 34	5. 52	5. 16
20	002242. SZ	九阳股份	5. 21	5. 19	4. 53	5. 48	5. 41	5. 63
21	603515. SH	欧普照明	5. 19	5. 69	4. 99	5. 22	5. 33	4. 75
22	605555. SH	德昌股份	5. 17	5. 34	5. 79	5. 39	5. 16	4. 35
23	300403. SZ	汉宇集团	5. 16	5. 67	4. 81	5. 35	5. 13	4. 97
24	000651. SZ	格力电器	5. 15	4. 69	5. 18	4. 86	4. 99	5. 81
25	603355. SH	莱克电气	5. 14	4. 96	5. 24	6. 09	5. 29	4. 84
26	300272. SZ	开能健康	5. 14	5. 16	5. 42	5. 48	5. 08	4. 83
27	000404. SZ	长虹华意	5. 14	4. 92	5. 89	4. 4	5. 11	4. 8
28	603657. SH	春光科技	5. 13	5. 23	5. 56	5. 12	5. 16	4. 55
29	002705. SZ	新宝股份	5. 12	5. 2	5. 3	5. 12	5. 35	4. 63
30	300160. SZ	秀强股份	5. 12	5. 4	5. 27	5	5. 27	4. 56
31	603519. SH	立霸股份	5. 12	5. 23	4. 78	5. 98	5. 22	5. 02
32	000801. SZ	四川九洲	5. 12	4. 81	5. 86	6. 19	4. 55	4. 97
33	600839. SH	四川长虹	5. 1	4. 52	5. 4	4. 55	5. 28	5. 35
34	002860. SZ	星帅尔	5. 1	5. 05	5. 23	5. 21	5. 33	4. 76
35	603303. SH	得邦照明	5. 08	5. 04	5. 42	4. 94	4. 87	5. 03
36	002959. SZ	小熊电器	5. 07	5. 4	5. 32	5. 92	4. 7	4. 63
37	603311. SH	金海高科	5. 02	5. 56	5. 36	4. 43	4. 98	4. 31
38	002543. SZ	万和电气	5. 01	5. 05	4. 76	4. 12	5. 34	5. 11
39	603578. SH	三星新材	5. 01	4. 93	5. 2	5. 61	4. 99	4. 76
40	000541. SZ	佛山照明	4. 96	4. 64	5. 73	3. 82	4. 89	4. 87
41	603112. SH	华翔股份	4. 93	4. 94	5. 41	4. 69	4. 99	4. 44
42	301008. SZ	宏昌科技	4. 93	4. 96	5. 24	4. 76	4. 99	4. 58
43	002676. SZ	顺威股份	4. 93	4. 37	5. 65	5. 77	4. 89	4. 58
44	000521. SZ	长虹美菱	4. 92	4. 48	5. 01	5. 66	4. 91	5. 1
45	002519. SZ	银河电子	4. 91	4. 92	4. 43	5. 03	4. 6	5. 67
46	003023. SZ	彩虹集团	4. 88	5. 48	5. 24	4. 08	4. 7	4. 32
47	002290. SZ	禾盛新材	4. 85	4. 32	5. 37	6. 31	4. 19	5. 17
48	603726. SH	朗迪集团	4. 82	4. 72	4. 76	4. 83	4. 99	4. 83
49	603366. SH	日出东方	4. 82	4. 8	5. 01	4. 74	4. 96	4. 54
50	300217. SZ	东方电热	4. 82	4. 17	5. 57	5. 92	4. 73	4. 54

续表

排名	代码	公司名称	总得分	财务指标	估值与成长性	创值能力	公司治理	创新与研发
51	603677.SH	奇精机械	4.8	4.89	5.13	5.11	4.67	4.42
52	002035.SZ	华帝股份	4.79	4.75	4.64	3.93	5.09	4.91
53	600261.SH	阳光照明	4.78	5.24	4.79	3.57	5.09	4.29
54	300342.SZ	天银机电	4.75	4.84	4.36	3.93	4.67	5.35
55	300625.SZ	三雄极光	4.75	5.2	4.59	3.79	5.03	4.4
56	300247.SZ	融捷健康	4.75	4.91	4.71	5.62	4.35	4.8
57	002614.SZ	奥佳华	4.74	4.86	4.82	2.71	5.22	4.56
58	002668.SZ	奥马电器	4.71	4.38	4.97	7.36	4.44	4.39
59	002429.SZ	兆驰股份	4.7	4.76	5.05	4.64	4.29	4.71
60	600983.SH	惠而浦	4.69	4.2	4.96	5.28	4.85	4.6
61	002011.SZ	盾安环境	4.68	4.23	4.53	6.86	4.87	4.53
62	600619.SH	海立股份	4.67	4.33	4.82	1.88	5.02	5.21
63	002420.SZ	毅昌科技	4.59	3.99	4.87	5.41	4.82	4.49
64	601956.SH	东贝集团	4.58	4.21	4.91	3.95	4.77	4.61
65	600336.SH	澳柯玛	4.58	4.25	4.51	4.49	4.83	4.76
66	002418.SZ	康盛股份	4.45	4.33	4.55	5.48	4.4	4.28
67	002403.SZ	爱仕达	4.36	3.99	4.17	2.62	4.55	5.16
68	002723.SZ	小崧股份	4.3	3.68	4.73	3.78	4.3	4.6
69	002076.SZ	星光股份	4.21	3.21	3.84	6.6	4.22	4.99
70	000016.SZ	深康佳A	4.04	3.84	3.81	2.27	4.61	4.36
71	002848.SZ	高斯贝尔	4.01	3.38	3.69	4.45	4.2	4.66

（十六）建筑材料

排名	代码	公司名称	总得分	财务指标	估值与成长性	创值能力	公司治理	创新与研发
1	002372.SZ	伟星新材	5.87	6.99	5.46	6.27	5.57	5.37
2	002088.SZ	鲁阳节能	5.73	6.34	5.4	6.14	5.68	5.41
3	000786.SZ	北新建材	5.65	6.1	5.3	6.05	5.56	5.55
4	600585.SH	海螺水泥	5.65	6.75	4.87	3.86	5.68	5.76
5	600449.SH	宁夏建材	5.56	6.11	5.23	4.95	5.8	5.26

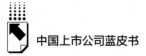

续表

排名	代码	公司名称	总得分	财务指标	估值与成长性	创值能力	公司治理	创新与研发
6	300196.SZ	长海股份	5.56	6.53	5.8	5.66	5.07	4.8
7	600176.SH	中国巨石	5.55	5.41	5.62	6.11	5.76	5.25
8	000012.SZ	南玻A	5.49	5.77	5.54	5.92	5.17	5.37
9	600801.SH	华新水泥	5.48	5.7	5.22	4.4	5.91	5.36
10	000877.SZ	天山股份	5.46	5.21	5.53	3.28	5.68	5.99
11	002080.SZ	中材科技	5.44	5.15	5.27	5.77	5.61	5.65
12	603601.SH	再升科技	5.43	5.55	5.41	5.62	5.34	5.39
13	002271.SZ	东方雨虹	5.43	5.27	4.95	5.71	5.73	5.7
14	002043.SZ	兔宝宝	5.4	5.42	5.28	6.12	5.78	4.96
15	600724.SH	宁波富达	5.4	6.52	5	5.26	5.41	4.71
16	601636.SH	旗滨集团	5.38	5.62	5.19	5.58	5.49	5.17
17	001212.SZ	中旗新材	5.34	6.4	5.33	5.53	4.9	4.68
18	600720.SH	祁连山	5.34	6.3	4.85	4.64	5.36	5.01
19	605006.SH	山东玻纤	5.3	5.45	5.74	6.63	5.13	4.56
20	000672.SZ	上峰水泥	5.27	5.86	4.9	4.74	5.36	5.1
21	600678.SH	四川金顶	5.21	5.5	4.96	5.91	5.04	5.18
22	002613.SZ	北玻股份	5.21	5.03	5.39	6.35	5.11	5.02
23	002398.SZ	垒知集团	5.2	5.27	5.36	4.93	4.88	5.36
24	002791.SZ	坚朗五金	5.18	5.17	4.97	5.25	5.47	5.12
25	002302.SZ	西部建设	5.18	4.65	4.97	4.71	5.43	5.8
26	002233.SZ	塔牌集团	5.18	6.74	4.54	3.54	5.02	4.82
27	600668.SH	尖峰集团	5.17	5.72	4.89	3.96	5.3	5.06
28	603737.SH	三棵树	5.15	4.41	5.21	6.32	5.53	5.15
29	002641.SZ	公元股份	5.13	5.16	5.12	4.87	5.34	4.96
30	300737.SZ	科顺股份	5.08	4.91	4.65	5.31	5.57	5.13
31	603256.SH	宏和科技	5.02	5.54	4.89	4.99	4.69	4.96
32	000789.SZ	万年青	5.02	5.69	4.68	3.07	5.39	4.81
33	600819.SH	耀皮玻璃	5.01	5.29	5.17	3.61	5.01	4.91
34	002392.SZ	北京利尔	5.01	4.68	5.15	4.64	4.95	5.33
35	002066.SZ	瑞泰科技	5	4.48	5.41	5.9	5.02	4.88
36	002718.SZ	友邦吊顶	4.99	4.78	5.22	5.78	4.84	4.93
37	000401.SZ	冀东水泥	4.98	5.26	4.93	2.86	5.16	5.1
38	600586.SH	金晶科技	4.97	4.93	5.57	5.95	4.6	4.51

续表

排名	代码	公司名称	总得分	财务指标	估值与成长性	创值能力	公司治理	创新与研发
39	601992. SH	金隅集团	4.96	4.61	4.95	1.91	5.65	5.41
40	300599. SZ	雄塑科技	4.95	5.57	5.06	4.12	4.91	4.48
41	002785. SZ	万里石	4.94	4.19	5.89	6.28	4.62	4.73
42	600876. SH	凯盛新能	4.94	4.29	5.4	6.67	4.52	5.12
43	600425. SH	青松建化	4.94	5.13	4.93	6.52	4.93	4.39
44	603856. SH	东宏股份	4.92	4.51	5.05	5.36	5.21	4.79
45	000055. SZ	方大集团	4.91	4.54	5.36	4.63	4.66	5.14
46	002201. SZ	正威新材	4.85	4.5	5.11	6.74	4.61	4.72
47	605318. SH	法狮龙	4.85	5.65	4.77	4.75	4.35	4.68
48	002225. SZ	濮耐股份	4.85	4.21	5.39	5.06	4.98	4.77
49	300234. SZ	开尔新材	4.84	4.97	4.87	5.51	4.68	4.67
50	301010. SZ	晶雪节能	4.82	4.49	5.33	5.67	4.32	4.92
51	002457. SZ	青龙管业	4.82	4.71	5	5.37	4.52	4.91
52	603038. SH	华立股份	4.81	5.02	5.36	3.96	4.69	4.38
53	002333. SZ	罗普斯金	4.76	4.27	5.05	5.53	4.47	5.05
54	002247. SZ	聚力文化	4.74	5.61	4.85	6.04	4.02	4.15
55	003037. SZ	三和管桩	4.7	4.55	5.01	5.86	4.74	4.19
56	300715. SZ	凯伦股份	4.68	4.17	5.22	4.16	4.54	4.93
57	603378. SH	亚士创能	4.65	4.14	4.56	5.72	5	4.64
58	600326. SH	西藏天路	4.63	4.54	4.18	3.34	4.77	5.36
59	600802. SH	福建水泥	4.58	4.63	4.76	3.97	4.77	4.31
60	605122. SH	四方新材	4.52	3.93	4.99	3.75	4.77	4.58
61	000619. SZ	海螺新材	4.48	4.36	4.5	4.58	4.6	4.43
62	002205. SZ	国统股份	4.41	4.02	4.13	4.31	4.6	4.92
63	300093. SZ	金刚光伏	4.4	2.97	4.86	6.05	4.32	5.04
64	002652. SZ	扬子新材	4.34	3.42	5.04	6.39	4.12	4.26
65	300198. SZ	纳川股份	4.25	3.88	4.43	4.23	4.36	4.35
66	002596. SZ	海南瑞泽	4.22	3.81	4.33	5.75	4.42	3.94
67	600293. SH	三峡新材	4.21	4.06	3.78	5.28	4.61	4.13
68	002671. SZ	龙泉股份	4.18	3.78	4.13	3.63	4.68	4.29
69	300374. SZ	中铁装配	4.15	3.59	4	3.98	4.44	4.63
70	603616. SH	韩建河山	4.14	3.78	4.13	4.2	4.17	4.49
71	002694. SZ	顾地科技	4.12	4.04	3.88	4.34	4.11	4.38

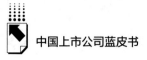

（十七）建筑装饰

排名	代码	公司名称	总得分	财务指标	估值与成长性	创值能力	公司治理	创新与研发
1	300384.SZ	三联虹普	5.97	6.59	5.97	5.99	5.53	5.79
2	002469.SZ	三维化学	5.91	6.82	5.88	6.45	5.4	5.42
3	600039.SH	四川路桥	5.63	4.93	5.8	6.92	5.61	5.87
4	603357.SH	设计总院	5.62	5.86	5.99	5.8	5.67	4.91
5	601390.SH	中国中铁	5.6	5.05	5.65	3.9	6.09	6.02
6	300982.SZ	苏文电能	5.6	5.37	5.63	6.14	5.71	5.53
7	603979.SH	金诚信	5.58	5.87	6.14	6.32	5.65	4.48
8	603860.SH	中公高科	5.58	6.69	4.97	5.87	5.09	5.49
9	003013.SZ	地铁设计	5.57	5.78	5.57	6.22	5.47	5.31
10	002116.SZ	中国海诚	5.55	5.66	5.87	6.27	5.86	4.64
11	601669.SH	中国电建	5.53	5.05	5.53	5	5.57	6.1
12	600970.SH	中材国际	5.51	5.24	5.73	5.97	5.77	5.17
13	601668.SH	中国建筑	5.47	5.01	5.59	3.89	5.94	5.72
14	300564.SZ	筑博设计	5.46	5.92	4.95	5.56	5.98	4.98
15	601226.SH	华电重工	5.44	5.18	5.37	6.69	5.55	5.34
16	601186.SH	中国铁建	5.41	4.98	5.52	3.89	5.66	5.87
17	601618.SH	中国中冶	5.39	4.91	5.39	4.04	5.86	5.76
18	605598.SH	上海港湾	5.39	6.65	5.34	6.17	4.73	4.66
19	300989.SZ	蕾奥规划	5.38	6.14	4.94	5.78	4.96	5.38
20	000928.SZ	中钢国际	5.37	5.06	5.44	5.81	5.55	5.32
21	002051.SZ	中工国际	5.37	5.16	5.4	4.53	5.54	5.58
22	002949.SZ	华阳国际	5.35	5.84	5.21	5.66	5.36	4.94
23	603018.SH	华设集团	5.35	5.32	5.54	5.55	5.55	4.93
24	300668.SZ	杰恩设计	5.34	5.99	4.95	5.29	5.38	5.05
25	603017.SH	中衡设计	5.33	5.48	4.99	5.73	5.82	4.95
26	300977.SZ	深圳瑞捷	5.33	6.22	4.77	4.71	5.53	4.97
27	600629.SH	华建集团	5.33	5.24	5.07	5.46	5.76	5.21
28	002140.SZ	东华科技	5.33	5.16	5.45	5.78	5.52	5.07
29	601117.SH	中国化学	5.3	5.06	5.31	5.04	5.64	5.26
30	300778.SZ	新城市	5.3	5.88	5.18	5.25	5.26	4.89
31	300983.SZ	尤安设计	5.28	6.75	4.71	4.3	4.98	4.92

续表

排名	代码	公司名称	总得分	财务指标	估值与成长性	创值能力	公司治理	创新与研发
32	002061. SZ	浙江交科	5.27	4.91	5.43	5.01	5.71	5.12
33	301058. SZ	中粮科工	5.25	5.69	5.46	6.4	4.6	4.97
34	600284. SH	浦东建设	5.25	4.93	5.59	4.94	5.41	5.16
35	000032. SZ	深桑达 A	5.25	4.8	4.97	7.01	5.29	5.49
36	603909. SH	建发合诚	5.24	5.71	5.37	6.02	4.95	4.72
37	300712. SZ	永福股份	5.23	5.35	5.23	6.37	5.03	5.03
38	600846. SH	同济科技	5.23	5.55	5.32	5.41	4.88	5.13
39	603929. SH	亚翔集成	5.23	5.03	5.64	6.22	5.08	4.93
40	600820. SH	隧道股份	5.22	5	5.54	3.89	5.54	5.15
41	605167. SH	利柏特	5.21	5.89	5.69	6.07	4.83	4.23
42	605287. SH	德才股份	5.21	4.81	5.75	5.48	5.32	4.92
43	601800. SH	中国交建	5.21	4.86	4.69	3.88	5.68	5.95
44	002883. SZ	中设股份	5.21	5.44	4.89	5.95	5.17	5.16
45	300675. SZ	建科院	5.21	5.37	4.95	6.2	5.18	5.09
46	000498. SZ	山东路桥	5.2	4.62	5.92	4.42	5.44	5.03
47	603637. SH	镇海股份	5.2	5.35	5.18	6.09	5	5.05
48	300621. SZ	维业股份	5.19	5.07	5.96	6.06	5	4.53
49	600853. SH	龙建股份	5.18	4.81	5.93	5.49	5.06	4.85
50	600868. SH	梅雁吉祥	5.18	6.15	5.29	5.85	4.31	4.78
51	601868. SH	中国能建	5.17	5	5.08	3.93	5.26	5.65
52	300826. SZ	测绘股份	5.16	5.43	5.2	5.76	4.99	4.88
53	300986. SZ	志特新材	5.16	5.24	5.38	6.06	5.04	4.76
54	301167. SZ	建研设计	5.16	5.78	4.79	5.82	5.1	4.8
55	002941. SZ	新疆交建	5.16	5.03	5.7	6	4.96	4.73
56	002989. SZ	中天精装	5.14	5.61	5.14	5.32	5.06	4.71
57	600502. SH	安徽建工	5.13	4.45	6.14	4.22	5.33	4.83
58	002830. SZ	名雕股份	5.13	5.85	5.03	4.49	5.19	4.6
59	002062. SZ	宏润建设	5.12	5.08	5.15	5.47	5.25	4.92
60	300355. SZ	蒙草生态	5.11	4.89	5.26	5.18	4.9	5.39
61	603959. SH	百利科技	5.11	4.53	5.47	6.52	4.78	5.32
62	000779. SZ	甘咨询	5.11	5.5	5.05	5.55	4.81	4.98
63	600496. SH	精工钢构	5.1	4.96	5.52	5.12	5.14	4.78
64	600170. SH	上海建工	5.09	4.83	5.12	3.79	5.39	5.37

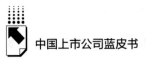
续表

排名	代码	公司名称	总得分	财务指标	估值与成长性	创值能力	公司治理	创新与研发
65	300517. SZ	海波重科	5.09	4.93	4.98	6.29	5.04	5.1
66	301091. SZ	深城交	5.08	5.49	4.71	5.9	4.74	5.18
67	301027. SZ	华蓝集团	5.08	5.13	5.02	5.56	5.24	4.82
68	600133. SH	东湖高新	5.08	5.03	5.52	4.41	4.99	4.93
69	002541. SZ	鸿路钢构	5.08	5.05	5.05	6.11	5.32	4.63
70	600248. SH	陕建股份	5.08	4.5	5.84	4.9	4.98	5.02
71	300732. SZ	设研院	5.08	5.23	5.17	5.16	5.12	4.75
72	300284. SZ	苏交科	5.07	5.32	5.06	4.8	5.18	4.77
73	000065. SZ	北方国际	5.07	4.98	5.12	5.55	5.25	4.79
74	600477. SH	杭萧钢构	5.06	4.64	4.78	5.61	5.63	5.03
75	601886. SH	江河集团	5.04	4.95	5.21	5.6	5.02	4.84
76	600301. SH	华锡有色	5.03	5.42	5.11	6.58	4.48	4.7
77	000628. SZ	高新发展	5.02	4.71	5.71	6.07	4.62	4.77
78	301046. SZ	能辉科技	5.01	5.1	4.88	5.39	4.88	5.08
79	600667. SH	太极实业	5	5.18	5.06	4.61	5.11	4.74
80	002593. SZ	日上集团	5	5.01	5.6	4.06	5.29	4.32
81	300948. SZ	冠中生态	4.99	4.94	5.07	5.79	4.81	4.93
82	300746. SZ	汉嘉设计	4.98	5.81	4.65	5.55	4.47	4.85
83	601611. SH	中国核建	4.98	4.66	5.32	3.32	5.07	5.27
84	603458. SH	勘设股份	4.98	5.2	5.11	4.06	5.04	4.78
85	605289. SH	罗曼股份	4.95	5.15	5.26	4.93	4.34	5.08
86	002811. SZ	郑中设计	4.95	5.63	4.74	4.35	4.98	4.59
87	300492. SZ	华图山鼎	4.95	6.31	4.27	5.01	4.44	4.77
88	603176. SH	汇通集团	4.94	4.96	5.19	4.62	5.09	4.61
89	300949. SZ	奥雅股份	4.93	5.38	4.67	4.55	4.83	4.92
90	601068. SH	中铝国际	4.92	4.76	4.59	5.67	5.09	5.07
91	002663. SZ	普邦股份	4.92	5.03	5.4	5.39	4.67	4.47
92	600512. SH	腾达建设	4.91	5.45	4.68	4.21	5.15	4.52
93	300500. SZ	启迪设计	4.9	5.32	4.37	4.8	4.82	5.11
94	000159. SZ	国际实业	4.9	4.92	4.71	5.66	4.83	4.93
95	603815. SH	交建股份	4.9	4.67	5.51	5.78	4.65	4.54
96	301098. SZ	金埔园林	4.9	4.64	5.31	5.66	4.7	4.74
97	601789. SH	宁波建工	4.87	4.84	4.9	5.06	4.98	4.72

排名	代码	公司名称	总得分	财务指标	估值与成长性	创值能力	公司治理	创新与研发
98	603098.SH	森特股份	4.84	5.03	4.35	5.13	5.03	4.9
99	001267.SZ	汇绿生态	4.84	4.92	4.92	4.7	5.2	4.35
100	002081.SZ	金螳螂	4.81	4.93	4.61	4.9	4.9	4.78
101	301038.SZ	深水规院	4.81	5.51	4.91	4.92	4.46	4.34
102	600939.SH	重庆建工	4.81	4.6	5.06	4.24	4.77	4.94
103	301024.SZ	霍普股份	4.8	4.88	4.75	4.38	4.4	5.28
104	002135.SZ	东南网架	4.79	4.66	4.63	5.26	4.99	4.77
105	002307.SZ	北新路桥	4.79	4.43	5.12	5.16	4.6	4.91
106	600234.SH	科新发展	4.75	4.79	4.58	4.55	4.75	4.95
107	300649.SZ	杭州园林	4.75	5.07	4.31	5.92	4.71	4.6
108	002431.SZ	棕榈股份	4.74	4.24	4.97	5.22	4.69	4.95
109	603388.SH	元成股份	4.74	4.68	4.77	4.58	4.69	4.86
110	003001.SZ	中岩大地	4.74	4.88	4.65	4.38	4.75	4.77
111	603955.SH	大千生态	4.72	5.11	4.47	3.81	4.93	4.59
112	300635.SZ	中达安	4.72	5.22	4.58	4.48	4.46	4.67
113	002375.SZ	亚厦股份	4.69	4.85	4.64	3.72	4.61	4.88
114	603359.SH	东珠生态	4.68	4.27	4.47	4.21	5.09	5.03
115	605178.SH	时空科技	4.66	4.53	4.51	3.96	4.88	4.91
116	300844.SZ	山水比德	4.66	5.02	4.57	4.48	4.37	4.73
117	002963.SZ	豪尔赛	4.65	4.73	4.42	4.19	4.69	4.88
118	603843.SH	正平股份	4.65	4.7	4.72	3.38	4.84	4.66
119	002163.SZ	海南发展	4.62	4.68	4.18	4.81	4.8	4.78
120	002713.SZ	东易日盛	4.62	4.75	4.11	4.87	4.51	5.03
121	300197.SZ	节能铁汉	4.6	4.34	4.77	5.15	4.61	4.55
122	002743.SZ	富煌钢构	4.59	4.31	5.05	3.71	4.57	4.63
123	002628.SZ	成都路桥	4.58	4.15	4.87	4.75	4.89	4.37
124	002620.SZ	瑞和股份	4.58	4.31	4.65	4.87	4.52	4.76
125	002542.SZ	中化岩土	4.58	4.6	4.71	3.48	4.64	4.64
126	300536.SZ	农尚环境	4.54	4.07	4.21	5.31	4.68	4.99
127	002822.SZ	中装建设	4.53	4.59	4.87	3.47	4.48	4.47
128	603717.SH	天域生态	4.53	4.47	4.79	3.34	4.89	4.29
129	002323.SZ	雅博股份	4.51	3.04	4.48	6.53	4.81	5.22
130	600491.SH	龙元建设	4.51	4.47	4.63	3.7	4.68	4.46

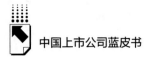

续表

排名	代码	公司名称	总得分	财务指标	估值与成长性	创值能力	公司治理	创新与研发
131	600193.SH	创兴资源	4.5	4.26	4.29	4.88	4.28	5.09
132	603828.SH	柯利达	4.46	4.26	4.22	3.67	4.59	4.98
133	605303.SH	园林股份	4.45	4.51	4.53	3.9	4.41	4.49
134	002047.SZ	宝鹰股份	4.43	4.17	4.34	4.04	4.65	4.68
135	300117.SZ	嘉寓股份	4.42	4.29	4.18	5.07	3.96	5.11
136	002856.SZ	美芝股份	4.42	4.34	4.59	4.7	4.36	4.32
137	603316.SH	诚邦股份	4.37	3.93	4.41	3.93	4.64	4.6
138	300506.SZ	名家汇	4.35	4.04	3.83	4.61	4.94	4.53
139	002789.SZ	建艺集团	4.33	3.78	4.44	5.21	4.21	4.67
140	002717.SZ	岭南股份	4.33	4.39	3.85	3.73	4.61	4.62
141	002325.SZ	洪涛股份	4.32	4.29	3.94	2.77	4.31	5.11
142	603778.SH	乾景园林	4.3	4.03	4.13	4.3	4.36	4.69
143	002310.SZ	东方园林	4.24	4.09	4.17	2.96	4.54	4.49
144	600321.SH	正源股份	4.11	3.65	4.1	4.37	4.6	4.03
145	002775.SZ	文科园林	4.03	3.43	4.08	4.77	4.13	4.29
146	000010.SZ	美丽生态	3.91	3.19	3.64	4.3	4.09	4.62

（十八）交通运输

排名	代码	公司名称	总得分	财务指标	估值与成长性	创值能力	公司治理	创新与研发
1	601919.SH	中远海控	5.84	5.89	5.74	5.85	5.95	5.79
2	002320.SZ	海峡股份	5.79	6.88	5.48	7.19	5.45	4.98
3	002352.SZ	顺丰控股	5.66	4.98	5.46	5.91	5.94	6.18
4	601156.SH	东航物流	5.66	6.16	6.16	6.08	5.26	4.94
5	300873.SZ	海晨股份	5.63	6.21	5.72	5.95	5.42	5.08
6	000557.SZ	西部创业	5.52	6.34	5.61	5.77	5.14	4.94
7	600233.SH	圆通速递	5.49	5.61	5.4	6.12	5.43	5.38
8	603713.SH	密尔克卫	5.47	4.65	6.04	6.42	5.94	5.02
9	002492.SZ	恒基达鑫	5.47	6.09	5.37	6.12	5.07	5.17
10	600012.SH	皖通高速	5.41	6.12	5.34	5.52	5.04	5.12

续表

排名	代码	公司名称	总得分	财务指标	估值与成长性	创值能力	公司治理	创新与研发
11	603648.SH	畅联股份	5.41	6.27	5.33	6.06	5.05	4.81
12	600018.SH	上港集团	5.41	5.76	5.27	5.57	5.47	5.07
13	603565.SH	中谷物流	5.38	5.64	5.55	6.25	5.32	4.77
14	001965.SZ	招商公路	5.37	5.27	4.85	4.85	5.42	6.09
15	601975.SH	招商南油	5.36	6.04	5.57	6.03	4.81	4.87
16	603128.SH	华贸物流	5.36	5.01	5.47	6.27	5.12	5.61
17	000429.SZ	粤高速A	5.36	6.25	5.15	5.71	5.26	4.67
18	001205.SZ	盛航股份	5.35	5.56	5.69	6.33	5.03	4.89
19	601000.SH	唐山港	5.34	6.43	4.73	5.37	5.39	4.81
20	603871.SH	嘉友国际	5.32	5.08	5.26	6.22	5.72	5.01
21	600153.SH	建发股份	5.31	4.54	5.4	2.36	5.85	6.19
22	603836.SH	海程邦达	5.3	4.95	6.27	6.15	5.32	4.46
23	600755.SH	厦门国贸	5.29	4.49	5.78	4.36	5.64	5.48
24	001872.SZ	招商港口	5.29	5.31	5.04	3.56	5.58	5.67
25	601298.SH	青岛港	5.29	5.32	5.21	5.41	5.29	5.3
26	601326.SH	秦港股份	5.28	5.84	5.14	5.73	5.48	4.56
27	000520.SZ	长航凤凰	5.28	5.26	5.31	6.1	4.95	5.38
28	002930.SZ	宏川智慧	5.27	5.36	5.52	5.14	4.82	5.41
29	600033.SH	福建高速	5.25	6.22	5.16	4.72	4.83	4.93
30	601006.SH	大秦铁路	5.25	5.84	5.15	4.85	5.21	4.88
31	603066.SH	音飞储存	5.25	4.73	5.9	6.3	4.67	5.41
32	601872.SH	招商轮船	5.22	5.3	4.92	6.28	5.24	5.17
33	600179.SH	安通控股	5.21	5.41	5.34	5.78	4.96	5.01
34	600787.SH	中储股份	5.21	5.05	5.27	5.21	5.26	5.26
35	600035.SH	楚天高速	5.18	5.22	5.49	5.25	4.96	5.05
36	600057.SH	厦门象屿	5.18	4.5	5.55	4.61	5.27	5.55
37	601518.SH	吉林高速	5.16	5.62	5.41	5.63	4.84	4.66
38	002040.SZ	南京港	5.16	5.68	5.29	5.25	4.64	5
39	600428.SH	中远海特	5.16	4.89	5.66	5.74	5.34	4.59
40	600368.SH	五洲交通	5.16	5.79	5.14	4.96	4.76	4.98
41	601018.SH	宁波港	5.15	5.46	5.39	4.95	5.02	4.8
42	000885.SZ	城发环境	5.15	4.7	5.82	5.5	4.76	5.24
43	603329.SH	上海雅仕	5.14	5.08	5.48	5.95	4.77	5.05

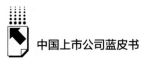

中国上市公司蓝皮书

续表

排名	代码	公司名称	总得分	财务指标	估值与成长性	创值能力	公司治理	创新与研发
44	600794. SH	保税科技	5.14	5.52	5.18	5.8	4.88	4.82
45	000099. SZ	中信海直	5.13	5.99	4.94	4.34	4.84	4.96
46	600026. SH	中远海能	5.13	4.79	5.48	6	5.63	4.38
47	001213. SZ	中铁特货	5.12	6.16	4.73	5.09	4.39	5.22
48	603967. SH	中创物流	5.12	4.97	5.46	5.73	5.18	4.72
49	601866. SH	中远海发	5.12	4.73	4.96	5.62	5.32	5.33
50	601598. SH	中国外运	5.12	4.85	4.99	5.36	5.38	5.19
51	601880. SH	辽港股份	5.11	5.41	5.46	4.02	4.82	5.01
52	001202. SZ	炬申股份	5.1	5.14	5.29	5.3	5.08	4.85
53	603056. SH	德邦股份	5.1	5.18	5.28	6.37	5.03	4.6
54	600717. SH	天津港	5.1	5.33	4.98	4.28	5.34	4.95
55	000582. SZ	北部湾港	5.09	5.15	5.31	5.23	4.93	4.94
56	002010. SZ	传化智联	5.09	4.68	4.94	4.05	5.61	5.39
57	002120. SZ	韵达股份	5.09	5.05	4.63	5.61	5.39	5.14
58	000906. SZ	浙商中拓	5.08	4.01	5.11	5.06	5.73	5.45
59	000088. SZ	盐田港	5.07	5.77	5.43	3.49	4.98	4.5
60	600704. SH	物产中大	5.07	4.38	5.04	4.42	5.29	5.72
61	600377. SH	宁沪高速	5.06	5.05	4.88	5.35	5.24	4.99
62	000828. SZ	东莞控股	5.05	5.17	5.4	3.66	4.89	5.1
63	603535. SH	嘉诚国际	5.05	5.1	4.87	5.74	5.07	4.99
64	600548. SH	深高速	5.03	4.68	5.12	3.8	5.24	5.37
65	600650. SH	锦江在线	5.02	5.28	4.93	5.53	5.3	4.46
66	601228. SH	广州港	5.02	4.9	5.15	4.2	5.13	5.09
67	002889. SZ	东方嘉盛	5.01	4.45	5.77	5.99	5.16	4.43
68	600017. SH	日照港	4.97	4.9	5.61	3.25	4.97	4.83
69	600798. SH	宁波海运	4.95	5.56	4.81	3.6	4.8	4.98
70	600106. SH	重庆路桥	4.94	5.63	4.82	4.5	4.46	4.94
71	300240. SZ	飞力达	4.93	4.38	5.09	5.99	5.01	4.96
72	605050. SH	福然德	4.92	4.55	5.16	5.48	5.06	4.76
73	601816. SH	京沪高铁	4.91	5.14	4.33	4.07	4.87	5.53
74	601107. SH	四川成渝	4.9	4.9	4.94	3.23	5.08	5.1
75	600269. SH	赣粤高速	4.9	5.16	4.86	3.82	4.88	4.96
76	600350. SH	山东高速	4.9	4.86	4.85	2.4	5.34	5.16

续表

排名	代码	公司名称	总得分	财务指标	估值与成长性	创值能力	公司治理	创新与研发
77	600125.SH	铁龙物流	4.88	5.42	4.76	4.53	5.01	4.44
78	601008.SH	连云港	4.88	4.61	5.6	5.38	4.7	4.47
79	601188.SH	龙江交通	4.87	6.21	4.57	4.19	4.47	4.39
80	600834.SH	申通地铁	4.86	4.64	4.89	6.15	4.94	4.66
81	000755.SZ	山西路桥	4.85	4.83	4.8	5.58	4.46	5.14
82	603813.SH	原尚股份	4.85	4.92	4.97	5.02	5.05	4.4
83	600279.SH	重庆港	4.84	4.99	5	4.72	4.77	4.62
84	600897.SH	厦门空港	4.84	5.68	4.46	4.68	4.69	4.56
85	002468.SZ	申通快递	4.83	4.85	4.77	5.03	4.81	4.85
86	002183.SZ	怡亚通	4.83	4.23	5.01	5.55	4.85	5.07
87	000905.SZ	厦门港务	4.81	4.58	5.04	5.44	4.95	4.51
88	600190.SH	锦州港	4.77	4.84	4.73	5.11	4.83	4.6
89	600180.SH	瑞茂通	4.74	4.25	4.82	5.01	4.82	5.01
90	300350.SZ	华鹏飞	4.7	4.34	4.58	6.22	4.66	4.85
91	002627.SZ	三峡旅游	4.7	5.19	4.62	3.94	4.69	4.49
92	000626.SZ	远大控股	4.69	4.19	4.6	3.39	4.89	5.41
93	600119.SH	长江投资	4.69	4.17	4.86	6.24	4.59	4.74
94	603569.SH	长久物流	4.68	4.56	4.54	5.01	4.71	4.78
95	603167.SH	渤海轮渡	4.67	5.36	4.24	4.05	4.81	4.4
96	002769.SZ	普路通	4.66	3.74	5.25	5.92	4.59	4.76
97	600020.SH	中原高速	4.66	4.52	4.85	3.14	4.77	4.88
98	000548.SZ	湖南投资	4.64	4.23	5.07	5.4	4.4	4.69
99	600561.SH	江西长运	4.61	4.09	4.7	5.62	4.96	4.45
100	600753.SH	庚星股份	4.6	4.25	4.49	5.15	4.11	5.4
101	002357.SZ	富临运业	4.59	4.71	4.97	4.44	4.67	4.07
102	001317.SZ	三羊马	4.58	4.61	4.36	5.18	4.64	4.54
103	000900.SZ	现代投资	4.57	4.45	4.67	2.41	4.87	4.85
104	601333.SH	广深铁路	4.5	4.48	4.06	3.94	4.64	4.98
105	600004.SH	白云机场	4.48	4.52	4.06	4.06	4.77	4.66
106	601021.SH	春秋航空	4.42	4.38	3.89	4.75	4.62	4.7
107	300013.SZ	新宁物流	4.4	3.57	5	6.63	3.68	4.81
108	600009.SH	上海机场	4.37	4.18	4.11	4.87	4.58	4.49
109	603069.SH	海汽集团	4.35	4.22	4.05	5.12	4.73	4.21

337

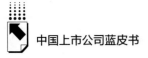
续表

排名	代码	公司名称	总得分	财务指标	估值与成长性	创值能力	公司治理	创新与研发
110	600029.SH	南方航空	4.35	3.79	4.1	4.38	5.17	4.32
111	000089.SZ	深圳机场	4.32	4.21	3.84	3.53	4.9	4.53
112	600611.SH	大众交通	4.28	4.21	4.36	3.16	4.42	4.41
113	601111.SH	中国国航	4.23	3.36	4.08	4.48	5.11	4.28
114	603885.SH	吉祥航空	4.2	3.85	3.97	4.1	4.47	4.54
115	002682.SZ	龙洲股份	4.2	4.05	4.08	3.61	4.56	4.26
116	600115.SH	中国东航	4.16	3.56	4.16	4.46	4.75	4.07
117	002928.SZ	华夏航空	4.09	3.85	3.81	4.48	4.34	4.27
118	600221.SH	海航控股	3.86	3.42	3.31	5.1	4.03	4.37

（十九）煤炭

排名	代码	公司名称	总得分	财务指标	估值与成长性	创值能力	公司治理	创新与研发
1	601225.SH	陕西煤业	5.98	6.65	5.45	5.18	5.79	6.23
2	601088.SH	中国神华	5.88	6.75	5.26	5.2	5.63	6.05
3	601699.SH	潞安环能	5.43	5.64	5.43	5.13	5.06	5.66
4	600546.SH	山煤国际	5.42	5.61	5.16	5.96	5.66	5.1
5	601898.SH	中煤能源	5.4	5.25	5.33	4.12	5.29	6.06
6	600188.SH	兖矿能源	5.39	5.1	5.19	5.1	5.95	5.41
7	000552.SZ	甘肃能化	5.38	5.97	5.82	5.44	4.91	4.82
8	002128.SZ	电投能源	5.37	5.96	5.17	5.05	5.46	4.98
9	000983.SZ	山西焦煤	5.33	5.18	5.14	5.47	5.39	5.57
10	600123.SH	兰花科创	5.26	5.41	5.42	5.86	5.12	4.95
11	600971.SH	恒源煤电	5.19	6.1	5.22	4.32	5.03	4.63
12	601101.SH	昊华能源	5.18	5.75	4.91	3.59	5.32	5.14
13	000937.SZ	冀中能源	5.14	5.08	5.1	6.45	5.4	4.66
14	601001.SH	晋控煤业	5.08	5.92	5.01	3.97	4.94	4.74
15	600508.SH	上海能源	5.06	5.21	5.18	4.82	5.17	4.76
16	600348.SH	华阳股份	5.02	5.27	4.97	4.99	5.4	4.42
17	601666.SH	平煤股份	5.01	4.84	5.5	4.1	5.18	4.76

续表

排名	代码	公司名称	总得分	财务指标	估值与成长性	创值能力	公司治理	创新与研发
18	600985.SH	淮北矿业	5.01	5.09	5.01	4.26	4.99	5.13
19	000723.SZ	美锦能源	5	4.49	4.78	6	5.37	5.13
20	600725.SH	云维股份	5	5.29	4.76	6.52	4.64	4.93
21	603071.SH	物产环能	4.95	4.46	4.9	5.76	4.76	5.5
22	600395.SH	盘江股份	4.9	4.94	5.24	5.2	4.72	4.61
23	601918.SH	新集能源	4.88	4.97	4.94	4.78	5.06	4.59
24	600997.SH	开滦股份	4.87	5.2	5.16	3.37	5.06	4.45
25	600575.SH	淮河能源	4.87	5.14	4.91	3.81	4.78	4.91
26	600403.SH	大有能源	4.85	4.45	5.29	5.29	4.94	4.62
27	600740.SH	山西焦化	4.8	4.56	5.15	5.14	4.76	4.65
28	600157.SH	永泰能源	4.78	4.54	4.7	3.57	5.12	5.08
29	603113.SH	金能科技	4.69	4.34	4.69	3.68	4.82	5.15
30	600792.SH	云煤能源	4.56	3.83	5.11	4.25	4.84	4.55
31	601011.SH	宝泰隆	4.54	4.31	4.8	4.36	4.81	4.29
32	600758.SH	辽宁能源	4.54	4.45	4.65	5.08	4.88	4.03
33	600408.SH	安泰集团	4.53	4.47	4.51	3.96	4.38	4.89
34	601015.SH	陕西黑猫	4.52	3.71	4.94	4.15	4.89	4.63
35	000571.SZ	新大洲A	4.46	4.26	4.8	5.99	4.27	4.14
36	600397.SH	安源煤业	4.32	3.41	4.32	5.7	4.6	4.59
37	600121.SH	郑州煤电	4.27	3.26	4.59	6.02	4.72	4.09

（二十）美容护理

排名	代码	公司名称	总得分	财务指标	估值与成长性	创值能力	公司治理	创新与研发
1	300896.SZ	爱美客	6.12	6.83	5.42	7.05	5.67	6.34
2	603605.SH	珀莱雅	5.78	5.46	5.42	6.81	6.15	5.83
3	300957.SZ	贝泰妮	5.64	5.8	5.31	6.54	5.46	5.76
4	300888.SZ	稳健医疗	5.59	5.39	5.75	5.22	5.29	6
5	301108.SZ	洁雅股份	5.39	5.62	5.89	4.42	5.42	4.88
6	300856.SZ	科思股份	5.38	5.18	5.94	6.57	5.02	5.09

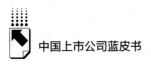

续表

排名	代码	公司名称	总得分	财务指标	估值与成长性	创值能力	公司治理	创新与研发
7	600315.SH	上海家化	5.27	5.05	4.81	5.26	5.65	5.58
8	603983.SH	丸美股份	5.23	5.33	4.88	5.25	5.66	5.06
9	003006.SZ	百亚股份	5.2	5.61	5.35	6.23	5.16	4.42
10	605009.SH	豪悦护理	5.19	5.66	5.27	5.12	5.2	4.63
11	002919.SZ	名臣健康	5.17	5.04	5.12	7.92	4.19	5.65
12	300740.SZ	水羊股份	5.13	4.5	5.71	6.28	4.68	5.37
13	001206.SZ	依依股份	5.01	5.19	5.56	4.15	5.41	4.1
14	002511.SZ	中顺洁柔	5.01	4.73	4.72	5.19	5.26	5.28
15	603238.SH	诺邦股份	4.94	4.98	5.2	3.82	5.17	4.7
16	300886.SZ	华业香料	4.91	5.08	4.78	5.29	4.82	4.86
17	300955.SZ	嘉亨家化	4.9	4.96	5.38	4.92	4.93	4.31
18	603059.SH	倍加洁	4.8	4.91	4.78	4.8	5.44	4.06
19	002243.SZ	力合科创	4.74	3.93	4.52	2.31	5.55	5.59
20	603630.SH	拉芳家化	4.73	5.17	4.87	4.36	4.56	4.42
21	301009.SZ	可靠股份	4.72	4.72	4.74	3.6	4.73	4.98
22	300658.SZ	延江股份	4.54	4.57	4.94	2.98	4.49	4.55
23	000523.SZ	广州浪奇	4.52	3.81	4.26	6.36	4.8	4.75
24	300849.SZ	锦盛新材	4.52	4.91	4.99	3.82	4.41	3.92
25	600249.SH	两面针	4.47	4.67	4.56	4.15	4.57	4.18
26	300132.SZ	青松股份	4.23	3.9	4.42	3.18	4.6	4.26
27	002094.SZ	青岛金王	4	3.92	3.56	2.93	4.19	4.59

（二十一）农林牧渔

排名	代码	公司名称	总得分	财务指标	估值与成长性	创值能力	公司治理	创新与研发
1	002311.SZ	海大集团	5.81	5.2	5.83	6.28	6.02	6.07
2	603566.SH	普莱柯	5.69	6.11	5.29	5.85	5.77	5.56
3	600201.SH	生物股份	5.69	6.28	5.23	5.09	5.53	5.88
4	002714.SZ	牧原股份	5.66	5.35	5.47	5.8	6.13	5.66
5	605198.SH	安德利	5.61	6.39	5.65	5.8	5.3	5.05

续表

排名	代码	公司名称	总得分	财务指标	估值与成长性	创值能力	公司治理	创新与研发
6	300119. SZ	瑞普生物	5.58	5.75	5.04	5.19	5.86	5.77
7	600598. SH	北大荒	5.52	6.8	5.34	6.05	5.12	4.7
8	300138. SZ	晨光生物	5.45	4.93	5.83	6.05	5.47	5.41
9	605296. SH	神农集团	5.42	6.22	4.89	5.3	5.7	4.89
10	002041. SZ	登海种业	5.39	5.74	5.14	6.35	4.63	5.8
11	300021. SZ	大禹节水	5.38	4.47	5.56	4.89	5.75	5.85
12	603718. SH	海利生物	5.33	5.34	4.81	6.63	5.31	5.55
13	300087. SZ	荃银高科	5.33	4.88	5.74	6.51	4.83	5.59
14	300673. SZ	佩蒂股份	5.32	5.43	5.86	5.24	5.49	4.51
15	600195. SH	中牧股份	5.32	5.45	4.9	5.21	5.52	5.42
16	300189. SZ	神农科技	5.26	5.05	5.51	6.3	4.37	5.85
17	600371. SH	万向德农	5.26	5.67	4.88	6.44	4.78	5.41
18	601952. SH	苏垦农发	5.23	5.31	5.42	5.67	5.29	4.82
19	600313. SH	农发种业	5.23	5.24	4.81	6.5	5.26	5.3
20	000019. SZ	深粮控股	5.23	5.15	5.26	5.01	5.46	5.09
21	603668. SH	天马科技	5.23	4.74	5.54	5.77	5.28	5.21
22	002891. SZ	中宠股份	5.23	5.15	5.66	5.11	5.33	4.79
23	000998. SZ	隆平高科	5.22	5.2	4.58	5.96	5.17	5.76
24	002385. SZ	大北农	5.22	4.97	4.54	4.27	5.75	5.86
25	002286. SZ	保龄宝	5.19	5.27	5.25	4.85	5.46	4.87
26	603477. SH	巨星农牧	5.18	5.02	5.71	6.42	4.92	4.79
27	002556. SZ	辉隆股份	5.18	4.97	5.3	5.99	5.46	4.77
28	000930. SZ	中粮科技	5.16	4.75	5.04	4.47	5.86	5.16
29	300498. SZ	温氏股份	5.15	4.82	4.44	5.56	5.87	5.39
30	003030. SZ	祖名股份	5.14	5.71	5.16	4.95	5.29	4.46
31	600737. SH	中粮糖业	5.11	4.85	5.2	4.57	5.66	4.88
32	300761. SZ	立华股份	5.11	5.35	4.76	4.84	5.53	4.86
33	600883. SH	博闻科技	5.11	5.54	5.72	5.7	4.65	4.38
34	603609. SH	禾丰股份	5.1	5.15	5.12	3.46	5.51	5.01
35	000663. SZ	永安林业	5.08	5.45	4.99	6.37	4.4	5.14
36	300999. SZ	金龙鱼	5.08	4.77	4.75	3.6	5.35	5.81
37	000713. SZ	丰乐种业	5.08	5.28	4.57	5.81	4.93	5.33
38	002688. SZ	金河生物	5.07	5.09	5.41	3.99	4.87	5.2

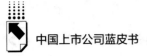

中国上市公司蓝皮书

续表

排名	代码	公司名称	总得分	财务指标	估值与成长性	创值能力	公司治理	创新与研发
39	001201. SZ	东瑞股份	5.07	5.58	5.38	3.81	5.12	4.52
40	300972. SZ	万辰生物	5.06	5.59	5.1	6.37	4.81	4.43
41	300970. SZ	华绿生物	5.05	5.94	5.21	4.53	4.81	4.38
42	600962. SH	国投中鲁	5.04	4.38	5.74	6.16	5.06	4.69
43	600354. SH	敦煌种业	5.03	5.16	5.02	6.49	4.31	5.24
44	300967. SZ	晓鸣股份	5.02	5.65	4.68	5.1	4.85	4.89
45	002696. SZ	百洋股份	5.02	4.85	5.51	4.64	5.34	4.46
46	000876. SZ	新希望	5.01	4.67	4.52	2.82	5.54	5.84
47	002982. SZ	湘佳股份	4.98	5.23	5.39	4.17	5.13	4.38
48	300871. SZ	回盛生物	4.98	5.3	5.1	4.11	4.58	5.14
49	600097. SH	开创国际	4.95	5.53	4.97	2.63	4.87	5.02
50	600965. SH	福成股份	4.94	5.8	5.13	4.66	4.48	4.44
51	600359. SH	新农开发	4.93	4.79	5.61	6.53	4.28	4.64
52	000735. SZ	罗牛山	4.93	4.7	5.8	4.69	4.63	4.65
53	600127. SH	金健米业	4.9	4.51	4.87	6.37	4.94	4.92
54	002679. SZ	福建金森	4.88	4.29	5.21	6.22	4.66	5.03
55	002299. SZ	圣农发展	4.88	5.27	4.82	4.8	4.98	4.46
56	600257. SH	大湖股份	4.87	4.67	4.89	5.9	4.8	4.86
57	601118. SH	海南橡胶	4.86	5.15	5.34	4.97	4.46	4.46
58	002746. SZ	仙坛股份	4.84	5.47	4.95	3.81	4.74	4.44
59	002505. SZ	鹏都农牧	4.83	4.6	5.14	5.36	4.34	5.13
60	002567. SZ	唐人神	4.83	4.82	4.78	2.95	5.28	4.93
61	002481. SZ	双塔食品	4.82	5.2	4.88	3.81	4.43	5.04
62	000639. SZ	西王食品	4.82	4.84	5.43	4.09	4.22	4.97
63	603336. SH	宏辉果蔬	4.81	4.84	4.79	4.56	5.08	4.6
64	000505. SZ	京粮控股	4.8	4.68	4.96	3.67	5.17	4.66
65	002100. SZ	天康生物	4.77	4.61	5	2.62	4.99	5.02
66	300094. SZ	国联水产	4.77	4.33	5.55	5.02	4.45	4.67
67	600251. SH	冠农股份	4.76	4.03	5.13	5.73	5.05	4.56
68	002069. SZ	獐子岛	4.75	4.5	4.67	7.1	4.89	4.36
69	600191. SH	华资实业	4.74	4.94	4.76	3.91	4.41	5.04
70	002868. SZ	绿康生化	4.73	4.87	4.54	4.95	4.76	4.7
71	000972. SZ	中基健康	4.72	3.41	5.26	7.18	4.71	4.89

续表

排名	代码	公司名称	总得分	财务指标	估值与成长性	创值能力	公司治理	创新与研发
72	002772. SZ	众兴菌业	4.72	4.71	4.98	3.89	4.97	4.42
73	600467. SH	好当家	4.72	5.23	4.96	3.78	4.42	4.51
74	300511. SZ	雪榕生物	4.69	4.87	4.71	3.88	4.92	4.47
75	600108. SH	亚盛集团	4.66	4.74	4.8	4.57	4.48	4.63
76	000798. SZ	中水渔业	4.62	4.32	4.51	6.15	4.83	4.45
77	300175. SZ	朗源股份	4.61	4.9	4.69	5.22	4.08	4.64
78	002458. SZ	益生股份	4.61	4.75	4.09	5.38	5.21	4.21
79	600975. SH	新五丰	4.6	4.4	4.96	4.11	4.49	4.66
80	002852. SZ	道道全	4.59	4.69	4.62	3.12	4.79	4.63
81	603363. SH	傲农生物	4.57	4.46	4.31	3.61	4.76	4.99
82	002548. SZ	金新农	4.54	4.67	4.26	4.38	4.66	4.61
83	002124. SZ	天邦食品	4.53	4.41	4.5	3.14	5.18	4.37
84	002234. SZ	民和股份	4.52	4.83	4.42	4.59	4.86	3.94
85	000592. SZ	平潭发展	4.48	4.57	4.34	5.09	4.63	4.23
86	000911. SZ	南宁糖业	4.41	4.34	3.88	5.88	4.59	4.49
87	000702. SZ	正虹科技	4.3	4.02	4.19	4.75	4.61	4.28
88	600540. SH	新赛股份	4.26	3.55	4.42	4.56	4.43	4.57
89	002321. SZ	华英农业	4.21	3.74	3.73	5.2	4.6	4.52

（二十二）汽车

排名	代码	公司名称	总得分	财务指标	估值与成长性	创值能力	公司治理	创新与研发
1	601965. SH	中国汽研	5.9	6.34	5.39	6.03	5.75	6.09
2	002594. SZ	比亚迪	5.89	5.42	6.01	7.3	6.01	5.78
3	603529. SH	爱玛科技	5.76	5.65	5.72	6.25	6.42	5.15
4	603129. SH	春风动力	5.72	5.2	6.13	6.52	5.54	5.82
5	603040. SH	新坐标	5.67	6.62	5.21	5.8	5.62	5.2
6	601633. SH	长城汽车	5.67	5.17	4.96	5.98	6.02	6.44
7	603037. SH	凯众股份	5.67	6.39	5.21	5.45	5.55	5.56
8	603758. SH	秦安股份	5.65	6.4	5.5	5.32	5.52	5.27

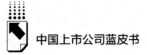

续表

排名	代码	公司名称	总得分	财务指标	估值与成长性	创值能力	公司治理	创新与研发
9	000625.SZ	长安汽车	5.65	5.41	4.9	5.66	5.83	6.44
10	300994.SZ	久祺股份	5.62	5.4	6.08	5.79	5.79	5.18
11	300969.SZ	恒帅股份	5.59	6.26	5.92	6.37	4.96	5.01
12	603786.SH	科博达	5.58	5.75	4.94	6.26	5.64	5.84
13	600660.SH	福耀玻璃	5.57	5.79	5.45	5.92	5.78	5.16
14	601689.SH	拓普集团	5.52	5.24	6.04	6.68	5.17	5.31
15	300643.SZ	万通智控	5.49	5.55	6.05	7.2	4.93	5.01
16	605005.SH	合兴股份	5.49	6.11	5.41	6.08	5.01	5.29
17	301119.SZ	正强股份	5.48	6.43	5.99	5.86	4.85	4.55
18	600933.SH	爱柯迪	5.45	5.69	5.54	5.93	5.4	5.06
19	301000.SZ	肇民科技	5.45	6.26	5.56	5.59	4.83	5.12
20	002906.SZ	华阳集团	5.45	5.17	5.57	6.33	5.05	5.77
21	601799.SH	星宇股份	5.43	5.45	5.38	6.05	5.47	5.27
22	603787.SH	新日股份	5.43	5.29	5.47	6.08	5.87	4.91
23	300580.SZ	贝斯特	5.42	5.82	5.52	5.86	5.15	5.07
24	002105.SZ	信隆健康	5.41	5.34	5.77	6.18	5.66	4.65
25	002984.SZ	森麒麟	5.4	5.8	5.29	5.61	5.5	4.96
26	301221.SZ	光庭信息	5.39	5.45	5.04	4.5	5.33	5.97
27	603596.SH	伯特利	5.38	5.5	5.31	6.39	5.22	5.24
28	002870.SZ	香山股份	5.38	4.86	6.19	5.41	5.03	5.44
29	000913.SZ	钱江摩托	5.38	5.34	5.69	5.93	5.45	4.92
30	605088.SH	冠盛股份	5.37	5.08	6.03	5.08	5.75	4.7
31	603306.SH	华懋科技	5.37	6.23	4.94	5.54	5.39	4.87
32	603949.SH	雪龙集团	5.34	6.55	4.68	4.97	5.34	4.88
33	603305.SH	旭升集团	5.33	5.14	5.6	6.25	5.25	5.11
34	603348.SH	文灿股份	5.33	5.1	5.86	6.58	5.24	4.8
35	603266.SH	天龙股份	5.32	5.63	5.69	5.45	4.92	5.03
36	002101.SZ	广东鸿图	5.31	5.45	5.34	6.62	5.27	4.85
37	600178.SH	东安动力	5.3	4.85	6.01	4	5.34	5.33
38	605255.SH	天普股份	5.3	6.51	5.12	4.75	4.74	4.96
39	300695.SZ	兆丰股份	5.3	6.1	5.42	4.56	4.85	5.01
40	002553.SZ	南方精工	5.3	6.19	4.78	6.14	4.96	5.05
41	002965.SZ	祥鑫科技	5.29	4.73	5.81	5.91	5.42	5.03

续表

排名	代码	公司名称	总得分	财务指标	估值与成长性	创值能力	公司治理	创新与研发
42	300507.SZ	苏奥传感	5.28	5.98	5.08	5.77	4.98	4.95
43	300928.SZ	华安鑫创	5.27	5.53	4.83	5.25	4.85	5.9
44	603109.SH	神驰机电	5.27	4.9	5.93	5.63	5.38	4.77
45	002472.SZ	双环传动	5.27	5.09	5.59	6.73	5	5.02
46	600741.SH	华域汽车	5.26	4.9	4.97	3.92	5.54	5.98
47	603788.SH	宁波高发	5.26	6.3	5.2	4.64	5.22	4.48
48	300893.SZ	松原股份	5.26	5.4	5.34	6.25	5.02	5.03
49	300825.SZ	阿尔特	5.26	5.47	4.9	4.72	4.88	5.92
50	300304.SZ	云意电气	5.25	5.47	4.96	5.24	5.12	5.44
51	300547.SZ	川环科技	5.23	5.98	5.45	5.94	4.72	4.59
52	300707.SZ	威唐工业	5.23	5.03	5.71	5.88	5.14	4.88
53	300258.SZ	精锻科技	5.22	5.47	5.5	5.21	4.98	4.95
54	603035.SH	常熟汽饰	5.2	5.12	5.18	5.31	5.54	4.93
55	002516.SZ	旷达科技	5.2	5.82	5.13	5.54	5.16	4.59
56	603179.SH	新泉股份	5.19	4.74	5.75	6.38	5.13	4.86
57	605151.SH	西上海	5.19	5.99	5.23	5.11	5.09	4.46
58	003033.SZ	征和工业	5.19	5.29	6.11	5.62	4.56	4.68
59	603197.SH	保隆科技	5.18	4.78	5.07	5.96	5.67	5.03
60	601238.SH	广汽集团	5.18	4.82	4.54	3.69	6.04	5.69
61	002976.SZ	瑞玛精密	5.17	5.1	5.22	5.99	5.3	4.88
62	601163.SH	三角轮胎	5.17	5.27	5.4	4.01	5.26	5.04
63	002085.SZ	万丰奥威	5.17	4.94	5.2	5.07	5.23	5.32
64	605018.SH	长华集团	5.16	5.76	4.93	5.01	5.29	4.71
65	601058.SH	赛轮轮胎	5.16	4.92	5.46	5.66	5.13	5.02
66	603766.SH	隆鑫通用	5.16	5.44	5.31	4.61	4.64	5.38
67	603239.SH	浙江仙通	5.16	5.41	5.12	6.06	5.27	4.61
68	603013.SH	亚普股份	5.16	5.66	4.88	5.36	5.19	4.85
69	000338.SZ	潍柴动力	5.16	4.68	4.86	3.85	5.39	6.02
70	603006.SH	联明股份	5.15	5.69	5.22	5.76	5.17	4.35
71	300652.SZ	雷迪克	5.15	5.57	5.31	5.44	4.97	4.67
72	600523.SH	贵航股份	5.14	5.81	4.98	5.24	4.99	4.77
73	600066.SH	宇通客车	5.14	5.05	4.71	5.19	5.35	5.43
74	301020.SZ	密封科技	5.13	6.02	5.07	5.71	4.42	4.89

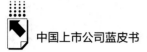

续表

排名	代码	公司名称	总得分	财务指标	估值与成长性	创值能力	公司治理	创新与研发
75	000887. SZ	中鼎股份	5.12	4.99	5.39	4.94	5.29	4.86
76	605068. SH	明新旭腾	5.12	5.24	4.87	4.87	5.12	5.31
77	002126. SZ	银轮股份	5.12	4.66	5.23	5.68	5.51	4.93
78	603730. SH	岱美股份	5.11	5.31	5.07	6.1	5.28	4.56
79	600480. SH	凌云股份	5.11	4.93	5.55	4.55	5.24	4.87
80	301039. SZ	中集车辆	5.11	5.05	4.89	5.17	5.55	4.94
81	002448. SZ	中原内配	5.11	5.06	5.73	5.06	4.89	4.77
82	600099. SH	林海股份	5.11	4.99	6.19	6.08	4.3	4.71
83	002813. SZ	路畅科技	5.1	5.35	4.76	6.52	4.61	5.34
84	603655. SH	朗博科技	5.1	6.54	4.59	4.07	4.84	4.69
85	002703. SZ	浙江世宝	5.1	4.84	4.86	6.52	5.32	5.03
86	000550. SZ	江铃汽车	5.1	4.76	4.57	5.03	5.65	5.43
87	603009. SH	北特科技	5.1	4.69	5.56	5.08	4.99	5.15
88	300428. SZ	立中集团	5.1	4.35	5.22	5.51	5.4	5.31
89	301007. SZ	德迈仕	5.09	5.31	5.34	6.15	4.88	4.56
90	301005. SZ	超捷股份	5.09	5.58	5.11	5.71	4.62	4.89
91	300926. SZ	博俊科技	5.08	4.52	5.6	6.3	4.97	4.94
92	603178. SH	圣龙股份	5.08	5.21	5.19	5.6	4.97	4.82
93	002048. SZ	宁波华翔	5.08	5.35	5.13	3.67	5.5	4.68
94	603023. SH	威帝股份	5.07	6.05	4.58	4.08	4.81	5.1
95	002328. SZ	新朋股份	5.06	4.93	4.91	4.83	5.35	5.11
96	000559. SZ	万向钱潮	5.06	5.02	5.06	5.31	5.17	4.93
97	301022. SZ	海泰科	5.06	4.78	5.26	5.33	5.27	4.86
98	002662. SZ	京威股份	5.06	5.71	5	4.75	5.05	4.55
99	301133. SZ	金钟股份	5.06	5.14	5.61	5.73	4.79	4.51
100	600104. SH	上汽集团	5.05	4.65	4.73	3.44	5.66	5.58
101	002284. SZ	亚太股份	5.05	5.2	5.05	5.81	4.93	4.83
102	603926. SH	铁流股份	5.05	5.21	5.35	4.51	4.79	4.98
103	603048. SH	浙江黎明	5.04	5.64	5.26	4.1	4.95	4.55
104	603768. SH	常青股份	5.03	4.37	5.79	5.38	5.16	4.71
105	300680. SZ	隆盛科技	5.03	4.68	5.19	5.54	4.83	5.28
106	000589. SZ	贵州轮胎	5.03	4.82	5.32	5.3	5.16	4.74
107	002406. SZ	远东传动	5.02	5.9	5.15	2.82	5.03	4.56

续表

排名	代码	公司名称	总得分	财务指标	估值与成长性	创值能力	公司治理	创新与研发
108	603917. SH	合力科技	5.02	5.46	4.59	5.6	5.09	4.81
109	600386. SH	北巴传媒	5.02	5.48	4.96	5.01	5.17	4.49
110	300978. SZ	东箭科技	5.02	5.42	5.09	5.68	4.6	4.81
111	603586. SH	金麒麟	5.01	5.41	5.07	4.64	5.12	4.54
112	603319. SH	湘油泵	5.01	5.01	5.03	5.55	5.13	4.75
113	603809. SH	豪能股份	5.01	5.19	5.31	5.42	4.76	4.67
114	300816. SZ	艾可蓝	5	4.51	5.19	4.62	4.85	5.55
115	301186. SZ	超达装备	5	5.22	5.09	5.41	4.78	4.81
116	603358. SH	华达科技	5	5	4.96	5.49	5.29	4.62
117	002283. SZ	天润工业	4.99	5.27	5.02	4.15	4.96	4.93
118	002997. SZ	瑞鹄模具	4.98	4.78	5.3	5.89	4.58	5.05
119	605228. SH	神通科技	4.97	5.36	5	5.53	4.62	4.75
120	603767. SH	中马传动	4.97	5.2	4.92	4.73	5.2	4.61
121	603089. SH	正裕工业	4.96	4.82	5.6	4.76	4.88	4.59
122	605128. SH	上海沿浦	4.96	5.15	5	4.98	5.16	4.52
123	000880. SZ	潍柴重机	4.96	4.63	5.44	5.31	4.86	4.81
124	603922. SH	金鸿顺	4.95	5.94	4.91	5.76	4.16	4.58
125	603166. SH	福达股份	4.94	5.57	4.81	4.07	5.04	4.56
126	600699. SH	均胜电子	4.94	4.71	4.6	4.59	5.19	5.35
127	002536. SZ	飞龙股份	4.94	4.81	5.27	5.68	4.79	4.7
128	002265. SZ	西仪股份	4.93	4.39	5.31	6.84	4.63	4.93
129	300375. SZ	鹏翎股份	4.93	5.41	4.89	4.93	4.87	4.56
130	600148. SH	长春一东	4.93	4.63	4.86	4.72	5.16	5.12
131	300176. SZ	派生科技	4.93	4.81	5.74	5.79	4.35	4.59
132	603950. SH	长源东谷	4.92	5.47	4.75	4.44	4.95	4.64
133	603158. SH	腾龙股份	4.91	4.81	5.56	5.04	4.56	4.68
134	002537. SZ	海联金汇	4.91	4.85	5.04	5.27	4.6	5.06
135	600218. SH	全柴动力	4.9	5.05	5.22	4.31	4.81	4.69
136	002590. SZ	万安科技	4.9	4.62	5.21	5.73	4.87	4.7
137	600166. SH	福田汽车	4.9	4.42	3.96	5.62	5.27	5.75
138	301072. SZ	中捷精工	4.9	5.31	5.04	5.63	4.62	4.44
139	600081. SH	东风科技	4.9	4.93	4.78	4.51	5.29	4.68
140	605133. SH	嵘泰股份	4.89	4.95	5.37	5.61	4.65	4.43

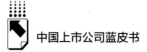

续表

排名	代码	公司名称	总得分	财务指标	估值与成长性	创值能力	公司治理	创新与研发
141	000901.SZ	航天科技	4.89	4.69	4.81	4.19	4.87	5.38
142	601127.SH	赛力斯	4.88	4.14	3.83	4.2	5.91	5.83
143	600679.SH	上海凤凰	4.87	5.19	5.14	3.41	5.02	4.49
144	002921.SZ	联诚精密	4.87	4.68	5.64	3.75	5.03	4.41
145	601966.SH	玲珑轮胎	4.87	4.63	4.98	4.1	5.22	4.83
146	600609.SH	金杯汽车	4.86	4.89	4.83	6.35	4.81	4.55
147	603390.SH	通达电气	4.86	4.56	4.12	3.83	5.71	5.3
148	002863.SZ	今飞凯达	4.86	4.61	5.45	4.78	4.83	4.56
149	605319.SH	无锡振华	4.86	4.87	4.82	5.17	5.25	4.41
150	000800.SZ	一汽解放	4.86	4.37	4.43	6.24	4.94	5.35
151	603121.SH	华培动力	4.86	5.06	5.18	4.26	4.37	4.97
152	603701.SH	德宏股份	4.85	5.08	4.39	5.01	4.83	5.07
153	002363.SZ	隆基机械	4.85	5.01	5.37	4.69	4.69	4.36
154	000816.SZ	智慧农业	4.85	4.71	5.28	5.3	4.58	4.71
155	000951.SZ	中国重汽	4.82	4.77	5.07	4.33	4.85	4.72
156	000030.SZ	富奥股份	4.82	4.94	4.72	4.01	5	4.84
157	600469.SH	风神股份	4.82	4.71	5.14	4.7	5.02	4.44
158	603085.SH	天成自控	4.82	4.48	5.24	6.12	4.76	4.48
159	002488.SZ	金固股份	4.82	4.23	5.26	4.78	5.14	4.64
160	002434.SZ	万里扬	4.81	4.67	4.5	5.23	4.62	5.35
161	300863.SZ	卡倍亿	4.81	3.86	5.33	6.36	4.82	4.82
162	300733.SZ	西菱动力	4.8	4.71	5.33	4.24	4.83	4.48
163	300681.SZ	英搏尔	4.8	4	4.86	5.89	4.77	5.31
164	600698.SH	湖南天雁	4.8	4.78	4.93	4.68	4.83	4.68
165	600182.SH	S佳通	4.79	5.05	5.37	4.7	4.4	4.37
166	603286.SH	日盈电子	4.79	4.45	5.06	4.56	5.05	4.65
167	002190.SZ	成飞集成	4.77	4.81	4.41	4.48	5.18	4.76
168	603335.SH	迪生力	4.77	4.66	4.89	4.65	4.81	4.76
169	000757.SZ	浩物股份	4.77	5.17	5.19	2.91	4.75	4.43
170	000700.SZ	模塑科技	4.77	4.56	4.87	5.91	4.73	4.62
171	600653.SH	申华控股	4.76	4.65	5.11	5.78	4.36	4.68
172	000570.SZ	苏常柴A	4.76	4.62	5.63	3.25	4.76	4.41
173	002454.SZ	松芝股份	4.76	5.14	4.5	4.32	4.66	4.84

续表

排名	代码	公司名称	总得分	财务指标	估值与成长性	创值能力	公司治理	创新与研发
174	300585.SZ	奥联电子	4.76	5.02	4.22	5.22	4.55	5.12
175	000957.SZ	中通客车	4.76	4.36	4.62	6	4.81	4.93
176	002239.SZ	奥特佳	4.75	4.61	4.79	4.91	4.58	4.98
177	601777.SH	力帆科技	4.74	4.47	4.87	4.92	4.54	5.02
178	600742.SH	一汽富维	4.73	5.14	4.84	3.72	4.74	4.47
179	600822.SH	上海物贸	4.72	4.65	4.43	4.97	4.87	4.86
180	600818.SH	中路股份	4.71	5.14	4.58	6.38	3.57	5.12
181	601500.SH	通用股份	4.7	4.43	5.15	3.25	4.96	4.65
182	002806.SZ	华锋股份	4.7	4.25	4.65	5.18	4.73	5.03
183	300694.SZ	蠡湖股份	4.69	4.85	4.86	4.87	4.59	4.42
184	600006.SH	东风汽车	4.67	4.76	4.34	4.33	4.83	4.85
185	002766.SZ	索菱股份	4.67	3.84	4.01	5.94	4.57	5.94
186	600418.SH	江淮汽车	4.67	4.34	4.35	3.65	5.14	5.09
187	300100.SZ	双林股份	4.66	4.9	4.81	5.15	4.23	4.56
188	601279.SH	英利汽车	4.66	4.93	4.47	4.22	4.82	4.51
189	000581.SZ	威孚高科	4.65	4.46	4.76	2.75	4.68	5.18
190	002725.SZ	跃岭股份	4.65	4.8	4.84	3.56	4.78	4.44
191	002664.SZ	信质集团	4.64	4.55	4.72	4.81	4.81	4.46
192	300611.SZ	美力科技	4.62	4.61	5	3.19	4.7	4.54
193	300998.SZ	宁波方正	4.62	4.24	4.87	5.23	4.61	4.63
194	603161.SH	科华控股	4.62	4.47	5	3.93	4.76	4.41
195	300745.SZ	欣锐科技	4.6	3.69	4.6	4.56	4.73	5.39
196	000572.SZ	海马汽车	4.6	4.66	3.8	4.09	5.07	5
197	002510.SZ	天汽模	4.6	4.08	4.91	5.23	4.48	4.76
198	300473.SZ	德尔股份	4.59	4.51	4.59	3.21	4.68	4.93
199	605333.SH	沪光股份	4.56	3.98	4.49	5.83	4.89	4.59
200	600626.SH	申达股份	4.54	4.63	4.66	4.25	4.64	4.31
201	603997.SH	继峰股份	4.54	4.59	4.43	4	4.44	4.82
202	600841.SH	动力新科	4.53	4.04	4.57	2.44	4.64	5.4
203	600335.SH	国机汽车	4.52	4.27	4.21	3.94	4.65	5.1
204	002715.SZ	登云股份	4.52	4.52	4.65	4.19	4.59	4.38
205	600960.SH	渤海汽车	4.51	4.75	4.56	2.75	4.95	4.21
206	600297.SH	广汇汽车	4.49	4.64	4.16	1.67	4.63	5.22

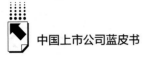

续表

排名	代码	公司名称	总得分	财务指标	估值与成长性	创值能力	公司治理	创新与研发
207	603982.SH	泉峰汽车	4.49	4.17	4.77	3.18	4.61	4.72
208	600733.SH	北汽蓝谷	4.48	3.39	3.57	4.76	4.93	5.97
209	603776.SH	永安行	4.48	5.33	3.99	2.68	4.79	4.25
210	000599.SZ	青岛双星	4.48	3.84	4.83	4.63	4.78	4.43
211	000678.SZ	襄阳轴承	4.42	4.2	4.44	4.91	4.71	4.23
212	300912.SZ	凯龙高科	4.4	3.97	3.98	4.15	5.01	4.7
213	600686.SH	金龙汽车	4.39	4.14	4.43	3.14	4.47	4.84
214	000981.SZ	山子股份	4.36	3.68	4.46	5.75	4.3	4.63
215	002708.SZ	光洋股份	4.34	4.14	4.24	3.82	4.71	4.38
216	000903.SZ	云内动力	4.29	3.81	3.89	2.11	4.96	5.04
217	600213.SH	亚星客车	4.27	4.12	3.69	4.43	4.72	4.5
218	000980.SZ	众泰汽车	4.21	3.01	4.29	6.48	4.14	4.84
219	002547.SZ	春兴精工	4.17	4.14	3.53	6.24	3.91	4.58
220	002355.SZ	兴民智通	4.03	3.88	3.49	4.11	4.84	3.9
221	000868.SZ	安凯客车	4.02	3.63	3.65	4.6	4.38	4.3
222	600375.SH	汉马科技	3.96	3.47	3.2	4.51	4.45	4.58
223	300237.SZ	美晨生态	3.89	3.45	4.08	3.6	3.76	4.34

（二十三）轻工制造

排名	代码	公司名称	总得分	财务指标	估值与成长性	创值能力	公司治理	创新与研发
1	603195.SH	公牛集团	5.97	6.68	5.11	6.63	5.8	6.15
2	301004.SZ	嘉益股份	5.79	6.5	6.4	6.78	5.28	4.75
3	603833.SH	欧派家居	5.76	5.84	5.07	6.27	6.12	5.89
4	300993.SZ	玉马遮阳	5.7	6.99	5.51	5.99	5.24	4.98
5	301113.SZ	雅艺科技	5.65	6.81	6.04	5.97	4.56	5.12
6	600433.SH	冠豪高新	5.63	5.36	5.99	4.12	5.62	5.92
7	300729.SZ	乐歌股份	5.62	4.95	5.72	5.96	5.46	6.28
8	605080.SH	浙江自然	5.61	6.54	5.91	5.9	5.06	4.85
9	603801.SH	志邦家居	5.58	5.49	5.44	6.35	5.45	5.77

续表

排名	代码	公司名称	总得分	财务指标	估值与成长性	创值能力	公司治理	创新与研发
10	605099.SH	共创草坪	5.58	6.42	5.58	6.42	5.41	4.72
11	603816.SH	顾家家居	5.57	5.54	5.62	6.35	5.53	5.41
12	603899.SH	晨光股份	5.56	5.38	5.2	6.5	5.61	5.8
13	002615.SZ	哈尔斯	5.55	5.02	6.16	6.43	5.83	4.99
14	603992.SH	松霖科技	5.54	5.42	5.53	5.97	5.61	5.51
15	603165.SH	荣晟环保	5.52	5.6	5.32	5.67	5.99	5.13
16	002572.SZ	索菲亚	5.5	5.37	5.1	5.94	5.7	5.71
17	603848.SH	好太太	5.48	5.99	4.81	5.68	5.53	5.53
18	002831.SZ	裕同科技	5.47	4.9	5.52	5.84	5.62	5.77
19	605155.SH	西大门	5.47	6.73	5.45	5.28	5.2	4.57
20	001216.SZ	华瓷股份	5.44	6.2	5.91	5.85	4.85	4.68
21	301061.SZ	匠心家居	5.43	6.07	5.66	5.71	4.96	4.97
22	002014.SZ	永新股份	5.42	5.62	5.66	5.9	5.36	4.94
23	002790.SZ	瑞尔特	5.42	5.53	5.79	5.91	5.05	5.2
24	301101.SZ	明月镜片	5.4	6.72	5.14	6.47	4.59	4.9
25	003018.SZ	金富科技	5.4	6.75	5.36	5.39	4.96	4.56
26	301193.SZ	家联科技	5.4	5.11	6.28	5.77	5.34	4.75
27	603408.SH	建霖家居	5.39	5.33	5.61	5.53	5.25	5.34
28	601968.SH	宝钢包装	5.37	4.96	5.92	5.82	5.33	5.17
29	002078.SZ	太阳纸业	5.37	5.11	5.55	5	5.41	5.51
30	605377.SH	华旺科技	5.36	5.43	5.66	5.69	5.1	5.16
31	300640.SZ	德艺文创	5.36	4.89	5.9	5.65	4.89	5.68
32	603661.SH	恒林股份	5.35	4.64	6.16	5.15	5.49	5.18
33	301062.SZ	上海艾录	5.32	4.86	5.79	6.4	5.38	5
34	603429.SH	集友股份	5.32	6.07	4.76	6.2	5.24	5
35	605500.SH	森林包装	5.31	5.87	5.16	4.68	5.36	5
36	601515.SH	东风股份	5.3	5.72	5.16	4.73	5.25	5.23
37	603610.SH	麒盛科技	5.29	5.46	5.14	4.08	5.3	5.57
38	301055.SZ	张小泉	5.29	5.87	5.16	5.91	4.9	5.07
39	603607.SH	京华激光	5.25	5.55	5.04	5.96	5.07	5.16
40	002117.SZ	东港股份	5.22	5.66	4.62	6.04	5.09	5.33
41	600356.SH	恒丰纸业	5.22	5.4	5.44	5.05	5.04	5.04
42	002836.SZ	新宏泽	5.22	6.02	4.5	6.58	5.17	4.84

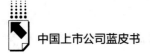
续表

排名	代码	公司名称	总得分	财务指标	估值与成长性	创值能力	公司治理	创新与研发
43	002012. SZ	凯恩股份	5.21	5.29	5.45	5.33	4.94	5.13
44	002191. SZ	劲嘉股份	5.21	5.68	4.35	4.42	5.72	5.28
45	300501. SZ	海顺新材	5.2	5.22	5.44	5.6	5	5.03
46	002799. SZ	环球印务	5.19	4.6	5.34	5.56	4.9	5.83
47	301188. SZ	力诺特玻	5.16	5.64	5.18	5.81	5.03	4.62
48	600966. SH	博汇纸业	5.16	4.65	5.23	5.28	5.06	5.66
49	603600. SH	永艺股份	5.16	4.57	5.92	5.68	5.18	4.81
50	603180. SH	金牌厨柜	5.13	5.33	4.87	5.5	4.97	5.25
51	003011. SZ	海象新材	5.12	4.67	5.66	5.95	5.09	4.87
52	603898. SH	好莱客	5.12	5.28	4.7	4.45	5.57	5.11
53	002701. SZ	奥瑞金	5.12	4.7	5.15	5.42	5.06	5.52
54	600210. SH	紫江企业	5.11	4.91	4.97	5.19	5.52	5.04
55	603326. SH	我乐家居	5.11	4.88	5.15	5.81	5.35	4.88
56	300651. SZ	金陵体育	5.1	5.38	4.85	5.9	5.23	4.73
57	600963. SH	岳阳林纸	5.09	4.48	5.05	5.4	5.39	5.36
58	600103. SH	青山纸业	5.08	5.11	5.21	5.45	5.26	4.66
59	002899. SZ	英派斯	5.08	5.23	5.82	5.25	4.43	4.8
60	603008. SH	喜临门	5.04	4.94	5.02	5.77	4.78	5.25
61	605007. SH	五洲特纸	5.03	4.44	5.29	5.89	5.21	4.98
62	002067. SZ	景兴纸业	5.03	5.17	5.11	2.88	5.32	5.07
63	600308. SH	华泰股份	5.03	5.15	5.02	3.67	5.15	5.14
64	002678. SZ	珠江钢琴	5.02	5.33	4.93	4.24	5.22	4.77
65	603733. SH	仙鹤股份	5.01	4.62	5.11	5.77	5.31	4.81
66	603216. SH	梦天家居	5.01	5.86	4.47	5.33	5.01	4.62
67	603022. SH	新通联	5	4.88	5.1	6.28	5.21	4.51
68	301198. SZ	喜悦智行	5	5.21	4.85	5.88	4.76	4.98
69	603385. SH	惠达卫浴	4.99	4.68	5	2.82	5.89	4.93
70	603499. SH	翔港科技	4.98	4.68	5.44	6.31	4.79	4.69
71	002752. SZ	昇兴股份	4.98	4.29	5.98	5.57	4.72	4.79
72	002735. SZ	王子新材	4.97	4.82	5.09	6.06	5.37	4.34
73	300703. SZ	创源股份	4.97	4.31	5.52	5.66	4.85	5.02
74	605299. SH	舒华体育	4.96	5.31	4.92	6.11	4.84	4.46
75	603313. SH	梦百合	4.94	4.41	5.21	4.21	5.12	5.21

续表

排名	代码	公司名称	总得分	财务指标	估值与成长性	创值能力	公司治理	创新与研发
76	003012.SZ	东鹏控股	4.94	4.96	4.39	4.28	5.38	5.2
77	300749.SZ	顶固集创	4.93	4.48	4.92	5.44	5.15	5.06
78	603058.SH	永吉股份	4.93	5.33	4.86	5.77	4.77	4.54
79	002303.SZ	美盈森	4.9	5.02	5.01	3.16	5.07	4.93
80	002301.SZ	齐心集团	4.89	4.57	4.66	5.05	4.44	5.85
81	000488.SZ	晨鸣纸业	4.89	4.71	4.61	2.3	5.09	5.79
82	002565.SZ	顺灏股份	4.89	4.86	4.78	5.48	4.98	4.77
83	002228.SZ	合兴包装	4.88	4.41	5.38	4.4	4.74	5.11
84	002575.SZ	群兴玩具	4.88	5.02	4.82	6.44	4.11	5.16
85	300616.SZ	尚品宅配	4.87	4.87	4.67	3.41	5.06	5.27
86	002084.SZ	海鸥住工	4.87	4.5	5.14	3.54	4.99	5.2
87	603687.SH	大胜达	4.87	4.89	4.9	5.42	4.87	4.67
88	300883.SZ	龙利得	4.84	4.97	4.9	3.93	4.35	5.39
89	600235.SH	民丰特纸	4.84	4.78	5.01	5.06	4.79	4.74
90	601996.SH	丰林集团	4.83	5.13	5.39	2.12	4.93	4.55
91	000910.SZ	大亚圣象	4.82	5.2	4.94	3.6	4.54	4.93
92	603226.SH	菲林格尔	4.82	5.49	4.54	4.25	4.71	4.67
93	002918.SZ	蒙娜丽莎	4.8	4.27	4.34	4.13	5.47	5.3
94	002489.SZ	浙江永强	4.8	4.18	5.23	5.47	4.8	4.81
95	002787.SZ	华源控股	4.76	4.79	4.94	3.61	4.87	4.72
96	603818.SH	曲美家居	4.76	4.68	4.8	3.49	4.83	5.04
97	002348.SZ	高乐股份	4.75	4.27	5.01	6.7	4.41	4.85
98	002853.SZ	皮阿诺	4.75	3.98	4.76	5.87	5.11	4.86
99	600793.SH	宜宾纸业	4.74	4.42	4.9	6.25	4.73	4.51
100	000812.SZ	陕西金叶	4.72	4.86	5.28	5.9	3.96	4.46
101	603615.SH	茶花股份	4.67	4.87	4.97	3.34	5.01	4.16
102	603389.SH	亚振家居	4.64	4.28	4.82	6.11	4.6	4.5
103	002631.SZ	德尔未来	4.64	4.6	4.74	4.12	4.61	4.74
104	600836.SH	上海易连	4.63	5	4.51	5.91	4.57	4.13
105	600567.SH	山鹰国际	4.63	4.07	4.63	1.89	5.09	5.42
106	002969.SZ	嘉美包装	4.62	4.82	4.88	3.78	4.64	4.32

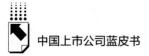

续表

排名	代码	公司名称	总得分	财务指标	估值与成长性	创值能力	公司治理	创新与研发
107	002599.SZ	盛通股份	4.61	4.6	4.47	4.73	4.93	4.4
108	603208.SH	江山欧派	4.6	4.12	4.43	4.81	5.26	4.55
109	001211.SZ	双枪科技	4.6	4.78	5.06	4.09	4.12	4.58
110	600337.SH	美克家居	4.58	4.78	4.38	2.8	4.64	4.98
111	002103.SZ	广博股份	4.57	4.13	4.58	6.05	4.79	4.39
112	603709.SH	中源家居	4.56	4.47	4.76	4.27	4.77	4.33
113	002229.SZ	鸿博股份	4.56	5.11	3.95	5.2	4.72	4.3
114	603838.SH	四通股份	4.55	5.1	4.54	3.65	4.5	4.26
115	603221.SH	爱丽家居	4.54	4.49	4.94	3.56	4.54	4.44
116	605268.SH	王力安防	4.54	4.26	4.48	4.64	4.84	4.55
117	002846.SZ	英联股份	4.53	4.27	4.61	5.03	4.36	4.76
118	301011.SZ	华立科技	4.49	4.43	4.35	4.8	4.33	4.75
119	002162.SZ	悦心健康	4.48	4.28	4.02	4.08	4.87	4.84
120	002521.SZ	齐峰新材	4.47	4.2	5.1	1.77	4.54	4.7
121	003003.SZ	天元股份	4.46	4.4	4.39	4.04	4.71	4.46
122	002862.SZ	实丰文化	4.41	4.32	4.22	4.79	4.48	4.52
123	002235.SZ	安妮股份	4.4	4.17	4.03	6.21	4.26	4.7
124	300329.SZ	海伦钢琴	4.38	3.87	4.25	3.81	5.03	4.52
125	603863.SH	松炀资源	4.33	4.18	3.98	4.2	4.45	4.73
126	002571.SZ	德力股份	4.27	4.37	4.1	4.01	4.46	4.22
127	000659.SZ	珠海中富	4.21	4.39	3.74	4.71	4.34	4.25
128	000695.SZ	滨海能源	4.17	3.43	4	4.51	4.77	4.4
129	600076.SH	康欣新材	4.16	3.64	4.32	2.12	4.68	4.51
130	002798.SZ	帝欧家居	4.1	3.72	3.76	2.42	4.3	5.06
131	603021.SH	山东华鹏	4.07	3.22	4.25	4.72	4.17	4.47
132	000815.SZ	美利云	4.06	3.78	4.01	4.4	4.32	4.05
133	002374.SZ	中锐股份	3.91	3.47	3.71	4.13	4.46	3.96
134	603268.SH	松发股份	3.91	3.49	3.81	4.61	4.12	4.02

（二十四）商贸零售

排名	代码	公司名称	总得分	财务指标	估值与成长性	创值能力	公司治理	创新与研发
1	603613.SH	国联股份	6.07	5.41	6.18	6.98	5.81	6.64
2	002315.SZ	焦点科技	5.8	5.97	5.51	6.63	5.64	5.89
3	002818.SZ	富森美	5.73	6.26	5.56	5.77	5.69	5.39
4	601888.SH	中国中免	5.72	5.6	4.94	6.3	6.1	6.1
5	300622.SZ	博士眼镜	5.59	6.25	5.49	6.44	5.6	4.8
6	002803.SZ	吉宏股份	5.57	5.5	5.45	6.14	5.54	5.67
7	600710.SH	苏美达	5.54	4.94	5.88	4.84	5.63	5.87
8	300518.SZ	盛讯达	5.51	6.25	5.15	6.28	4.69	5.78
9	600539.SH	狮头股份	5.5	5.69	6.41	6.28	4.5	5.18
10	601028.SH	玉龙股份	5.47	4.89	6.05	6.45	5.14	5.57
11	300592.SZ	华凯易佰	5.44	4.88	6.1	7.28	4.78	5.56
12	002127.SZ	南极电商	5.43	6.1	5.02	4.87	5.24	5.52
13	600814.SH	杭州解百	5.42	5.86	5.2	5.58	5.79	4.79
14	003010.SZ	若羽臣	5.37	5.24	5.97	5.22	5.11	5.19
15	002091.SZ	江苏国泰	5.35	4.99	5.86	4.26	5.85	4.97
16	002697.SZ	红旗连锁	5.34	5.46	5.42	5.79	5.65	4.74
17	600865.SH	百大集团	5.33	6.42	4.73	5.32	5.14	5.03
18	600790.SH	轻纺城	5.29	5.6	5.68	6.02	5.2	4.52
19	600415.SH	小商品城	5.28	5.04	5.19	6.3	5.06	5.59
20	300792.SZ	壹网壹创	5.28	5.79	5.04	5.86	5.09	5.07
21	002416.SZ	爱施德	5.25	4.66	5.33	6.44	5.4	5.33
22	000785.SZ	居然之家	5.24	5.2	5.03	5.1	5.4	5.37
23	600058.SH	五矿发展	5.22	4.55	5.52	6.11	5.16	5.44
24	601116.SH	三江购物	5.21	5.5	5.34	6.05	5.11	4.68
25	600729.SH	重庆百货	5.17	5	5.04	6.04	5.68	4.77
26	600113.SH	浙江东日	5.17	5.68	4.79	5.57	5.41	4.7
27	600278.SH	东方创业	5.14	4.88	5.98	5.1	5	4.69
28	603214.SH	爱婴室	5.12	4.98	5.4	5.61	5.31	4.66
29	600655.SH	豫园股份	5.1	4.54	5.14	3.09	5.82	5.39
30	600827.SH	百联股份	5.09	5.09	5.06	4.24	5.03	5.4
31	300755.SZ	华致酒行	5.09	4.9	5.44	6	4.91	4.87

续表

排名	代码	公司名称	总得分	财务指标	估值与成长性	创值能力	公司治理	创新与研发
32	600838. SH	上海九百	5.08	5.93	5.21	4.62	4.77	4.52
33	000061. SZ	农产品	5.06	4.87	5.02	5.56	5.5	4.72
34	301001. SZ	凯淳股份	5.04	5.41	5.3	4.97	4.83	4.64
35	605188. SH	国光连锁	5.03	5.14	5.3	5.19	4.94	4.7
36	002264. SZ	新华都	5.03	4.63	4.97	6.34	5.25	4.95
37	002561. SZ	徐家汇	5.03	6.14	4.57	4.59	4.99	4.53
38	601086. SH	国芳集团	5.02	5.8	4.88	4.53	5.04	4.49
39	600857. SH	宁波中百	5.02	5.15	5.21	7.19	4.6	4.57
40	002280. SZ	联络互动	5.01	4.25	5.15	6.57	4.53	5.74
41	600738. SH	丽尚国潮	5.01	5.14	4.97	4.95	5.18	4.76
42	000715. SZ	中兴商业	5.01	6.06	4.75	4.89	4.86	4.4
43	000417. SZ	合肥百货	5	5.1	5.51	3.47	5.03	4.73
44	002419. SZ	天虹股份	5	5.12	5.07	4.48	5.08	4.84
45	601113. SH	华鼎股份	4.98	4.95	5.22	5.17	4.73	4.99
46	002344. SZ	海宁皮城	4.98	5.28	5.1	4.26	4.92	4.78
47	603708. SH	家家悦	4.96	4.82	5.01	5.17	5.12	4.85
48	301078. SZ	孩子王	4.96	5.16	4.86	5.37	4.87	4.86
49	605136. SH	丽人丽妆	4.95	5.16	4.71	4.54	5.34	4.72
50	600828. SH	茂业商业	4.95	5.04	4.86	3.98	5.03	5.13
51	600981. SH	汇鸿集团	4.94	4.48	4.97	3.29	5.4	5.34
52	601933. SH	永辉超市	4.94	4.48	4.69	4.23	5.46	5.31
53	603682. SH	锦和商管	4.94	5.31	5.23	4.84	4.79	4.44
54	600694. SH	大商股份	4.94	5.12	5.05	3.86	5.15	4.69
55	300947. SZ	德必集团	4.91	5.33	5.46	4.35	4.63	4.35
56	000501. SZ	武商集团	4.89	5.2	5.02	3.07	4.94	4.85
57	601828. SH	美凯龙	4.88	5.03	4.64	2.59	5.19	5.23
58	601010. SH	文峰股份	4.86	5.38	4.79	3.76	4.81	4.73
59	600628. SH	新世界	4.86	5.27	4.72	5.22	4.62	4.74
60	000419. SZ	通程控股	4.85	5.33	4.96	3.46	4.72	4.75
61	600785. SH	新华百货	4.84	4.87	5.17	4.31	4.82	4.65
62	002187. SZ	广百股份	4.84	5.24	4.86	3.3	5.01	4.64
63	600859. SH	王府井	4.82	5.46	4.24	3.72	5.03	4.85
64	600327. SH	大东方	4.82	4.9	4.72	3.91	5.29	4.59

续表

排名	代码	公司名称	总得分	财务指标	估值与成长性	创值能力	公司治理	创新与研发
65	002640. SZ	跨境通	4.81	4.08	4.65	6.48	4.66	5.42
66	300022. SZ	吉峰科技	4.79	4.37	5.42	6.69	4.21	4.68
67	600858. SH	银座股份	4.79	4.7	4.82	5.41	4.95	4.53
68	601366. SH	利群股份	4.78	4.68	4.85	3.2	5.16	4.81
69	000829. SZ	天音控股	4.78	3.97	4.92	4.62	4.74	5.51
70	600697. SH	欧亚集团	4.77	5.02	4.82	2.66	5.02	4.76
71	002277. SZ	友阿股份	4.76	5.1	5.05	4.15	4.58	4.47
72	600128. SH	弘业股份	4.75	4.48	5.05	4.62	4.66	4.84
73	600280. SH	中央商场	4.74	4.54	4.68	6.5	4.44	4.87
74	600824. SH	益民集团	4.72	5.37	4.57	4.24	4.53	4.55
75	600861. SH	北京人力	4.72	4.86	4.23	6.09	4.86	4.6
76	000058. SZ	深赛格	4.72	4.78	4.95	5.95	4.68	4.18
77	600250. SH	南纺股份	4.71	4.59	5.04	4.83	4.67	4.52
78	603123. SH	翠微股份	4.7	4.92	4.4	4.18	4.79	4.83
79	600693. SH	东百集团	4.7	4.68	4.9	3.27	5.02	4.57
80	300464. SZ	星徽股份	4.68	4.12	4.38	5.2	4.68	5.43
81	000151. SZ	中成股份	4.66	4.3	4.62	4.69	4.61	5.12
82	600287. SH	江苏舜天	4.66	4.27	5.21	4.41	4.59	4.62
83	600605. SH	汇通能源	4.65	4.25	4.86	4.76	4.6	4.84
84	603101. SH	汇嘉时代	4.64	4.88	4.69	4.56	4.57	4.43
85	000882. SZ	华联股份	4.62	4.93	4.67	4.24	4.41	4.57
86	000679. SZ	大连友谊	4.58	4.3	4.61	6.62	4.56	4.36
87	002072. SZ	凯瑞德	4.58	3.72	4.35	5.73	4.28	5.66
88	000759. SZ	中百集团	4.57	4.64	4.19	4.13	5.06	4.52
89	600778. SH	友好集团	4.54	4.33	4.33	4.58	5.13	4.37
90	002356. SZ	赫美集团	4.53	4.24	4.24	6.74	4.6	4.51
91	600712. SH	南宁百货	4.51	4.79	3.6	5.08	4.55	4.95
92	000861. SZ	海印股份	4.4	4.71	4.15	4.43	4.32	4.43
93	002336. SZ	人人乐	4.36	4.45	3.61	5.33	4.72	4.39
94	600811. SH	东方集团	4.34	4.57	4.31	2.93	4.41	4.42
95	002251. SZ	步步高	4.31	4.4	3.94	3.3	4.48	4.67

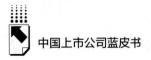

（二十五）社会服务

排名	代码	公司名称	总得分	财务指标	估值与成长性	创值能力	公司治理	创新与研发
1	300012.SZ	华测检测	6.04	5.87	6.32	6.66	5.8	6
2	300962.SZ	中金辐照	5.9	6.86	6	6.58	5.24	5.35
3	300662.SZ	科锐国际	5.81	5.02	6.64	5.76	5.94	5.66
4	300887.SZ	谱尼测试	5.77	5.57	5.79	6.08	5.87	5.75
5	003008.SZ	开普检测	5.73	6.89	5.34	4.88	5.38	5.51
6	603060.SH	国检集团	5.69	5.29	5.82	6.11	5.77	5.77
7	300938.SZ	信测标准	5.62	6.09	5.89	6.21	5.2	5.14
8	002057.SZ	中钢天源	5.59	4.92	6.08	5.5	5.58	5.8
9	300416.SZ	苏试试验	5.59	5.12	6.28	6.41	5.06	5.69
10	003032.SZ	传智教育	5.5	5.78	5.4	6.17	5.56	5.11
11	605098.SH	行动教育	5.46	5.86	5.3	6.27	5.55	4.93
12	603183.SH	建研院	5.46	5.46	6.04	4.5	5.61	4.95
13	300797.SZ	钢研纳克	5.45	5.34	6.03	6.48	5.04	5.14
14	002967.SZ	广电计量	5.39	5.36	5.55	5.45	5.08	5.55
15	600636.SH	国新文化	5.33	5.69	4.93	5.25	5.28	5.43
16	605108.SH	同庆楼	5.33	5.63	5.84	5.55	5.19	4.59
17	600880.SH	博瑞传播	5.32	5.4	5.36	4.72	5.1	5.56
18	300795.SZ	米奥会展	5.27	5	5.29	6.93	5.22	5.15
19	301073.SZ	君亭酒店	5.25	5.4	5.65	5.53	5.29	4.61
20	301169.SZ	零点有数	5.25	5.39	5.38	5.54	4.54	5.63
21	300359.SZ	全通教育	5.24	5.38	5.16	6.53	4.79	5.31
22	600576.SH	祥源文旅	5.21	5.68	5.45	5.98	4.54	4.97
23	603136.SH	天目湖	5.17	5.81	4.94	4.91	5.19	4.81
24	603199.SH	九华旅游	5.16	5.51	5.35	4.41	5.15	4.81
25	300860.SZ	锋尚文化	5.14	5.31	4.9	4.3	5.2	5.35
26	600826.SH	兰生股份	5.08	5.13	5.72	4.56	5.19	4.4
27	600754.SH	锦江酒店	5.05	4.91	5.15	3.56	5.48	5.04
28	300192.SZ	科德教育	5.03	4.96	5.21	6.35	5.06	4.57
29	002033.SZ	丽江股份	5.03	5.9	4.71	4.08	5.08	4.65
30	601007.SH	金陵饭店	5.02	4.95	5.57	2.89	5.44	4.66
31	300215.SZ	电科院	5.01	5.5	5.07	3.94	4.53	5.18

排名	代码	公司名称	总得分	财务指标	估值与成长性	创值能力	公司治理	创新与研发
32	000888.SZ	峨眉山A	4.94	5.13	5.03	4.02	5.14	4.71
33	300688.SZ	创业黑马	4.94	5.02	4.64	4.36	5.05	5.22
34	300144.SZ	宋城演艺	4.94	5.49	4.61	5.14	4.58	5.02
35	600158.SH	中体产业	4.89	4.75	5.56	4.05	4.6	4.84
36	002858.SZ	力盛体育	4.88	4.98	4.73	4.64	4.95	4.92
37	600730.SH	中国高科	4.87	4.34	5.12	4.92	4.72	5.3
38	600054.SH	黄山旅游	4.87	5.46	4.82	3.78	4.91	4.57
39	603377.SH	东方时尚	4.85	5.01	4.7	4.11	4.75	5.11
40	300572.SZ	安车检测	4.8	4.79	4.81	4.04	5.1	4.68
41	002306.SZ	中科云网	4.76	3.82	5.05	7.27	4.62	4.91
42	002659.SZ	凯文教育	4.76	5.49	4.9	4.07	4.64	4.16
43	600258.SH	首旅酒店	4.75	4.71	4.62	3.55	5.17	4.79
44	600661.SH	昂立教育	4.72	3.98	4.73	6.88	5.15	4.5
45	600749.SH	西藏旅游	4.72	4.98	4.69	4.75	4.6	4.59
46	603099.SH	长白山	4.67	4.67	4.92	4.53	4.34	4.78
47	002638.SZ	勤上股份	4.65	4.46	5.28	4.73	4.03	4.82
48	000524.SZ	岭南控股	4.64	4.67	4.32	4.45	5.16	4.46
49	600138.SH	中青旅	4.63	4.48	4.36	2.64	4.91	5.26
50	000526.SZ	学大教育	4.62	4.47	4.48	5.24	4.95	4.44
51	002059.SZ	云南旅游	4.61	4.33	4.43	5	4.93	4.67
52	002607.SZ	中公教育	4.49	3.88	4.05	6.2	4.44	5.15
53	600593.SH	大连圣亚	4.49	4.11	4.37	5.11	4.6	4.71
54	002159.SZ	三特索道	4.44	4.7	4.3	3.95	4.45	4.46
55	002186.SZ	全聚德	4.43	4.16	3.98	4.89	5.07	4.41
56	000721.SZ	西安饮食	4.41	4.33	3.87	5.72	4.54	4.56
57	000610.SZ	西安旅游	4.38	3.87	4.2	5.38	4.57	4.61
58	000430.SZ	张家界	4.33	4.28	4.3	4.14	4.42	4.38
59	002707.SZ	众信旅游	4.23	3.71	3.85	5.78	4.54	4.44
60	600706.SH	曲江文旅	4.22	4.33	3.92	3.77	4.59	4.15
61	002621.SZ	美吉姆	4.2	3.76	4.02	3.5	4.45	4.74
62	000978.SZ	桂林旅游	4.19	3.94	4.1	4.12	4.33	4.41
63	000428.SZ	华天酒店	4.18	3.93	3.93	4.79	4.58	4.13

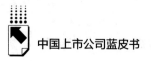

（二十六）石油石化

排名	代码	公司名称	总得分	财务指标	估值与成长性	创值能力	公司治理	创新与研发
1	601857.SH	中国石油	5.68	5.76	5.04	5.35	6.13	5.88
2	300191.SZ	潜能恒信	5.68	6.16	5.29	6.5	5	6.05
3	002986.SZ	宇新股份	5.51	5.87	5.41	5.94	5.65	5
4	600256.SH	广汇能源	5.5	5.48	5.53	5.99	5.61	5.27
5	600583.SH	海油工程	5.47	5.47	5.9	4.97	5.51	5.11
6	600028.SH	中国石化	5.4	5.28	5	4.06	6.06	5.59
7	600968.SH	海油发展	5.4	5.41	5.28	5.28	5.31	5.63
8	000819.SZ	岳阳兴长	5.33	5.88	5.08	6.73	5.09	4.91
9	002493.SZ	荣盛石化	5.23	5.08	5.22	4.94	5.61	5.09
10	603727.SH	博迈科	5.23	4.77	5.97	4.45	4.97	5.39
11	603798.SH	康普顿	5.2	5.83	4.9	5.15	5.24	4.83
12	300839.SZ	博汇股份	5.14	5.17	5.01	6.13	5.02	5.12
13	603619.SH	中曼石油	5.14	4.79	5.72	6.84	4.96	4.68
14	600800.SH	渤海化学	5.11	5.06	5.73	5.23	4.39	5.21
15	000096.SZ	广聚能源	5.08	5.7	5.09	4.36	4.79	4.91
16	002408.SZ	齐翔腾达	5.07	5.06	5.43	4.99	5	4.82
17	601808.SH	中海油服	5.03	5.41	4.83	5.49	4.99	4.77
18	600339.SH	中油工程	5.02	4.5	5.2	4.41	5.23	5.3
19	600346.SH	恒力石化	5.01	4.98	4.96	4.72	5.15	5.02
20	000968.SZ	蓝焰控股	5.01	5.36	5.2	5.25	4.76	4.65
21	002476.SZ	宝莫股份	4.99	4.76	5	5.39	5.1	4.99
22	600871.SH	石化油服	4.98	4.66	5.31	6.42	5.12	4.47
23	600777.SH	新潮能源	4.97	5.57	5.41	5.31	4.11	4.71
24	603353.SH	和顺石油	4.96	5.57	4.89	5.09	4.57	4.78
25	000985.SZ	大庆华科	4.93	5.57	4.37	5.3	4.84	4.84
26	000059.SZ	华锦股份	4.93	5.3	4.92	1.67	5.66	4.65
27	601233.SH	桐昆股份	4.86	4.93	4.88	3.55	5.13	4.83
28	002554.SZ	惠博普	4.84	4.46	4.95	5.52	5.03	4.75
29	600688.SH	上海石化	4.84	4.68	4.78	3.48	5.86	4.35
30	000703.SZ	恒逸石化	4.82	4.63	5.06	2.56	5.12	5.01
31	603223.SH	恒通股份	4.81	5.61	4.89	5.75	4.27	4.25

续表

排名	代码	公司名称	总得分	财务指标	估值与成长性	创值能力	公司治理	创新与研发
32	000301.SZ	东方盛虹	4.79	4.65	4.43	4.62	5.3	4.84
33	000554.SZ	泰山石油	4.73	4.83	4.92	6.08	4.29	4.56
34	300164.SZ	通源石油	4.67	4.34	4.73	5.89	4.59	4.72
35	600506.SH	统一股份	4.61	4.2	4.95	5.03	4.65	4.54
36	002221.SZ	东华能源	4.55	4.32	4.62	3.54	4.91	4.62
37	000698.SZ	沈阳化工	4.52	4.1	4.07	5.08	5.18	4.6
38	300135.SZ	宝利国际	4.51	4.68	4.45	3.86	4.21	4.84
39	002207.SZ	准油股份	4.44	4.06	4.49	5.7	4.73	4.18
40	002828.SZ	贝肯能源	4.42	4.12	4.32	3.89	4.77	4.6
41	002629.SZ	仁智股份	4.15	2.9	4.28	5.85	4.46	4.55

（二十七）食品饮料

排名	代码	公司名称	总得分	财务指标	估值与成长性	创值能力	公司治理	创新与研发
1	000858.SZ	五粮液	5.91	6	5.25	6.19	6.05	6.29
2	600519.SH	贵州茅台	5.86	6.25	5.24	6.55	5.85	5.93
3	000568.SZ	泸州老窖	5.81	5.75	5.14	6.63	5.97	6.17
4	600809.SH	山西汾酒	5.72	5.68	5.66	7	5.91	5.29
5	603288.SH	海天味业	5.63	5.77	4.98	6.38	5.67	5.93
6	603369.SH	今世缘	5.62	5.54	5.72	6.34	5.82	5.19
7	000596.SZ	古井贡酒	5.61	5.42	5.6	6.3	5.72	5.56
8	600132.SH	重庆啤酒	5.6	5.21	5.19	7	5.95	5.72
9	300146.SZ	汤臣倍健	5.53	5.69	5.25	5.95	5.17	5.91
10	000799.SZ	酒鬼酒	5.5	5.6	5.31	6.84	5.52	5.25
11	605089.SH	味知香	5.49	6.48	5.56	5.91	5.05	4.79
12	000895.SZ	双汇发展	5.45	5.33	5.41	5.68	5.86	5.12
13	002304.SZ	洋河股份	5.44	5.45	4.87	5.88	5.97	5.38
14	600702.SH	舍得酒业	5.44	5.27	5.38	6.69	5.65	5.16
15	605499.SH	东鹏饮料	5.44	5.6	5.27	6.76	5.73	4.82
16	002507.SZ	涪陵榨菜	5.39	6.38	5.19	5.2	5.2	4.86

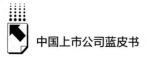

续表

排名	代码	公司名称	总得分	财务指标	估值与成长性	创值能力	公司治理	创新与研发
17	002557. SZ	洽洽食品	5.39	5.2	5.68	5.86	5.57	4.99
18	000848. SZ	承德露露	5.39	5.72	5.47	5.59	4.97	5.34
19	600887. SH	伊利股份	5.38	4.83	5.2	5.46	5.53	5.95
20	600779. SH	水井坊	5.38	5.38	4.97	6.49	5.87	5.01
21	603198. SH	迎驾贡酒	5.37	5.45	5.4	6.46	5.37	4.99
22	002568. SZ	百润股份	5.36	5.79	5.01	6.5	5.02	5.33
23	603317. SH	天味食品	5.34	5.76	5.31	5.61	5.41	4.82
24	600696. SH	岩石股份	5.33	5.21	5.4	7.49	4.81	5.35
25	600600. SH	青岛啤酒	5.32	5.11	5.11	6.39	5.79	4.99
26	603027. SH	千禾味业	5.3	5.56	5.29	6.53	5.28	4.78
27	603043. SH	广州酒家	5.29	5.4	5.52	5.75	5.22	4.89
28	600298. SH	安琪酵母	5.27	4.75	5.37	5.53	5.42	5.5
29	002515. SZ	金字火腿	5.27	5.46	5.63	5.41	4.41	5.53
30	300973. SZ	立高食品	5.25	5.34	5.24	5.85	5.07	5.22
31	000729. SZ	燕京啤酒	5.25	5.22	5.19	5.01	5.58	5.07
32	002847. SZ	盐津铺子	5.24	4.85	5.02	6.93	5.44	5.22
33	002461. SZ	珠江啤酒	5.22	5.03	5.12	4.84	5.3	5.53
34	603886. SH	元祖股份	5.22	5.77	5.43	5.28	5.44	4.21
35	300791. SZ	仙乐健康	5.21	5.25	5.38	4.58	4.83	5.52
36	603345. SH	安井食品	5.2	4.82	5.52	5.83	5.56	4.76
37	002991. SZ	甘源食品	5.2	5.45	5.06	5.83	5.23	4.91
38	002216. SZ	三全食品	5.2	5.03	5.45	6.26	5.24	4.81
39	300908. SZ	仲景食品	5.19	5.75	5.32	5.03	4.76	4.94
40	603697. SH	有友食品	5.17	5.92	5.22	4.66	5.35	4.32
41	600573. SH	惠泉啤酒	5.16	5.6	5.32	5.1	4.96	4.78
42	300915. SZ	海融科技	5.15	5.45	5.12	4.68	4.98	5.18
43	603755. SH	日辰股份	5.15	5.27	5.13	5.71	4.74	5.31
44	605338. SH	巴比食品	5.15	5.48	5.22	5.37	5.16	4.68
45	003000. SZ	劲仔食品	5.14	5.2	5.1	6.03	5.14	4.89
46	603919. SH	金徽酒	5.13	5.37	4.67	5.61	5.24	5.1
47	600559. SH	老白干酒	5.12	4.91	4.88	6.17	5.57	4.89
48	002732. SZ	燕塘乳业	5.12	5.22	5.14	5.08	5.04	5.11
49	605337. SH	李子园	5.11	5.38	5.26	5.74	4.87	4.76

排名	代码	公司名称	总得分	财务指标	估值与成长性	创值能力	公司治理	创新与研发
50	002946.SZ	新乳业	5.1	4.67	5.49	5.92	5.08	4.95
51	603866.SH	桃李面包	5.1	5.79	5.17	5.4	4.96	4.39
52	603156.SH	养元饮品	5.09	5.38	4.68	5.05	5.3	5.02
53	603589.SH	口子窖	5.06	5.14	4.8	5.56	5.45	4.73
54	300106.SZ	西部牧业	5.05	4.95	5.37	5.29	4.17	5.64
55	001219.SZ	青岛食品	5.04	6.17	4.99	5.32	4.62	4.33
56	002695.SZ	煌上煌	5.01	5.38	5.07	3.51	4.75	5.21
57	002626.SZ	金达威	4.99	5.2	4.58	5.09	4.94	5.22
58	603696.SH	安记食品	4.98	5.41	4.51	5.39	4.8	5.1
59	000529.SZ	广弘控股	4.98	4.57	5.44	4	5.31	4.84
60	600073.SH	上海梅林	4.95	4.5	5.6	3.78	5.19	4.8
61	605339.SH	南侨食品	4.93	5.15	4.89	4.68	4.56	5.19
62	603517.SH	绝味食品	4.93	5.49	4.58	4.13	4.91	4.92
63	600305.SH	恒顺醋业	4.92	5.1	4.79	5.78	4.5	5.08
64	603777.SH	来伊份	4.92	4.98	5.19	5.49	4.89	4.47
65	600419.SH	天润乳业	4.91	4.84	5.53	4.59	4.79	4.58
66	600882.SH	妙可蓝多	4.9	4.67	5.21	2.75	5.23	5.03
67	002702.SZ	海欣食品	4.89	4.35	5.77	5.71	4.68	4.57
68	605300.SH	佳禾食品	4.88	4.81	5.07	4.66	4.89	4.82
69	300997.SZ	欢乐家	4.88	5.16	5	5.83	4.72	4.42
70	300898.SZ	熊猫乳品	4.87	5.1	5.09	5.41	4.27	4.89
71	002495.SZ	佳隆股份	4.86	5.64	4.46	2.86	4.59	5.23
72	001215.SZ	千味央厨	4.85	4.98	5.27	5.99	4.46	4.42
73	600872.SH	中炬高新	4.82	5.05	4.2	4.89	4.73	5.3
74	000869.SZ	张裕A	4.81	4.96	5.06	3.15	4.81	4.82
75	002646.SZ	天佑德酒	4.8	4.6	5.05	5.03	4.78	4.72
76	600597.SH	光明乳业	4.8	4.58	5.17	2.04	5	5.13
77	300783.SZ	三只松鼠	4.79	4.53	4.95	4.85	4.9	4.75
78	603711.SH	香飘飘	4.78	4.91	4.75	4.47	5.07	4.49
79	603719.SH	良品铺子	4.76	4.45	4.73	5.68	4.81	4.81
80	600059.SH	古越龙山	4.75	5.08	4.95	2.68	4.66	4.85
81	002910.SZ	庄园牧场	4.75	4.68	4.94	4.08	5.04	4.52
82	002661.SZ	克明食品	4.74	4.76	5.18	3.41	4.63	4.74

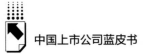

续表

排名	代码	公司名称	总得分	财务指标	估值与成长性	创值能力	公司治理	创新与研发
83	002956.SZ	西麦食品	4.71	4.91	5.02	4.75	4.63	4.28
84	605567.SH	春雪食品	4.71	4.55	5.3	4.4	4.87	4.19
85	600197.SH	伊力特	4.69	4.79	4.35	4.19	5.13	4.61
86	600300.SH	维维股份	4.67	4.68	5.02	4.25	4.57	4.5
87	601579.SH	会稽山	4.66	5.09	4.67	1.98	4.55	5.02
88	600199.SH	金种子酒	4.66	3.99	4.53	6.19	4.9	4.85
89	002650.SZ	加加食品	4.66	4.77	4.86	2.62	4.73	4.8
90	600186.SH	莲花健康	4.66	3.63	5.37	6.1	4.56	4.73
91	605388.SH	均瑶健康	4.64	4.87	4.71	4.22	4.39	4.67
92	600429.SH	三元股份	4.6	4.28	4.69	3.68	4.97	4.68
93	600189.SH	泉阳泉	4.6	4.15	5.28	5.32	4.37	4.4
94	000860.SZ	顺鑫农业	4.59	3.94	4.66	3.23	5.34	4.76
95	600616.SH	金枫酒业	4.59	4.74	4.35	4.95	4.62	4.56
96	605179.SH	一鸣食品	4.57	4.73	4.48	4.14	4.58	4.59
97	600238.SH	海南椰岛	4.56	3.84	4.55	6.58	4.44	4.9
98	300892.SZ	品渥食品	4.55	4.13	4.36	3.13	5.01	5.05
99	002820.SZ	桂发祥	4.5	5.24	4.27	3.03	4.66	4.19
100	002570.SZ	贝因美	4.5	3.9	5.01	5.27	4.11	4.78
101	002330.SZ	得利斯	4.5	4.38	5.1	3.75	4.48	4.2
102	002329.SZ	皇氏集团	4.43	3.94	4.61	3.48	4.23	5.19
103	002726.SZ	龙大美食	4.37	4.13	4.93	3.29	4.48	4.23
104	002840.SZ	华统股份	4.37	4.2	4.88	3.84	4.2	4.35
105	603536.SH	惠发食品	4.34	4.02	4.13	3.49	4.58	4.85
106	000929.SZ	兰州黄河	4.3	4.12	4.66	4.24	4.52	3.92
107	603779.SH	威龙股份	4.28	3.79	4.46	6.09	4.19	4.23
108	002582.SZ	好想你	4.27	4.74	3.73	1.67	4.71	4.53
109	600381.SH	青海春天	4.23	4.15	3.71	3.75	4.19	5
110	600084.SH	中葡股份	4.23	3.66	4.06	4.19	4.3	4.9
111	000716.SZ	黑芝麻	4.22	4.21	4.06	4.45	4.03	4.54
112	002719.SZ	麦趣尔	4.1	4.31	3.7	3.85	4.32	4.15

（二十八）通信

排名	代码	公司名称	总得分	财务指标	估值与成长性	创值能力	公司治理	创新与研发
1	300628.SZ	亿联网络	6.12	6.86	5.85	5.94	6.02	5.79
2	300394.SZ	天孚通信	5.71	6.9	5.55	6.27	5.49	4.74
3	600050.SH	中国联通	5.61	5.99	5.35	3.77	5.69	5.87
4	000063.SZ	中兴通讯	5.58	5	5.13	5.43	6.03	6.2
5	300502.SZ	新易盛	5.56	5.97	6.04	6.3	5.3	4.76
6	300211.SZ	亿通科技	5.56	5.83	5.69	6.09	4.86	5.72
7	300921.SZ	南凌科技	5.51	6.39	5.06	5.33	5.36	5.28
8	300627.SZ	华测导航	5.49	5.61	5.58	6.02	5.24	5.4
9	300711.SZ	广哈通信	5.45	5.71	5.5	6.05	5.04	5.4
10	300308.SZ	中际旭创	5.44	5.36	5.68	6.22	5.57	4.96
11	601728.SH	中国电信	5.44	5.97	5.01	3.97	5.33	5.81
12	603236.SH	移远通信	5.43	4.37	6.02	5.9	5.61	5.6
13	002148.SZ	北纬科技	5.41	6.45	5.07	5.17	5.15	5.04
14	002281.SZ	光迅科技	5.38	5.28	5.61	5.68	5.63	4.91
15	300638.SZ	广和通	5.33	4.59	5.54	6.03	5.22	5.79
16	300620.SZ	光库科技	5.31	5.87	5.39	6.02	5.17	4.65
17	300913.SZ	兆龙互连	5.26	5.64	5.71	6.02	5.06	4.44
18	002396.SZ	星网锐捷	5.25	5.24	5.26	4.16	4.9	5.89
19	600345.SH	长江通信	5.25	5.09	5.66	5.68	4.82	5.33
20	002544.SZ	普天科技	5.24	4.68	5.35	5.49	5.58	5.31
21	300548.SZ	博创科技	5.23	4.97	5.78	7.21	5.13	4.54
22	003031.SZ	中瓷电子	5.22	5.39	4.89	6.33	4.8	5.54
23	002296.SZ	辉煌科技	5.22	5.58	5.27	4.48	5.18	5.04
24	300615.SZ	欣天科技	5.22	5.38	5.58	6.38	5.51	4.12
25	002194.SZ	武汉凡谷	5.2	5.92	5.15	4.96	5.27	4.52
26	600776.SH	东方通信	5.18	5.18	4.85	5.57	5.28	5.34
27	300959.SZ	线上线下	5.18	5.76	5.23	3.83	4.63	5.46
28	002017.SZ	东信和平	5.18	5.51	5.24	5.82	5.17	4.65
29	002929.SZ	润建股份	5.18	4.75	5.56	4.9	5.41	5.06
30	300689.SZ	澄天伟业	5.15	5.84	5.36	5.39	5.05	4.29
31	300590.SZ	移为通信	5.14	5.25	4.86	5.24	5.27	5.17

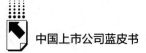

续表

排名	代码	公司名称	总得分	财务指标	估值与成长性	创值能力	公司治理	创新与研发
32	603083.SH	剑桥科技	5.12	4.17	5.24	5.99	5.23	5.63
33	300570.SZ	太辰光	5.12	5.86	5.11	5.91	5.36	3.96
34	603118.SH	共进股份	5.12	4.78	5.46	4.42	5.9	4.51
35	002583.SZ	海能达	5.11	4.91	4.99	4.71	5.12	5.51
36	600498.SH	烽火通信	5.1	4.61	5	4.33	5.51	5.47
37	601869.SH	长飞光纤	5.1	4.84	5.47	4.58	5.24	4.96
38	603421.SH	鼎信通讯	5.07	4.8	4.89	4.8	5.73	4.91
39	603803.SH	瑞斯康达	5.07	4.64	5.28	4.39	5.48	5.03
40	002467.SZ	二六三	5.05	6.01	4.55	3.91	4.57	5.36
41	000586.SZ	汇源通信	5.04	4.84	5.44	6.33	5.17	4.41
42	600522.SH	中天科技	5.04	4.89	4.98	4.58	5.47	4.93
43	300213.SZ	佳讯飞鸿	5.03	5.32	4.83	4.04	4.75	5.47
44	300563.SZ	神宇股份	5.02	5.33	5.04	4.77	5.44	4.31
45	002897.SZ	意华股份	5	4.5	5.96	6.16	4.8	4.44
46	300738.SZ	奥飞数据	4.99	5.17	5.13	5.6	4.23	5.29
47	300504.SZ	天邑股份	4.98	5.02	5.39	5.02	5.09	4.43
48	300383.SZ	光环新网	4.97	5.5	4.87	2.26	4.87	5.32
49	600487.SH	亨通光电	4.96	4.79	4.92	3.97	5.13	5.25
50	300353.SZ	东土科技	4.94	4	4.69	5.9	5.33	5.51
51	003040.SZ	楚天龙	4.94	5	4.78	5.74	5.28	4.5
52	603602.SH	纵横通信	4.93	5.03	5.03	5.13	4.94	4.66
53	300698.SZ	万马科技	4.93	4.68	4.88	6.82	5	4.68
54	603881.SH	数据港	4.92	5.44	4.72	3.83	4.77	5.02
55	300183.SZ	东软载波	4.91	4.83	4.91	4.76	4.62	5.32
56	002792.SZ	通宇通讯	4.89	5.21	5.16	3.51	5.25	4.28
57	300597.SZ	吉大通信	4.89	4.8	5.18	3.06	5.1	4.92
58	300571.SZ	平治信息	4.87	4.06	5.04	4.85	4.96	5.42
59	300560.SZ	中富通	4.86	4.75	5.26	4.88	4.49	4.94
60	300565.SZ	科信技术	4.84	4.13	5.64	6.01	4.48	4.82
61	600355.SH	精伦电子	4.83	4.51	4.93	5.89	4.7	4.9

续表

排名	代码	公司名称	总得分	财务指标	估值与成长性	创值能力	公司治理	创新与研发
62	300134.SZ	大富科技	4.8	5.09	5.03	4.38	4.41	4.77
63	603220.SH	中贝通信	4.79	4.64	5.21	5.19	4.99	4.23
64	600775.SH	南京熊猫	4.79	5.13	4.57	4.58	4.98	4.53
65	300578.SZ	会畅通讯	4.79	5.48	4.43	3.57	4.55	5
66	002115.SZ	三维通信	4.78	4.78	4.49	4.78	4.83	5.02
67	603322.SH	超讯通信	4.76	4.15	4.64	5.66	5.14	4.9
68	300414.SZ	中光防雷	4.76	4.96	5.01	5.28	4.66	4.28
69	002093.SZ	国脉科技	4.76	4.81	4.83	4.65	4.49	4.92
70	300205.SZ	天喻信息	4.75	4.27	4.99	5.28	4.63	4.98
71	300310.SZ	宜通世纪	4.71	5.13	4.56	4.9	4.39	4.72
72	300050.SZ	世纪鼎利	4.68	4.52	4.61	5.44	4.83	4.59
73	600198.SH	大唐电信	4.68	3.88	4.07	5.79	4.9	5.58
74	002902.SZ	铭普光磁	4.67	4.28	4.99	5.89	4.88	4.24
75	002104.SZ	恒宝股份	4.67	5.26	4.07	5.08	4.74	4.5
76	300513.SZ	恒实科技	4.67	4.85	4.63	3	4.62	4.98
77	002123.SZ	梦网科技	4.61	4.3	4.35	5.07	4.75	4.93
78	300292.SZ	吴通控股	4.61	4.59	4.43	5.41	4.83	4.38
79	300710.SZ	万隆光电	4.59	4.76	5	3.59	4.19	4.67
80	000851.SZ	高鸿股份	4.59	4.52	4.51	3.72	4.26	5.29
81	600105.SH	永鼎股份	4.56	3.88	4.88	6.61	4.52	4.44
82	300053.SZ	航宇微	4.54	4.39	3.88	5.04	4.45	5.33
83	300025.SZ	华星创业	4.54	4.51	4.5	6.1	4.51	4.26
84	002491.SZ	通鼎互联	4.48	4.17	4.57	5.5	4.65	4.28
85	000070.SZ	特发信息	4.42	4.06	4.08	4.85	4.99	4.44
86	300081.SZ	恒信东方	4.37	4.43	3.94	3.51	4.25	5.07
87	603042.SH	华脉科技	4.35	4.5	4.08	3.22	4.66	4.45
88	000836.SZ	富通信息	4.32	4.07	4.43	3.19	4.8	4.28
89	002796.SZ	世嘉科技	4.27	4.31	4.33	3.9	4.75	3.8
90	300603.SZ	立昂技术	4.13	3.97	3.63	4.11	4.6	4.31

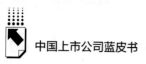
（二十九）医药生物

排名	代码	公司名称	总得分	财务指标	估值与成长性	创值能力	公司治理	创新与研发
1	300760.SZ	迈瑞医疗	6.29	6.14	5.56	6.46	6.12	6.62
2	603392.SH	万泰生物	6.11	5.81	5.67	7.02	5.54	6.39
3	002432.SZ	九安医疗	6	6.19	5.61	5	5.57	6.38
4	002030.SZ	达安基因	5.92	6.34	5.34	5.21	5.78	6.15
5	002932.SZ	明德生物	5.82	6.49	5.98	5	5.8	5.67
6	600276.SH	恒瑞医药	5.8	5.82	4.83	6.13	5.56	6.15
7	603259.SH	药明康德	5.76	5.23	5.43	6.28	5.94	5.9
8	300122.SZ	智飞生物	5.74	4.99	4.99	6.14	6.32	5.99
9	603882.SH	金域医学	5.73	5.48	5.54	6.16	6.2	5.65
10	300639.SZ	凯普生物	5.68	6.06	6.05	4.95	5.58	5.59
11	002821.SZ	凯莱英	5.66	5.27	5.58	5.88	6.01	5.66
12	002603.SZ	以岭药业	5.65	5.21	5.32	6.15	6.13	5.67
13	000661.SZ	长春高新	5.62	5.42	5.15	5.6	5.97	5.73
14	300142.SZ	沃森生物	5.61	5.06	5.01	7.24	5.4	5.8
15	300482.SZ	万孚生物	5.61	5.79	5.55	5.63	5.62	5.57
16	300832.SZ	新产业	5.6	6.43	5.37	6.27	5.46	5.32
17	301080.SZ	百普赛斯	5.57	6.57	5.69	5.81	4.78	5.43
18	002022.SZ	科华生物	5.55	5.82	5.97	4.11	5.41	5.62
19	000915.SZ	华特达因	5.54	6.74	5.42	5.3	5.67	5.18
20	000963.SZ	华东医药	5.53	4.95	4.72	5.76	5.88	5.84
21	600867.SH	通化东宝	5.53	6.57	4.84	5.68	5.74	5.31
22	300357.SZ	我武生物	5.51	6.74	5.16	6.26	5.23	5.18
23	603658.SH	安图生物	5.5	5.77	5.26	5.87	5.62	5.39
24	000513.SZ	丽珠集团	5.5	5.16	5.27	5.35	6.24	5.46
25	300676.SZ	华大基因	5.5	5.12	5.21	5.45	5.2	5.83
26	300705.SZ	九典制药	5.5	5.31	5.46	6.32	5.46	5.44
27	300358.SZ	楚天科技	5.49	4.59	5.18	6.23	5.4	5.81
28	300529.SZ	健帆生物	5.49	6.43	5.18	6.06	5.96	5.02
29	002262.SZ	恩华药业	5.49	6.14	5.43	6.02	5.51	5.19
30	603676.SH	卫信康	5.49	5.58	5.59	6.43	5.34	5.31
31	300015.SZ	爱尔眼科	5.48	5.69	5.02	6.39	6.26	5.15

续表

排名	代码	公司名称	总得分	财务指标	估值与成长性	创值能力	公司治理	创新与研发
32	600380. SH	健康元	5.48	5.22	5.47	3.82	6.14	5.62
33	300009. SZ	安科生物	5.48	5.78	5.44	6.61	5.78	5.09
34	000999. SZ	华润三九	5.46	5.04	5.29	5.62	6.31	5.36
35	600436. SH	片仔癀	5.46	5.64	4.95	6.49	5.82	5.27
36	300206. SZ	理邦仪器	5.45	5.89	5.31	6	5.11	5.37
37	600196. SH	复星医药	5.45	4.63	4.78	4.61	5.63	6.03
38	300003. SZ	乐普医疗	5.45	5.28	5.05	5.37	5	5.81
39	603127. SH	昭衍新药	5.44	5.73	5.55	5.65	5.45	5.27
40	603456. SH	九洲药业	5.43	4.93	5.53	6.33	5.93	5.25
41	002422. SZ	科伦药业	5.43	4.77	5.14	5.41	5.74	5.65
42	300363. SZ	博腾股份	5.43	5.09	6	6.06	5.39	5.25
43	300685. SZ	艾德生物	5.42	6.34	5.05	6.21	4.68	5.35
44	000538. SZ	云南白药	5.42	5.01	4.85	5.27	5.49	5.75
45	300595. SZ	欧普康视	5.42	6.68	5.01	6.22	5.42	4.99
46	603387. SH	基蛋生物	5.41	5.39	5.25	5.37	5.84	5.34
47	300759. SZ	康龙化成	5.41	5.22	5.23	6.25	5.71	5.28
48	300463. SZ	迈克生物	5.41	5.47	5.2	4.42	5.62	5.55
49	300573. SZ	兴齐眼药	5.4	5.88	5.12	6.75	5.3	5.13
50	300653. SZ	正海生物	5.4	6.53	5.06	6.23	5.07	5.09
51	002038. SZ	双鹭药业	5.39	6.39	4.71	4.56	4.77	5.64
52	002773. SZ	康弘药业	5.39	5.66	4.9	5.19	6.02	5.3
53	600161. SH	天坛生物	5.39	5.86	5.31	5.73	5.27	5.25
54	300244. SZ	迪安诊断	5.39	4.69	5.41	4.89	6.16	5.44
55	300558. SZ	贝达药业	5.38	5.31	4.56	5.9	4.94	5.74
56	300633. SZ	开立医疗	5.37	5.15	5.12	6.33	5.48	5.32
57	605369. SH	拱东医疗	5.35	6.29	5.58	6.02	5.58	4.77
58	301033. SZ	迈普医学	5.35	5.68	5.4	5.86	4.67	5.37
59	002001. SZ	新和成	5.35	5.17	5.45	5.26	5.53	5.32
60	300942. SZ	易瑞生物	5.34	5.77	5.25	6.05	4.96	5.24
61	301096. SZ	百诚医药	5.34	5.53	5.38	5.76	4.79	5.38
62	600521. SH	华海药业	5.34	4.54	4.88	5.85	5.63	5.57
63	301047. SZ	义翘神州	5.32	6.8	5.19	3.92	4.57	5.35
64	600566. SH	济川药业	5.31	5.91	4.96	5.25	5.5	5.17

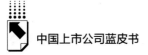

排名	代码	公司名称	总得分	财务指标	估值与成长性	创值能力	公司治理	创新与研发
65	603590.SH	康辰药业	5.31	5.6	4.87	4.48	5.12	5.56
66	300723.SZ	一品红	5.3	5.24	5.23	6.17	5.03	5.3
67	300294.SZ	博雅生物	5.3	5.87	5.07	5.06	5.16	5.28
68	603707.SH	健友股份	5.3	4.25	5.44	5.82	5.14	5.57
69	002294.SZ	信立泰	5.3	5.8	4.45	5.82	4.98	5.43
70	300841.SZ	康华生物	5.3	5.67	5.11	5.58	5.39	5.15
71	002223.SZ	鱼跃医疗	5.29	5.51	5.16	5.84	5.72	5.03
72	600750.SH	江中药业	5.28	5.87	5.47	5.52	5.79	4.82
73	300347.SZ	泰格医药	5.28	5.75	5.17	5.36	5.43	5.1
74	603939.SH	益丰药房	5.28	4.91	5.76	6	5.36	5.08
75	002252.SZ	上海莱士	5.27	6.07	5.14	5.32	4.8	5.2
76	300171.SZ	东富龙	5.26	4.89	5.57	5.98	4.93	5.27
77	300630.SZ	普利制药	5.26	4.83	5.32	5.59	4.65	5.54
78	300725.SZ	药石科技	5.26	5.08	5.34	5.8	5.16	5.24
79	603896.SH	寿仙谷	5.25	5.98	5.59	5.98	5.14	4.81
80	600332.SH	白云山	5.23	4.52	5.17	4.57	5.56	5.49
81	300601.SZ	康泰生物	5.23	4.7	4.81	5.37	5.15	5.55
82	600062.SH	华润双鹤	5.23	5.29	5.09	4.74	5.86	5.12
83	600085.SH	同仁堂	5.22	5.34	5.41	5.88	5.39	4.96
84	000423.SZ	东阿阿胶	5.22	5.93	5.4	5.81	5.38	4.77
85	600079.SH	人福医药	5.22	4.56	5.01	5.36	5.28	5.47
86	600511.SH	国药股份	5.22	4.77	5.52	4.64	5.11	5.4
87	002007.SZ	华兰生物	5.22	5.38	4.91	5.57	5.02	5.28
88	605116.SH	奥锐特	5.21	5.7	5.63	6.09	5.05	4.82
89	301060.SZ	兰卫医学	5.2	5.05	5.54	6.39	5.17	4.95
90	002675.SZ	东诚药业	5.2	5.02	5.7	5.39	5.14	5.09
91	601607.SH	上海医药	5.2	4.29	4.78	3.6	5.75	5.73
92	300406.SZ	九强生物	5.19	5.27	5.29	5.76	5.12	5.06
93	300485.SZ	赛升药业	5.19	6.33	4.64	4.24	5.16	5.17
94	300026.SZ	红日药业	5.19	4.79	5.1	5.01	5.11	5.41
95	600211.SH	西藏药业	5.19	5.56	4.64	5.97	4.87	5.23
96	000403.SZ	派林生物	5.18	5.13	5.36	5.23	5.08	5.17
97	002755.SZ	奥赛康	5.18	5.3	4.57	4.7	4.93	5.51

续表

排名	代码	公司名称	总得分	财务指标	估值与成长性	创值能力	公司治理	创新与研发
98	600285.SH	羚锐制药	5.18	5.44	5.25	5.76	5.12	4.99
99	600535.SH	天士力	5.18	5.28	4.51	3.96	5.66	5.41
100	300519.SZ	新光药业	5.17	6.66	5.47	5.59	4.85	4.61
101	002332.SZ	仙琚制药	5.17	5.25	5.23	5.29	5.85	4.87
102	600998.SH	九州通	5.17	4.22	5.15	3.56	5.31	5.72
103	300642.SZ	透景生命	5.17	5.91	5.01	5.11	5.26	4.95
104	603233.SH	大参林	5.17	4.86	5.23	5.95	5.29	5.08
105	300401.SZ	花园生物	5.15	5.44	5.05	5.37	4.91	5.13
106	300298.SZ	三诺生物	5.15	5.32	4.62	5.95	5.3	5.08
107	300869.SZ	康泰医学	5.14	4.76	5.41	5.93	4.92	5.11
108	002737.SZ	葵花药业	5.14	5.78	5.28	5.58	5.5	4.67
109	603858.SH	步长制药	5.14	4.68	4.83	3.81	5.2	5.6
110	300314.SZ	戴维医疗	5.13	5.67	5.39	6.04	5.13	4.72
111	603229.SH	奥翔药业	5.13	5.18	5.48	6.36	4.96	4.85
112	600557.SH	康缘药业	5.13	5.57	4.84	5.29	5.18	5.04
113	300453.SZ	三鑫医疗	5.11	5.63	5.57	5.9	4.87	4.72
114	000739.SZ	普洛药业	5.1	4.63	5.51	5.82	5.08	5.01
115	003020.SZ	立方制药	5.1	5.23	5.3	5.84	5.42	4.76
116	600055.SH	万东医疗	5.09	5.47	4.96	5.26	5.18	4.96
117	300049.SZ	福瑞股份	5.08	5.4	5.26	5.68	4.7	4.94
118	000534.SZ	万泽股份	5.08	4.97	4.96	6.33	4.64	5.1
119	002275.SZ	桂林三金	5.08	5.69	5.07	5.67	5.28	4.71
120	600129.SH	太极集团	5.08	4.19	4.66	6.45	5.05	5.3
121	600513.SH	联环药业	5.08	4.72	5.64	5.14	5.04	5.02
122	002317.SZ	众生药业	5.08	4.64	4.31	5.77	4.89	5.43
123	600329.SH	达仁堂	5.07	4.99	5.06	5.99	4.99	4.97
124	600976.SH	健民集团	5.06	4.78	5.11	6.45	5.13	4.89
125	002550.SZ	千红制药	5.06	4.8	4.99	5.56	5.33	4.99
126	300181.SZ	佐力药业	5.05	5.27	5.71	5.99	4.77	4.7
127	002107.SZ	沃华医药	5.05	5.57	5.17	5.86	4.94	4.73
128	000650.SZ	仁和药业	5.04	6	5.14	4.43	5.38	4.68
129	300765.SZ	新诺威	5.04	6.11	5.39	6.08	4.83	4.46
130	002873.SZ	新天药业	5.04	4.83	5.13	5.46	5.08	5

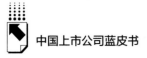
续表

排名	代码	公司名称	总得分	财务指标	估值与成长性	创值能力	公司治理	创新与研发
131	600267. SH	海正药业	5.04	4.64	4.8	4.84	5.36	5.18
132	600216. SH	浙江医药	5.03	5.01	5.26	4.04	5.26	5.05
133	600993. SH	马应龙	5.03	5.45	5.1	5.62	4.99	4.78
134	603301. SH	振德医疗	5.02	5.45	4.86	4.65	5.03	4.98
135	600420. SH	国药现代	5.01	4.95	5.2	3.9	5.08	5.13
136	600833. SH	第一医药	5	4.61	5.45	6.11	5.19	4.74
137	002287. SZ	奇正藏药	5	5.25	4.8	5.76	5.3	4.75
138	300039. SZ	上海凯宝	5	5.83	5.3	4.73	4.74	4.74
139	002020. SZ	京新药业	4.99	5.13	5.16	5.1	5.23	4.8
140	603439. SH	贵州三力	4.99	5.41	5.42	6.04	5.12	4.49
141	300143. SZ	盈康生命	4.99	4.68	4.99	6.02	5.43	4.77
142	000028. SZ	国药一致	4.99	4.46	5.57	3.66	5.23	5.12
143	002653. SZ	海思科	4.99	4.64	4.52	6.19	4.8	5.12
144	002901. SZ	大博医疗	4.98	5.41	4.63	5.66	5.04	4.83
145	002940. SZ	昂利康	4.98	5.12	5.02	5.34	5	4.86
146	002727. SZ	一心堂	4.98	4.92	5.54	5.12	5.19	4.71
147	300341. SZ	麦克奥迪	4.98	5.24	4.96	5.78	5.04	4.74
148	300677. SZ	英科医疗	4.97	6.17	4.65	2.55	5.29	4.99
149	301015. SZ	百洋医药	4.97	4.35	5.61	6.27	5.1	4.71
150	002004. SZ	华邦健康	4.97	4.64	5.24	3.57	5.12	5.18
151	603309. SH	维力医疗	4.97	5.44	5.38	5.42	5.51	4.41
152	300404. SZ	博济医药	4.97	4.78	5.42	6.75	4.96	4.58
153	603998. SH	方盛制药	4.97	4.82	4.89	5.99	5.16	4.8
154	000597. SZ	东北制药	4.96	4.52	5.08	5.01	5.27	4.96
155	300246. SZ	宝莱特	4.96	4.8	4.98	4.43	5.22	5.02
156	600587. SH	新华医疗	4.96	4.57	4.65	5.42	5.39	4.98
157	002349. SZ	精华制药	4.96	5.46	4.91	5.64	5.12	4.64
158	603987. SH	康德莱	4.96	5.03	5.73	5.26	5.18	4.55
159	600479. SH	千金药业	4.95	5.25	5.35	4.69	5.16	4.69
160	603087. SH	甘李药业	4.95	5.76	4.59	4.42	4.6	5
161	600056. SH	中国医药	4.94	4.2	4.6	4.21	5.13	5.36
162	002399. SZ	海普瑞	4.94	4.13	4.73	4.1	5.23	5.32
163	002826. SZ	易明医药	4.93	5.48	5.32	5.44	4.91	4.54

续表

排名	代码	公司名称	总得分	财务指标	估值与成长性	创值能力	公司治理	创新与研发
164	002907.SZ	华森制药	4.93	4.9	4.44	5.68	4.97	4.98
165	301089.SZ	拓新药业	4.93	4.96	5.53	6.31	5.16	4.41
166	603883.SH	老百姓	4.93	4.72	5.24	5.28	5.04	4.8
167	000756.SZ	新华制药	4.93	4.5	4.87	5.68	5.73	4.69
168	002864.SZ	盘龙药业	4.92	4.91	5.09	5.83	5.27	4.6
169	301087.SZ	可孚医疗	4.92	4.98	5.26	4.91	4.96	4.76
170	300452.SZ	山河药辅	4.91	5.2	5.48	6.02	5.1	4.37
171	002365.SZ	永安药业	4.91	5.42	5.69	4.31	5.22	4.48
172	002880.SZ	卫光生物	4.91	5.22	5.19	5.75	4.9	4.57
173	300396.SZ	迪瑞医疗	4.91	5.03	5.05	5.76	4.77	4.73
174	300238.SZ	冠昊生物	4.91	4.58	4.71	6.28	5.11	4.79
175	600422.SH	昆药集团	4.91	4.52	4.69	5.25	5.05	5
176	603811.SH	诚意药业	4.91	5.34	5.17	5.75	5.05	4.48
177	300683.SZ	海特生物	4.9	4.62	5.32	3.73	4.59	5.16
178	000989.SZ	九芝堂	4.9	5.26	4.78	5.76	5.15	4.59
179	000788.SZ	北大医药	4.9	4.4	5.27	5.61	4.86	4.83
180	002019.SZ	亿帆医药	4.89	4.84	4.69	3.98	5.03	5.1
181	600763.SH	通策医疗	4.89	6.01	5.08	6.26	5.12	4.15
182	300439.SZ	美康生物	4.89	5.35	4.86	4.94	4.88	4.74
183	600529.SH	山东药玻	4.89	4.95	5.23	5.36	5.24	4.55
184	300636.SZ	同和药业	4.88	4.71	5.7	5.78	4.92	4.5
185	605507.SH	国邦医药	4.88	4.69	5.77	4.85	4.87	4.66
186	300233.SZ	金城医药	4.88	4.61	5.27	5.13	4.69	4.86
187	002198.SZ	嘉应制药	4.88	5.42	4.85	6.15	4.31	4.68
188	600488.SH	津药药业	4.87	4.74	5.04	3.59	4.47	5.21
189	000950.SZ	重药控股	4.86	4.06	5.15	3.31	4.93	5.28
190	301065.SZ	本立科技	4.86	5.2	5.43	4.67	5.04	4.53
191	300239.SZ	东宝生物	4.85	4.61	5.66	5.63	4.9	4.51
192	002923.SZ	润都股份	4.85	4.87	5.21	5.76	5.03	4.51
193	300434.SZ	金石亚药	4.85	4.68	5.14	5.94	4.98	4.58
194	300204.SZ	舒泰神	4.85	4.24	4.28	5.35	4.67	5.22
195	600645.SH	中源协和	4.85	5	4.96	5.32	4.56	4.77
196	002728.SZ	特一药业	4.84	5.05	4.75	5.7	5.09	4.58

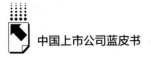

续表

排名	代码	公司名称	总得分	财务指标	估值与成长性	创值能力	公司治理	创新与研发
197	002693. SZ	双成药业	4.84	4.32	4.55	5.85	4.6	5.02
198	300562. SZ	乐心医疗	4.84	4.36	5.16	4.76	5.15	4.8
199	603367. SH	辰欣药业	4.84	4.98	5.22	4.07	4.75	4.82
200	002950. SZ	奥美医疗	4.84	5.04	5.11	5.2	5.04	4.54
201	605266. SH	健之佳	4.82	4.76	5.61	5.51	4.73	4.5
202	600351. SH	亚宝药业	4.82	5.17	5.04	5.02	4.81	4.6
203	605199. SH	葫芦娃	4.81	4.66	5.06	6.04	4.66	4.63
204	600774. SH	汉商集团	4.81	4.77	5.43	5.01	4.65	4.64
205	600713. SH	南京医药	4.81	3.81	5.09	3.64	4.96	5.2
206	301211. SZ	亨迪药业	4.81	6.15	5.08	5.33	4.46	4.29
207	300937. SZ	药易购	4.8	4.11	5.03	5.01	5.21	4.79
208	301166. SZ	优宁维	4.8	5.02	5.01	4.5	5.23	4.57
209	603538. SH	美诺华	4.8	4.68	4.88	4.93	4.96	4.74
210	600572. SH	康恩贝	4.79	5.04	4.83	5.21	5.3	4.46
211	603351. SH	威尔药业	4.79	4.58	5.15	5.29	4.78	4.65
212	000411. SZ	英特集团	4.79	4.21	5.01	4.78	4.84	4.89
213	301075. SZ	多瑞医药	4.78	5.51	4.85	4.57	4	4.82
214	603108. SH	润达医疗	4.78	4.08	4.99	4.72	5.03	4.88
215	300199. SZ	翰宇药业	4.78	4	3.88	6.22	4.32	5.24
216	300006. SZ	莱美药业	4.77	4.31	5.13	4.71	4.66	4.84
217	600664. SH	哈药股份	4.75	3.78	4.54	4.97	5.07	5.01
218	600851. SH	海欣股份	4.75	4.9	5.3	5.08	4.61	4.51
219	600538. SH	国发股份	4.75	4.63	5.45	5.4	4.41	4.55
220	300016. SZ	北陆药业	4.74	5.08	4.77	3.92	4.68	4.78
221	002817. SZ	黄山胶囊	4.74	5.27	5.54	5.9	4.67	4.12
222	603168. SH	莎普爱思	4.74	5.19	5.04	5.11	4.3	4.57
223	301017. SZ	漱玉平民	4.74	4.39	5.26	4.97	4.74	4.63
224	603368. SH	柳药集团	4.73	4.28	5.26	4.19	5.06	4.69
225	300534. SZ	陇神戎发	4.72	4.89	4.37	5.82	4.69	4.61
226	300149. SZ	睿智医药	4.72	4.64	4.85	3.6	5.22	4.72
227	300289. SZ	利德曼	4.71	5.38	4.5	3.46	4.77	4.75
228	600272. SH	开开实业	4.71	4.49	5.37	5.87	4.73	4.35
229	002750. SZ	龙津药业	4.71	4.37	3.95	5.87	4.59	4.92

续表

排名	代码	公司名称	总得分	财务指标	估值与成长性	创值能力	公司治理	创新与研发
230	300111. SZ	向日葵	4.71	4.54	5.01	6.37	4.06	4.6
231	300255. SZ	常山药业	4.7	4.08	5.25	3.59	4.18	5.1
232	000153. SZ	丰原药业	4.7	4.47	5.14	4.95	4.93	4.51
233	301093. SZ	华兰股份	4.7	5.74	4.93	4.14	4.67	4.37
234	300194. SZ	福安药业	4.69	4.66	4.86	3.88	4.53	4.84
235	000623. SZ	吉林敖东	4.69	5.24	4.97	3.6	4.76	4.57
236	300753. SZ	爱朋医疗	4.69	4.96	4.81	4.58	4.49	4.65
237	600080. SH	金花股份	4.68	5.08	4.73	4.75	4.14	4.71
238	600624. SH	复旦复华	4.68	4.05	5.06	5.77	4.33	4.71
239	000908. SZ	景峰医药	4.68	3.51	4.58	6.41	4.08	5.02
240	300326. SZ	凯利泰	4.68	5.02	4.79	3.71	4.78	4.66
241	000931. SZ	中关村	4.68	4.33	4.99	4.47	4.83	4.67
242	002412. SZ	汉森制药	4.67	5.45	5.23	4.83	4.38	4.29
243	002382. SZ	蓝帆医疗	4.67	4.81	4.52	1.91	5.1	4.99
244	000790. SZ	华神科技	4.67	4.47	5.32	4.76	4.81	4.45
245	000516. SZ	国际医学	4.67	3.96	3.93	5.21	4.89	4.98
246	002898. SZ	赛隆药业	4.67	4.44	4.88	3.9	4.65	4.8
247	600829. SH	人民同泰	4.66	3.92	5.47	4.64	4.86	4.58
248	600789. SH	鲁抗医药	4.66	4.21	4.83	5.02	4.66	4.7
249	301111. SZ	粤万年青	4.66	6	4.9	5.08	3.79	4.35
250	300584. SZ	海辰药业	4.66	4.79	3.91	5.04	4.62	4.81
251	002462. SZ	嘉事堂	4.65	4.26	5.22	3.26	4.66	4.83
252	600613. SH	神奇制药	4.65	4.83	4.63	4.54	4.39	4.7
253	600252. SH	中恒集团	4.65	4.57	4.81	2.55	4.97	4.87
254	603567. SH	珍宝岛	4.65	3.99	4.73	3.59	4.95	4.92
255	000766. SZ	通化金马	4.65	4.31	4.86	5.31	4.14	4.75
256	000952. SZ	广济药业	4.65	4.66	5.26	4.69	4.99	4.31
257	603520. SH	司太立	4.64	4.09	4.84	4.61	4.48	4.82
258	000705. SZ	浙江震元	4.64	4.47	5.09	4.03	4.78	4.6
259	300110. SZ	华仁药业	4.64	3.97	5.14	5.07	4.41	4.7
260	600721. SH	百花医药	4.64	3.96	4.47	5.64	4.76	4.72
261	002099. SZ	海翔药业	4.64	4.56	5.12	4.24	4.82	4.51
262	300966. SZ	共同药业	4.64	4.21	5.12	5.15	4.9	4.44

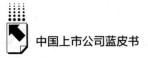

续表

排名	代码	公司名称	总得分	财务指标	估值与成长性	创值能力	公司治理	创新与研发
263	300981.SZ	中红医疗	4.63	6.1	4.6	2.17	4.75	4.52
264	002044.SZ	美年健康	4.62	4.72	4.49	5.68	4.41	4.52
265	002644.SZ	佛慈制药	4.61	4.53	5.06	5.82	4.43	4.33
266	000518.SZ	四环生物	4.6	4.38	4.52	4.55	3.64	5.04
267	002393.SZ	力生制药	4.6	5.3	4.71	2.53	4.97	4.56
268	600739.SH	辽宁成大	4.6	4.59	4.79	1.86	4.91	4.89
269	300254.SZ	仟源医药	4.58	4.13	4.45	4.44	4.85	4.72
270	300381.SZ	溢多利	4.58	4.82	4.61	3.07	5.23	4.52
271	300030.SZ	阳普医疗	4.58	4.52	4.36	3.69	4.39	4.88
272	000668.SZ	荣丰控股	4.57	3.79	4.51	2.98	4.5	5.14
273	300436.SZ	广生堂	4.56	4.26	4.55	4.53	4.34	4.74
274	002437.SZ	誉衡药业	4.56	4.32	4.4	5.56	4.68	4.49
275	002788.SZ	鹭燕医药	4.56	3.95	5.6	4.28	4.62	4.44
276	603963.SH	大理药业	4.56	4.62	4.58	4.98	4.83	4.36
277	002435.SZ	长江健康	4.56	4.67	4.83	4.22	4.44	4.52
278	605177.SH	东亚药业	4.56	4.43	5.11	4.43	5.11	4.25
279	002102.SZ	冠福股份	4.55	4.12	4.37	4.91	4.5	4.71
280	603669.SH	灵康药业	4.55	4.43	4.51	4.49	4.45	4.64
281	002424.SZ	贵州百灵	4.55	4.64	4.74	4.52	4.19	4.58
282	300702.SZ	天宇股份	4.55	4.11	4.63	4.43	4.53	4.69
283	002566.SZ	益盛药业	4.54	5.04	5.39	3.08	4.66	4.29
284	600200.SH	江苏吴中	4.53	4.32	4.21	5.16	4.29	4.68
285	600594.SH	益佰制药	4.52	4.83	4.73	2.39	4.82	4.61
286	000078.SZ	海王生物	4.51	3.82	4.35	2.86	4.51	5.09
287	002900.SZ	哈三联	4.5	4.65	3.89	4.32	4.94	4.55
288	600812.SH	华北制药	4.5	4.18	3.92	3.28	4.53	5
289	002390.SZ	信邦制药	4.5	4.74	4.78	3.12	4.61	4.52
290	603976.SH	正川股份	4.5	4.66	4.78	5.33	4.78	4.11
291	000590.SZ	启迪药业	4.5	5.22	4.92	4.43	4.8	4.02
292	300878.SZ	维康药业	4.49	4.72	4.97	4.53	4.41	4.28
293	000566.SZ	海南海药	4.49	3.68	4.41	5.51	4.18	4.72

续表

排名	代码	公司名称	总得分	财务指标	估值与成长性	创值能力	公司治理	创新与研发
294	300158. SZ	振东制药	4.48	4.7	4.33	2.5	4.57	4.76
295	002370. SZ	亚太药业	4.47	3.83	4.27	6.3	4.34	4.49
296	300391. SZ	长药控股	4.47	4.01	5.22	4.63	3.95	4.52
297	603079. SH	圣达生物	4.47	4.88	4.75	2.82	4.84	4.4
298	300583. SZ	赛托生物	4.47	4.3	5.22	4.96	4.22	4.28
299	000919. SZ	金陵药业	4.45	5.26	4.88	1.89	4.91	4.32
300	600222. SH	太龙药业	4.44	4.04	4.22	3.17	4.61	4.8
301	000813. SZ	德展健康	4.43	5.47	4.62	2.66	4.54	4.3
302	000710. SZ	贝瑞基因	4.42	4.53	4.29	3.66	4.23	4.62
303	000953. SZ	河化股份	4.42	3.92	4.7	5.61	4.27	4.33
304	603222. SH	济民医疗	4.41	4.96	4.39	4.01	4.62	4.24
305	002173. SZ	创新医疗	4.41	4.48	4.83	5.29	3.72	4.33
306	002219. SZ	新里程	4.4	4	4.3	6.33	4.1	4.35
307	300497. SZ	富祥药业	4.4	4.24	4.47	4.49	4.58	4.35
308	300267. SZ	尔康制药	4.37	4.66	4.49	3.49	4.35	4.38
309	300318. SZ	博晖创新	4.37	3.72	4.24	3.47	4.47	4.74
310	603139. SH	康惠制药	4.36	4.54	4.83	2.88	4.05	4.51
311	600771. SH	广誉远	4.36	3.97	4.16	4.68	4.54	4.45
312	300086. SZ	康芝药业	4.35	4.28	3.65	4.08	4.66	4.56
313	002172. SZ	澳洋健康	4.35	3.47	4.7	6.68	4.12	4.22
314	000504. SZ	南华生物	4.34	3.35	4.98	5.29	4.78	4.14
315	002581. SZ	未名医药	4.34	4.52	4.39	4.74	3.44	4.49
316	300147. SZ	香雪制药	4.25	4.05	4.37	2.51	4.11	4.61
317	301126. SZ	达嘉维康	4.24	3.65	5.22	3.25	4.27	4.26
318	002524. SZ	光正眼科	4.22	4.29	4.39	5.1	4.37	3.93
319	002589. SZ	瑞康医药	4.19	4.07	4.07	3.25	4.13	4.46
320	002551. SZ	尚荣医疗	4.17	4.61	4.54	2.23	3.77	4.36
321	603716. SH	塞力医疗	4.15	3.89	4.68	2.71	3.83	4.42
322	002622. SZ	皓宸医疗	4.15	3.99	3.99	4.73	4.15	4.16

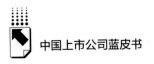

（三十）有色金属

排名	代码	公司名称	总得分	财务指标	估值与成长性	创值能力	公司治理	创新与研发
1	002756.SZ	永兴材料	5.9	6.55	5.46	6.02	6.09	5.5
2	300390.SZ	天华新能	5.88	5.77	6.37	6.59	5.67	5.52
3	002460.SZ	赣锋锂业	5.86	5.44	6.11	6.9	5.68	5.96
4	002738.SZ	中矿资源	5.72	5.7	6.03	7.52	5.33	5.37
5	002978.SZ	安宁股份	5.69	7.17	5.31	5.17	5.23	5.18
6	002497.SZ	雅化集团	5.69	5.81	5.69	5.93	5.72	5.47
7	000408.SZ	藏格矿业	5.64	6.36	5.56	6.66	5.18	5.19
8	300855.SZ	图南股份	5.61	6.5	5.24	6.22	5.28	5.26
9	002466.SZ	天齐锂业	5.59	5.35	5.03	5.29	5.92	6.13
10	300127.SZ	银河磁体	5.56	6.57	5.32	5.75	5.25	5.05
11	300930.SZ	屹通新材	5.53	6.77	5.31	5.43	4.92	5.12
12	601899.SH	紫金矿业	5.47	5.09	5.29	5.81	5.97	5.45
13	601958.SH	金钼股份	5.42	6.34	5.07	5.75	5.41	4.79
14	000762.SZ	西藏矿业	5.42	5.96	5.31	6.22	5.56	4.65
15	002192.SZ	融捷股份	5.41	5.51	5.39	6.33	5.01	5.52
16	000962.SZ	东方钽业	5.34	5.08	5.58	5.88	4.99	5.56
17	000878.SZ	云南铜业	5.31	5.25	4.92	5.89	5.48	5.43
18	002240.SZ	盛新锂能	5.26	4.96	5.72	5.78	5.17	5.07
19	603799.SH	华友钴业	5.24	4.6	5.66	6.05	5.34	5.17
20	600111.SH	北方稀土	5.23	5.15	4.88	6.55	5.47	5.09
21	000975.SZ	银泰黄金	5.23	6.17	4.91	5.3	4.91	4.91
22	002824.SZ	和胜股份	5.21	5	5.45	6.5	5.34	4.74
23	600219.SH	南山铝业	5.21	5.62	5.14	4.08	5.27	5.11
24	603115.SH	海星股份	5.21	5.7	5.23	4.58	5.02	5.04
25	603993.SH	洛阳钼业	5.2	4.81	5.55	5.06	5.22	5.24
26	600497.SH	驰宏锌锗	5.2	5.71	4.56	3.26	5.43	5.57
27	301026.SZ	浩通科技	5.2	5.35	5.1	5.31	4.74	5.56
28	000969.SZ	安泰科技	5.19	5.03	5.05	5.66	5.01	5.57
29	000807.SZ	云铝股份	5.19	5.42	4.85	5.45	5.11	5.32
30	605376.SH	博迁新材	5.18	5.85	4.95	5.78	4.74	5.05
31	601069.SH	西部黄金	5.18	5.47	5.22	5.25	5.14	4.87

续表

排名	代码	公司名称	总得分	财务指标	估值与成长性	创值能力	公司治理	创新与研发
32	600888.SH	新疆众和	5.17	4.95	5.17	4.34	5.47	5.31
33	600980.SH	北矿科技	5.17	5.17	5.25	5.24	5.12	5.15
34	300748.SZ	金力永磁	5.17	4.74	5.61	5.87	5.14	5.02
35	600392.SH	盛和资源	5.16	5.02	5.14	5.73	5.33	5.03
36	300139.SZ	晓程科技	5.16	5.91	4.98	5.1	4.69	5.08
37	600549.SH	厦门钨业	5.16	4.38	5.17	4.7	5.61	5.58
38	601168.SH	西部矿业	5.15	5.22	4.85	4.47	5.4	5.29
39	300224.SZ	正海磁材	5.15	4.84	5.6	5.81	4.85	5.13
40	002155.SZ	湖南黄金	5.13	5.82	5	5.49	4.83	4.78
41	601702.SH	华峰铝业	5.13	4.75	5.39	5.83	4.81	5.39
42	000657.SZ	中钨高新	5.13	4.64	4.98	5.14	5.57	5.32
43	000970.SZ	中科三环	5.11	4.73	5.36	6.48	5.28	4.74
44	000933.SZ	神火股份	5.08	5.11	4.95	4.88	5.27	5.05
45	600362.SH	江西铜业	5.08	4.94	4.96	3.34	5.34	5.5
46	002540.SZ	亚太科技	5.07	5.34	4.87	4.04	5.34	5
47	600489.SH	中金黄金	5.07	5.28	5.12	5	5.15	4.74
48	605158.SH	华达新材	5.07	5.18	5.5	4.6	4.7	5.01
49	600459.SH	贵研铂业	5.06	4.48	5.11	4.73	4.99	5.74
50	300811.SZ	铂科新材	5.06	5.16	5.08	6.12	5.34	4.39
51	002176.SZ	江特电机	5.03	5.02	4.39	5.97	5.24	5.24
52	000060.SZ	中金岭南	5.02	4.97	5.44	3.93	5.13	4.82
53	601600.SH	中国铝业	5.02	4.99	4.78	3.87	5.5	5.08
54	000737.SZ	北方铜业	5.02	4.86	5.94	5.47	4.59	4.56
55	000630.SZ	铜陵有色	5.02	4.91	4.92	4.03	5.28	5.2
56	000831.SZ	中国稀土	5	4.55	4.69	6.69	5.37	4.99
57	601388.SH	怡球资源	5	5.35	5.49	4.55	5	4.29
58	300835.SZ	龙磁科技	5	5.09	5.09	5.53	5.18	4.52
59	000688.SZ	国城矿业	5	5.69	4.87	5.74	4.68	4.58
60	002378.SZ	章源钨业	5	4.58	5.14	5.67	5.03	5.07
61	603937.SH	丽岛新材	4.99	5.28	5.07	4.32	5.32	4.48
62	600259.SH	广晟有色	4.99	4.57	5.22	5.66	5.19	4.82
63	000426.SZ	兴业银锡	4.99	5.4	5.12	5.46	4.33	5
64	002203.SZ	海亮股份	4.97	4.45	5.18	4.52	5.03	5.34

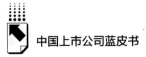
续表

排名	代码	公司名称	总得分	财务指标	估值与成长性	创值能力	公司治理	创新与研发
65	000960.SZ	锡业股份	4.96	4.96	4.87	4.33	5.08	5.1
66	601020.SH	华钰矿业	4.94	5.77	4.32	5.02	4.82	4.85
67	600988.SH	赤峰黄金	4.93	5.33	5.26	5.31	4.75	4.27
68	002182.SZ	云海金属	4.92	4.84	5.08	5.27	4.81	4.86
69	002428.SZ	云南锗业	4.91	4.84	5.13	5.87	4.58	4.85
70	002167.SZ	东方锆业	4.88	4.43	5.33	5.76	4.69	4.86
71	601609.SH	金田股份	4.88	4.69	4.66	3.68	5.42	5.05
72	603527.SH	众源新材	4.88	4.59	5.26	5.17	4.92	4.67
73	003038.SZ	鑫铂股份	4.86	4.37	5.23	5.46	5.13	4.58
74	601677.SH	明泰铝业	4.86	4.97	4.79	3.32	5.08	4.97
75	600338.SH	西藏珠峰	4.86	5.75	4.18	5.62	4.89	4.4
76	300618.SZ	寒锐钴业	4.84	4.7	5.31	4.9	4.92	4.42
77	600768.SH	宁波富邦	4.84	5.31	4.76	5.61	4.92	4.19
78	600547.SH	山东黄金	4.84	4.84	4.3	3.85	5.13	5.35
79	600456.SH	宝钛股份	4.84	4.43	5.31	5.43	5.02	4.45
80	600366.SH	宁波韵升	4.83	4.22	5.02	4.38	5.11	5.07
81	000603.SZ	盛达资源	4.83	5.89	4.3	5.17	4.67	4.36
82	000795.SZ	英洛华	4.83	4.67	4.71	5.38	4.66	5.12
83	600595.SH	中孚实业	4.82	4.56	5.04	4.31	4.82	5.01
84	601137.SH	博威合金	4.82	4.71	5.04	4.78	4.58	4.94
85	000633.SZ	合金投资	4.81	4.67	4.83	6.32	4.47	4.92
86	300963.SZ	中洲特材	4.81	4.51	5.04	5.44	4.82	4.73
87	002171.SZ	楚江新材	4.8	4.78	4.32	4.04	4.82	5.48
88	002149.SZ	西部材料	4.8	4.17	4.85	5.33	4.75	5.3
89	603876.SH	鼎胜新材	4.8	4.2	4.96	5.55	4.97	4.86
90	603045.SH	福达合金	4.79	4.43	4.9	5.04	5.05	4.71
91	601212.SH	白银有色	4.79	4.8	4.71	3.62	4.97	4.97
92	002996.SZ	顺博合金	4.79	4.46	5.05	3.79	4.94	4.95
93	300697.SZ	电工合金	4.76	4.81	4.81	5.49	4.73	4.48
94	600961.SH	株冶集团	4.74	4.8	4.3	6.08	4.91	4.64
95	300328.SZ	宜安科技	4.73	4.84	4.45	4.39	4.52	5.19
96	300337.SZ	银邦股份	4.73	4.58	4.93	5.66	4.63	4.52
97	002237.SZ	恒邦股份	4.72	4.84	4.98	3.56	4.84	4.52

续表

排名	代码	公司名称	总得分	财务指标	估值与成长性	创值能力	公司治理	创新与研发
98	600255.SH	鑫科材料	4.72	4.59	5.05	4.99	4.58	4.58
99	002578.SZ	闽发铝业	4.7	4.68	4.93	4.92	4.71	4.41
100	002295.SZ	精艺股份	4.66	5.1	5.27	2.81	4.2	4.52
101	000612.SZ	焦作万方	4.64	5.24	4.74	3.53	4.65	4.22
102	603399.SH	吉翔股份	4.63	4.5	4.52	5.25	4.78	4.57
103	605208.SH	永茂泰	4.63	4.79	4.49	4.06	4.87	4.51
104	002379.SZ	宏创控股	4.59	4.45	4.49	4.57	4.78	4.65
105	002842.SZ	翔鹭钨业	4.59	4.37	4.69	3.93	4.62	4.84
106	300057.SZ	万顺新材	4.57	4.61	4.85	2.22	4.82	4.6
107	000751.SZ	锌业股份	4.55	4.57	4.97	3.42	4.74	4.22
108	600615.SH	丰华股份	4.54	4.44	5.14	4.27	4.24	4.39
109	600531.SH	豫光金铅	4.53	4.35	4.74	4.56	4.83	4.17
110	000758.SZ	中色股份	4.52	4.41	4.64	3.71	5.03	4.18
111	600711.SH	盛屯矿业	4.49	4.89	4.19	3.05	4.87	4.38
112	002988.SZ	豪美新材	4.48	4.38	4.56	3.66	4.33	4.85
113	603978.SH	深圳新星	4.43	4	4.14	3.3	4.84	5.01
114	002160.SZ	常铝股份	4.39	4.37	4.52	2.08	4.4	4.84
115	002114.SZ	罗平锌电	4.38	4.72	4.26	3.31	4.78	4.04
116	000506.SZ	中润资源	4.37	3.74	4.53	6.07	4.34	4.45
117	002501.SZ	利源股份	4.34	3.63	4.54	5.75	4.13	4.72
118	600281.SH	华阳新材	4.28	4.03	4.65	4.24	4.24	4.23
119	002716.SZ	金贵银业	4.26	3.58	4.23	5.61	4.15	4.76
120	600490.SH	鹏欣资源	4.26	5.21	3.98	2.55	4.27	4
121	600807.SH	济南高新	4.21	3.23	4.18	5.44	4.56	4.54

（三十一）综合

排名	代码	公司名称	总得分	财务指标	估值与成长性	创值能力	公司治理	创新与研发
1	000833.SZ	粤桂股份	5.3	5.72	5.26	6.02	5.37	4.68
2	600784.SH	鲁银投资	5.29	5.21	5.7	6.4	4.9	5.1
3	600620.SH	天宸股份	5.28	4.99	5.32	6.55	4.99	5.5
4	600673.SH	东阳光	5.26	5.19	4.89	5.98	5.41	5.39

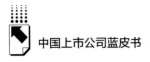

续表

排名	代码	公司名称	总得分	财务指标	估值与成长性	创值能力	公司治理	创新与研发
5	000025.SZ	特力A	5.21	5.78	4.93	5.63	5.33	4.7
6	600682.SH	南京新百	5.2	6.19	5.04	3.86	4.88	5.02
7	600770.SH	综艺股份	5.05	5.64	4.4	4.19	4.7	5.69
8	600083.SH	博信股份	5.04	4.85	5.5	7.17	4.49	4.79
9	000622.SZ	恒立实业	4.95	5.28	4.93	5.42	4.53	4.95
10	300208.SZ	青岛中程	4.95	4.5	5.33	6.76	4.74	4.77
11	600689.SH	上海三毛	4.94	5.21	5.33	6.45	4.7	4.15
12	600051.SH	宁波联合	4.94	5.02	4.83	3.26	5.33	4.99
13	000652.SZ	泰达股份	4.89	4.46	4.87	3.68	5.21	5.32
14	000632.SZ	三木集团	4.86	4.15	5.34	4.96	4.48	5.46
15	000753.SZ	漳州发展	4.85	4.47	5.11	3.88	5.11	4.94
16	600676.SH	交运股份	4.8	5.62	4.46	3.78	4.99	4.4
17	000421.SZ	南京公用	4.75	4.28	5.27	3.28	5.45	4.37
18	600805.SH	悦达投资	4.66	4.71	4.56	5.02	4.68	4.62
19	600881.SH	亚泰集团	4.61	4.46	3.81	2.7	5.28	5.36

（三十二）科创板块

排名	代码	公司名称	所属行业	总得分	财务指标	估值与成长性	创值能力	公司治理	创新与研发
1	688289.SH	圣湘生物	医药生物	5.84	6.38	5.57	5.46	5.97	5.53
2	688536.SH	思瑞浦	电子	5.81	6.39	5.29	6.46	5.4	6.01
3	688298.SH	东方生物	医药生物	5.77	6.14	6.24	4.8	5.53	5.43
4	688303.SH	大全能源	电力设备	5.77	5.69	5.78	6.17	5.72	5.79
5	688008.SH	澜起科技	电子	5.76	6.35	4.84	6.04	5.75	6.05
6	688016.SH	心脉医疗	医药生物	5.76	6.53	5.08	6.3	5.81	5.49
7	688767.SH	博拓生物	医药生物	5.74	6.41	5.99	4.72	5.4	5.42
8	688075.SH	安旭生物	医药生物	5.71	6.19	6.02	5	5.42	5.38
9	688356.SH	键凯科技	医药生物	5.71	6.58	5.26	6.09	5.4	5.49
10	688606.SH	奥泰生物	医药生物	5.7	6.34	5.98	4.42	5.56	5.26
11	688068.SH	热景生物	医药生物	5.69	6.24	6.08	5	5.39	5.21

续表

排名	代码	公司名称	所属行业	总得分	财务指标	估值与成长性	创值能力	公司治理	创新与研发
12	688200.SH	华峰测控	电子	5.62	6.47	4.95	6.4	5.29	5.57
13	688169.SH	石头科技	家用电器	5.62	6.07	4.97	5.51	5.62	5.84
14	688123.SH	聚辰股份	电子	5.61	6.04	5.29	6.32	5.38	5.56
15	688111.SH	金山办公	计算机	5.6	6.06	4.65	6.66	5.49	5.93
16	688399.SH	硕世生物	医药生物	5.57	6.12	5.71	4.9	5.39	5.24
17	688188.SH	柏楚电子	计算机	5.54	6.74	4.28	6.22	5.33	5.66
18	688575.SH	亚辉龙	医药生物	5.53	5.4	5.53	6.32	5.49	5.5
19	688198.SH	佰仁医疗	医药生物	5.53	6.34	5.05	6.49	5.41	5.08
20	688013.SH	天臣医疗	医药生物	5.52	6.39	4.98	5.48	5.67	5.06
21	688196.SH	卓越新能	基础化工	5.51	6.17	5.25	5.1	5.71	5
22	688617.SH	惠泰医疗	医药生物	5.5	5.88	5.09	6.58	5.91	4.86
23	688206.SH	概伦电子	计算机	5.5	5.82	5.45	5.98	4.77	5.83
24	688012.SH	中微公司	电子	5.49	5.3	5.1	6.33	5.4	5.94
25	688112.SH	鼎阳科技	机械设备	5.48	5.84	5.25	5.99	5.41	5.3
26	688318.SH	财富趋势	计算机	5.47	6.61	4.41	5.34	5.38	5.51
27	688050.SH	爱博医疗	医药生物	5.47	6.1	4.81	6.51	5.4	5.29
28	688389.SH	普门科技	医药生物	5.46	5.91	5.22	6.25	5.62	4.89
29	688105.SH	诺唯赞	医药生物	5.45	6.01	5.36	5.95	5.24	5.07
30	688385.SH	复旦微电	电子	5.44	5.46	5	6.92	5	5.93
31	688690.SH	纳微科技	医药生物	5.43	5.62	4.96	7.16	5.52	5.17
32	688677.SH	海泰新光	医药生物	5.42	5.95	5.18	5.97	5.68	4.74
33	688317.SH	之江生物	医药生物	5.42	6.32	5.06	4.58	5.08	5.41
34	688278.SH	特宝生物	医药生物	5.41	5.91	4.81	6.61	5.41	5.21
35	688032.SH	禾迈股份	电力设备	5.4	5.47	5.41	6.04	5.64	4.93
36	688314.SH	康拓医疗	医药生物	5.4	6.22	4.92	5.83	5.48	4.87
37	688686.SH	奥普特	机械设备	5.38	5.93	4.57	5.98	5.69	5.2
38	688093.SH	世华科技	电子	5.38	6.29	4.63	5.64	5.4	5.14
39	688363.SH	华熙生物	美容护理	5.38	5.59	4.65	6.14	5.4	5.69
40	688201.SH	信安世纪	计算机	5.37	5.55	4.63	5.89	5.75	5.44
41	688019.SH	安集科技	电子	5.37	5.15	4.79	6.72	5.74	5.46
42	688230.SH	芯导科技	电子	5.37	6.16	5.06	4.65	5.01	5.42
43	688139.SH	海尔生物	医药生物	5.36	5.47	4.88	5.9	5.73	5.24
44	688088.SH	虹软科技	计算机	5.36	5.53	4.75	5.75	5.54	5.53

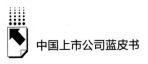

续表

排名	代码	公司名称	所属行业	总得分	财务指标	估值与成长性	创值能力	公司治理	创新与研发
45	688580.SH	伟思医疗	医药生物	5.36	6.17	4.56	5.07	5.65	5.13
46	688099.SH	晶晨股份	电子	5.36	5.45	5	6.43	4.92	5.79
47	688601.SH	力芯微	电子	5.35	5.7	5.67	6.16	4.54	5.31
48	688301.SH	奕瑞科技	医药生物	5.35	5.59	5.11	6.37	5.29	5.16
49	688063.SH	派能科技	电力设备	5.33	4.74	5.65	6.69	5.48	5.12
50	688787.SH	海天瑞声	计算机	5.32	5.61	4.93	5.78	5.18	5.44
51	688588.SH	凌志软件	计算机	5.32	6.48	4.81	5.55	5.13	4.79
52	688608.SH	恒玄科技	电子	5.32	5.23	4.89	5.03	5.46	5.75
53	688338.SH	赛科希德	医药生物	5.32	6.39	5.05	4.94	5.02	4.89
54	688233.SH	神工股份	电子	5.31	6.17	5.44	5.61	4.6	4.95
55	688002.SH	睿创微纳	国防军工	5.31	5.06	5.23	6.04	5.16	5.58
56	688310.SH	迈得医疗	机械设备	5.29	5.56	5	6.01	5.66	4.77
57	688036.SH	传音控股	电子	5.29	4.73	4.77	6.06	5.64	5.82
58	688396.SH	华润微	电子	5.28	5.35	4.98	5.95	5.29	5.33
59	688208.SH	道通科技	计算机	5.28	4.66	4.43	5.62	6.09	5.84
60	688312.SH	燕麦科技	机械设备	5.27	5.89	5.03	4.63	5.43	4.88
61	688300.SH	联瑞新材	基础化工	5.26	5.69	4.94	6.38	5.34	4.81
62	688516.SH	奥特维	电力设备	5.26	4.6	5.45	6.92	5.6	4.96
63	688083.SH	中望软件	计算机	5.26	5.59	4.2	5.71	5.57	5.54
64	688100.SH	威胜信息	通信	5.25	5.02	4.91	5.96	5.27	5.64
65	688390.SH	固德威	电力设备	5.25	4.73	5.55	6.8	5.47	4.88
66	688739.SH	成大生物	医药生物	5.25	6.42	4.61	3.88	5.08	5.22
67	688018.SH	乐鑫科技	电子	5.23	5.33	4.81	6	5.17	5.43
68	688202.SH	美迪西	医药生物	5.23	5.26	4.76	6.74	5.26	5.28
69	688089.SH	嘉必优	基础化工	5.23	6.27	4.88	3.99	5.34	4.73
70	688625.SH	呈和科技	基础化工	5.22	5.45	5.14	5.89	5.23	4.89
71	689009.SH	九号公司-WD	汽车	5.22	4.66	4.96	6.47	5.36	5.58
72	688181.SH	八亿时空	电子	5.21	5.47	5.26	4.93	5.18	5.03
73	688521.SH	芯原股份	电子	5.21	4.51	4.89	6.39	5.17	5.99
74	688122.SH	西部超导	国防军工	5.21	4.51	5.04	6.66	5.41	5.51
75	688001.SH	华兴源创	机械设备	5.21	5.11	5.08	5.74	5.28	5.23
76	688566.SH	吉贝尔	医药生物	5.2	6.11	4.97	5.61	5.07	4.53
77	688639.SH	华恒生物	基础化工	5.2	5.24	5.16	6.34	5.32	4.78

续表

排名	代码	公司名称	所属行业	总得分	财务指标	估值与成长性	创值能力	公司治理	创新与研发
78	688508. SH	芯朋微	电子	5.2	5.5	4.6	5.99	4.96	5.53
79	688085. SH	三友医疗	医药生物	5.19	5.76	4.66	5.37	5.28	5.04
80	688029. SH	南微医学	医药生物	5.19	5.49	4.68	5.76	5.66	4.77
81	688335. SH	复洁环保	环保	5.18	4.98	5.11	4.78	5.21	5.53
82	688526. SH	科前生物	农林牧渔	5.18	5.78	4.69	5.4	5.15	5.06
83	688611. SH	杭州柯林	电力设备	5.18	5.51	4.66	5.33	5.24	5.28
84	688166. SH	博瑞医药	医药生物	5.18	4.91	5.53	5.73	5.38	4.78
85	688665. SH	四方光电	机械设备	5.18	5.39	5.26	6.15	5.12	4.73
86	688078. SH	龙软科技	计算机	5.18	4.94	4.88	6.07	5.36	5.31
87	688366. SH	昊海生科	医药生物	5.18	5.63	4.52	4.72	5.78	4.9
88	688599. SH	天合光能	电力设备	5.17	4.32	5.21	6.72	5.35	5.42
89	688789. SH	宏华数科	机械设备	5.17	5.44	5.14	6	4.79	5.11
90	688358. SH	祥生医疗	医药生物	5.17	5.53	4.93	5.56	5.27	4.85
91	832735. BJ	德源药业	医药生物	5.17	5.67	4.95	5.07	5.36	4.7
92	688598. SH	金博股份	电力设备	5.16	5.1	5.24	5.56	5.14	5.07
93	839680. BJ	广道数字	计算机	5.16	5.21	5.01	4.13	5.09	5.58
94	688618. SH	三旺通信	通信	5.16	5.22	5.08	5.92	4.96	5.19
95	688621. SH	阳光诺和	医药生物	5.16	5.07	4.97	6.26	5.28	5.04
96	688661. SH	和林微纳	电子	5.16	5.65	4.9	5.47	5.08	4.91
97	688095. SH	福昕软件	计算机	5.16	5.63	4.4	4.44	5.46	5.32
98	688468. SH	科美诊断	医药生物	5.15	6.18	4.55	5.17	4.89	4.96
99	688268. SH	华特气体	电子	5.15	5.01	5.24	6.47	5.46	4.54
100	688269. SH	凯立新材	基础化工	5.14	5.02	4.88	6.38	5.13	5.24
101	688248. SH	南网科技	电力设备	5.14	5.01	4.71	6.4	4.83	5.7
102	688080. SH	映翰通	通信	5.14	5.43	4.48	5.56	5.24	5.31
103	688161. SH	威高骨科	医药生物	5.14	5.82	4.74	5.46	5.02	4.88
104	688579. SH	山大地纬	计算机	5.13	5.02	4.57	5.6	5.39	5.44
105	688116. SH	天奈科技	电力设备	5.13	4.85	5.12	6.31	5.34	4.92
106	688187. SH	时代电气	机械设备	5.13	4.97	4.36	4.34	5.24	6.14
107	688613. SH	奥精医疗	医药生物	5.12	6.08	4.54	5.02	4.94	4.96
108	688167. SH	炬光科技	电子	5.12	5.36	5.07	5.85	5.1	4.77
109	688217. SH	睿昂基因	医药生物	5.12	6.04	4.9	4.93	4.83	4.75
110	688700. SH	东威科技	机械设备	5.12	4.73	5.04	6.57	5.65	4.69

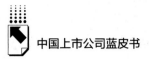

排名	代码	公司名称	所属行业	总得分	财务指标	估值与成长性	创值能力	公司治理	创新与研发
111	830946. BJ	森萱医药	医药生物	5.12	6.11	4.85	5.28	4.87	4.59
112	688513. SH	苑东生物	医药生物	5.11	5.46	4.73	5.11	5.22	5.05
113	688786. SH	悦安新材	有色金属	5.11	5.08	5.32	6.05	5.35	4.46
114	688589. SH	力合微	电子	5.11	4.85	4.72	5.89	4.87	5.78
115	688777. SH	中控技术	机械设备	5.11	4.5	4.66	6.24	5.5	5.47
116	688981. SH	中芯国际	电子	5.1	5.21	5.03	6.15	4.39	5.51
117	688117. SH	圣诺生物	医药生物	5.1	5.32	5.19	5.49	4.99	4.79
118	688670. SH	金迪克	医药生物	5.09	4.92	4.98	5.37	5.11	5.27
119	688357. SH	建龙微纳	基础化工	5.08	4.94	4.89	5.74	5.55	4.79
120	688160. SH	步科股份	机械设备	5.08	5.1	5.26	6.1	4.92	4.8
121	838275. BJ	驱动力	农林牧渔	5.08	6.15	4.66	4.63	4.85	4.77
122	688800. SH	瑞可达	电子	5.07	4.68	5.33	6.25	5.34	4.66
123	688321. SH	微芯生物	医药生物	5.07	5.06	4.69	6.43	4.98	5.22
124	872925. BJ	锦好医疗	医药生物	5.07	5.43	5.56	5.18	4.85	4.41
125	831305. BJ	海希通讯	机械设备	5.07	6.42	4.92	4.11	4.2	4.99
126	688003. SH	天准科技	机械设备	5.07	4.45	4.89	6.14	5.32	5.34
127	688110. SH	东芯股份	电子	5.07	5.23	4.62	5.9	4.52	5.7
128	688106. SH	金宏气体	电子	5.07	5.09	4.78	5.54	5.64	4.65
129	688569. SH	铁科轨道	机械设备	5.06	5.18	5.15	5.37	4.93	4.91
130	688157. SH	松井股份	基础化工	5.06	5.65	4.76	5.68	4.86	4.81
131	688179. SH	阿拉丁	基础化工	5.06	5.45	4.65	5.67	5.23	4.76
132	688799. SH	华纳药厂	医药生物	5.06	5.38	5.06	5	4.88	4.93
133	688319. SH	欧林生物	医药生物	5.06	4.59	4.87	6.59	5.08	5.3
134	688037. SH	芯源微	电子	5.05	4.42	5.15	7.32	4.96	5.12
135	688722. SH	同益中	基础化工	5.05	5.81	5.08	5.86	4.74	4.38
136	688626. SH	翔宇医疗	医药生物	5.05	5.67	4.79	5.57	4.77	4.83
137	688668. SH	鼎通科技	通信	5.05	5.18	5.15	5.95	5.11	4.52
138	688568. SH	中科星图	计算机	5.05	4.81	4.67	6.02	4.71	5.76
139	833509. BJ	同惠电子	机械设备	5.05	5.65	4.71	5.86	4.92	4.7
140	837344. BJ	三元基因	医药生物	5.04	5.59	4.81	5.04	4.74	5.04
141	688212. SH	澳华内镜	医药生物	5.04	5.49	4.21	5.79	5.47	4.83
142	688696. SH	极米科技	家用电器	5.04	4.65	4.75	5.76	5.52	5.08
143	688682. SH	霍莱沃	国防军工	5.04	4.79	4.6	6	5.21	5.34

续表

排名	代码	公司名称	所属行业	总得分	财务指标	估值与成长性	创值能力	公司治理	创新与研发
144	688026. SH	洁特生物	医药生物	5.04	5.64	5.07	4.82	5.04	4.46
145	688768. SH	容知日新	机械设备	5.04	4.83	4.58	6.26	5.37	5.06
146	688558. SH	国盛智科	机械设备	5.04	4.79	4.94	5.36	5.65	4.69
147	688087. SH	英科再生	基础化工	5.04	5.2	5.15	4.94	5.39	4.44
148	688065. SH	凯赛生物	基础化工	5.03	5.58	4.84	4.66	4.96	4.84
149	688258. SH	卓易信息	计算机	5.03	5.14	4.43	6.04	5.21	5.08
150	688551. SH	科威尔	电力设备	5.03	5.08	4.54	5.74	5.37	4.94
151	688028. SH	沃尔德	机械设备	5.03	5.81	4.82	3.17	5.49	4.45
152	430047. BJ	诺思兰德	医药生物	5.03	4.68	4.96	6.15	4.89	5.3
153	688766. SH	普冉股份	电子	5.02	5.04	4.38	5.77	4.89	5.6
154	688398. SH	赛特新材	基础化工	5.02	5.1	5	5.56	5.45	4.41
155	832566. BJ	梓橦宫	医药生物	5.02	5.76	4.68	3.83	4.91	5.04
156	688049. SH	炬芯科技	电子	5.02	5.01	5.14	4.82	4.55	5.42
157	837242. BJ	建邦科技	汽车	5.02	5.15	5.06	3.6	5.37	4.85
158	688058. SH	宝兰德	计算机	5.02	5.25	4.18	4.11	5.51	5.35
159	688556. SH	高测股份	电力设备	5.02	4.33	5.31	6.94	5.35	4.6
160	688236. SH	春立医疗	医药生物	5.02	5.31	4.41	5.46	5.21	5.02
161	688056. SH	莱伯泰科	机械设备	5.02	5.48	4.55	5.24	5.24	4.73
162	688239. SH	航宇科技	国防军工	5.02	4.23	5.09	6.57	5.38	4.97
163	688017. SH	绿的谐波	机械设备	5.01	5.27	4.78	6.35	5.09	4.57
164	688779. SH	长远锂科	电力设备	5.01	4.24	5.15	5.86	5.32	5.13
165	831961. BJ	创远信科	机械设备	5.01	5.16	4.66	4.66	4.42	5.88
166	688082. SH	盛美上海	电子	5.01	4.65	4.76	6.45	4.64	5.62
167	688098. SH	申联生物	农林牧渔	5.01	5.54	4.34	4.53	5.06	5.2
168	688367. SH	工大高科	机械设备	5	4.65	4.8	5.22	4.99	5.53
169	688628. SH	优利德	机械设备	5	5.09	5.28	5.83	4.66	4.76
170	688369. SH	致远互联	计算机	5	5.06	4.59	5.82	5.45	4.69
171	688553. SH	汇宇制药-W	医药生物	5	5.62	4.65	4.38	4.8	5.09
172	688707. SH	振华新材	电力设备	5	3.91	5.35	6.97	5.38	4.86
173	688210. SH	统联精密	电子	4.99	5	5.36	5.4	5.04	4.46
174	688092. SH	爱科科技	机械设备	4.99	5.33	4.83	5.35	4.85	4.87
175	831726. BJ	朱老六	食品饮料	4.99	5.66	5.04	5.08	5	4.21
176	838163. BJ	方大新材	轻工制造	4.99	5.24	5.39	4.47	5.14	4.3

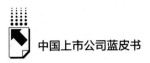
续表

排名	代码	公司名称	所属行业	总得分	财务指标	估值与成长性	创值能力	公司治理	创新与研发
177	688315.SH	诺禾致源	医药生物	4.98	5.12	4.77	5.81	5.24	4.59
178	688578.SH	艾力斯	医药生物	4.98	4.76	5.08	5.81	4.6	5.26
179	688378.SH	奥来德	机械设备	4.98	5.11	4.19	5.54	5.3	5.16
180	688687.SH	凯因科技	医药生物	4.97	5.32	4.66	5.18	4.69	5.19
181	688025.SH	杰普特	机械设备	4.97	4.56	4.76	6.04	5.43	4.88
182	688499.SH	利元亨	电力设备	4.97	4.33	5.2	5.4	5.08	5.17
183	688505.SH	复旦张江	医药生物	4.97	5.31	4.42	5.57	5.01	5
184	688393.SH	安必平	医药生物	4.97	5.53	4.52	4.37	5.15	4.83
185	835670.BJ	数字人	医药生物	4.97	5.7	4.16	5.14	4.75	5.22
186	688550.SH	瑞联新材	电子	4.97	5.26	5.06	4.47	5.11	4.57
187	430510.BJ	丰光精密	机械设备	4.97	5.82	5.06	5.49	4.44	4.42
188	688276.SH	百克生物	医药生物	4.96	5.08	4.38	5.85	5	5.17
189	688329.SH	艾隆科技	机械设备	4.96	4.95	4.94	5.28	5.12	4.76
190	688066.SH	航天宏图	计算机	4.96	4.44	4.86	6.25	4.91	5.32
191	688630.SH	芯碁微装	机械设备	4.96	4.54	5.06	6.38	4.91	4.98
192	688798.SH	艾为电子	电子	4.96	4.7	4.46	5.68	5.03	5.46
193	688511.SH	天微电子	国防军工	4.96	5.66	4.44	5.01	4.97	4.74
194	688698.SH	伟创电气	机械设备	4.96	4.71	5.17	6.11	4.86	4.8
195	688128.SH	中国电研	机械设备	4.95	4.63	4.88	5.58	5.34	4.82
196	688059.SH	华锐精密	机械设备	4.95	5.07	4.86	5.97	5.07	4.56
197	688005.SH	容百科技	电力设备	4.95	4.2	5.13	6.67	4.92	5.13
198	688195.SH	腾景科技	电子	4.95	5.06	4.99	5.83	5.17	4.36
199	688655.SH	迅捷兴	电子	4.95	4.95	5.27	5.28	5.09	4.39
200	688586.SH	江航装备	国防军工	4.95	4.95	4.81	5.83	4.97	4.83
201	688118.SH	普元信息	计算机	4.94	5.26	4.78	5.18	5.09	4.58
202	688308.SH	欧科亿	机械设备	4.94	5	4.87	5.31	5.11	4.69
203	688355.SH	明志科技	机械设备	4.94	4.88	4.77	4.91	5.56	4.55
204	831445.BJ	龙竹科技	轻工制造	4.94	5.63	5.07	4.42	4.96	4.22
205	688113.SH	联测科技	机械设备	4.94	4.97	4.64	5.52	5.27	4.72
206	688228.SH	开普云	计算机	4.94	4.9	4.42	4.9	5.12	5.31
207	688232.SH	新点软件	计算机	4.93	5.07	4.37	5.3	5.12	5.08
208	688222.SH	成都先导	医药生物	4.93	5.12	4.2	5.3	5.1	5.2
209	688121.SH	卓然股份	机械设备	4.93	4.27	5.02	5.35	5.19	5.13

续表

排名	代码	公司名称	所属行业	总得分	财务指标	估值与成长性	创值能力	公司治理	创新与研发
210	688685.SH	迈信林	国防军工	4.93	5.16	4.57	5.16	5.37	4.55
211	688067.SH	爱威科技	医药生物	4.93	5.58	4.31	5.09	4.99	4.79
212	688595.SH	芯海科技	电子	4.93	4.82	4.01	5.58	5.21	5.5
213	688313.SH	仕佳光子	通信	4.92	4.74	5.06	7.05	4.94	4.4
214	430418.BJ	苏轴股份	汽车	4.92	5.5	4.85	5.21	4.68	4.58
215	837212.BJ	智新电子	电子	4.92	5.19	5.33	4.01	5.15	4.22
216	688616.SH	西力科技	电力设备	4.91	5.05	4.84	5.04	5.14	4.59
217	688658.SH	悦康药业	医药生物	4.91	4.96	4.46	4.72	5.15	5.14
218	688107.SH	安路科技	电子	4.91	4.25	4.2	6.72	4.79	5.95
219	688600.SH	皖仪科技	环保	4.91	4.73	4.39	5.47	5.47	4.92
220	688733.SH	壹石通	电力设备	4.91	4.78	5.11	5.53	4.96	4.63
221	688177.SH	百奥泰	医药生物	4.91	4.47	4.98	6.13	4.76	5.11
222	688386.SH	泛亚微透	基础化工	4.91	5.14	4.59	5.26	5.19	4.61
223	688636.SH	智明达	国防军工	4.9	4.54	4.49	5.53	5.3	5.13
224	835185.BJ	贝特瑞	电力设备	4.9	4.17	4.94	5.36	5.18	5.2
225	688057.SH	金达莱	环保	4.9	5.5	4.37	3.67	4.64	5.4
226	688683.SH	莱尔科技	电子	4.9	5.42	4.8	5.18	4.78	4.53
227	688004.SH	博汇科技	计算机	4.9	5.24	4.64	3.85	4.98	5.01
228	688246.SH	嘉和美康	计算机	4.9	4.23	5.08	5.2	4.85	5.35
229	688656.SH	浩欧博	医药生物	4.9	5.55	4.51	5.11	4.92	4.55
230	688425.SH	铁建重工	机械设备	4.9	4.48	4.46	4.39	5.06	5.71
231	688135.SH	利扬芯片	电子	4.9	5.58	4.66	5.31	4.8	4.45
232	688168.SH	安博通	计算机	4.89	4.9	4.52	4.56	5	5.23
233	836720.BJ	吉冈精密	机械设备	4.89	4.99	4.9	5.24	5.32	4.26
234	688009.SH	中国通号	机械设备	4.89	4.32	4.18	3.81	5.24	6.08
235	688299.SH	长阳科技	电子	4.89	5.01	4.97	4.66	4.98	4.65
236	688007.SH	光峰科技	电子	4.89	4.73	4.15	5.18	5.42	5.18
237	688060.SH	云涌科技	计算机	4.88	4.55	4.48	4.93	5.26	5.23
238	688776.SH	国光电气	国防军工	4.88	4.91	4.59	6.09	4.76	4.98
239	688596.SH	正帆科技	机械设备	4.88	4.37	4.88	5.92	5.19	4.84
240	688055.SH	龙腾光电	电子	4.88	4.76	4.92	5.1	4.89	4.89
241	836892.BJ	广咨国际	建筑装饰	4.87	5.15	4.73	5.24	5.17	4.34
242	688667.SH	菱电电控	汽车	4.86	4.55	4.53	5.24	5.15	5.14

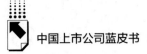

排名	代码	公司名称	所属行业	总得分	财务指标	估值与成长性	创值能力	公司治理	创新与研发
243	688227.SH	品高股份	计算机	4.86	4.76	4.54	4.22	5.15	5.16
244	835640.BJ	富士达	通信	4.86	4.58	4.95	5.79	5.22	4.45
245	688039.SH	当虹科技	计算机	4.86	4.85	4.23	3.66	5.05	5.59
246	688006.SH	杭可科技	电力设备	4.86	4.69	4.82	6.05	5.01	4.6
247	835508.BJ	殷图网联	电力设备	4.85	5.23	4.66	3.54	4.97	4.89
248	688330.SH	宏力达	电力设备	4.85	5.15	4.6	3.87	4.9	5.01
249	688697.SH	纽威数控	机械设备	4.85	4.53	5.08	6.13	4.85	4.62
250	688559.SH	海目星	机械设备	4.85	4.55	4.81	6.09	4.51	5.21
251	688607.SH	康众医疗	医药生物	4.85	5.3	4.62	3.5	4.94	4.86
252	688131.SH	皓元医药	医药生物	4.85	4.78	4.71	5.76	4.84	4.83
253	688678.SH	福立旺	电子	4.85	4.92	5.07	5.22	4.92	4.38
254	688305.SH	科德数控	机械设备	4.84	4.74	4.45	6.16	4.82	5.05
255	836077.BJ	吉林碳谷	基础化工	4.84	4.8	5.15	7.52	3.97	4.79
256	688296.SH	和达科技	计算机	4.84	4.81	4.52	5.16	5.01	4.96
257	839729.BJ	永顺生物	农林牧渔	4.84	5.69	4.63	5.22	4.38	4.57
258	688377.SH	迪威尔	机械设备	4.84	4.78	5.08	5.31	4.88	4.5
259	688162.SH	巨一科技	机械设备	4.84	4.26	5.04	4.85	5.05	5.01
260	688728.SH	格科微	电子	4.84	4.43	5.02	5.69	4.44	5.25
261	688388.SH	嘉元科技	电力设备	4.84	4.75	4.75	3.93	5.52	4.56
262	688190.SH	云路股份	有色金属	4.83	4.66	4.57	5.89	5	4.83
263	688126.SH	沪硅产业	电子	4.83	4.7	4.59	5.03	5.15	4.85
264	688466.SH	金科环境	环保	4.83	4.34	4.77	4.48	5.08	5.23
265	688662.SH	富信科技	电子	4.83	5.1	4.84	5.74	4.91	4.23
266	688101.SH	三达膜	环保	4.83	4.81	4.69	3.59	5.21	4.9
267	688518.SH	联赢激光	机械设备	4.82	4.29	5.05	6.23	4.79	4.81
268	832225.BJ	利通科技	基础化工	4.82	4.84	5.14	5.35	4.89	4.3
269	688819.SH	天能股份	电力设备	4.82	4.59	4.51	5.09	5.01	5.13
270	831039.BJ	国义招标	社会服务	4.82	5.04	5.29	3.88	4.64	4.57
271	688127.SH	蓝特光学	电子	4.82	5.48	4.55	5.52	4.58	4.51
272	688383.SH	新益昌	机械设备	4.81	4.2	4.49	6.24	5.5	4.71
273	832145.BJ	恒合股份	环保	4.81	5.71	4.92	2.34	4.42	4.82
274	688076.SH	诺泰生物	医药生物	4.81	5.03	4.94	5.61	4.26	4.81
275	688103.SH	国力股份	电子	4.81	4.74	4.55	6.13	5.18	4.43

排名	代码	公司名称	所属行业	总得分	财务指标	估值与成长性	创值能力	公司治理	创新与研发
276	688257.SH	新锐股份	机械设备	4.81	4.68	4.93	4.21	5.3	4.47
277	688133.SH	泰坦科技	基础化工	4.8	4.49	4.77	5.2	4.91	4.94
278	688077.SH	大地熊	有色金属	4.8	4.16	5.23	5.37	5.15	4.51
279	688689.SH	银河微电	电子	4.8	4.99	5.04	5.09	4.76	4.34
280	688365.SH	光云科技	计算机	4.79	4.74	4.09	4.49	5.47	4.95
281	688510.SH	航亚科技	国防军工	4.79	4.81	4.71	4.7	5.1	4.59
282	833523.BJ	德瑞锂电	电力设备	4.79	5.32	5.04	4.86	4.68	4.1
283	688577.SH	浙海德曼	机械设备	4.79	4.64	4.79	5.17	5.11	4.52
284	688676.SH	金盘科技	电力设备	4.79	4.29	4.62	5.9	5.04	4.92
285	833819.BJ	颖泰生物	基础化工	4.79	4.41	5.12	4	4.95	4.87
286	688368.SH	晶丰明源	电子	4.78	4.23	3.95	4.3	5.6	5.48
287	688138.SH	清溢光电	电子	4.78	5.22	4.59	5.75	4.59	4.48
288	688597.SH	煜邦电力	电力设备	4.78	4.86	4.5	5.21	4.81	4.85
289	688156.SH	路德环境	环保	4.78	4.93	4.52	4.92	5.02	4.61
290	688557.SH	兰剑智能	机械设备	4.77	4.6	4.69	5.09	4.93	4.8
291	688788.SH	科思科技	国防军工	4.77	5	4.45	2.79	4.94	5.2
292	830964.BJ	润农节水	农林牧渔	4.76	4.8	5.27	3.33	4.69	4.66
293	688288.SH	鸿泉物联	计算机	4.76	4.5	4.07	3.88	5.63	5.08
294	688360.SH	德马科技	机械设备	4.76	4.35	5.05	5.08	4.68	4.89
295	688097.SH	博众精工	机械设备	4.76	4.1	4.73	5.49	4.64	5.41
296	832278.BJ	鹿得医疗	医药生物	4.76	5.19	5.05	4.89	4.58	4.2
297	688517.SH	金冠电气	电力设备	4.76	4.59	4.75	5.5	4.96	4.56
298	688395.SH	正弦电气	机械设备	4.76	4.83	4.5	5.22	4.99	4.6
299	688183.SH	生益电子	电子	4.75	4.68	4.79	4.82	5	4.52
300	835174.BJ	五新隧装	机械设备	4.75	4.92	5.16	4.02	4.47	4.63
301	688191.SH	智洋创新	电力设备	4.75	4.6	4.58	5.12	4.75	5
302	688015.SH	交控科技	机械设备	4.75	4.42	4.72	3.89	4.9	5.17
303	836826.BJ	盖世食品	食品饮料	4.75	4.92	5.12	4.92	4.62	4.28
304	838924.BJ	广脉科技	通信	4.74	4.53	4.85	4.62	4.74	4.89
305	688345.SH	博力威	电力设备	4.74	4.32	5.06	5.4	4.76	4.64
306	688718.SH	唯赛勃	基础化工	4.74	5.15	4.64	5.41	4.48	4.52
307	688529.SH	豪森股份	机械设备	4.73	4.21	5.25	5.22	4.54	4.81
308	688772.SH	珠海冠宇	电力设备	4.73	4.5	4.74	5.16	4.6	4.98

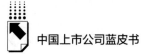

续表

排名	代码	公司名称	所属行业	总得分	财务指标	估值与成长性	创值能力	公司治理	创新与研发
309	836433.BJ	大唐药业	医药生物	4.73	5.3	4.73	3.42	4.71	4.51
310	688286.SH	敏芯股份	电子	4.73	5.33	4.1	3.91	4.98	4.71
311	688027.SH	国盾量子	通信	4.73	4.97	3.88	4.16	4.84	5.36
312	830799.BJ	艾融软件	计算机	4.73	4.83	4.33	5.83	4.7	4.78
313	834599.BJ	同力股份	机械设备	4.73	4.33	4.75	4.4	4.85	5.06
314	833454.BJ	同心传动	汽车	4.73	4.82	4.87	4.48	4.87	4.4
315	688218.SH	江苏北人	机械设备	4.72	4.66	4.86	4.83	4.81	4.55
316	688633.SH	星球石墨	机械设备	4.72	4.51	4.64	5.05	5.21	4.46
317	688501.SH	青达环保	环保	4.72	4.2	4.86	5.42	4.93	4.72
318	688091.SH	上海谊众	医药生物	4.72	4.56	4.34	6.35	4.67	4.9
319	688255.SH	凯尔达	机械设备	4.72	4.71	4.77	4.03	4.56	5
320	831832.BJ	科达自控	机械设备	4.71	4.47	4.92	4.15	4.35	5.25
321	834475.BJ	三友科技	机械设备	4.71	4.9	4.73	4.98	4.81	4.35
322	688778.SH	厦钨新能	电力设备	4.71	3.99	4.42	5.52	5.04	5.2
323	871396.BJ	常辅股份	机械设备	4.71	4.74	4.99	3.94	4.74	4.56
324	688663.SH	新风光	电力设备	4.71	4.33	4.47	5.62	5.02	4.8
325	688336.SH	三生国健	医药生物	4.71	4.95	4.03	4.68	4.85	5.02
326	688359.SH	三孚新科	电子	4.71	4.6	4.44	4.7	5.02	4.77
327	688323.SH	瑞华泰	基础化工	4.7	4.45	4.7	5.58	4.79	4.66
328	688311.SH	盟升电子	国防军工	4.7	4.8	4.41	4.51	4.63	5.03
329	688071.SH	华依科技	机械设备	4.7	4.27	4.75	5.93	4.9	4.59
330	688533.SH	上声电子	汽车	4.7	4.4	4.59	5.98	5.01	4.46
331	832885.BJ	星辰科技	机械设备	4.69	4.76	4.76	4.95	4.34	4.86
332	832000.BJ	安徽凤凰	汽车	4.69	4.98	4.89	3.37	5.13	4.11
333	836260.BJ	中寰股份	机械设备	4.69	4.9	4.52	3.72	5.08	4.52
334	688333.SH	铂力特	机械设备	4.69	4.37	4.2	6.45	4.9	4.88
335	688033.SH	天宜上佳	机械设备	4.69	5.09	4.2	3.57	5.19	4.57
336	688571.SH	杭华股份	基础化工	4.69	5.05	4.5	4.6	4.76	4.48
337	688069.SH	德林海	环保	4.69	4.63	4.88	3.21	5.05	4.56
338	688350.SH	富森科技	基础化工	4.68	4.77	5.01	3.8	4.64	4.54
339	688021.SH	奥福环保	汽车	4.68	4.58	4.89	3.36	5.12	4.48
340	688023.SH	安恒信息	计算机	4.68	4.57	3.47	5.42	5.24	5.28
341	831010.BJ	凯添燃气	公用事业	4.67	5.06	4.7	3.54	4.67	4.55

续表

排名	代码	公司名称	所属行业	总得分	财务指标	估值与成长性	创值能力	公司治理	创新与研发
342	688528. SH	秦川物联	机械设备	4.67	4.62	4.38	3.96	5.11	4.74
343	688309. SH	恒誉环保	环保	4.67	4.95	4.65	3.86	4.68	4.6
344	688215. SH	瑞晟智能	机械设备	4.66	4.53	4.52	4.93	4.96	4.57
345	688560. SH	明冠新材	电力设备	4.66	4.68	4.58	3.82	5.09	4.49
346	688265. SH	南模生物	医药生物	4.66	5.34	4.34	2.82	4.73	4.68
347	688418. SH	震有科技	通信	4.66	4.15	4.39	3.85	4.86	5.43
348	688226. SH	威腾电气	电力设备	4.66	4.37	4.84	5.47	4.67	4.54
349	688609. SH	九联科技	家用电器	4.66	4.2	4.17	5.34	4.92	5.16
350	688229. SH	博睿数据	计算机	4.65	5.02	3.95	3.98	4.75	5.05
351	830839. BJ	万通液压	机械设备	4.65	4.77	4.81	4.88	4.61	4.33
352	833427. BJ	华维设计	建筑装饰	4.64	5.03	4.43	4.01	4.7	4.57
353	688081. SH	兴图新科	国防军工	4.64	4.43	4.3	3.56	4.91	5.2
354	688079. SH	美迪凯	电子	4.64	5.31	4.54	4.19	4.22	4.58
355	834021. BJ	流金科技	传媒	4.64	4.64	4.59	2.72	4.69	5.1
356	688129. SH	东来技术	基础化工	4.63	5.31	4.07	3.63	5.06	4.36
357	688182. SH	灿勤科技	通信	4.63	5.54	3.85	4.71	4.65	4.47
358	688020. SH	方邦股份	电子	4.63	5.12	4.12	3.41	4.92	4.68
359	688109. SH	品茗科技	计算机	4.63	4.6	4.08	4.64	5.07	4.76
360	688711. SH	宏微科技	电子	4.63	4.17	4.53	6.52	4.8	4.53
361	688793. SH	倍轻松	家用电器	4.63	4.62	3.93	4.45	5.32	4.68
362	688699. SH	明微电子	电子	4.62	4.72	4.06	4.92	4.82	4.82
363	834765. BJ	美之高	轻工制造	4.62	4.86	4.81	3.53	5.03	4.05
364	688070. SH	纵横股份	国防军工	4.62	4.44	4.18	4.39	5.06	4.84
365	688022. SH	瀚川智能	机械设备	4.62	3.94	4.32	5.65	5.03	4.91
366	832089. BJ	禾昌聚合	基础化工	4.61	4.36	4.95	4.16	4.77	4.48
367	688456. SH	有研粉材	有色金属	4.61	4.68	4.47	5.46	4.47	4.61
368	831856. BJ	浩森科技	机械设备	4.61	4.23	5.05	3.3	4.91	4.58
369	688659. SH	元琛科技	基础化工	4.61	4.25	4.37	4.35	5.32	4.56
370	688011. SH	新光光电	国防军工	4.61	4.96	3.92	2.96	5.17	4.78
371	688669. SH	聚石化学	基础化工	4.6	4.24	4.83	3.69	4.86	4.69
372	688155. SH	先惠技术	电力设备	4.6	4.17	4.52	4.01	5.1	4.77
373	835305. BJ	云创数据	计算机	4.59	4.31	3.95	3.98	4.56	5.69
374	688030. SH	山石网科	计算机	4.59	4.37	4.28	4.12	4.8	5.03

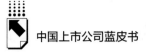

排名	代码	公司名称	所属行业	总得分	财务指标	估值与成长性	创值能力	公司治理	创新与研发
375	834415.BJ	恒拓开源	计算机	4.59	5.2	4.44	2.16	4.61	4.72
376	688096.SH	京源环保	环保	4.58	4.18	4.61	4.12	4.78	4.88
377	430489.BJ	佳先股份	基础化工	4.58	4.67	4.68	3.53	4.7	4.52
378	839167.BJ	同享科技	电力设备	4.58	4.29	4.89	5.41	4.23	4.68
379	688488.SH	艾迪药业	医药生物	4.57	4.88	3.93	3.81	4.86	4.8
380	688681.SH	科汇股份	电力设备	4.57	4.64	4.39	4.05	4.74	4.63
381	688185.SH	康希诺	医药生物	4.57	4.09	4.15	3.34	4.92	5.41
382	871981.BJ	晶赛科技	电子	4.56	4.65	4.81	4.85	4.42	4.28
383	837092.BJ	汉鑫科技	计算机	4.55	4.28	4.4	3.48	4.65	5.16
384	830832.BJ	齐鲁华信	基础化工	4.55	4.78	4.73	3.31	4.7	4.31
385	688199.SH	久日新材	基础化工	4.55	4.7	4.76	2.28	4.86	4.45
386	688679.SH	通源环境	环保	4.55	4.25	4.38	4.1	4.91	4.76
387	835368.BJ	连城数控	电力设备	4.54	4.27	4.63	5.62	4.21	4.77
388	871553.BJ	凯腾精工	机械设备	4.53	5.21	4.72	3.34	4.25	4.24
389	871642.BJ	通易航天	国防军工	4.53	4.7	4.68	5.09	4.2	4.4
390	688108.SH	赛诺医疗	医药生物	4.53	4.68	3.67	4.22	5.15	4.68
391	688159.SH	有方科技	通信	4.52	3.99	4.46	4.35	4.19	5.46
392	688136.SH	科兴制药	医药生物	4.51	4.8	4.01	3.5	4.83	4.67
393	834682.BJ	球冠电缆	电力设备	4.51	4.36	4.85	3.52	4.37	4.72
394	688408.SH	中信博	电力设备	4.51	3.97	4.46	4.53	5.04	4.58
395	688211.SH	中科微至	机械设备	4.51	4.32	4.11	2.83	4.83	5.21
396	836675.BJ	秉扬科技	基础化工	4.51	4.54	4.52	4	4.79	4.32
397	836239.BJ	长虹能源	电力设备	4.51	4.32	4.89	4.34	4.34	4.53
398	688010.SH	福光股份	电子	4.5	4.62	4.65	3.05	4.81	4.3
399	688585.SH	上纬新材	基础化工	4.5	4.07	4.7	5.24	4.33	4.71
400	688519.SH	南亚新材	电子	4.49	4.27	4.59	4.74	4.52	4.54
401	836263.BJ	中航泰达	环保	4.49	4.24	5.13	3.92	4.39	4.34
402	688285.SH	高铁电气	机械设备	4.49	4.27	4.36	4.74	4.61	4.65
403	688622.SH	禾信仪器	机械设备	4.49	4.43	3.97	4.22	4.85	4.77
404	688158.SH	优刻得-W	计算机	4.49	4.65	3.73	3.33	4.66	5.19
405	688148.SH	芳源股份	电力设备	4.47	4.01	4.24	5.15	4.96	4.5
406	688090.SH	瑞松科技	机械设备	4.46	4.23	3.88	3.46	4.9	5.09
407	688178.SH	万德斯	环保	4.45	4.28	4.44	2.76	4.7	4.78

排名	代码	公司名称	所属行业	总得分	财务指标	估值与成长性	创值能力	公司治理	创新与研发
408	688509.SH	正元地信	计算机	4.43	4.1	4.44	3.7	4.48	4.88
409	688660.SH	电气风电	电力设备	4.42	4.28	3.98	1.87	4.74	5.32
410	688189.SH	南新制药	医药生物	4.42	4.16	4.14	3.28	4.49	5.16
411	688590.SH	新致软件	计算机	4.41	4.38	3.97	4.28	4.71	4.62
412	688737.SH	中自科技	汽车	4.41	4.26	3.73	3.22	5.22	4.72
413	688328.SH	深科达	机械设备	4.41	4.11	4.47	3.95	4.63	4.53
414	688565.SH	力源科技	环保	4.41	4.28	4.24	3.46	4.34	5
415	688619.SH	罗普特	计算机	4.38	4.11	4.19	3.09	4.73	4.83
416	430090.BJ	同辉信息	计算机	4.38	4.18	4.26	3.01	4.11	5.32
417	831768.BJ	拾比佰	家用电器	4.38	4.19	5.06	2.92	4.12	4.49
418	688219.SH	会通股份	基础化工	4.37	4.05	4.33	4.83	4.32	4.66
419	430198.BJ	微创光电	计算机	4.37	4.87	4.15	2.13	4.18	4.84
420	833266.BJ	生物谷	医药生物	4.34	5.05	4.28	1.84	4.05	4.62
421	688186.SH	广大特材	钢铁	4.34	3.72	4.33	3.53	4.85	4.67
422	688051.SH	佳华科技	计算机	4.33	4.13	3.57	3.47	4.85	4.98
423	688379.SH	华光新材	机械设备	4.33	3.59	4.61	3.52	4.88	4.43
424	688216.SH	气派科技	电子	4.32	4.24	4.23	3.65	4.76	4.21
425	832171.BJ	志晟信息	计算机	4.31	4.53	3.85	2.22	4.79	4.6
426	838030.BJ	德众汽车	汽车	4.3	4.4	4.5	2.1	4.32	4.52
427	688680.SH	海优新材	电力设备	4.3	3.42	4.08	3.8	5.09	4.74
428	688038.SH	中科通达	计算机	4.25	3.8	4.19	3.62	4.58	4.61
429	688260.SH	昀冢科技	电子	4.24	4.03	4.14	4.47	4.44	4.27
430	688151.SH	华强科技	医药生物	4.22	4.2	3.86	2.86	4.64	4.52
431	688567.SH	孚能科技	电力设备	4.22	3.81	4.04	3.06	4.7	4.62
432	836149.BJ	旭杰科技	建筑装饰	4.2	3.87	4.31	2.18	4.61	4.53
433	688701.SH	卓锦股份	环保	4.18	3.84	3.8	3.76	4.19	4.99
434	835184.BJ	国源科技	计算机	4.18	4.51	3.77	1.92	4.4	4.59
435	833873.BJ	中设咨询	建筑装饰	4.15	4.61	3.96	1.89	4.18	4.4
436	831370.BJ	新安洁	环保	4.13	4.92	4.05	1.74	4.14	4
437	839946.BJ	华阳变速	汽车	4.1	4.18	4.34	2.35	3.99	4.34
438	870436.BJ	大地电气	汽车	4.05	4.18	4.31	2.49	3.88	4.21

Abstract

The general report of this book points out that at the beginning of 2023, China's economy shows an upward trend of repair, especially the contact and cluster service industry is in a good state of repair; However, in the context of the structural recovery of the global economy, the growth rate of external demand is facing downward pressure. Overall, China's economy is likely to grow by around 5. 2% in 2023. From the performance of listed companies and macroeconomic trends, the performance of China's A-share listed companies continues to be highly consistent with macroeconomic trends. In 2023, after the smooth transition of epidemic prevention and control, the profit growth rate of social service industry in A-share listed companies has changed from negative to positive, the profit of non-banking financial industry has achieved rapid growth, steel and building materials industries have not significantly improved due to the real estate market, and the decline of electronics, basic chemicals, and pharmaceutical and biological products has further increased compared with 2022. The decline of the light industry has narrowed compared with 2022, it still maintains a large decline. Changes in the profit growth rate of these industries are also reflected in the corresponding stock price index. Since 2022, China's capital market reform and opening up have continued to deepen, a full registration system for stock issuance has been implemented, a regular delisting pattern has basically taken shape, and important achievements have been made in China-USA audit and supervision cooperation. In the future, we should focus on supporting scientific and technological innovation and steadily increase the proportion of direct financing. Focus on the construction of modern industrial system, cultivate the group of listed companies that reflect the requirements of high-quality development; At the same time, we must adhere to the concept of "big insurance" to better protect the legitimate rights and interests of small and medium-sized investors. While the high-quality development of China's listed companies has been in progress, the sub-report I of this book further evaluates the high-quality development of China's listed companies from the perspective of digital transformation. As the general report points out, with the drastic changes in the internal and external environment, the value creation ability of China's listed companies has declined, and the transformation to low-growth, high-value and high-growth, high-value rotation has shown signs of slowing down. However, the digital transformation of China's listed companies is conducive to the listed companies to "escape" the life cycle constraints, promote the value creation ability of listed companies to continue to improve, and continue to explore flexible, resilient, elastic and plastic growth paths according to the situation changes. Moreover, the accelerated pace of digital transformation of China's listed companies can also bring real benefits to investors, and the performance of the capital market further proves the universality, inevitability and irreversibility of digital transformation. This report builds a value evaluation system based on digital transformation, and uses the public data of the annual reports from 2020 to 2022 to evaluate and comprehensively rank the listed companies in China's A-share sectors, and selects the listed companies with higher value in the sectors to form the "Pretty 100" portfolio. From the back-test, the "Pretty 100" portfolio has a higher return after risk adjustment, which also indicates that the portfolio gathers relatively high-quality micro subjects of various industries in China, which is a micro reflection of China's macroeconomic situation. Considering the huge opportunities of digital transformation, the sub-report II of this book further analyzes the impact of the two-wheel drive intelligent industrial (new generative AI and Web3.0) revolution on China's economy and listed companies. The emergence of the Large Language Model (LLM) represented by GPT (Generative Pre-trained Transformer) has opened up broad prospects for the intelligent industrial revolution. Generative AI can largely automate content generation, further reduce information processing costs, and is expected to evolve into AGI (Artificial General Intellignce) and general-purpose technology. Based on the prospect of the intelligent industrial revolution of generative AI and Web3.0, this report will

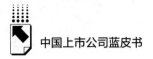
discuss the challenges faced by the development of generative AI and Web3.0 in China, and propose the corresponding investment strategy for exploring the path of intelligent industrial revolution in China. The special report of this book discusses the mechanism and role of real estate market and capital market participating in ESG governance, which provides an important reference for a deep understanding of China's real estate market and ESG promotion.

Keywords: Listed Companies; Financial Structure; Digital Transformation; Real Estate; ESG

Contents

I General Report

Abstract: In 2022, the global economic structure gradually recovered to the pre-epidemic, and globalization has also undergone rapid changes, making China's export-oriented industrialization more and more affected. In the past, China's large-scale and low-cost manufacturing industry driven by globalization and urbanization is facing transformation, which on the one hand puts forward urgent requirements for the high-quality development of domestic listed companies, and on the other hand requires the adjustment of domestic financial structure. In terms of the performance of listed companies and macroeconomic trends, as before the outbreak of the epidemic, after the outbreak, the performance of China's A-share listed companies continued to be highly consistent with the macroeconomic trends. In 2022, affected by the new coronavirus mutation strain that spreads faster, the overall market value creation ability of China's A-share listed companies has declined compared with the previous year, but under the care of reducing financing costs and tax reduction policies, the return on total assets (ROA) of listed companies has increased compared with the previous year. In 2023, after the smooth turn of epidemic prevention and control, the profit growth of A-share listed companies in various industries showed obvious differentiation. These profit growth changes are also reflected in the corresponding stock price index. Building a modern capital market with Chinese characteristics is an inherent requirement for taking the road of financial development with Chinese characteristics well. In the next step, we should focus on supporting scientific and technological innovation and steadily increase the proportion of direct financing. Focus on the construction of modern industrial system, cultivate the group of listed companies that reflect the requirements of high-quality development; At the same time, we must adhere to the concept of "large investment protection" and better protect the legitimate rights and interests of small and medium-sized investors.

Keywords: Financial Structure; Listed Companies; High-quality Development; Capital Market Reform

Ⅱ   Topical Reports

B.2   Research on high-quality evaluation of Chinese listed companies:

An analysis based on the perspective of digital transformation

Zhang Peng / 023

Abstract: The high-quality development of listed companies is an important subject and foundation for the high-quality development of China's economy. With the drastic changes in the internal and external environment, the value creation ability of Chinese listed companies has declined, and the transformation to low growth, high value and high growth and high value rotation has slowed down. However, the transformation of China's listed companies is underway, and digital transformation is the highlight of the focus. Digital transformation is conducive to listed companies' escape from life cycle constraints, promote the continuous improvement of the value creation ability of listed companies, and constantly tap the growth path of flexibility, toughness, elasticity and plasticity according to the changes in the situation. Moreover, the accelerated pace of digital transformation of

China's listed companies can also bring real benefits to investors, and the performance of the capital market further proves the universality, inevitability and irreversibility of digital transformation. This report builds a value evaluation system based on digital transformation on the basis of the value evaluation model over the years, through embedding value creation strategy, human capital/intellectual capital, technology frontier integration and resilient growth to the value evaluation model including financial situation, valuation and growth, value creation ability, corporate governance, innovation and research and development. We used the public data of annual reports from 2020 to 2022 to evaluate and comprehensively rank the listed companies in China's A-share sub-sectors, and selected the listed companies with higher value in the sub-sectors to form the "Pretty 100" portfolio. From the back-test effect, the "Pretty 100" portfolio has a higher return after risk adjustment, which also indicates that the portfolio gathers relatively high-quality micro subjects of various industries in China, which is a micro reflection of China's macroeconomic situation.

Keywords: Listed Companies; Digitalization; High-quality Development; Evaluation Model

B.3 Generative AI and Web3. 0 intelligent industrial revolution and
   investment strategy   *Zhang Lei, Zhang Peng* / 075

Abstract: Considering the significant narrowing of the productivity gap with developed economies and the formation of the world's second largest economy, the original global supply chain can no longer fully accommodate China's model as an offshore producer. This requires China to further achieve industrial upgrading to participate in and promote economic globalization at a higher level. The intelligent industrial revolution of generative AI and Web3. 0 two-wheel drive just provides this important strategic opportunity. The emergence of the Large Language Model (LLM) represented by GPT (Generative Pre-trained Transformer) has opened up broad prospects for the intelligent industrial revolution. Generative AI can largely automate content generation, further reduce information processing costs after the

Internet, and is expected to evolve into AGI (Artificial GeneralIntellignce) and general-purpose technology. However, the existing Internet with centralized platform enterprises as the core (Web2.0) cannot meet the needs of generative AI to develop digital asset property protection and governance. Due to the inability to achieve endogenous network effects, it is possible for centralized platform enterprises to monopolise network rent. Web2.0 will sooner or later make the information processing cost saved by generative AI swallowed by the rising Internet diversion and matching cost, and inhibit the secondary innovation of industrial application based on generative AI by third parties. Only by transforming the existing Internet into Web3.0 based on blockchain and rationally distributing network rent can the technical potential of generative AI be fully brought into play and the intelligent industrial revolution driven by generative AI and Web3.0 can be triggered. Based on the prospect of the intelligent industrial revolution of generative AI and Web3.0 dual-wheel drive, this report will discuss the challenges faced by the development of generative AI and Web3.0 in China, and propose the corresponding investment strategy for exploring the path of intelligent industrial revolution in China.

Keywords: Generative AI; Web3.0; Intelligent Industrial Revolution

Ⅲ   Special Reports

B.4 Living space has shrunk significantly, and two-thirds of
enterprises are facing restructuring   *Du Lihong / 102*

Abstract: 2022 is a year of rapid adjustment in the real estate industry, frequent thunderstorms, market and policy effects superposition, resulting in a substantial adjustment of the real estate industry financial indicators, almost all enterprises are facing the test of the capital chain. Based on factors such as risk resistance, financing cost, operational efficiency, profitability, growth potential, and sales scale, China Resources Land, China Overseas, Longfor Group, Vanke, Poly Real Estate, C&D, China International Trade, Greentown China, China

MerchantsShekou, and Hefei Urban Construction have entered the TOP 10 of the comprehensive strength list of listed real estate companies in 2022. In the analysis of survival matrix, 25% of enterprises are facing survival crisis, only 7.5% of enterprises have sustainable development potential; Other enterprises need to expand their living space through self-rescue or external cooperation, but whether they can ultimately obtain living space still depends on the industry situation and their own efforts. In fact, 46% of the current financial situation of enterprises has been red light, 65% of enterprises in the financial situation or business situation has been red light, that is, a total of two-thirds of enterprises are facing consolidation or restructuring pressure, leaving less than 10% of enterprises with real sustainable development potential. In the future, the concentration of the industry may be greatly increased, and the resolution of the industry crisis still needs the cooperation of multiple measures.

Keywords: Real Estate Industry; Survival Matrix; Sutainable Development Potential

B.5 Research on capital market participation in the "carbon peak, carbon neutral" governance

Ma Zongming, Xiao Zhimin and Wang Ying / 186

Abstract: China has pledged to achieve carbon peak by 2030 and carbon neutrality by 2060, demonstrating its determination to actively address climate change. However, achieving these goals requires a lot of capital, and the gap is huge compared to available bank credit. Capital markets have a key role to play in filling the funding gap through direct financing, carbon price discovery, resource allocation and risk prevention. In this context, China's ESG system has developed rapidly, helping to improve the investment environment. Listed companies have made remarkable progress in "dual carbon" governance, but the disclosure of CSR reporting information still needs to be improved. ESG public funds are growing, but ESG themed funds still have room for improvement. Securities companies, as

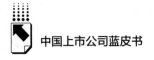

intermediaries, can assist green enterprises in direct financing, guide funds to low-carbon companies, and promote the development of carbon emission trading markets. They are also actively innovating carbon financial instruments and activating carbon market liquidity. To sum up, the capital market plays a key role in achieving China's "two-carbon" goal, and further improvement of mechanisms is needed to promote sustainable low-carbon development.

Keywords: Capital Market; "Double Carbon" Governance; Securities Industry; ESG; Green Development

B. 6   Analysis of ESG information disclosure status and industry differences of listed companies in China

Research Group of Research Center for Listed

Companies of the Chinese Academy of Social Sciences / 217

Abstract: As an indicator of international sustainable development system, ESG has become the mainstream evaluation system and the core framework for sustainable development of enterprises. Based on the ESG information disclosure practice of listed companies in China, this paper analyzes the disclosure of ESG-related reports and ESG ratings of specific industries such as power, energy, industry, optional consumption, and information technology. The study found that the current ESG report is dominated by social responsibility report, state-owned enterprises have A stronger awareness of disclosure, and fewer companies have ESG rating of A or above. In addition, factors such as enterprise size, region and listing place will also affect its ESG information disclosure. The ESG information disclosure of listed companies in China has problems such as lack of consistency and standardization, incomplete disclosure content, and lack of independent verification. It is necessary for government departments, capital market and listed companies to jointly improve ESG supervision and corporate ESG performance.

Keywords: Listed Companies; ESG; Information Disclosure

社会科学文献出版社

皮 书

智库成果出版与传播平台

❖ 皮书定义 ❖

皮书是对中国与世界发展状况和热点问题进行年度监测，以专业的角度、专家的视野和实证研究方法，针对某一领域或区域现状与发展态势展开分析和预测，具备前沿性、原创性、实证性、连续性、时效性等特点的公开出版物，由一系列权威研究报告组成。

❖ 皮书作者 ❖

皮书系列报告作者以国内外一流研究机构、知名高校等重点智库的研究人员为主，多为相关领域一流专家学者，他们的观点代表了当下学界对中国与世界的现实和未来最高水平的解读与分析。截至 2022 年底，皮书研创机构逾千家，报告作者累计超过 10 万人。

❖ 皮书荣誉 ❖

皮书作为中国社会科学院基础理论研究与应用对策研究融合发展的代表性成果，不仅是哲学社会科学工作者服务中国特色社会主义现代化建设的重要成果，更是助力中国特色新型智库建设、构建中国特色哲学社会科学"三大体系"的重要平台。皮书系列先后被列入"十二五""十三五""十四五"时期国家重点出版物出版专项规划项目；2013~2023 年，重点皮书列入中国社会科学院国家哲学社会科学创新工程项目。

皮书网

（网址：www.pishu.cn）

发布皮书研创资讯，传播皮书精彩内容
引领皮书出版潮流，打造皮书服务平台

栏目设置

◆ **关于皮书**
何谓皮书、皮书分类、皮书大事记、
皮书荣誉、皮书出版第一人、皮书编辑部

◆ **最新资讯**
通知公告、新闻动态、媒体聚焦、
网站专题、视频直播、下载专区

◆ **皮书研创**
皮书规范、皮书选题、皮书出版、
皮书研究、研创团队

◆ **皮书评奖评价**
指标体系、皮书评价、皮书评奖

◆ **皮书研究院理事会**
理事会章程、理事单位、个人理事、高级
研究员、理事会秘书处、入会指南

所获荣誉

◆ 2008 年、2011 年、2014 年，皮书网均
在全国新闻出版业网站荣誉评选中获得
"最具商业价值网站"称号；
◆ 2012 年,获得"出版业网站百强"称号。

网库合一

2014年，皮书网与皮书数据库端口合
一，实现资源共享，搭建智库成果融合创
新平台。

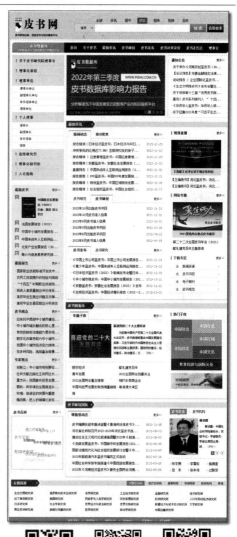

皮书网

"皮书说"
微信公众号

皮书微博

权威报告·连续出版·独家资源

皮书数据库
ANNUAL REPORT(YEARBOOK)
DATABASE

分析解读当下中国发展变迁的高端智库平台

所获荣誉

- 2020年，入选全国新闻出版深度融合发展创新案例
- 2019年，入选国家新闻出版署数字出版精品遴选推荐计划
- 2016年，入选"十三五"国家重点电子出版物出版规划骨干工程
- 2013年，荣获"中国出版政府奖·网络出版物奖"提名奖
- 连续多年荣获中国数字出版博览会"数字出版·优秀品牌"奖

皮书数据库

"社科数托邦"
微信公众号

成为用户

登录网址www.pishu.com.cn访问皮书数据库网站或下载皮书数据库APP，通过手机号码验证或邮箱验证即可成为皮书数据库用户。

用户福利

- 已注册用户购书后可免费获赠100元皮书数据库充值卡。刮开充值卡涂层获取充值密码，登录并进入"会员中心"—"在线充值"—"充值卡充值"，充值成功即可购买和查看数据库内容。
- 用户福利最终解释权归社会科学文献出版社所有。

数据库服务热线：400-008-6695
数据库服务QQ：2475522410
数据库服务邮箱：database@ssap.cn
图书销售热线：010-59367070/7028
图书服务QQ：1265056568
图书服务邮箱：duzhe@ssap.cn

社会科学文献出版社 皮书系列
SOCIAL SCIENCES ACADEMIC PRESS (CHINA)
卡号：213416939233
密码：

基本子库
SUB DATABASE

中国社会发展数据库（下设 12 个专题子库）

紧扣人口、政治、外交、法律、教育、医疗卫生、资源环境等 12 个社会发展领域的前沿和热点，全面整合专业著作、智库报告、学术资讯、调研数据等类型资源，帮助用户追踪中国社会发展动态、研究社会发展战略与政策、了解社会热点问题、分析社会发展趋势。

中国经济发展数据库（下设 12 专题子库）

内容涵盖宏观经济、产业经济、工业经济、农业经济、财政金融、房地产经济、城市经济、商业贸易等 12 个重点经济领域，为把握经济运行态势、洞察经济发展规律、研判经济发展趋势、进行经济调控决策提供参考和依据。

中国行业发展数据库（下设 17 个专题子库）

以中国国民经济行业分类为依据，覆盖金融业、旅游业、交通运输业、能源矿产业、制造业等 100 多个行业，跟踪分析国民经济相关行业市场运行状况和政策导向，汇集行业发展前沿资讯，为投资、从业及各种经济决策提供理论支撑和实践指导。

中国区域发展数据库（下设 4 个专题子库）

对中国特定区域内的经济、社会、文化等领域现状与发展情况进行深度分析和预测，涉及省级行政区、城市群、城市、农村等不同维度，研究层级至县及县以下行政区，为学者研究地方经济社会宏观态势、经验模式、发展案例提供支撑，为地方政府决策提供参考。

中国文化传媒数据库（下设 18 个专题子库）

内容覆盖文化产业、新闻传播、电影娱乐、文学艺术、群众文化、图书情报等 18 个重点研究领域，聚焦文化传媒领域发展前沿、热点话题、行业实践，服务用户的教学科研、文化投资、企业规划等需要。

世界经济与国际关系数据库（下设 6 个专题子库）

整合世界经济、国际政治、世界文化与科技、全球性问题、国际组织与国际法、区域研究 6 大领域研究成果，对世界经济形势、国际形势进行连续性深度分析，对年度热点问题进行专题解读，为研判全球发展趋势提供事实和数据支持。

法律声明

"皮书系列"（含蓝皮书、绿皮书、黄皮书）之品牌由社会科学文献出版社最早使用并持续至今，现已被中国图书行业所熟知。"皮书系列"的相关商标已在国家商标管理部门商标局注册，包括但不限于LOGO（▧）、皮书、Pishu、经济蓝皮书、社会蓝皮书等。"皮书系列"图书的注册商标专用权及封面设计、版式设计的著作权均为社会科学文献出版社所有。未经社会科学文献出版社书面授权许可，任何使用与"皮书系列"图书注册商标、封面设计、版式设计相同或者近似的文字、图形或其组合的行为均系侵权行为。

经作者授权，本书的专有出版权及信息网络传播权等为社会科学文献出版社享有。未经社会科学文献出版社书面授权许可，任何就本书内容的复制、发行或以数字形式进行网络传播的行为均系侵权行为。

社会科学文献出版社将通过法律途径追究上述侵权行为的法律责任，维护自身合法权益。

欢迎社会各界人士对侵犯社会科学文献出版社上述权利的侵权行为进行举报。电话：010-59367121，电子邮箱：fawubu@ssap.cn。

社会科学文献出版社